法治建设与法学理论研究部级科研项目成果

中国住房保障——制度与法律框架
Housing Security of China——System and Legal Framework

金 俭 等著

中国建筑工业出版社

图书在版编目（CIP）数据

中国住房保障——制度与法律框架/金俭等著. —北京：中国建筑工业出版社，2012.1
ISBN 978-7-112-13823-4

Ⅰ. ①中… Ⅱ. ①金… Ⅲ. ①住宅-社会保障-法律-研究-中国 Ⅳ.①D922.181.4

中国版本图书馆 CIP 数据核字（2011）第 248254 号

本书从理论到制度、从宏观到微观、从历史到现实、从国内到国外、从点到面等多元的视角，围绕公民住房这一客体，对我国公民住房保障法律制度展开全方位的探讨。全文包括前言及 14 章内容。具体包括：中国住房制度 60 年回顾与评价；国外住房社会保障制度与立法经验；公民住宅权的实现与政府责任；住房保障法律制度基本框架；住房建设与住房保障；保障性公共住房法律制度；特殊需求群体的住房法律保障；城市房屋征收中的住房法律保障；半城市化中农民的住房法律保障；灾民的住房社会保障；住房保障中的房屋交易规制；住房保障中的租赁制度；住宅金融与住宅保障法律制度以及住宅权可诉性与公民住宅的司法保障等问题。本书对构建与完善我国公民住房保障法律制度与法律体系具有重要的理论与实践意义。

责任编辑：黄　翊　陆新之
责任设计：赵明霞
责任校对：党　蕾

中国住房保障——制度与法律框架
Housing Security of China——System and Legal Framework
金　俭　等著

*

中国建筑工业出版社出版、发行（北京西郊百万庄）
各地新华书店、建筑书店经销
霸州市顺浩图文科技发展有限公司制版
北京云浩印刷有限责任公司印刷

*

开本：787×960 毫米　1/16　印张：22¼　字数：445 千字
2012 年 2 月第一版　2012 年 2 月第一次印刷
定价：**60.00 元**
ISBN 978-7-112-13823-4
（21604）

前　　言

　　居住权是公民的一项基本人权。公民有权获得可负担得起的，适宜于居住的，具有安全、健康、尊严的，不受歧视的住房权利。温家宝总理说："如果说发展经济、改善民生是政府的天职，那么推动社会公平正义就是政府的良心。"建立与完善住房社会保障体系就是为了实现社会的公平正义，就是保障公民的基本人权。然而，公民住宅权的实现不能仅凭政府的良心而为之，构建住房保障的法律制度，国家、政府、社会与个人均有责任与义务帮助公民实现住房的权利。

　　我国自 20 世纪 80 年代住房制度改革至今，在 30 年的住房商品化与市场化进程中，我国相当一部分公民的住房条件获得了巨大改善，拥有属于自己的住房已不再是梦想。然而，在不断飙升的高房价下，中、低收入者，尤其是低收入家庭，在更多情形下仅凭自身的努力，要实现住房权可能永远只是一个美丽的梦想。面对不断攀升的高房价，政府采取的住房政策主要是围绕如何抑制商品房价格而展开。但是，仅仅靠政府的宏观调控去干预市场，显然不能解决住房领域的"市场失灵"。多年的实践证明，解决 13 亿中国人民的住房问题，仅凭住房市场调节或仅依赖于政府的住房政策宏观调控都无法实现这一目标。对中、低收入者实现住房社会保障以确保公民住房权的实现已经成为中国政府必须面对的严峻问题，因为只有政府才是中、低收入者居住条件得到实质性改善的唯一指望。任何国家、任何社会，都不可能依靠"资本"利益集团的"善心"而彻底解决社会弱势群体的住房。政府不能将其住房保障的责任推向社会与个人。

　　保障公民居住权，构建公民住房社会保障体系，既是政府的政治责任也是政府的法律义务。2007 年 8 月 13 日，国务院办公厅发布《国务院关于解决城市低收入家庭住房困难的若干意见》（国发［2007］24 号），把对城市低收入家庭的住房保障正式提升为住房政策的主要内容，低收入家庭可以通过廉租住房以及外加经济适用住房解决；中等收入家庭根据各地实际可以采取限价商品房和经济租用房的办法解决；高收入家庭主要通过市场解决。中央政府第一次在住房制度中将住房保障与住房市场相提并论，明确住房政策"双轨制"，这是对长期以来片面强调住房市场化发展的矫正，是对房改目标模式的理性回归。为此，构建住房保障的法律制度建设迫在眉睫。

　　公民住房保障体系的法制建设是一个涉及千家万户的民心工程，也是关系社会和谐发展的大事。在社会极化，贫富差距日益扩大的现实面前，我们每一个公民都有责任与义务同政府一起为实现公民的住房权这一基本的人权而进行不懈的努力。本书只是一个法律学者的所思所虑。

本人自 20 世纪 90 年代末承担国家社会科学基金课题《中国住宅法研究》始，开始关注我国住房社会保障制度，经过多年的积累，开始对此问题有了一些粗浅的认识。本书是本人 2008 年主持的国家司法部法治建设与法学理论研究课题《住宅保障法律制度研究》的部分成果。在研究过程中，我的博士生也参与了课题的研究与部分章节的撰写。全书共分 14 章。前言（金俭）；第一章　中国住房制度 60 年回顾与评价（金俭）；第二章　国外住房社会保障制度与立法经验（金俭）；第三章　公民住宅权的实现与政府责任（金俭）；第四章　住房保障法律制度基本框架（王思锋）；第五章　住房建设与住房保障（王思锋）；第六章　保障性公共住房法律制度（朱颂）；第七章　特殊需求群体的住房法律保障（李祎恒）；第八章　城市房屋征收中的住房法律保障（朱颂）；第九章　半城市化中农民的住房法律保障（李祎恒）；第十章　灾民的住房社会保障（包振宇）；第十一章　住房保障中的房屋交易规制（刘颖）；第十二章　住房保障中的租赁制度（包振宇、王思锋）；第十三章　住宅金融与住宅保障法律制度（张爱菊）；第十四章　住宅权可诉性与公民住宅的司法保障（包振宇）。由于本人才疏学浅，难免书中存在一些不足之处，还望读者朋友批评指正。

金　俭

2011 年 9 月

目　　录

第一章　中国住房制度 60 年回顾与评价

中国住宅商品化、私有化格局的形成经历了一个曲折与复杂的过程，通过近 30 年的住房制度的改革，由政府的政策推动到国家采取住房商品化、货币化、私有化的各种措施，公民住房所有权性质发生了质的改变，以住宅自有化、私有化为主，多种住宅所有权形式并存的格局终于形成，人们的居住条件与居住环境发生了巨大改变与完善，拥有属于自己的住房已不再是梦想。我们在享受改革胜利成果的同时，应该清醒地意识到，解决每一个人的住房问题并不是件易事，中国住房制度改革实行的住房商品化与市场化，并不能解决所有人的住房问题。公民住宅权的实现无疑将受到一国或地区的自然资源、经济发展水平、政治制度、文化传统以及个人与家庭收入等诸多条件的制约，特别是低收入阶层，更多情形下仅凭自身的努力可能永远是一个美丽的梦想。正因为此，国家、政府、社会组织与个人有责任与义务采取一定的措施帮助公民实现这一权利。确保公民住宅权的实现已经成为全球化背景下社会发展的主流，也将成为我国政府长期的奋斗目标。

一、中国住房制度改革 60 年历程

（一）1949～1978 年：住房公有化，以建立福利型住房制度为核心

新中国成立后，与社会主义公有制相适应，我国开始了对城市住房的社会主义公有制改造。在不同的历史阶段采取不同的住房改造政策：首先，通过对官僚资本和国民党反动派的城市房产加以没收，对民族资本主义房地产业的赎买以及对城市私人出租房的社会主义改造等运动，将城镇中的私有房产收归国有。其次，通过国家投资，兴建住宅，扩大全民所有的住宅总量等措施，分阶段逐步建立起了城市住房公有制为主体的住房体系。在城市的住房总量中，私有住房比例由 1958 年的 48.2％降到 1990 年的仅为 17％。与住房公有制形式相适应，在住房的政策上，采取的是住房福利分配政策。住房一直被当作社会主义福利的一部分，是社会主义优越性的体现。住房是居所，而不是一种商品，更不是投资。福利型住房制度形成，其特点：一是所有的城市住房都由政府与单位提供。自 1958 年开始，国家就不鼓励居民个人建造住房，城市居民的住房由政府和单位分配。二是住房分配在本质上只是提供住所，而不是拥有住房。住房所有权属于国家或单位，个人或家庭享有住所。由于职工工作的流动性不大，住房的居住没有年限限制，职工去世后住房继续由子女居住。三是低租金。住房被看作为全体职工可以享受的社会福利，因而在房租上

也就采取低租金的政策。城市居民只要象征性地交纳房租，租金一般为每月 2～3 元就可以取得对房屋的永久使用权。城市职工的住房主要在单位内部得以解决。对极少数没有工作单位且住房困难的城市居民，其住房则由地方政府予以调配。各级政府以及各级单位几乎承担着全部居民（除农民外）与职工的住房义务，提供者与被提供者都视之为天经地义的事。

然而，高度的住房公有化与住房福利政策的弊端是显而易见的：一是使政府财政负担太重。政府每年都必须支付大量的住房补贴，由于只有投入，没有产出，城市政府很难维护和继续兴建住宅，加剧了居民住房困难。政府收取的房租远不够房屋的维护与修缮，一些房屋年久失修，不能使用，造成住房的进一步短缺。到 1978 年，城市居民的人均居住面积仅为 3.6 平方米。二是住房补贴、低租金以及住房公有制观念，挫伤了城市居民建房、购房的积极性，从而也就限制了其他渠道包括国家、集体和个人对住房的开发建设，导致住房的生产、流通、分配和消费陷入病态，阻断了住房资金的正常循环，使"住房难"成为一个久治不愈的痼疾。三是住房福利制度造成了社会的不公与腐败，它驱使人们利用各种手段去占有尽可能多、尽可能好的住房，从而进一步加剧了住房的短缺。

尽管那个时代国家、政府与单位在主观上并未意识到公民住房保障问题，也没有现在意义上的住房保障的概念，更没有把政府提供公有住宅提升到政府保护公民人权的高度来认识，也尽管住房福利政策对解决住房成效并不明显，城镇住房紧张，住房条件一直处于低水平状态徘徊。但是，提供给公民住房一直被视为是政府与单位的职责与义务。

（二）1978～1998 年：拉开中国住房制度改革序幕，以房改为核心

1978 年以后，随着拨乱反正，从落实城市住房政策着手，开始拉开住房制度改革的序幕。1980 年 4 月，邓小平对中央有关负责人说："要考虑城市建筑住宅、分配房屋等一系列政策。城镇居民可以购买房屋，也可以自己盖。不但新房子可以出售，老房子也可以出售……"，由此揭开了中国住房改革的序幕。随后，我国政府确定了住宅商品化的思路。

经过近十年的试验、徘徊与探索准备，国务院于 1988 年及 1991 年分别发出了《关于在全国城镇分期分批推行住房制度改革的实施方案》（国发［1988］11 号）和《关于继续积极稳妥地进行城镇住房制度改革的通知》（国发［1991］30 号），明确提出了我国城镇住房制度改革的目标就是要按照社会主义有计划的商品经济要求，实现住房商品化。1994 年国务院发布《关于深化城镇住房制度改革的决定》（国发［1994］43 号），对除县级以上人民政府认为不宜出售的以外，其他公有住房均可以向城镇职工出售。公有住房的出售，标志着住房制度改革的全面推进。同时，国务院住房政策对住宅产权的认识也在不断深入，从最初确立出售的公有房屋产权为有限产权，到此后的部分产权，再到最后的全部产权政策导向的转变，加速了住房自有化与私有化的进程。

住房有限产权模式——售房试点阶段。我国从 1980 年开始实行城市住房制度改革，首先，国家在部分城市进行了全价出售公有住房的试点。即按照房屋的土建成本价格出售给城市居民个人。具体由中央拨款给试点城市，由地方政府组织建设后出售。但由于当时居民收入水平普遍低下，很多居民即使按土建成本也无法承受，故此办法到 1982 年即停止实施。此后，国务院又决定在部分城市试行公有住房的补贴出售。具体为公有住房仍按照房屋的土建造价出售，但政府和购房者所在单位负担购房款的 2/3，而购房者仅承担 1/3，形成了现行法中没有的"有限产权"概念，即指对享有政府或企事业单位补贴而购买或建造的房屋所拥有的产权。由于该种住房产权中含有政府或单位的补贴，因而住房权属关系不清。

住房部分产权模式——提租优惠售房阶段。从 1988 年开始，国务院成立了住房改革领导小组，并发布了《关于在全国城镇分期分批推行住房制度改革的实施方案》，明确停止执行原有的补贴出售和有限产权出售。按新办法执行，具体为公有住房的出售按照房屋的新旧实行不同的价格标准：一是向职工出售新建住房，按照标准价计算。即住房本身建筑造价和征地及拆迁补偿费。二是向职工出售旧住房，应综合考虑重置价成新折扣和环境因素等，以质论价。一般每平方米售价不低于 120元，禁止低价出售。1991 年国务院又发布了《关于继续积极稳妥地进行城镇住房制度改革的通知》规定："今后，凡按市场价购买的公房，购房后拥有全部产权，职工购买公有住房，在国家规定住房面积以内，实行标准价，购房后拥有部分产权，可以继承和出售；超过国家规定住房标准的部分，按市场价计价。"同时通知还规定"职工拥有部分产权的住房，五年后允许出售，原产权单位有优先购买权，住房收入扣除有关税率后的所得，按国家、集体、个人的产权比例进行分配。"明确区分部分产权与全部产权。所谓"全部产权"指按市场价购买的房屋，购房者拥有全部产权。对住宅享有法律规定的包括占有、使用、收益和处分四项权能。"部分产权"是指职工按标准价购买的公有住宅，在国家规定的住房面积之内，职工按标准价购房后只拥有部分产权，可以继承和出售，但出售时原产权单位有优先购买权，售房的收入在扣除有关税费后，按个人和单位所占的产权比例进行分配。"部分产权"与"全部产权"的不同之处在于，"部分产权"虽然具有永久使用权和继承权，但在出售时要与原售房单位分割收益，即处分权是受到一定限制的。"部分产权"的概念也并非现行法律中的术语。由于部分产权的内涵、外延很不确定，在法律上很难作出界定，给司法实践带来了无数的争议与麻烦。同时，出售公有住房，使居民、职工拥有部分产权也并非为改革的初衷。如果公有住房出售后，单位对出售房仍拥有限制处分权、部分收益权、优先购买权等，职工购买的房屋为不能周转的"不动产"，职工事实上并未享受到房改好处的话，那么，住房制度的改革将无法继续延伸。因此，住房部分产权只能是城市住房制度改革过程中的"权宜之计"，根据市场经济的要求，它最终还是要过渡到"完整的产权"。

住宅全部产权模式——住房全面改革阶段。1994年国务院发布《关于深化城镇住房制度改革的决定》，对除县级以上人民政府认为不宜出售的以外，其他公有住房均可以向城镇职工出售。购买公有住房可以享受多种折扣优惠。这个决定，在中国房改史上具有划时代意义。明确房改的根本目的是：建立与社会主义市场经济相适应的新的城镇住房制度，实现住房商品化、社会化；加快住房建设，改善居住条件，满足城镇居民不断增长的住房需求。全国出现了前所未有的房改热潮。到1997年，住房公积金制度已在全国大中城市普遍建立，租金改革和公有住房出售加快，住房自有率迅速提高。经济适用房建设加快，初步形成了住房供应体系和住房金融体系，职工购买商品房踊跃，推动了住房市场的大发展。停止实物分房，切断了依赖单位实物福利分房的渠道，调动了职工购买商品房的积极性，也带动了住宅建设发展。从1998年开始，到2002年出现了四年的住宅建设新高潮，推动了全国房地产市场新的繁荣期的到来①。1999年，建设部发布《已购公有住房和经济适用房上市出售管理暂行办法》（中华人民共和国建设部令第69号），允许按照成本价（或标准价）购买的公有住房出售给他人。尽管《办法》对已购公有住房上市作了一些限制规定，如仍需要原产权单位作出保留或放弃优先购买权的书面意见等审批制度。但已购公有住房允许上市，使住房产权制度发生了根本性的转变。通过上市交易，住房的部分产权向完全产权过渡。2003年2月18日，北京市人民政府发布关于《北京市已购公有住房上市出售实施办法的通知》（京政发〔2003〕3号）规定：上市出售已购公有住房，出售人凭房屋所有权证（房屋所有权共有的，还需提交共有人同意出售的书面意见）、身份证或其他有效身份证明、与产权单位签订的公有住房买卖合同、与买受人签订的已购公有住房买卖合同，由买卖双方直接到房屋所在区、县国土房管局交易管理、权属登记部门办理过户手续。取消关于已购公有住房上市出售成交单价在4000元以上与原产权单位进行收益分配的规定。城镇居民上市出售按房改成本价购买的公有住房，在按规定缴纳税费后，收入全部归产权人个人所有。城镇居民上市出售按房改标准价购买的公有住房，在按规定缴纳税费并扣除按当年房改成本价6%计算的价款后，收入全部归产权人个人所有。这一新规定，为住房产权的进一步私有化奠定了基础。实现住宅个人所有制，不仅是社会主义市场经济本身的要求，

① 陈伯庚等. 城镇住房制度改革的理论与实践. 上海：上海人民出版社，2003；67.

而且也是我国整个经济体制改革、住宅体制改革的重要组成部分，甚至可以说，实行住宅个人所有制，是我国住宅体制的根本目标，也是我国解决住宅问题的根本途径①。通过公有住房改革，占 80% 以上的城镇可售公房出售给职工，提高了住房自有化程度，职工购的公有住房可依法上市交易的规定，使自有化的住宅向私有化住宅过渡，进一步明晰了住房产权归属。同时，房改也促使居民从市场上购买商品房。自此，住房私有化率大幅度提高，当前，私有住房占城镇住房总量的比例已高达到 82%②，超过了解放初期住房私有化的比例。住宅私有化程度的提高，也从根本上改变了公房低租金、福利性使用制度。

通过近 20 年的住房制度的改革，由政府的政策导向到国家采取住房私有化的各种法律措施，住房产权发生了质的改变，从有限产权到部分产权再到全部产权的实质性转变；从公有住房的出售到鼓励私人建房，从银行贷款支持公民建房、购房到政府为中低收入者提供经济适用房。至此，中国住宅自有化、私有化格局基本形成，确立了以住宅私有化为主，多种住宅所有权形式并存的住宅所有权体系。

（三）1998～2004 年：以住房市场化为主导，住房保障为辅

1998 年 7 月，国务院发布《进一步深化城镇住房制度改革加快住房建设的通知》（简称 23 号文件），确立了以住房货币化为中心内容的改革方向。明确提出"促使住宅业成为新的经济增长点"，"停止住房实物分配，逐步实行住房分配货币化；建立和完善以经济适用房为主的多层次住房供应体系；发展金融，培育和规范住房交易市场。"当时，"最低收入者家庭"和"高收入者家庭"分别占了城市居民家庭总数的 10% 上下，可以买"经济适用房"的"中、低收入家庭"要占到居民人数的 80% 以上，甚至高达 90%。经济适用房的建设一方面可以解决中、低收入阶层的住房问题；另一方面也可实现住房私有化。经济适用房是指以行政划拨土地，享受政府优惠政策，以保本微利为原则，面向中、低收入职工家庭的普通商品房。但是，2003 年 8 月，国务院又下发《关于促进房地产市场持续健康发展的通知》（国发〔2003〕18 号）（简称"18 号文件"），首次明确指出"房地产业关联度高，带动力强，已经成为国民经济的支柱产业"，并提出促进房地产市场持续健康发展是保持国民经济持续快速健康发展的有力措施，对符合条件的房地产开发企业和房地产项目要继续加大信贷支持力度。同时，"18 号文件"把 23 号文件中有关"经济适用房是住房供应的主体"改为"经济适用房是具有保障性质的政策性商品住房"。也就是说，政府将"为 80%～90% 以上的家庭提供经济适用房"的政策调整为"多数家庭购买或承租普通商品住房"。这个改变标志着中国住房最终迈入市场化阶段的完成。经济适用房具

---

① 张跃庆等. 城市住宅管理概论. 北京：北京经济学院出版社，1989：40.
② 陈伯庚等. 城镇住房制度改革的理论与实践. 上海：上海人民出版社，2003：68.

有二重性。它具有商品住房的属性以及社会保障性。一方面，购买者购买了经济适用房，其获得的是与一般商品房一样的完整产权的住房；另一方面，与同类商品房相比，其价格要低得多。由于土地是国家划拨的，税收上享受了政府的优惠政策，开发商的微利（3%）使经济适用房价格低于市场商品房价格。但并不是每一个人都可以享受经济适用房的，经济适用房的购买对象是中、低收入家庭。2002年，建设部出台《经济适用房价格管理办法》，明确规定家庭年收入在6万元以下才具备购买经济适用房资格。由于经济适用房为中低收入家庭提供，因而建设标准为一般中低收入家庭买得起、功能齐全、有超前性的住房。所谓功能齐全是指每套住房应有卧室、起居室（厅）、厨房、卫生间、储藏室和阳台。套型面积标准一般一室户为40～50平方米；二室户为60～80平方米；三室户为90～120平方米。经济适用房的建设，一方面解决中、低收入阶层的住房问题，另一方面对我国实现住房私有化起了积极的作用，使拥有一所住房不再是梦想。此外，为实现住房商品化，鼓励商品房的购买，金融、抵押、银行给予了大力支持。住宅商品化的实现离不开金融支持。银行等金融机构对购房的支持，推动了房地产市场的发展，对住房私有化起到了金融促进与保障的作用。

（四）2004年至今：住宅宏观调控，住房市场与住房保障双轨制模式

过度市场化不利于住房问题的解决和住房市场的健康发展。由于住房全面市场化后一些主要大城市房价上涨过快、过猛，2004年后相当长的时期内，中国的住房政策主要围绕如何抑制商品房价格而展开。2004年至今，住房宏观调控的核心是稳定房价。2005年3月17日，中国人民银行上调房贷利率，央行自3月17日上调个人住房贷款利率，将5年期以上个人住房贷款利率提高到5.51%。3月26日，国务院办公厅下发《国务院办公厅关于切实稳定住房价格的通知》（国办发明电［2005］8号），八点要求控制房价涨幅过快，简称"老国八条"，要求各地政府重视房价上涨过快这一现象。4月27日，国务院马上出台了"加强房地产市场引导和调控的八条措施"，即"新国八条"。5月11日，七部委出台稳定房价八条意见。国务院转发建设部等七部门《关于做好稳定住房价格工作的意见》（国办发［2005］26号）。"八条意见"要求各地区、各部门要把解决房地产投资规模过大、价格上涨幅度过快等问题，作为当前工作加强宏观调控的一项重要任务；而且明确指出，要采取"期房限转"、新购商品房"两年内转手全额征税"等措施，打击炒作投机行为。2005年6月1日，"八条意见"正式实施，这一天被称为"六一大限"。5月31日，三部委出台政策限制期房转卖。国家税务总局、财政部、建设部三部委联合出台了《关于加强房地产税收管理的通知》（国税发［2005］89号），对5月11日七部委出台的房地产新政中有关事项做出了更为细化的要求。10月18日，二手房交易征收20%个人所得税。国家税务总局下发《关于实施房地产税收一体化管理若干问题的通知》（国税发

[2005] 156 号），即 156 号文，对房地产税收进行一体化管理。其中最著名的规定，就是强调要对 20％个人所得税进行一体化征收。2005 年的"国八条"和"七部委意见"出台后，从总体上讲，房地产投资增长和房价上涨过快的势头得到初步抑制。一些城市的商品房价格一度明显回落，但更多的城市房价仍在继续升高，商品房的价格可以说是只升不降。2006 年 4 月 28 日，央行再次上调房贷利率。金融机构一年期贷款基准利率上调 0.27 个百分点，由现行的 5.58％提高到 5.85％，5 年期以上利率提高到 6.39％，其他各档次贷款利率也相应调整，金融机构存款利率保持不变。2006 年 5 月 8 日，建设部上调住房公积金贷款利率。建设部下发通知，规定从 2006 年 5 月 8 日起，上调各档次个人住房公积金贷款利率 0.18 个百分点，即 5 年（含）以下贷款由现行年利率 3.96％调整为 4.14％，5 年以上贷款由现行年利率 4.41％调整为 4.59％。住房公积金存款利率保持不变。2006 年 5 月 17 日，国务院常务会议，针对少数大城市房价上涨过快，住房供应结构不合理矛盾突出等问题，出台 6 项措施调控房地产，即著名的"国六条"，其中一条是："加快城镇廉租住房制度建设，规范发展经济适用住房，积极发展住房二级市场和租赁市场，有步骤地解决低收入家庭的住房困难。"按照"国六条"的内容，这一阶段，主要是对上一阶段住房保障滞后的原因重新审视，提出住房保障的主要任务是针对低收入家庭提供廉租房和经济适用房。另外，针对中等收入家庭的限价房和经济租用房也开始尝试，这两类产品属于政策性住房，并不属于严格意义上的住房保障范畴。2006 年 5 月 30 日，九部委联合出台十五条调控细则。国务院办公厅转发建设部、发展改革委、监察部、财政部、国土资源部、人民银行等九部门《关于调整住房供应结构稳定住房价格意见的通知》（国办发 [2006] 37 号）（简称《意见》），并从 6 月 1 日实施。《意见》对个人住房贷款首付比例、新建楼盘 90 平方米以下房型比例、开发商自有资金比率等作了一系列的规定。

但是，仅仅靠宏观调控去干预市场，同样也不能解决住房领域的"市场失灵"问题。房改时候对于市场机制在住房资源分配作用的期望，以及此后试图通过干预市场解决所有的住房问题很不现实也不符合中国国情。住房市场宏观调控反而让房价越调越高，城市居民对房价怨声很大。2007 年 8 月 13 日，国务院办公厅发布《国务院关于解决城市低收入家庭住房困难的若干意见》（国发 [2007] 24 号），把对城市低收入家庭的住房保障正式提升为住房政策的主要内容，低收入家庭主要通过廉租住房解决，外加经济适用住房；中等收入家庭根据各地实际可以采取限价商品房和经济适用房的办法解决；高收入家庭主要通过市场解决。在住房制度中将住房保障与住房市场相并列，对解决住房问题采取双轨制度。文件第一次明确提出把廉租房作为住房保障体系的中心，同时对经济适用房实行有限产权。这是对长期以来片面强调房地产市场化发展的矫正，是对（国发 [1998] 23 号）文件所规定的房改目标模式的回归，住房分配、供应、流通相配套的改革目标得以完善，以住房保障为核心的住房制度建设正在迈向新的境界。2008 年以来的中国住房政策可以说住房保障与住房市场调控相交织，住房市场的发展更注意民生的需求，在国际金融危机冲击的背景下住房保障也被赋予"保增长、促民生"的双重含义。2008 年 11 月初，为应对全球金融危机，我国政府对外宣布 4 万亿刺激内需计划，其中把 1000 亿保障性住房投资列在第一位。12 月 21 日，国务院出台的《国务院办公厅关于促进房地产市场健康发展的若干意见》（国办发〔2008〕131 号），出台多项政策，目的是要稳定楼市和拉动房地产投资。2009 年 6 月，住房和城乡建设部公布《2009～2011 年廉租住房保障规划》，宣布从 2009 年起到 2011 年，争取用三年时间，基本解决 747 万户现有城市低收入住房困难家庭的住房问题。然而，在保增长的同时，中国的房价快速飙升，特别是一线城市如上海、北京、深圳、广州，还有南京，房价几乎以百分之一百以上的速度上涨。2009 年中国的房地产市场出现了在现代房地产史上 500 年没有出现过的机遇，在全世界的经济衰退、全世界的金融危机、全世界的房价全部普遍的下跌情况下，中国的房地产市场突然间销售快速增长，部分城市房价、地价又出现过快上涨势头，投机性购房再度活跃，引起中央高度重视。2010 年开始，为遏制部分城市房价过快上涨，切实解决城镇居民住房问题，国务院在 2009 年之前下达多个文件的基础上又再次下达多个文件，调控房地产市场。2010 年 1 月 7 日，国务院办公厅下发《国务院办公厅关于促进房地产市场平稳健康发展的通知》（国办发〔2010〕4 号）（简称"国十一条"）。主要精神：一是从增加保障性住房和普通商品住房有效供给、合理引导住房消费、抑制投资、投机性购房需求、加强风险防范和市场监管、加快推进保障性安居工程建设、落实地方各级人民政府责任五个方面，进一步加强房地产市场调控。二是加大差别化信贷政策执行力度。金融机构在继续支持居民首次贷款购买普通自住房的同时，要严格二套住房购房贷款管理，合理引导住房消费，抑制投资、投机性购房需求。对已利用贷款购买住房、又申请购买第二套（含）以上住房的家庭（包括借款人、配偶及未成年子女），贷款首付款比例不得低于 40%，贷款利率严格按照风险定价。三是继续实施差别化的住房税收政策。要严格执行国家有关个人购买普通住房与非普通住房、首次购房与非首次购房的差别化税收政策。对不符合规定条件的，一律不得给予相关税收优惠。加快研究完善住房税收政策，引导居民树立合理、节约的住房消费观念。2010 年 4 月 17 日，国务院下发《国务院关于坚决遏制部分城市房价过快上涨的通知》（国发〔2010〕10 号）（简称"新国十条"）。主要精神：实行更为严格的差别化住房信贷政策。①对购买首套自住房且套型建筑面积在 90 平方米以上的家庭（包括借款人、配偶及未成年子女，下同），贷款首付款比例不得低于 30%。②对贷款购买第二套住房的家庭，贷款首付款比例不得低于 50%，贷款利率不得低于基准利率的 1.1 倍。③停发第三套房贷。对贷款购买第三套及以上住房的，贷款首付款比例和贷款利率应大幅度提高，具体由商业银行根据风险管理原则自主确定。商业银行可根据风险状况，暂停发放购买第三套及以上住房贷款。④遏制外地炒房者。对不能提供 1 年以上当地纳税证明或社会保险缴纳证明的非本地居民暂停发放购买住房贷款。⑤地方人民政府可根据实际情况，采取临时性措施，在一定时期内限定购房套数。⑥对境外机构和个人购房，严格按有关政策执行。⑦物业税渐行渐近。"新国十条"要求发挥税收政策对住房消费和房地产收益的调节作用。财政部、税务总局要加快研究制定引导个人合理住房消费和调节个人房产收益的税收政策。2010 年 4 月 30 日，北京市政府制定并发布《北京市人民政府贯彻落实国务院关于坚决遏制部分城市房价过快上涨文件的通知》（京政发〔2010〕13 号）（以下简称《通知》），《通知》明确提出了本市抑制不合理购房需求的具体措施，其中要求商业银行根据风险状况暂停发放第三套及以上住房和不能提供 1 年以上本市纳税证明或社会保险缴纳证明的非本市居民购房贷款；要求自《通知》发布之日起，同一购房家庭只能新购买一套商品住房；金融机构和税务部门可以根据本市房屋权属交易系统中个人住房记录，实施差别化的信贷和税收政策。截至目前，全国已有北京、上海、南京等 16 个城市出台了"限购令"。各地的"限购令"被认为是体现了政府调控房价的决心。限购令出台是为了平抑房价，但这实际上再一次混淆了住房商品市场与住房保障市场体系的关系，试图通过控制住房市场以及市场价格来解决所有人的住房问题是徒劳的。且不说"限购令"的合法性已引起广泛质疑，至少已产生了政府干预市场是否过度与过分的嫌疑。近几年，房地产宏观调控的措施不可谓少，但调控的效果不佳，包括各地"限购令"的出台，各地的房价虽没有像往年涨幅大，但至少不降或下降不大，尚且这个临时性的措施是否会引起更强的反弹还很难说。如果不把保障性住房市场与商品化住房市场分开，适用不同的法律与政策，住房的诸多问题，尤其是低收入者住房问题将很难解决。

中国住房制度改革以及此后的无论是住房市场的自我调节或是政府不断加大的宏观调控与干预，可以清楚地看到：解决 13 亿中国人民的住房问题，仅凭住房市场调节或仅依赖于政府的住房政策宏观调控都无法实现这一目标。多层次、多渠道、多种住房供应途径体系的建立是解决公民住房问题的可行之策，政府不能混淆其在住房市场与住房保障二方面的双重责任与任务。

二、中国住房私有化的社会影响与效果

中国住房制度改革与住宅私有化进程的深入，改变了中国财富存在的形式与人们的生活观念、生活方式，改变了中国经济的增长方式，也改变着人们的政治地位和社会经济地位，最终将改变中国的社会制度。住宅的私有化造成人们与住宅关系

的深刻变化。如果说，没有产权的住宅还只是人们的"外在"的栖身之所，那么，已经拥有产权的住宅就变成了人们自我的"延长"。住宅私有化使人们获得了一个塑造自我、表现个性、保障人格尊严和创造生活享受的必要的物质前提。城市居民开始获得了真正的消费者身份，也获得了消费选择的自由。如果说生产资料的财产权改革激发了企业动力的话，那么生活资料的私人财产权的变革和扩张则奠定了人的彻底解放的物质基础。"有产者有恒心"成为中国政治和社会稳定的基础，成为创造与发展的源泉。

（一）住房制度改革与住房私有化实现了人们梦寐以求拥有自己住房的梦想

住房制度改革以及住房商品化、市场化后，城市居民的住房条件有了相当的改善，多少代人梦寐以求的拥有自己住房的梦想终于实现了。人们不再仅仅将住房看作是单位或政府分配的居处，而是一种财富与信心的象征。

（二）住宅私有化改变了人们的财富观念，改变了财富存在的形式

财富不再只是存在银行中的现金或有价证券，而且可以是住房。在满足生存消费的同时，住房可以变现、可以抵押转换、可以存储升值、可以显示人身价值、可以继承遗传、可作为财富积累。人们在圆"我想有个家"的梦的同时，在积累恒久的财富①。

（三）住房私有化改变了中国经济发展进程

当人们开始拥有"不动产"这一财富时，这种生存与消费观念转变的同时也形成了整个中国经济增长方式的转变。个人与家庭可以决定住房财富的积累与消费。巨大住房消费需求，也因此带动了巨大的投资与生产的需求。住房建设投资在 GDP 中的比重大大提高，拉动着消费的增长。城镇居民对住房投入逐年增加。以江苏为例：2002 年江苏省城镇居民家庭人均居住类支出 704.46 元，比 1995 年的 275.23 元增长了 25.6%②。居民在购房与建房的同时带动了建筑材料、维修服务、家电市场等相关产业的发展，住房成为拉动消费的新热点。2009 年江苏城镇居民居住类消费 1149 元，比上年增长 10.2%，其中人均住房装修支出 399 元，增长 18.9%；家庭设备用品及服务类消费 923 元，增长 13.5%，其中家具消费 121 元，增长 23.4%；文化娱乐品类消费 516 元，增长 3.3%，其中彩色电视机消费 121 元，增长 11.4%③。

（四）住房私有化改变着人们的政治地位和社会经济生活的权利

传统社会与现代社会之间最典型的差别就在于"人格权"与"身份权"的地位

---

① 任志强. 住房私有化影响深远：从居住到制度的变革. 经济观察报，2003-10-8.
② 江苏省统计局. 江苏统计年鉴 2003. 北京：中国统计出版社，2003：122.
③ 根据国家统计局. 江苏：城镇居民收入跨上新台阶　消费迈开新步伐. ［2010-2-25］. http://jjw.mei.gov.cn/lb2009/news/20100225/296583.htm.

在法律和政治生活中的比重不同。传统社会中，身份权重于人格权。而在财富私有化的现代社会中，身份权逐渐地让位于人格权。在传统社会中，人们的住房是由人们的身份关系所决定。当住房由被聘（雇）用单位所拥有和分配时，身份地位的高低，决定了住房的状况。反过来，住房状况又反映了居住者的身份与地位。所谓政治上的独立性、社会性也就变成了被财富的所有权所扭曲的一种"身份权"。住房私有化开始打破了这种财富分配的身份依赖性。在城市拥有私有房屋的农民可以像城市身份的市民一样生活，并可能活得更好。工人可以比干部身份的人住得更优越。全民、集体与个体劳动者的就业差别不再能从居住条件上反映，反而会在实物住房分配时出现极大的反差。人们将不再因住房的分配而屈从于"身份权"，人们也不再因居住而放弃择业的自由。住房私有化使人们脱离了"身份权"的同时，也由于住房的私有化而拥有了自己管理自己财富和自主委托管理财富的权力。人们的经济生活权利也获得了改变，择居自由，职业自由。当人们不再依附于单位的公有住房时，公民的职业自由与人才流动才成为可能。不必在下班后仍生活在同单位的同一圈内，人们的社交范围更广，活动的自由也更大，个人的隐私也获得了更多的保护与保护的可能性。更为重要的是，生活方式的选择不但关系着择居者自身的生活质量与意愿，同时将影响着新的几代人。

（五）住房私有制使公民居住条件发生巨变

从公有住房到私有住房；从国家投资建设，到房改房、个人购买、投资商品房；从大杂院、筒子楼和清一色的单元房，到新公寓、Townhouse、小别墅，居民的居住状况获得了迅速改善。从 1978 年的 6.7 平方米到 2001 年的 22.36 平方米；从无卫生设施的住房到功能齐全、配套设施良好的住房；大部分家庭拥有独立住房，约占 93%[1]，城镇居民住房成套率达到 72.7%，58.7% 的城镇居民家庭住房结构为二居室或三居室；拥有暖气设备的家庭占 31.5%，拥有厕所、浴室的家庭占 40.2%，拥有管道天然气的家庭占 30.3%；32.3% 的家庭住房已经装修[2]。至 2009 年底，中国城市人均住宅建筑面积约 30 平方米，农村人居住房面积 33.6 平方米，分别比 2005 年提高 15% 和 13%。住房质量、住房成套率、配套设施与环境大为改观[3]。居民的居住条件发生了巨大变化。

三、中国住房商品化得失评价

中国住房制度改革的宗旨在实现住房市场化、货币化与自有化。尽管房改中出

---

[1]　建设部政策研究中心. 2000 年第五次人口普查——住房状况分析报告. 长江建设，2003，1.

[2]　李学芬. 房改取得实质性进展政策有待进一步完善——城镇居民住房调查报告. 经济界，2000（5）.

[3]　中国人均住房面积 30 平方米你有没有拖住建部的后腿？http://house.hangzhou.com.cn/lsxw/bbyw/content/2010-12/30/content_3572230.htm.

现以及暴露了许多问题，但住房市场化方向是正确的。房改改变了住房供给体系，形成了市场竞争格局与秩序，实现了几代人梦寐以求拥有自己住房的梦想，许多人实现了从无产到有产的突破。在城镇人口不断增加的同时，城镇居民人均住房建筑面积从 1978 年的 6.7 平方米提高到 2000 年的 20.7 平方米，2009 年达到 30 平方米以上。实现住房市场化、商品化无疑是必要与正确的，市场机制在解决住房配置效率问题上无疑也是有效的，对于那些有财力、经济上负担得起的购房者来说，住房的商品化可以改善自身的居住条件与水平，并实现拥有自己住房的梦想。但是，住房商品化这一过程中存在与暴露的问题不少。

（一）政府将保障公民住房的责任推向市场，推向个人、家庭与社会

在我国住房制度改革前，我国政府几乎负担着全民（除农民外）所有的住房义务。居民与职工居住的是国家或单位的公房。各级政府以及各级单位也都承担着提供居民与职工的住房的义务。提供者与住房者都视之为天经地义的事。虽然那个时代，尚未有住房保障这一概念或观念，国家、政府与单位在主观上也并未意识到住宅权是一个基本人权问题，也没有把提供公有住宅提升到是保护人权的高度来认识，虽然那样的住房政策对解决住房成效并不明显，城镇住房紧张，住房条件一直处于低水平状态徘徊。但是，从另一个层面上讲，在客观上政府却履行与实践着保障公民居住的责任与义务，提供与保障公民的住房被视为政府的职责与义务。然而，住宅商品化以及住房制度改革，国务院决定，停止实行 40 多年的实物分配福利房，推行住房分配货币化。这意味着中国房地产开始了真正的市场化运作。住宅私有化率迅速提高，现已高达 60% 以上。城镇居民的住房状况以及住房条件获得了显著改善，城市的面貌焕然一新。但是，在住房制度改变的同时，提供与解决公民住宅保障的责任与义务也悄悄地发生着改变。购买住房、改善住房条件成为绝大多数公民自己的义务与责任，政府与单位不再承担这样的责任与义务。一些地方政府在大力推行城市住宅市场化改革的同时，出现了矫枉过正的错误认识，即认为城市住宅建设应该完全市场化、商品化，完全由市场来解决住宅的配置，政府不应有任何干涉，过分强调了住房市场化、自有化，忽视了政府在住房供应和住房保障方面的责任，从观念到政策导向，有意无意间将解决住房的责任推给了个人、家庭或社会。对于提供经济适用房，提供低收入家庭廉租房被视为地方政府的政绩，做的多少与好坏，仅是政绩上是否锦上添花而已。

（二）住房商品化无疑加重了低收入者与弱势群体的住房负担与压力

居民的住房需求能否得以满足则完全取决于他的个人收入水平。"弱势"群体由于先天或后天的原因，如果听凭市场配置，完全依靠市场机制根本无法解决其自身的住房问题，取消福利分房，全面实行住房商品化，对于贫穷者以及社会弱势群体而言，这无疑是雪上加霜，他们无力通过自身的财力在市场购买到住房，同时，住

房的商品化也使得住房租赁市场价格上涨，而公房出售后，这些社会弱势群体承租公房的可能性也大大降低。

（三）过分强调住房商品化是推动房价上涨的一个重要原因

实现住房商品化无疑是必要的。但是，住房商品化并不等于完全的住房私有化，并不等于只售不租，也不等所有人都要购房，都要拥有具有所有权的住房。在住房租赁市场未得到足够重视与倡导的情况下，过分强调住房商品化、自有化，不仅加重了居民的负担，也是推动房价上涨的一个重要原因。即使在西方国家，人们也并不都是买房居住，比如三分之二的瑞士人、超过一半的德国人、将近一半的美国人都是租房而住的①。过分强调住房自有化，将加重居民的心理负担。住房政策过多地强调住房私有化与自有化，似乎所有的城乡居民均需要购买属于自己的住宅，这种单一的改革愿望很可能不符合中国的现实国情，也可能导致改革的目标不能实现。新加坡被公认为是居民住房问题解决得最好的国家，也未实现全民住房私有化；香港是典型的市场经济社会，至今仍然有50％的人口住在政府的公共房屋内。这表明住房私有化即使是在经济十分发达的地区也是一个相当时日都难以完成的过程，何况经济落后、国民收入并不高的中国内地。住房政策的出发点应当是使有需要且能够购买住宅的人士购买到住宅，可要、可不要的居民则可以选择购买或不购买住宅，也可以通过市场租赁房屋解决，对于无力购买住宅或市场租赁房屋者依然可以租住公共房屋。建立一个由住宅私有化与住宅"福利"相结合的双轨制住房体制较单一的住房福利化或住房私有化体制要好得多。

（四）未建立双轨制的住房供应体系，对商品住房与公共住房供应未加以区分，试图通过单一的住房市场解决一切住房问题

1998年7月，国务院发布《国务院进一步深化城镇住房制度改革加快住房建设的通知》（国发〔1998〕23号）（简称23号文件），确立了以住房货币化为中心内容的改革方向。明确提出完善以经济适用房为主的多层次住房供应体系。但是，2003年8月国务院又下发《关于促进房地产市场持续健康发展的通知》（国发〔2003〕18号）（简称"18号文件"），把"23号文件"中有关"经济适用房是住房供应的主体"改为"经济适用房是具有保障性质的政策性商品住房"。也就是说，政府将"为80％～90％以上的家庭提供经济适用房"的政策调整为"多数家庭购买或承租普通商品住房"。这一改变，很多人被抛向了商品房市场，经济适用房在各大城市趋于消失，住房公共产品特性开始被削弱。绝大多数城镇居民必须通过市场购买商品房解决自身的住房问题。这就产生了一个居民购房能力与商品房价之间的矛盾。虽然近些年，居民的收入提高，加上住房货币补贴，居民的购房能力相应提高，但远远跟

---

① 参考消息. 1998-1-7.

不上房价的增长率。商品房价居高不下，2001 年上半年 35 个大中城市商品房价格上涨率为 11%，北京等城市甚至上涨了 25%。2004 年广州市住宅交易均价 4618 元/平方米，较之 2003 年的 3888 元/平方米的价格，升幅达 18%，北京市 2005 年全年商品房房价涨幅为 19.89%。2004 年上海房价上涨 14.6%，每平方米均价 6385 元。根据《2003 年度南京房地产市场的调查研究报告》，南京市 2003 年新建商品房均价为 4537 元/平方米，新建住宅的均价为 4378 元/平方米，全年各片区房价普遍上涨了 1000 元/平方米，比 2002 年增长 23%。主城区房价为 5000 元/平方米，市中心区少数高档公寓高达 8000 元/平方米，甚至在河西一些地区也高达 7000 元。环境较好的高档别墅价位在 15000 元/平方米左右。商品住宅均价涨幅较人均可支配收入增长高出 3.1%。南京市房价在全国 15 个副省级城市中排名第五。中国社会科学院在北京发布的 2010 年《房地产蓝皮书》指出，2009 年商品房价格增长 23.6%，商品住宅的价格增长 25.1%，远远超过了城镇居民人均可支配收入 9.8% 的增长速度。商品住宅价格过高主要有二方面的因素：一是土地价格居高不下，以南京为例，2003 年住宅用地平均价格 3237 元/平方米，楼面在地价 1952 元/平方米。有些地块单价创新高。如南京小粉桥地铁物业地块单价达 22000 元/平方米。而 2009 年，南京河西金沙江地块（NO.2009G34）拍出了 15.92 亿的"天价"，其楼面地价更是高达每平方米 7553 元。二是住宅需求增大。由于政府加大城市建设，加快旧城改造（2003 年国有土地拆迁项目达 115 个），拆迁房屋面积 179 万平方米，拆迁居民达 2.4 万户，加上集体土地拆迁，拆迁户购房与安置房的需求大大增加，使住宅供给相对不足，从而拉动房价上涨。居高不下的房价，与居民的购房力发生冲突。市区一套公寓房动则几十万，甚至上百万，加上购房后需要装修等设备添置，一般工薪阶层很难承受，即便靠银行贷款买下，每月的还贷将是一个沉重的负担。这一问题如不能得到解决，将产生重大的社会问题，一方面大量的拆迁户与住房困难户需要住房，而另一方面市场所能提供的商品住宅又购买不起。一方面房屋空置，另一方面无房可住。绝大多数人的住房问题被抛向市场后，一方面导致了房价的居高不下；另一方面，公共住房供应体系并未相应的建立。以市场利益为驱动的商品房开发，往往忽视了大批低收入群体的购房需求，政府在此方面应有所作为，充分发挥市场配置资源的职能与作用，通过多层次、多梯度的住宅政策与供应体系的构建，一方面降低地价；另一方面建造更多的经济适用房与廉租房以及其他公共住宅，以弥补市场功能先天不足以及住宅产品结构的严重失衡的状况。

（五）对社会弱势群体的住房关注不够，住房社会保障制度尚未完全建立

当今世界各国都存在弱势群体，我国也不例外。虽然政府一直在加大住房保障的力度，但是其覆盖程度一直处于较低的水平，低收入家庭住房条件的改善相对于住房建设的发展显得较为缓慢。住房条件仍然较差。调查资料显示，截至 2009 年 6

月，南京城镇居民低收入组的人均住房建筑面积为 20.12 平方米，仅是高收入组的 51.8%，拥有三居室以上住房的比例比全市平均水平低 11 个百分点。在住宅商品化的进程中，城镇中仍有相当一些低收入群体无法按等价交换的原则在市场上租房或买房。他们中既包括城镇中无法定供养者、无生活来源和无劳动能力的"三无"人员、孤老病残和大量的下岗失业职工，也包括城市化中涌现的大量流动人口和农民工。虽然我国在 1994 年，《国务院关于深化城镇住房制度改革的决定》（国发〔1994〕43 号）就提出了建立廉租房社会保障体系的设想，1999 年，建设部也出台了《城镇廉租房管理办法》（建设部令第 70 号）。但由于城镇住房的最大矛盾是住房短缺，人们的注意力主要集中在如何扩大住宅的建设和供应上，社会弱势群体住宅保障并没有成为政府、社会普遍关注的问题，更没有专门加以研究。即便政府发布一些办法或决定，也由于没有上升到国家法律的高度，加上重视程度不够，因而在实践中收效甚微。据统计，2006 年年底，全国实际享受过廉租房政策的家庭仅为 26.8 万户，占 400 万低保住房困难家庭的 6.7%，占低收入住房困难家庭的 2.7%，占全国城市家庭的 0.15%①。2004 年建设部、财政部、民政部、国土资源部、国家税务总局联合发布《城镇最低收入家庭廉租住房管理办法》（中华人民共和国建设部，中华人民共和国财政部，中华人民共和国民政部，中华人民共和国国土资源部，国家税务总局令第 120 号），该办法于 2004 年 3 月 1 日起实施，1999 年的《城镇廉租住房管理办法》同时废止。该办法把保障低收入家庭的廉租住房优先限定到城镇最低收入家庭。而廉租房政策在实际执行中而存在着一些问题：①廉租房资金来源不确定。廉租房是政府解决贫困人口的住房问题的重要举措，但资金来源不稳定却是制约其发展的一大障碍。许多城市用住房公积金增值收益发放租金补贴，用私人储蓄资金为政府公共福利目标服务，这一方面侵害了其他私人的利益；另一方面也削弱了政府的职能和公共资源配置的效率。许多城市利用公房出售收回来的资金用于发放廉租房租金补贴，但是由于大部分公房是单位自管公房，回收资金并不上交地方财政，致使各城市可支配的售房款十分有限，杯水车薪不足以弥补巨额资金缺口。有一些城市因租金补贴资金无法落实，"廉租房"政策虽好也只能束之高阁。在住宅商品化的进程中，如何调整政府的支出结构，将低收入群体的住房问题真正列入政府的支出预算安排，以保障稳定的资金来源已成为廉租房制度建设的重中之重。建设部 2004 年 3 月 1 日施行的《城镇最低收入家庭廉租住房管理办法》第八条规定："城镇最低收入家庭廉租住房资金的来源，实行财政预算安排为主、多种渠道筹措的原则，主要包括：市、县财政预算安排的资金；住房公积金增值收益中按规定提取的城市廉租

---

① 中华人民共和国国务院新闻办公室. 坚持以人为本，加强住房保障，努力解决城市低收入家庭的住房困难. 2007-8-30. http://www.china.com/cn/ch-xinwen/content/news/070830-2.htm.

住房补充资金；社会捐赠的资金；其他渠道筹集的资金。"廉租房资金列入了政府财政预算，这对于确保廉租房资金的来源具有重要作用。可喜的是，从全国人大常委会的有关报告中获悉，到 2010 年 8 月底，中央财政年初安排的 692 亿元（含去年结转的 50 亿元）和追加安排的 100 亿元保障性住房建设资金，已全部下达①。②廉租房承租没有确定优后顺序、形式单一。社会住房保障体系的对象，从狭义上讲，是最低生活保障制度保障的对象——低保户、贫困人口；从广义上讲，它应包括所有无法从市场获得住宅的中、低收入居民家庭，既包括具有城镇户口的"城镇居民"，也包括城市中大量所谓"流动"但常驻城镇的"农业人口"。但目前，各城市出台的廉租房政策，保障的对象多限定在低保户、优抚家庭中的住房困难户。建设部《城镇最低收入家庭廉租住房管理办法》对保障对象明确规定为："符合市、县人民政府规定的住房困难的最低收入家庭，可以申请城镇最低收入家庭廉租住房。"只有城市中最低收入家庭才可能符合条件。这种规定，对目前国家财政尚有一定困难的情况下是可以理解的，但对那些既买不起房，又非属于最低收入家庭——即低保的"夹心层"和大量的流动人口也应列入社会保障的范围，可以通过确定先后顺序的方式解决，先最低保障户，其次中、低收入户。只有这样，才能真正解决居民的住房问题。在保障的方式上主要有以下几种：一是租金减免，即对符合廉租房政策的家庭承租公房给予租金减免。二是实物配租，即政府对受保障对象提供低租金的普通住房。三是租金补贴，即政府按市场租金与廉租房租金差额提供补贴，由受补贴者自己到市场上去租房。四是房屋置换，通过房屋产权置换，将旧公房转换为廉租房。

总之，住房制度的改革以及住房商品化、市场化虽然在住房资源的配置优化方面发挥了重要的作用，但是，在这一过程中，不足之处或者说存在的问题仍然不少，需要总结经验教训。住宅社会保障制度的构建，是一项政策性、社会性强，涉及面极广的系统工程，既是政府的一项政治任务，同时，也是其应承担的法律责任与义务。在建立与完善住房商品化、市场化住房机制的同时，另一方面应当在我国建立与完善住房社会保障机制，让人人享有良好的住房成为维护公民基本生存权的重要内容，这也是我国社会经济发展的重要标志。

四、中国保障性住房制度的提出与困境

（一）构建保障性住房制度的提出

1994 年，国务院颁布的《关于深化城镇住房制度改革的决定》（国发［1994］43 号下文简称《决定》）中就首次提出建立以中、低收入家庭为对象的、具有社会保障

---

① 中央财政今年安排的保障性住房建设资金全部下达. http://www.gov.cn/jrzg/2010-10/25/content_1729997.htm.

性质的经济适用房供应体系。同年，建设部出台了《城镇经济适用住房建设管理办法》（建房［1994］761号），将经济适用住房定义为"由相关部门向中、低收入家庭的住房困难户提供按照国家住房建设标准建设的价格低于市场价的普通住房"。但是，当时住房制度改革的根本目的是要缓解居民的住房困难，不断改善居住条件，引导住房消费，逐步实现住房商品化，发展房地产业。因此，保障性住房的定义最终还是普通住房，亦即是具有商品性的。1998年，国务院出台《国务院关于进一步深化城镇住房制度改革加快住房建设的通知》，住房制度改革的指导思想与目标发生了显著变化，其中深化城镇住房制度改革的指导思想是"稳步推进住房商品化、社会化，逐步建立适应社会主义市场经济体制和我国国情的城镇住房新制度，加快住房建设，促使住宅业成为新的经济增长点，不断满足城镇居民日益增长的住房需求"，城镇住房制度改革的目标也相应发生了变化。"停止住房实物分配，逐步实行住房分配货币化；建立和完善以经济适用住房为主的多层次城镇住房供应体系；发展住房金融，培育和规范住房交易市场"。这次政策调整的主旋律是住房市场化。2004年建设部、国家发展和改革委员会、国土资源部、中国人民银行联合发布的《经济适用房管理办法》（建住房［2007］258号）中第二条将经济适用房定义为"政府提供政策优惠，限定建设标准、供应对象和销售价格，具有保障性质的政策性商品住房"，同时第二十六条规定："经济适用住房在取得房屋所有权证和土地使用证一定年限后，方可按市场价上市出售；出售时，应当按照届时同地段普通商品住房与经济适用住房差价的一定比例向政府交纳收益。具体年限和比例由市、县人民政府确定。"进一步强化了保障性住房的商品化属性。可见，尽管我国政府很早就提出了住房保障问题，但是，它并非严格意义上的社会保障性的住房保障，而是政府试图通过市场来解决住房保障问题，其性质上属于保障性商品住房。

2007年开始，中国各级政府才真正把工作重心向保障性住房转移，加快廉租住房、经济适用房和两限房的建设。2007年8月，国务院颁布《国务院关于解决城市低收入家庭住房困难的若干意见》（以下简称《意见》），该《意见》最大的特点就是规定经济适用住房供应对象为城市低收入住房困难家庭，并与廉租住房保障对象衔接；同时规定政府可以优先回购经济适用房。同年11月26日，建设部、国家发展和改革委员会、国土资源部等九部委联合制定的《廉租住房保障办法》（建设部令第162号）；11月30日，又联合发布了新的《经济适用住房管理办法》（建住房［2007］258号）。新的管理办法给经济适用住房下定义为"指政府提供政策优惠，限定套型面积和销售价格，按照合理标准建设，面向城市低收入住房困难家庭供应，具有保障性质的政策性住房"。并明确经济适用住房制度是解决城市低收入家庭住房困难的政策体系的组成部分。2008年的《政府工作报告》也明确提出要抓紧建立住房保障体系，解决城市低收入群体住房难，建设廉租住房和经济适用住房；帮助中等收入家庭解决住房难问题。这两个文件的出台，意味着政府部门对现行保障性住房制度的一次重要矫正与纠偏，体现了保障性住房从商品性向社会保障性的回归。2008 年推出"9000 亿安居工程投资计划"，2009 年制定廉租房保障规划、要求各地五年内基本完成棚户区改造，2010 年出台公共租赁住房政策、要求各地制定"十二五"住房保障规划，并提出至 2015 年底，全国人均住房建筑面积 13 平方米以下的城镇家庭都能享受到保障，并要求新建保障性住房 580 万套，2011 年要激增到 1000 万套，中央已下拨 600 亿元建设保障房，表明了中央政府的决心。政府在增加土地及商品房供应的同时，将重拾住房保障这一长期缺失的公共职能。

（二）构建保障性住房制度的困境

保障性住房是与商品房相对的一个概念，具有社会保障性质。它的取得不能完全按经济支付能力和市场价格而定。当前，我国的保障性住房由廉租住房、经济适用住房和政策性租赁住房以及安置房（含拆迁安置房、解危安置房以及落实侨房政策安置房）等构成。我国通过近 10 年的探索和实践，我国部分中、低收入家庭享受了保障性住房制度的优惠，提高了居住水平、改善了居住环境，取得了可喜的成绩。然而，目前构建保障性住房制度还存在着较多障碍。

第一，保障性住房缺乏资金保障。保障性住房属于典型的"中央请客，地方买单"的公共政策。以 2010 年国家下达的保障性住房建设计划为例。全国共需投入 1676 亿元，其中，中央投入 493 亿元，占 29.4%；地方配套 1183 亿元，占 70.6%。在地方投入占大头的情况下，即使地方政府有大量的卖地收入，但在复杂的利益博弈和"保八"的政绩下，地方政府没有动力和积极性去投入保障性住房建设。

第二，缺乏法律保障。我国迄今尚没有一部关于保障性住房的法律制度。对住房社会保障的政策定位、保障的对象、范围与标准、保障的途径与方式、实施保障的组织、机构与职责、法律救济的措施与手段均需要一部法律加以规范。

第三，缺乏相应的执行机构。对于中央或地方政府的政策或措施，没有一个相应的机构来执行，这也是政府对住房保障政策贯彻不力的重要原因。

第四，缺乏相应的责任追究机制。面对众多的住房保障需求，政府提供的住房保障"雷声大，雨点小"。据全国人大常委会报告数据，在中央预算安排的重大公共投资项目中，保障性住房建设进度缓慢，截至 2009 年 8 月底，仅完成投资的 394.9 亿元，完成率为 23.6%，不足 1/4。在地方利益的驱使下，建设保障性住房不如商品房建设收益大，回报快。面对不断上涨的房价，以及保障性住房的缺失，如果没有相应的责任追究制度保障，保障性住房将难以得到保证。

第五，缺少完善配套的设施。保障性住房建设公共服务配套设施不完善，目前我国包括"经适房"、"两限房"等在内的保障性住房大多存在这样的问题，其交通与生活配套都存在诸多问题，不仅增加了居住者的生活成本，甚至可能造成教育、医疗等方面的不均衡，一些地方出现了廉租房不"宜居"，廉租房不"廉"，廉租房被弃的现象。

第六，缺乏制裁的措施与手段。保障性住房项目被倒卖现象，有些地方政府指定或委托的专门承担廉租房及经济适用房建设的一些国有单位，以廉租房或经济适用房名义立项获准后，转手倒卖给房地产开发企业，双方合谋"借地生财"，赚取高额利润，但由于没有相应的法律规定，缺乏法律制裁的依据。

第七，一些地方政府在地方财政利益的驱使下，停建保障性住房，以发放财政补贴，鼓励人们购买商品房或者到市场上承租房屋，以此消化市场中的存量商品房作为了最终目的，把维护开发商的利益作为了出发点。

面对上述种种障碍与困境，面对不断高涨的房价，我们的政府应如何作为？过去，我们过于热衷于市场，忘却了保障的责任；同样，今天我们也不宜过度强调保障，倒退回福利分房时代而伤害了市场。2010年以来，房地产宏观调控中提出的各种限贷、甚至限购等行政干预手段，虽是在高房价下的权宜之计或是无奈之措，但我们必须警惕政策与措施的矫枉过正，人为破坏市场正常运行规律。尤其值得注意的是，不能寄希望于通过控制市场房价达到解决低收入家庭的住房问题，将住房的商品市场与住房的社会保障混为一谈。面对当前的困境，政府既要尊重商品住房的市场规律，同时，必须担负起住房保障这一长期缺失的公共职能，建立一个有法律作保障的保障性住房制度与体系。

第二章　国外住房社会保障制度与立法经验

住宅问题不仅在中国，在世界范围内都是受到各国政府关注的问题。世界各国无不把解决住宅问题作为维护社会稳定、促进经济增长、改善居民生活的大事来抓。一些发达国家政府如美、英、法、荷、日本等制定各种法律与住房政策，如公共住房政策，由政府通过建造大量的公共住宅，向低收入阶层居民提供价格低于市场上同类质量住房价格的住房服务，以及实行住宅补贴政策等其他住宅金融税收等方面的优惠政策，以实现"居者有其屋"这一目标。国外住房社会保障政策与立法经验对构建我国住宅社会保障法律制度具有重要借鉴作用。

一、国外住房社会保障制度的典型模式

如何改善低收入住户的居住条件，是世界城市化快速的国家共同面对的难题。各个国家为了保证经济转型过程中不发生大的动荡，以最小的代价取得最大的发展，都尽可能地完善社会保障体系，尤其是低收入者的福利性住房保障体系的建设，其在社会保障体系中更是占有举足轻重的地位。为此，各国都采取各种政策和措施，如公共房屋、房屋津贴、土地供应政策、房屋金融政策、租金管制、建房标准管制、房产地产市场规范等措施。虽然这些政策和措施即使在同一国家也经常变改，且与各国的政治、经济、文化，甚至一些偶然的因素有关，但它至少是一种启示，可以供我们借鉴。

（一）各国政府对低收入户社会保障的出发点

让低收入户不致因为经济困难，而居住在环境恶劣的住所或无处容身，让他们毋须要把大部分收入用于住房而牺牲其他重要消费，是大部分国家共同的介入低收入住房社会保障的原因，但不同国家或地区在不同时期都可能有其他更深层、不一样的介入原因。有时这些原因是多重的，甚至互相之间会有矛盾。考查这些出发点以及它们背后的依据，能够使我们反省低收入住房政策的意义和重要性。比较住房政策的先驱当尼逊（Donnison）曾提出过政府在房屋政策中的三种角色：雏生型（embryonic）、社会型（social）及全面责任型（comprehensive）。所谓雏生型的房屋政策是指当城市化急速发展，房屋被视为一种社会的消费，而不是生产或者投资时，政府应倾向采取消极的态度面对住房需求（demand）和需要（need），低收入户要自己寻求解决房屋需求的方法。以当时的西班牙、葡萄牙和希腊为例，这些国家正处于急速城市化过程。所谓社会型的房屋政策是以英国、美国、加拿大、瑞士、澳大

利亚等国作为蓝本，它们共同特点是政府的主要角色是照顾市场无法满足其住房需要的人群，如老人、失业者、单亲人士、外来工等，因为他们在劳动市场已经处于不利位置，很难在自由的房屋市场中满足住房需要。所谓全面责任型是指政府承担起满足所有市民的房屋需要的责任，政府不视这种责任为经济发展的包袱，反而认为这是经济发展的重要组成部分，政府的干预是长期而不是短暂的，是根据需要和资源，作出长线的规划，确保长期有足够的房屋供应。属于这种模式的政府包括瑞典、荷兰、德国等①。事实上，各国政府在考虑介入低收入户住房问题时，大多会综合考虑各种因素。例如：一是人口增长因素。世界上不少城市都曾经或者正面临较高的人口自然增长，加上巨大的城乡差距引致的急剧城市化。1940 年，世界上每 100 人有 1 人住在 100 万人以上的城市，到 1980 年这数字已上升至每 10 人有 1 人。新增的人口需要住房，更需要相关的配套设施和服务，包括水、电、煤气、排污、道路交通以及学校、医院、市场等。大多数发展中国家的大城市面对庞大的农村民工潮，无法提供足够的合法居所，于是非常拥挤的分租房、合法或非法占用的贫民区（squatter settlements）和违章建筑便成为发展中国家的共同标志。二是公共卫生及政府公共形象。对于大部分低收入者来说，在没有额外的收入的情况下，能够减少住房开支，等于多赚了钱。贫民区廉价的房租是一途径。但对于政府而言，需要考虑这些密集式、缺乏基本食用水、排污，以至厨房、卫生间等设施的居住环境，较易引发火灾、疾病甚至犯罪，这对社会整体将造成不良影响，既不利于环境卫生，也影响政府的公共形象。因此，清除贫民区是 20 世纪中长期占据各级政府的重要议程。三是社会稳定考虑。老百姓安居乐业，是社会稳定的重要基础。居无定所，贫民区的生活素质差，容易令贫穷人士家庭陷于贫穷循环，产生对社会强烈不满甚至报复社会，威胁社会稳定。美国前总统胡佛曾指出："没有什么东西比住房对人们的幸福和社会的安定更加重要。"四是发展房地产市场，拉动经济与就业，吸引资金。住宅建设每投入 1 万元，可诱发直接相关产业（包括对建筑材料、冶金、木材、化工、机电等几十个产业的上万种产品都有一定的诱发带动作用）产出 1.93 万元，诱发系数为 1.93。而据国家房地产部门测算，住宅业的发展可以带动 50 多个产业的发展；投资拉动比例可以达到 1：3②。两者的差距在于后者加入了居民入住新居时对家具、室内装修、各类家庭消费及耐用品的新需求。由于建筑及相关行业都是人力密集，对就业的拉动作用，估计每 10 亿元投入，可以额外制造约 12000 个就业岗位。五是公民人权的基本要求。政府应该确保所有居民有一个合理的居所，这是公民基本人权的一个要求，这个理由本身就足以推动政府关注低收入户住房的问题。

---

① 施育晓. 住房保障方案//景天魁. 基础整合的社会保障体系. 北京：华夏出版社，2001.
② 付麦收. 抓住机遇加快经济适用住房建设. 住房与房地产，1999（2）.

（二）各国政府住房社会保障模式

1. 雏生型的住房社会保障模式

大部分发展中国家对解决低收入住户的住房问题较为被动，如：巴西、墨西哥、泰国、印度等国家大多是采取项目式的临时措施，缺乏系统和有力的政策，可以视之为雏生型的房屋保障政策与模式。

2. 社会型住房保障模式

英国、美国以及大多数西欧国家，也包括我国香港特别行政区，由于政府对居民住房的介入是基于社会发展及社会正义出发，因而属于社会型的房屋保障模式。政府资源的投入与政策重点集中于低收入住户，一般为那些最低收入的 20％～50％住户不等。保障居民的住房权不仅仅在宪法上加以规定，而且制定了具体的法律加以保障，并有相应的行政部门执行，有足够的经费支持。至于中等及高收入户的住房需要，则交由市场供应，政府只作出宏观的调控。从市场与政府关系的角度，政府基本上是作为市场补漏者的角色。

3. 全面责任型住房保障模式

荷兰、德国、瑞典、法国以及新加坡等是对住房市场全方位介入和控制的国家，他们是全面责任型住房政策的代表者。以荷兰为例，政府有意识全面介入住房市场，其出发点是要建立一个既保障低收入户的居住权利，又帮助他们不致被社会排斥而集中在某些被歧视的地区。政策的具体设置就是通过较全面的津贴覆盖面，令不同收入的住户可以同时处于同一社区。德国是以发放住房补贴为主的住房保障模式。德国的住房补贴制度主要包括租房补贴和购房补贴两类。租房补贴制度是目前德国对低收入居民住房保障的主要方式。德国约有 60％的居民租住住房，其中约 1/3 租住公共住房、2/3 租住私人房屋。近年来，为保证每一个家庭都能够有足够的住房租金支付能力，德国住宅补贴法规定，居民实际缴纳租金与可以承受租金（一般为家庭收入的 1/3）的差额由政府承担，补贴资金的来源由联邦政府和州政府各承担 50％。此外，财政还给予收入较低的购房人不同程度的购房补贴。目前，约有 86％的德国人都可以享有不同额度的住房补贴。法国实行法律强制型住房保障模式。从 2000 年开始，法国政府专门颁布法律，规定任何一个开发商在住宅建造规划中，至少拿出 20％的面积，卖给社会福利房屋管理公司，由其出租或出售给低收入者，并提供房屋的日常维护和管理，其余 80％则按照市场价格销售。这一强制性规定有两个好处：一是促进不同社会层次的居民相互掺杂和融合，防止人为地将一座城市分割为富人区和穷人区，特别是避免出现贫民窟。二是促进街区内多种多样的经济文化生活的融合。在政策推行过程中，政府也会考虑对融入的家庭进行适当筛选。新加坡有计划地通过庞大的建造公屋及租售计划，以及要求储蓄三至四成工资的强制式公积金计划，令超过八成的新加坡人成为业主。

（三）国外住宅社会保障政策对象的选择与模式

各国对住房社会保障资助对象的选择方式上是不同的，没有统一的标准。对于像荷兰等（住房）全面责任型政府，资助对象的选取并不是问题，住房保障的范围较宽，因为政府目标是不论贫富，每个人都可以入住同类住宅，所以住宅的租金水平很低。瑞典资助对象的选取主要是低收入家庭和多子女家庭及退休老人和残疾人等；新加坡则按照家庭收入的多少来确定住房保障的对象和力度。对于采取社会型及雏生型住房政策的国家，则都面临筛选真正需要帮助的对象，以及确保资助真正达到效用的问题。美国和英国是以低收入阶层为保障对象；韩国的住房保障对象分为一般低收入家庭和最低收入家庭两类。当然，住房保障对象的宽窄，应该根据各国的国情而定，不能千篇一律，对于采取社会型的国家，如英、美、西欧等国，由于这些国家有长时间的经验积累，以及其住房政策通常构成其整体社会福利制度的一部分，还可以借助其相当完善的税收制度，从而减低筛选的成本。此外，这些国家行政机构的执行能力，以及社会与政策信息的透明度等，也使得采取社会型住房政策的国家的资助能较好地到达低收入户身上。相对而言，在大部分的发展中国家，在城市扩张与城市化发展的初期大都采取项目式的住房政策，或者是能通过大规模的贫民区迁拆，或者是在缺乏足够的措施和执行能力的情况下，政府通过直接建造公房以及资助私人建筑商建设并向低收入者出售低成本住房的方式。但这种住房的价格或者仍然是低收入户无法负担的，最终又落入较高收入的一群，或者是低收入户得到后，又将新屋卖予中产人士。其结果是低收入户的居住水平仍然不能得到提高。这些状况在印度、巴西、墨西哥等国家得到了印证。各国政府直接建造公屋计划失败的一个主要原因就是政策定位失当。即没有针对低收入户的负担能力，如在发展中国家偏重售房，而非出租公房，无视于当地即使是低成本的房屋对低收入户仍是可望而不可即的奢侈品。这种定位在一开始即会被建造商利用作为打开中等收入户的大门。当然，还有其他因素。如缺乏建造过程的成本、质量及数量的监控机制以及居住整体水平，包括居所本身、到工作地点的交通时间、公共交通网络、配套的社会服务设施，如学校、医院等原因。

二、国外住房社会保障立法状况与实施机构

（一）美国住房社会保障立法与实施机构

20 世纪 30~50 年代，美国政府推行的是公共住房政策。为此，国会于 1937 年通过了《住宅法案》（Housing Act of 1937），设立联邦平民房屋建设总处（USHA），负责向地方政府提供在建公共住房的补助。地方政府则具体负责合标准的公共住房建设事宜。1949 年，美国修订了 1934 年通过的《国家住房法》（National Housing

Act of 1934)，明确在今后 6 年要建造 80 万套公共住房，以比私人住房最低租金更低的房租出租给低收入者。20 世纪 60 年代，美国政府改变以往解决低收入者住房问题的方法，鼓励私营开发商新建住房，出租给低收入者。相应地在 1961 年制定了《国家住房法》的第 221（d）（3）条款，确立了"低于市场水平利率"的贷款计划，又于 1968 年增加了第 236 条款中的"新住房贷款计划"，鼓励私营开发商从金融机构处以低于市场水平的利率获得贷款，差额部分由美国政府补贴。1968 年还颁布了《住房与城市发展法》（Housing aud urban Development Act of 1968），成立了"住房与城市发展部"（HUD），该部门在后来众多住房计划的实施中起到了重要作用。

到了 20 世纪 70 年代，美国的住房政策重心从住房供应方转向需求方即低收入家庭，其具体表现就是 1974 年 8 月尼克松政府制定了《住房与社区发展法案》（Housiug and community Development Act），第 8 条款计划用以替代 1968 年第 236 条款的"新住房贷款计划"，是美国在住房政策上具突破性的战略选择。该计划与之前许多方案的不同之处在于，它针对的是住房需求方，即低收入阶层。该计划简而言之，就是为低收入者的租金支付（不超过租户家庭收入的 25％）提供信用担保，担保机构由"联邦住房管理局（FHA）"担任。其实，联邦住房管理局早在 1934 年就已成立，并被赋予为个人住房抵押贷款提供保险的职权，只是由于当时的公共住房政策的关系，其在信用担保方面的作用未能凸显。能够享受第 8 条款计划提供的这一信用担保的低收入者，则由"住房与城市发展部（HUD）"进行资格审核，住房与城市发展部也肩负着该计划其他具体事宜的操作。以后，里根政府为了减少政府因第 8 条款计划承受的财政压力，对该计划进行了修改，提高了租户的租金承担水平，即由原来的占家庭收入的 25％提高到 30％。1990 年，美国制定了《国民可承受住房法案》（National Affordable Housing Act），进一步推动第 8 条款计划，同时地方政府和地方非营利性社区开发机构在地方住房建设中的作用有所加强。可见，住房与城市发展部和联邦住房管理局在美国住房社会保障政策中起到了重要作用。

一方面，住房与城市发展部属于中央政府的直属机构，其在全国 10 个地区设有办公室；联邦住房管理局则更侧重于面向低收入的租房者和买房者，另一方面，由于美国的联邦制国家结构形式及出于其他政策方面的考虑，美国还有一个地方政府的房管机构，管理、使用住房资金，对住房市场进行宏观指导。住房与城市发展部、联邦住房管理局和地方政府房管机构构成了美国的双重房管系统。美国在克林顿政府期间开始对住房与城市发展部的职能进行改动，将之前住房与城市发展部在执行住房计划方面的职能逐步转移至州和其他地方政府。1997 年，出台了《多员家庭资助性住房改革及承受能力法案》（Multifamily Assisted Housing Reform and Affordability Act of 1997），用以作为对 1998 年期满的第 8 条款计划的更新。

（二）英国住房社会保障立法与实施机构

第一次世界大战以前的英国政府对住房市场的干预非常小，基本上完全依靠市场本身的供求调节机制来实现住房的生产和分配。因此，当时的居民大多是租住在私人房屋中。但随着战争的爆发、产业革命带来的严重城市污染及人口激增，导致严重的城市化住房问题。于是，1915 年，英国制定了首部《租金法》（Rent and Mortgage Interest（War Resfriction）Act 1915），开始限制私人住房的租金，以此降低私房租住率，并在 1949 年颁布了《租金限制法案》（Rent Control Act 1949），进一步减少了居民租住私房的比率。第二次世界大战后，英国的住房问题进一步加剧，政府为了有效解决这一严重的社会问题，同时也是为了与英国战后建设福利国家的目标保持一致，开始大力推行"公共住房政策"，而在立法上则表现为 1957 年通过的《租金法》（Rent Act 1957）及 1974、1977 年修改的《租金法》（Rent Act 1974、1977），其中对私房租金规定了更为严格的管制，以保护承租者的利益。为此，还在 1965 年设立了"租金法庭（The Rent Tribuanl）"专门审理因房租产生的诉讼。但从 20 世纪 80 年代开始，英国政府的住房政策有了巨大变革，开始实行促进住房私有化的政策。20 世纪 80 年代起，英国相继颁布了《住宅法》（Housing Act 1969、1974、1980、1985、1988、1996、2004、2010）①、《住宅与建筑法》（Housing and Building Control Act 1984）、《住宅与规划法》（Housing and planning Act of 1986）等重要的住房法案，作为住房私有化政策的法律依据。如 1980 年《住宅法》（Housing Act 1980）规定：凡是租用政府住宅期满 3 年的租户购买该住宅，均可享受价格上的优惠，其中独幢住宅价格的折扣率起点为 32％，以此为基础，租期每增加一年折扣率提高 1％，折扣率以 30 年为限，而单元房折扣率起点为 44％，按 2％递增，折扣率上限为 15 年（70％），此外折扣金额的最高限额为 3.5 万英镑②。但住房私有化政策引起的一个难题在于，住房消费对于普通英国民众而言，需要颇大的花费支出，如何筹建这么一大笔购房资金呢？英国的住房协会在居民融资购房问题的解决上起到了至关重要的作用。

住房协会，也称住房建设会，创立于 1775 年。它先吸收居民会员的存款，然后在会员需要购房时，就向其提供贷款。早期的住房建设会是一个典型的互助合作组织，它对其会员负责，会员通过投票来决定或影响住房协会的事务。第一部《住房协会法》（Housing Associations Act）颁布于 1874 年，它规定住房协会只能从事住房抵押贷款。由于英国法律对不同金融机构之间的业务范围作了严格、明确的范围界定，因此，住房协会成为住房抵押贷款市场上的垄断者。住房协会的住房抵押贷款

---

① http://www. logislation. gov. uk/title/housing.
② 蒋浙安. 战后英国政府与公房私有化. 当代建设，1999（2）.

在住房抵押贷款市场中所占份额一直处在80％以上，1978年高达94％①。1985年，英国颁布了新的《住房协会法》（Housing Associations Act 1985），其中对住房协会的性质产生转折性影响的规定在于，该法律允许住房协会转变成银行，进行金融创新。因此，现在的英国住房协会可以说是从事住房金融业务的专业性金融机构。从英国住房协会的发展过程来看，它实则是游离于政府之外，政府仅政策上提供优势，予以扶持。比如住房协会吸收的存款利息可享受免税的优惠；允许对住房协会的住房抵押贷款利率随通货膨胀率和市场利率的变化而作出调整，从而避免了固定利率在通货膨胀时实变为负值的风险。1974年的《住房法》（Housing Act 1974）中也增加了对住房协会的资助。

（三）法国及北欧各国住房社会保障立法与实施机构

不同于英、美、新最初由政府直接建房的住房保障模式，法国政府早在20世纪50年代，一直都以向低收入者提供长期的低息贷款来保障他们获得住房。整个20世纪50年代，法国政府的住房贷款在住房建设中一直起着主导作用，新建住房中受政府资助与补贴的住房占87.17％；到1972年，政府资助的住房量维持在70％以上；1973～1979年，仍保持在50％以上的水平②。

与法国相比，瑞典、挪威、丹麦等北欧国家也主要是通过长期住房贷款和贷款利息补贴的方式确立了其住房保障制度。但与法国有所区别之处在于：大部分时期内，政府更多地把住房保障制度看作实现"其为每一个居民提供良好的住房"的社会目标的手段来看待③，而不是主要为低收入阶层服务。

在英国等国建立了住房协会后，瑞典、挪威、丹麦等北欧国家纷纷仿效，建立了住房合作社。但与英国住房协会不同的是，北欧国家的住房合作社的宗旨更侧重于社区建设的合理性、社会生态环境的保护和可持续发展，而不仅仅是为中、低收入阶层提供住房。比如，瑞典的住房标准相对来说比较高而且比较平均，公共住房提供的对象不受收入水平和家庭人口规模的限制；出租的私人住宅和公共住房的租金水平是一致的④。

（四）新加坡住房社会保障立法与实施机构

新加坡住宅法政策的基点是建造公共住宅，解决中、低收入者家庭的住房问题新加坡在发展公共住房政策解决低收入者的住房问题时，中央公积金管理局与建屋发展局发挥了决定性作用。自治初始，落后的新加坡住房建设资金严重匮乏，因而

---

① 曾国安. 英国住房金融的特点及其借鉴意义. 中国房地产，1995（1）.

②、③ 侯淅珉. 主要市场经济体制国家（地区）住房保障制度及其对我们的启示. 北京房地产杂志，1996（1）.

④ 倪岳翰，谭英. 住房合作社在北欧国家住宅发展中的作用. 国外城市规划，1998（2）.

建立了公积金制度来解决住房建设资金紧缺的问题。为此，新加坡于 1953 年通过了《中央公积金法》（Housing Development Act），并依该法于 1955 年 7 月成立"中央公积金局"。其主要职能在于保管公积金会员的公积金，保证建房资金的供应。1960 年 2 月，新加坡政府设立建屋发展局（简称 HDB），专门负责对公屋发展的规划、设计，组织建造和管理配套。1964 年，HDB 正式提出"居者有其屋"计划。政府兴建廉价公房出售给中、低收入的家庭。凡年满 21 岁的公民且月收入在 2500 新元的个人或家庭月收入有 2500 新元的，都可购买公共房屋。从根本上说，这个计划是个非营利计划，为无力在住房市场上购买私人住宅的相当一部分居民提供公共住房。1968 年，又通过了《中央公积金法（修正案）》，进一步完善公积金制度。新加坡在有效地实现了"居者有其屋"的目标后，新加坡政府也鼓励居民自购房屋，具体是通过公积金制度来推动的。

负责组织实施公共住房的机构则是新加坡政府依《住宅发展法》于 1960 年 2 月设立的"建屋发展局"。建屋发展局作为一个半官方性机构，一方面它有权制定住房政策，对公共住房行使管理职能；另一方面具有灵活的决策经营管理权。

三、国外住房社会保障制度评价与启示

（一）国外住房社会保障制度评价

1. 从推行公共住房政策到住房私有化政策

欧洲各国在住房保障政策实施的初期，基本上都是由政府投资建造公共住房解决社会低收入阶层的住房问题。主要的西方工业国家由于在 19 世纪就相继完成了工业化和城市化的发展，当时普遍面临着城市居住环境恶化、城市人口密度过大、住房短缺等一些社会问题。而在经历了两次世界大战之后，住房紧缺的问题更为突出。因此，政府改变原先对住房市场的消极态度，越来越深入地干预住房问题的解决。比如英国，在第一次世界大战之前，英国政府对整个住房市场体系的干预仅限于对建筑密度过大、卫生设施不足等问题进行控制，但这些措施远不能解决低收入者的住房问题。因此，英国政府确立了公共住房政策，特别是在第二次世界大战以后，英国提出建立福利国家的目标，相应的在住房政策上更是建造了大量的公共住房。其他一些较早实现工业化的欧洲国家如德国、法国、荷兰，也经历了与英国大致相同的公共住房政策阶段。

但公共住房政策令欧洲各国的政府财政不胜负荷，因此，各国住房政策的重点又发生转变，开始削减公共住房，鼓励私人建房、购房，推行住房私有化的政策。英国一方面对私房租金进行限制，同时通过各项住房立法，减少国家在公共住房上的投资，以降低私房出租率；另一方面，主要通过英国住房协会为会员提供优惠的

住房抵押贷款，鼓励私人购房，从而很快提高了英国的住房自有率。法国政府则以低息贷款和为贷款利息提供补贴的方式为居民自购住房提供了融资渠道。

美国政府的早期住房政策虽然也是以公共住房政策为主，但相对于英国等一些欧洲国家，美国政府在公共住房建设中的支出并不如其预算的那么多。而且，公共住房的供给对象被严格限制于低收入阶层。因此，从美国的整个住房政策发展过程来看，公共住房政策并未在其中占主导地位。相反地美国早在 20 世纪 60 年代就逐步转向提高住房自有率及住房私有化的政策，通过住房抵押贷款担保、税收优惠等一系列措施促使居民购买房屋。可以说，美国政府对住房市场的干预相比较于欧洲各国要小得多。

东欧各国在政治经济制度变革前，虽然社会性质于其他欧洲国家有着质的不同，但为体现社会主义优越性，都实行的是完全的福利型住房政策。住房的建设投资、分配、维修等各方面均由政府全权负责，可以说是绝对的公共住房政策。然而，东欧国家在经历了剧烈的社会变革后，纷纷打破原来的福利型住房体制和公共住房政策，通过住房贷款、税收减免、住房补贴等优惠措施，帮助居民购买原先租住的公共住房或是鼓励居民自建、自购住房，以逐步实现住房私有化的目标。

2. 住房金融体制的重要作用

在各国向住房私有化政策转变的过程中，无论是美国的住房抵押贷款保险和担保制度，英国住房协会与北欧住房合作社的优惠住房抵押贷款，法国土地信贷银行的低息贷款和贷款利息补贴，还是新加坡的公积金制度，无一例外地说明了这样一个问题：要提高居民购买住房的积极性、促进住房自有率的上升，首要前提是为居民提供一个通畅、便利的融资渠道。因此，各国不约而同地在住房金融制度上给予了有力的政府支持。虽然各国政府对住房金融市场的干预程度不同，如美国的联邦政府金融系统和私人金融机构的并重；英国住房协会是游离于政府之外的专业性住房金融机构；法国的土地信贷银行则是一个半官方机构；新加坡的中央公积金局和建屋发展局，前者是官方机构，后者是半官方性质的机构，但它们的共同点就在于：政府对这些机构的贷款均给予了各种优惠，贷款利率低于市场利率水平，对利息免税，等等。

3. 住房社会保障体制目标的转变：住房数量——住房质量

初期，面对国内大量流离失所的贫穷人口，各国政府的住房社会保障体制都是以解决住房供应的绝对短缺为目标，即从住房数量上解决适于低收入者的住房供应问题，但在各国住房问题都得到了较好的解决后，政府就把目光放到了提高住房的有效需求，即住房质量上。

在美国，一间房屋超过 1 人居住被视为"过于拥挤"①。20 世纪 80 年代以来，美国新住宅平均建筑面积为 175 平方米/套，其中半数以上有冷气设备，3/4 的住宅有 2 个厕所②。而北欧的瑞典，历来把为所有人提供良好的住房作为政府在住房问题上的长期目标。许多国家的公共住房是针对低收入者而建造的居住标准较低的住房，但瑞典政府建造的住房却是设施完善、设计合理、注重生态环境可持续发展的高标准住房。再如英国、法国等西方经济发达国家，现在的住房保障要求同样也更注重房屋的舒适性。

4. 制定与完善住宅社会保障立法

各国在实施其住房政策的同时，都制定或完善相关的法律法规，从而使公共住房政策的实施有法可依。例如，日本颁布有《住宅建设规划法》（Housing Constraction Planning Act）、《公营住宅法》（Public Management Housing Act）、《地方住宅供给公社法》（Local Housing Corporation Act）；德国有《住宅建设法》（Housing Construction Law），《住宅法案》、《联邦建设法》（Federal Construction Act）、《城市建设法》（Urban Construction Law）；美国、英国在不同的阶段都制定有《住宅法》（Housing Act）。

5. 增强政府宏观调控作用，控制住房价格，将提供合宜价位住房作为一项政策目标

英国等其他国家的经验表明，在解决人们住房问题的过程中，政府的宏观调控起到了重要的作用。政府通过一些政策手段，控制了整个市场的住房价格，从而为中、低收入家庭住房问题的解决奠定了基础。这种做法对于我们这个中、低收入家庭占多数的国家来说，很有借鉴作用。

6. 完善的住房补贴制度

美国在不同时期采用了不同的住房补贴方式，这些灵活多样的补贴方式在不同时期发挥了积极的作用，成为解决中、低收入家庭住房问题的有效手段。如砖头补贴是一个很有效的方式，它给人们提供了大量价格优惠的住房。而随着住房供应量的增加，市场化程度的加强，砖头补贴又变为现金补贴这一直接的补贴方式，中、低收入者可以通过取得的现金补贴租赁或购买市场上各种各样的住房。这样，在加快住宅市场发展的同时，人们对住房的选择余地也加大了。我国在住房制度改革前，实际上就是实行的多种住房补贴，包括暗贴、明贴。但由于实行的是全面的住房福利政策，国家与政府没有财力全面承担起这一关系着亿万人民的住房问题。而住房的福利政策并没有体现在为低收入阶层的保障上，相反，真正的低收入阶层却很难

---

① 杜政清. 英、美、日住房社会保障及其借鉴. 外国经济与管理，1995（10）.
② 张兰亭. 住宅体制的国际比较即经验借鉴. 城市开发，1994（2）.

享受到国家的这一福利政策。这需要借鉴国外的经验，完善住房补贴制度。

（二）国外住房社会保障制度启示

即使市场经济体制发展较为成熟的西方国家，政府对住房市场都会有不同程度的干预，而对于房地产业还存在诸多不规范、住房问题仍非常突出的中国而言，政府在住房的生产、分配、消费等方面的介入是不可或缺的。同时，对社会中高收入者的住房供应，应当交由市场调控。简而言之，中国现阶段的住房政策应视市场与政府并重，针对不同消费阶层，同时发展适于高收入者的商品房和针对低收入者的社会保障性公共住房。

1. 住房供应上的多元化，注重发挥住房租赁的保障作用

近几年来，中国各大城市尤其是沿海经济发达地区的土地价格和房价不断上涨，使得本来就紧张的城市住房进一步短缺。虽然政府曾提出过针对中、低收入者的经济适用房政策，但实际上却不能被中、低收入者所接受，可以说已是名存实亡。事实上，各地方政府更多关注的是面向高收入者的商品住房建设，却忽视适于中、低收入者居住的平价房建设。虽然住房的分配方式已由实物福利化改革为货币化方式，但这也只能是权宜之计。政府的补贴不可能赶上房价的迅速增长。因此，仅仅依靠补贴来提高居民的住房消费能力，而不对住房供应采取措施，则中低收入者的住房问题也就无法解决。

但一味要求政府为中、低收入者建设保障性住房，对政府的财政承受力无疑是一个挑战。对此，可借鉴美国等西方国家的成功经验，鼓励私人开发商建造适于中、低收入阶层的住房。比如通过低息贷款、税收优惠等措施吸引私人开发商投资建设平价房。但是，也不可能要求社会上的住房自有率达到100%，即使在英美等住房自有率较高的国家也不例外。尤其随着中国农村城市化改革的深入和户籍制度影响的削弱，城市流动人口的比例呈上升趋势。他们的经济承受力和流动性决定了他们大多是以租房为主，此外，租房市场仍应适当开放，用于出租的房屋可以是政府建造的社会保障性住房，也可以是私房。对于后者，政府应当对租金加以控制，适度保护租户的利益。住房租赁是典型国家和地区解决住房问题的通行做法。目前香港有40%的居民租住住房，日本有38%，法国有36%，英国、新加坡、美国等国家均在30%左右，瑞典、德国低于50%，其中的很多家庭都是中、低收入居住困难家庭，并享受到了政府优惠租房政策。引导和鼓励中、低收入家庭租住住房，不仅是健全房地产市场体系的需要，也成为了解决目前中、低收入家庭住房保障的有效途径。

2. 政府控制保障性住房房源

通过政府提供房源实现对居住困难家庭的住房保障，是典型国家和地区住房保障体系的重要组成部分，也是其有效解决住房问题的基本经验，如美国的公共住房政策、香港的公屋政策。特别是法国政府规定，任何一个开发商在住宅建造规划中，

至少拿出20％的面积，卖给社会福利房管理公司，由其出租或出售给低收入者，使法国政府控制了大量的保障性房源，有力地支撑了法国住房保障体系充分发挥住房保障作用。

3. 确立与完善公共住房发展计划

有计划才能实施，政府只有建立完善的住房发展计划，才能在具体落实时，采取各种措施。香港和新加坡在每一个阶段都有不同的公共住房发展计划。完善的计划与政策在各自所处的阶段都发挥了积极的作用，很大程度上解决了中、低收入家庭的住房问题，这一点值得我国借鉴。我国住房制度改革的重要目标之一，就是建立面向不同收入阶层提供不同住房的供应体系。具有社会保障性质的公共住房发展计划应该包括两个层次：实施中、低收入阶层的经济适用房计划和实施最低收入家庭的廉租房计划。因此，制定完善协调的经济适用房计划和廉租房计划是满足各个阶层居住要求的根本保证，也是社会和经济可持续性发展的根本保障。另外，对于公共住房的其他形式，如住宅合作社的集资建房、联建及城市危旧房改造也应列入政府的计划当中。只有这样才能使其完整，从而形成公共住房政策体系，为我国广大中、低收入家庭解决住房问题提供灵活多样的途径。

4. 采取综合保障手段

在现代住房社会保障政策中，政府保障的手段呈现立体化组合的特点，采取租售并举等多种手段，相互配合、综合考虑、统筹安排。一是对中、低收入家庭的购房或租房补贴，如英国有70％的居民不同程度地领取政府住房补贴；德国有86％的人可以享受政府不同额度的住房补贴。二是组织开发建设公共住房，以较低价格出租或出售给居住困难家庭。政府提供土地税收、房产税、契税、增值税、所得税的优惠，以及政府提供担保等。三是在金融政策方面优惠，如购房贷款利息的抵扣或减免、首付款的支持等。

5. 住房金融体制需健全

如要鼓励居民购买住房，首先要解决的就是购房资金问题，仅依靠居民个人或家庭的储蓄存款是不可行的。这就涉及我国的住宅金融制度的完善。住房是高价值的商品，对于大多数人来讲，只能通过分期付款的方式来实现。如果银行不能提供适合于各收入阶层的住房贷款，那么，人们就没有能力购买商品房或经济适用房。因此，银行提供购房贷款是解决住房问题一个必不可少的前提条件。为此，我国应借鉴美国等国家的住房金融体制，大力发展和完善我国的住房金融。政府应制定出适合于不同收入阶层的住房贷款政策。银行在对各阶层的收入状况进行分析研究的基础上，提供多种多样的住房贷款。政府应积极地建设住房贷款担保机构，为低收入阶层提供贷款担保。虽然我国与新加坡一样，实行了贷款公积金制度，但如果房产过"热"，房价太高，普通居民的收入水平与房价之比不合理，那么公积金制度就达不到在大范围内促进公民自购住房的目标。鉴于此，政府可以效仿英国、北欧国家建立专业性住房金融机构，专门从事住房抵押贷款业务。这种住房金融机构与一般金融机构的不同之处在于：前者的目的是筹集社会资金为居民购房提供便利，是政策性的住房抵押贷款，而后者往往以营利为目标。另一方面，住房抵押贷款虽有利于购房居民，但对放款的金融机构而言，却存在着莫大的风险。这是因为我国尚未建立住房抵押贷款的担保和保险制度。这一点上可学习美国的做法，设立专门的政府机构为住房抵押贷款提供担保。

6. 制定与完善住宅立法

我国目前有关公共住房的法律、法规很不健全，这极大的影响了公共住房政策作用的发挥。如，与廉租房有关的文件仅有《国务院关于进一步深化城镇住房制度改革加快住房建设的通知》、《城镇廉租房管理办法》等几种，并且有的还没有上升到法律、法规的高度，其执行情况很不理想。因此，为解决广大中低收入家庭的住房困难，我国立法机关应加快制定有关法律的步伐，包括《住宅法》、《住宅保障条例》等。

7. 住房的社会保障制度：住房数量和住房质量并重

对于高收入者来说，他们在购房时有充分的选择权，包括对住房的构造、区位、周边环境、配套设施的考虑，而低收入者在购房或租房时，考虑最多的是价格，是自身的经济承受力，但这并不意味着政府在解决低收入者的住房问题时仅保证充足的房屋数量就足够了，而是应该在增加住房供应量的同时，对住房质量进行严格监督。住房质量包含更加广阔的内涵，它不仅是针对住宅工程质量，还包括对住宅规划、设计、成本、服务等各方面质量水平的综合评价①。住房作为相对昂贵的消费品，消费周期长，其质量如何对居住者的人身、财产安全皆有重大影响。而现在我们经常可以从新闻媒体中看到因住房质量引发的纠纷。因此，中国在住房建设时应特别向北欧等国学习，注意房屋与生态环境的融洽。

8. 增强政府宏观调控作用，控制住房价格，将提供合宜价位住房作为一项政策目标

英国等其他国家的经验表明，在解决人们住房问题的过程中，政府的宏观调控起到了重要的作用。政府通过一些政策手段，控制了整个市场的住房价格，从而为中、低收入家庭住房问题的解决奠定了基础。这种做法对于我们这个中、低收入家庭占多数的国家来说，很有借鉴作用。目前，我国高房价与低收入的矛盾相当突出，这极大的遏制了住房的有效需求和个人住房消费市场的形成。因此，政府应进行必要的宏观调控，控制住房市场的整体价格水平。在提供优惠价格的公共住房的同时，

---

① 张景伊. 住房质量——房地产业的一个新概念. 城市开发，1999（4）.

调控普通商品住宅的价格，使之与人们收入水平的差距逐步趋于合理。这既有利于中、低收入家庭住房问题的解决，又有利于加快我国住房商品化目标的实现。

9. 完善住房补贴制度

我国在住房制度改革前，实际上就是实行的多种住房补贴，包括暗贴、明贴。但由于实行的是全面的住房福利政策，国家与政府没有财力全面承担起这一关系着亿万人民的住房问题，也没有区别不同收入阶层对于住房的购买能力与承受能力，因此，这种福利政策没有体现在为低收入阶层的保障上；相反，真正的低收入阶层却很难享受到国家的这一福利政策。住房制度的改革就是要改革我国住房制度中的这一弊端。但是，我们应保留这一制度中的合理的因素，如保留为低收入阶层的住房补贴制度。当然，具体的方法与方式可以改革。可借鉴国外的经验，如美国在不同时期采用了不同的住房补贴方式，这些灵活多样的补贴方式在不同时期发挥了积极的作用，成为了解决中低收入家庭住房问题的有效手段。如砖头补贴是一个很有效的方式，它给人们提供了大量价格优惠的住房。而随着住房供应量的增加，市场化程度的加强，砖头补贴又变为现金补贴这一直接的补贴方式，中、低收入者可以通过取得的现金补贴租赁或购买市场上各种各样的住房。这样，在加快住宅市场发展的同时，人们对住房的选择余地也加大了。我国目前还处于住房短缺阶段，而经济适用房便是砖头补贴的产物。在现阶段，发展经济适用房可以扩大住房供给，满足中、低收入家庭的住房需求。但从长远来看，大量建设这种产权不完整，带有社会保障性质的经济适用房是不利于住宅市场自身发展的。因此，随着我国房改的深入进行，我国经济适用房的建设规模应逐渐缩小，砖头补贴应被其他的补贴方式所取代，可以借鉴美国的做法实行现金补贴。

10. 发展和完善我国的住宅合作社

英国的住宅合作社很值得我们借鉴。英国的住宅合作社经过了极其丰富多彩的社会实践，形式多样，而且取得了很好的效果。在住宅合作社成立后的100年时间里，英国的住房状况有了巨大的变化，公共住房曾一度增长到31%，现在为22%，住宅合作社功不可没。我国的集资建房具有类似住宅合作社的形式，但无论从形式还是从内容上来说，它并没有得以完善和健全。尤其是具体实施与管理，更是缺乏相应的法律规范，因此，各级政府应制定出相应的政策，使之能不断发展和完善。

第三章　公民住宅权的实现与政府责任

住，自古以来就和衣、食、行并列，是人类生存和发展所不可缺少的重要物质条件。今天，住宅问题不仅在中国，在世界范围内都普遍受到各国政府的关注。各国政府无不把解决住宅问题作为维护社会稳定、促进经济增长、改善居民生活的大事来抓。1981年4月，在伦敦召开的"国际住宅和城市问题研讨会"上，通过了一部具有重大影响的《住宅人权宣言》(The Housing Declaration of Human Rights)。"居住在良好环境中适宜于人类的住所"，被确认为"是所有居民的基本人权"。一些发达国家如美、英、法、荷、日本等纷纷制定相应的住房法律与政策，以实现"居者有其屋"这一目标。我国政府十分重视公民的住房问题，从20世纪90年代开始，在经历了公房制度改革到住宅商品化，从旧房改造到住宅建设，从向低收入者提供经济适用房，到为最低收入者供应廉租房后，城镇居民的住房条件获得巨大与实质性的改善。城镇实有住房总面积已经从1990年的20亿平方米增长到了2008年的124亿平方米。从总体上已经基本实现了住房"脱困"的目标，解决了"大多数人有房子住"的问题。然而，要实现"人人有房住"的目标，我们仍任重道远。我国政府已将"发展普通商品住房和经济适用住房，改善城市中、低收入家庭住房条件；健全廉租房制度，加快解决城市低收入家庭住房困难"列入《国家人权行动计划（2009—2010年）》(National Human Rights Action Plan of China (2009—2010)) 中。为此，研究公民住宅权以及政府的责任具有重要的现实意义。

一、住宅权是基本人权

自从1948年《世界人权宣言》(The Universal Declaration of Human Rights) 第25条提出"人人有权为维护他本人和家属的健康和福利所需的生活水平，包括食物、衣着、住房、医疗和必要的社会服务；且于遭受失业、患病、残疾、寡居、衰老或其他不可抗拒之环境时，有享受保障之权利。"住宅权已被法律承认并为国际社会所接受。无论是在国际还是各国国内各个层面上，与住宅权相关的领域都正发生着令人鼓舞的巨大变化。现在各国政府要承担比任何时候更多更明确的责任去尊重、增进和实现住宅权，并承认获得足够、安全、舒适和健康的居住条件是一项基本人权，其地位等同于其他传统的人权，如言论自由权、宗教信仰权等。一批人权机构已经开始将住宅权和其他人权同等看待，甚至将侵犯住宅权与酷刑或政治性屠杀并列[1]。

---

[1]　Rajindar Sachar. The Right to Adequate Housing, UN New York and Geneva. Washington：United Nations Publication，1996，P. 3.

在法律史上第一次，一些政府被列入了侵犯住宅权的名单。一些非政府组织已经就有关国家对住宅权义务的违反向国际人权机构提出了正式的法律诉讼。法院也越来越多地将住宅权问题放入正式司法框架内处理。作宅权作为一项基本人权越来越受到各国政府的重视。我国政府已于 1997 年 10 月签署《经济、社会、文化权利国际公约》（Internation Covenant on Economic，Social and Cultural Rights）（以下简称《公约》），作为公约之成员国，将遵守公约的规定，负担起国家的国内与国际义务，积极地采取适当措施以保证我国公民住宅权的实现。

住宅权，英文表述为（the right to adequate housing），即获得适宜与充分住房的权利，又称为适足住宅权。《现代汉语词典》将住宅解释为：住宅即住房，供人居住的房屋。住宅权这一似乎最为简单的概念，至今仍没有一部法律为其下过定义。但尽管如此，明确定义无疑是增进对住宅权所包含的各项权利以及政府在此领域中的法律义务的理解的重要条件。住宅权可以从两方面理解：一是从公法意义上理解，住宅权是指住宅人权，即每一个公民维持其生存必需的基本权利。二是从私法意义上理解，住宅权指是公民的住宅所有权以及与住宅所有权有关的其他财产权利。

住宅权既是公民的一项基本人权，又是公民的一项重要的财产权。然而，在我国法律体系中，不管是对公法上的住宅人权还是对私法上的住宅所有权的保障都是欠缺的。与西方发达国家相比不同的是，西方国家民事法律制度比较完备，能够比较严密地调整住宅买卖、租赁行为所涉及的买卖、租赁、金融、担保、权利等关系，住宅财产权可通过其完善的民事法律制度得以保证。因此，它们在住宅权保障方面的工作重点，可以放在社会保障性法律的制定和完善上面。而在我国，住宅人权这一理念尚未在人们的观念上被认可，更没有在法律上确立。因此，建立与完善我国的住宅权法律制度任重而道远。

二、公民住宅权的标准与内容

住宅权对于每一个人、每一个家庭、每一个社会群体的健康与安宁都是十分重要的。尽管由于个人、家庭和社会群体的需要和偏好不尽相同，很难准确地描述"适当住房"的内容，但住宅权究竟包含哪些内容，应当有一个较为具体明确的标准与范畴。在界定住宅权以及它所包含的内容时，必须明确以下二个前提：一是对住宅权的理解不应作狭义或限制性的解释，例如不应将住宅等同于仅仅是人们头顶上盖有屋顶的房屋，或者仅仅将住宅看作是一件日常生活用品。它应被看作是人们一种安全、平静、有尊严地生活在某处的权利[①]。二是我们不能仅仅考虑住宅的物理结

---

① J. David Hulchanski，Scott Leckie. The Human Right to Adequate Housing 1945-1999，2000.（内部资料）。

构、空间大小，还应考虑到生活在其中的人和家庭的负担与感受。住宅必须为需要居住的人们能够负担得起，并且所处的地点应为安全与健康，具有生活、就业等生活、学习所需的必要设施。基于上述考虑，"适宜的住宅"的定义应当满足如下十个标准：

（一）可居住性——居住权

人们为了生存，首先必须有一个能挡风避雨的生活场所，这是作为一个人的最低的生存权利。适足或适宜的住宅必须是可以居住的，可以保护居住者免受寒冷、潮湿、炎热、雨、风或其他危害健康的威胁，能够保证居住者人身安全。居住权是公民住宅权中最基本的权利，只有"安居"，才能"乐业"，没有住房，一切权利都无从谈起。

（二）安全健康的住宅与适宜的地点——安全与健康权（或称舒适权）

为确保本人与家庭的安全与健康，人们有权要求住宅的质量符合安全标准。首先，住宅应建在安全与健康的地点。适宜的住宅应建在一个清洁卫生、可以供人们居住、生活、抚育孩子并保持健康地生活的地方。住宅不应建在受污染的有可能危害居民健康的地方或紧靠污染源的地方，人的死亡率与发病率往往与不健康、不安全的住宅环境和生活环境相联系。适宜的住宅地点还应包括便于就业选择、具有卫生保健服务、入托、上学和接受其他社会服务等设施。其次，住房的质量直接影响着居住者的生命与财产安全，人们有权要求住房的质量符合安全标准。同时，住宅的自然通风、阳光以及人均居住面积等也同样直接影响到居住者的健康。缺乏适当的自然通风与阳光以及居住过于拥挤都将有碍于健康。一些发达国家每套单元住宅的平均面积大都在 100 平方米以上，三居室、四居室以上的高标准单元套房所占比例也越来越高，大多数国家达到70％以上，爱尔兰和比利时分别达到98％和93％[①]。再次，住宅的安全与健康权（舒适权）同样也适用于住宅承租人。美国《住房条例》（Housing Code）中要求每一栋用于租赁的房子必须有防水的屋顶、烟筒、防火通道、通风设备、倒垃圾设备等等[②]。甚至规定一间房屋超过 1 人居住被视为"过于拥挤"[③]。承租人有权要求出租人或房主提供符合"可居住"条件的住宅的权利。所谓"可住"条件是指安全、清洁、宜人居住的状态。如果房东不供应热水、暖气，任小动物肆虐或允许危害房客生命、健康、安全的恶劣居住环境继续存在，都构成违反提供"可住"条件保障的行为，房客可以向法院控诉并要求减租，也可以拒付房租。

（三）获得物质设备和基础服务设施的权利——公共基础设施享有权

一处适当或适宜的住宅应当享有必要的社会服务设施，包括市政设施与社会公

---

① 周伟. 西方发达国家的住房市场和住房政策. 外国经济与管理，1993（2）.

② 李进之等. 美国财产法. 北京：法律出版社，1999：120.

③ 杜政清. 英美日住房社会保障及其借鉴. 外国经济与管理，1995（10）.

共服务设施。例如，便利的饮水、烹饪的能源、供暖及照明、卫生洗涤设备、食品储存、垃圾处理设备、排水设施和紧急情况下的服务机构，例如火警和急救车等。

（四）在费用上可负担得起并可获得与实现的权利

适宜或适当的住宅要为人们所能负担得起，其费用应当不会威胁或在事实上剥夺其满足自身其他基本需求的能力。个人或家庭中与住宅有关的费用应达到这样的水平：即在获得适足住宅后，其他基本需要的获得和满足不因此而受到威胁或挤占；同时，住宅权必须是人们能够实现的，而非仅仅是一种口号或理想。政府应当提供给人们尤其是弱势群体充分的住宅资源，对于社会的弱势群体应得到一定程度的优先考虑。在制定住宅法律和政策时应充分考虑他们的住宅需要与负担。随着社会中贫困群体对土地的需求日益增长，政府应设定一个近、中、长远的政策目标与具体措施。此外，对于一些特殊人群，包括老年人、儿童、残疾人、艾滋病毒携带者、长期病患者、精神病人、自然灾难的受害者以及无家可归者的住房安置。以实现所有人有权在安全的地方过着平静、有尊严的生活。

（五）不受歧视的公平住宅权——公平权

在住宅权面前，应不分男女性别，不分民族、宗教信仰，无论是否有残疾等，在住宅买卖、租赁、贷款等方面都应一视同仁，禁止任何形式的对少数民族、不同宗教信仰者、妇女、残障人士、老年人、难民、贫困人士、单身人士、无家可归者以及同性恋者、艾滋病等人群的歧视。美国 1968 年颁布《公平住宅法》（Fair Housing Act，后经 1988 年修正），该法禁止在住宅方面由于人种、肤色、性别、国籍、年龄、宗教、残疾人和有孩子的家庭（主要指单亲家庭）等原因而受到歧视。该法的覆盖面非常广，不问是否有政府资金参与，覆盖所有的民间与公共住宅，规定在住宅销售或出租时，不得以残疾或家庭状况为条件；或不得在签约条件、服务的提供、设施的利用等方面有歧视行为。这些体现社会公平的规定，对我国制定相应的住宅政策与法律，无疑具有相当大的借鉴作用。政府在制定住房政策，特别是优惠政策与相关法律时，更应保护低收入阶层，尤其是妇女、老人、残疾人的住房权利，以体现社会的公平性。

（六）住宅选择的偏好——自由选择权

每一个人都有选择符合其文化传统要求的住宅权。一个人的文化传统、宗教信仰不同，对住宅的外观、装饰等要求可能也不完全相同。住宅权不仅要求能够保证居住者人身安全，而且在文化传统上应是可被接受的。

（七）住宅的私密——隐私权

住宅是家庭成员欢聚一堂并使他们免受自然力袭击的场所，是侍亲育幼、享受天伦之乐的场所。同时，个人生活与家庭生活属个人隐私，住宅自然也成为隐私权保护范围。公民在住宅内的日常生活有不被他人知悉的权利，以及住户有对自己所居住的住宅（包括其所有的或租用的）保密的权利，有不受窥探的权利。1804 年《法国民法典》（The French Civil Code）第 675 条规定："相邻人的一方，未经他方同意，不得在共有分界墙上装设窗户，不论以何种方式，即使不开启的玻璃窗，亦同。"第 678 条、679 条规定："对邻人的不动产，不论其是否设有围墙，如装设窗户的墙与上述不动产之间的距离不足十九分米（1 分米＝0.1 米），不得直线眺望，或有眺望的窗户，亦不得有晒台或其他类似的凸出施设物。""如距离不足六分米，不得对上述同一不动产有侧视或斜视的窗户。"上述规定，足见法国民法典对住宅隐私权保护之细微。我国对住宅的隐私权重视不够，加上土地所限，有的住宅间的距离很小，窗户却正对开设，对面或邻居的一切行为均暴露无遗，无隐私可言。随着人民对生活质量要求的不断提高，对住宅隐私权的要求会越来越重视。因此，未经主人允许，擅自闯入他人住宅以及窥视、窃听他人住宅，包括用望远镜、窃听器等手段窥探他人住宅均属侵权行为。

（八）住宅不受任何组织与个人非法侵犯的权利

住宅是私人财产的重要组成部分，受法律保护。我国《宪法》三十九条规定："中华人民共和国公民的住宅不受侵犯。禁止非法搜查或者非法侵入公民的住宅。"任何组织或个人不得非法侵入他人住宅。对于那些为了达到某种目的，强行滞留他人住宅的行为也应属于侵犯他人住宅的行为，情节严重的将受到法律的制裁。同样，这种侵犯也包括对住宅所有人或使用人行使住宅权的侵犯，如在他人住宅门前或通道上堆放杂物或危险品妨碍他人通行，对他人生命与健康造成威胁，或对住宅周围环境质量的破坏与恶化以及使不安全因素存在等。住宅周围环境往往也是住宅权的重要组成部分，如对住宅区的绿化、空气与水源等的破坏与污染，实际上就是对住户住宅权的侵犯。

（九）住宅所有权的自由处置权

住宅所有权人有自由买卖、转让、出租、抵押等处置其住宅的权利。当国家为了公共利益需要征用时，住宅所有权人或使用权人有获取补偿的权利。住宅是私人财产的重要组成部分，是个人财富的象征，对自己所享有的财产自然应有自由处置的权利，或赠与，或出售、出租、抵押等以获取收益。

（十）住宅司法救济权

在无家可归时有权要求获得适当安置的权利。住宅权主要是保护社会低收者或无家可归者获得居住的权利。法国于 2007 年 1 月 17 日通过了《可抗辩居住权》法案，明确规定了公民有获得住宅保障的权利，政府应满足低收入者、无家可归者等特殊群体对由政府补贴的社会住房的需要。当公民的住宅权利得不到充分保障时，可通过法律维护自己的权利。该法案规定：从 2008 年 12 月 1 日起，无家可归者、面临驱逐需重新安顿的租房者、仅有临时住房者、居住条件不合格或不适宜者、至少与一位未成年子女同住且面积不达标者、与残疾人或者丧失生活能力的人同住且面积不达标者等六类主体可优先可向政府提出请求解决住房问题，如得不到解决，可向行政法院提起诉讼。如果裁决得不到及时执行，法院可以强制要求政府提供房屋给申请者，否则，将会因不履行而遭受罚金。

总之，住宅权就是每个公民有权获得可负担得起的适宜于人类居住的，具有安全、健康、尊严、有良好的物质设备和基础服务设施的并不受歧视的住房权利。具体包括：居住权、安全与健康权（或称舒适权）、基础设施享有权、可负担与可实现权、住宅的公平权、住宅的私密权（隐私权）、住宅选择的偏好权、住宅救济权以及住宅不受侵犯权与自由处分的权利等。

三 、公民住宅权的实现与政府责任

在我国，保障性住房是指政府为中低收入住房困难家庭提供的限定标准、限定价格或租金的住房，由廉租住房、经济适用房和政策性租赁住房（公共住房）构成。保障性住房建设对于改善低收入家庭的居住条件，保障公民住宅权的实现，促进社会和谐稳定，拉动内需，平抑房价飞涨，促进房地产市场的平稳健康发展具有重要的意义。然而，与商品住房不同的是，保障性住房是由政府提供土地与出资建设的，大量的资金投入成为保障性住房建设的难点，尤其是地方配套资金的落实。同时，在地方"土地财政"① 的格局短时间内难以根本性改变的情形下，地方政府对于保障性住房建设的动力很难增加。同样一块土地，用于商品性住房和用于保障性住房，对地方政府财政收入来说不可同日而语，这也是各地保障性住房建设进展缓慢的重要原因，而且，加大与加快保障性住房建设对于市场商品房的房价也会带来一定的影响，对地方的 GDP 增幅也将产生一定的冲击。因此，如何调动与提高地方政府在保障性住房建设上的积极性，明确地方政府在保障性住房建设上的法律责任与义务，建立相应的激励机制，以确保与调动地方政府保障性住房建设的内在动力与积极性，成为当前加大与加快保障性住房建设的关键。

（一）政府责任的不可替代性

由于政府是城市居住条件得到实质性改善所必需的资源的唯一持有者，因此，国家有责任与义务采取一定的措施来帮助公民实现这一权利②。由国家给社会低收入者提供住房帮助的义务，已为世界各国政府一致的共识，美国、英国、德国、法国、日本均通过其住宅法给社会低收入者提供住房补贴或提供公共住房等，使低收入者

---

① 指一些地方政府依靠出让土地使用权，也就是说通过卖地的土地出让金的收入来满足与维持地方财政支出，属于预算外收入，又叫第二财政。
② 金俭. 中国住宅法研究. 北京：法律出版社，2004：（62）.

可以在市场上购买到或租到其可负担得起的住房。我国政府应当成为保障性住房建设的主导，这是由政府在保障性住房建设中的不可替代的地位与作用决定的，具体体现在以下几个方面。

第一，政府是土地资源（包括住房土地资源）的代表者与直接管理者。我国《宪法》第十条规定："城市土地属于国家所有。国家为了公共利益的需要，可以依照法律规定对土地实行征收或者征用并给予补偿。"《中华人民共和国土地管理法》也规定我国实行土地的社会主义公有制。国家所有土地的所有权由国务院代表国家行使。国家采取出让或划拨的方式，设立建设用地使用权。国家实行土地用途管制制度。土地使用权人必须按照出让合同规定的土地用途行使，政府有权进行管理。由此可见，除法律另有规定外，城市土地实行国有制，由政府代表国家行使所有权，政府有权设立建设用地使用权，决定建设用地的性质与用途，并对出让后的土地使用进行管理。政府是城市住房土地资源的代表者与直接管理者。保障性住房的建设首先需要政府提供符合条件的建设用地。

第二，政府直接行使土地及城市规划权。我国《土地管理法》十七条、十八条规定："各级人民政府应当依据国民经济和社会发展规划、国土整治和资源环境保护的要求、土地供给能力以及各项建设对土地的需求，组织编制土地利用总体规划。土地利用总体规划的规划期限由国务院规定。下级土地利用总体规划应当依据上一级土地利用总体规划编制。"《城乡规划法》规定各级地方政府的城市规划权，城市、县、镇人民政府应当根据城市总体规划、镇总体规划、土地利用总体规划和年度计划以及国民经济和社会发展规划，制定近期建设规划，报总体规划审批机关备案。保障性住房建设需要政府从当年的土地规划编制优先列出，确保土地的供应量；同样要将保障性住房的规划纳入到城市总体规划中。

第三，政府是保障性住房建设资金的直接提供者。保障性住房与普通商品房不同，建设资金由政府负责提供，多方筹集，专款专用。如，我国《廉租住房保障办法》规定，廉租住房保障资金采取多种渠道筹措，主要包括财政预算、土地出让净收入、住房公积金收益、社会捐赠等。政府是国家财政收入的支配者，保障性住房的建设、管理等需要国家财政支持。政府负有提供保障性住房建设资金的义务与责任。唯有政府，才能通过行使公权力，集中财力、物力兴建各类保障性住房。

第四，政府具有制定税收政策、征收权等权力。政府制定税收政策鼓励保障性住房的兴建，鼓励社会资源对住房保障的投入。政府对保障性住房的各类税费进行减免，确保其低廉性与公益性。政府或经政府认定的单位新建、购买、改建住房作为保障性住房的，社会捐赠房源、资金，政府应当进行税收减免。在符合土地征收条件的情况下，政府有权对土地进行征收，通过城市拆迁实现保障性住房的建设。

由此可见，政府是公民居住条件尤其是低收入者住房改善所必需的资源的唯一持有者。政府在保障性住房建设中所具有的不可替代的地位与作用决定了保障性住房建设既是政府的一项政治责任，更是政府的一项法律义务。为此，在我国应建立与完善住房社会保障法律机制。"居者有其屋"既是公民住宅权的最终目标，也是公民住宅权的最低法律底线。

（二）加大、加快保障性住房建设对地方经济发展的影响

一方面，保障性住房建设的目的在于改善低收入家庭的居住水平与条件，保障公民住宅权的实现，因此加快保障性安居工程的建设，对于改善民生、促进社会和谐稳定无疑具有重要的意义。同时，保障性住房建设对于抑制部分地区房价过快上涨也将具有重要的影响。此外，保障性住房建设对于拉动内需无疑起到了重要的作用。据统计，2008 年中央财政投入的 75 亿元廉租房建设资金，各地累计投入的资金已经将近 400 亿。由于房地产行业在固定资产投资中占有较大比例，并且对相关产业的拉动力较强，保障性住房的大规模建设将给建材、机械等带来巨大的需求，并且每年将会创造 200 万～300 万人的就业机会。伴随着保障性住房建设的继续推进，城市更新的步伐也在加快，保障性住房区域对周边地区的经济辐射效应正在逐渐显现出来，必然会对未来长时间的居民消费增长带来促进作用。这在很大程度上来促进房地产业的平稳健康发展都会起到非常积极的作用。因此，地方政府加大与加快保障性住房建设将对地方的政治和经济的发展产生剧烈而深远的影响。

另一方面，保障性住房建设对地方经济的发展并非都是正面的影响。由于地方政府与中央政府在保障性住房建设过程中的目标与行为标准的不一致，保障性住房建设对地方经济可能会造成一定程度的影响，从而使得作为住房保障政策直接执行者的地方政府难以调动承担起应负责任的积极性。保障性住房的建设一方面影响了地方政府的土地财政收入与支出，另一方面也会给商品房的成交及价格带来一定的冲击，从而对地方的税收与 GDP 产生一定影响。这些影响将降低地方政府建造保障性住房的积极性。随着分税制的实行，地方政府之间、地方政府与中央政府之间的经济利益博弈愈演愈烈；而在对地方官员政绩考核的过程中，地方 GDP 的增长幅度逐渐成为一个主要的标准，这就使得地方政府的工作核心持续向任期内的 GDP 增长数量倾斜——与土地相关的政府性收入方面。地方政府可独享如城镇土地使用税、房产税、耕地占用税、土地增值税、国有土地有偿使用收入等；土地出让金方面，存量土地收益全归地方政府，增量建设用地收益中央政府和地方政府三七分成，土地相关的收入成为了地方政府潜在的政府收入来源[①]；且由于土地相关的收入具有金额巨大等特点，因而出让商品房的建设用地成为地方政府增加财政收入、加快 GDP 增长以及推进城市化进程的主要手段。而土地资源的稀缺性决定了，如果大规模的

---

① 钱滔. 地方政府治理与房地产市场发展. 浙江社会科学，2010（3）.

进行保障性住房建设，地方政府的收入在突破依赖土地收入的格局之前将会呈现萎缩的局面，从而直接影响地方政府官员的政绩考核。因此，如何增强地方政府保障性住房建设上的动力，还需要建立合理的配套的相应制度与措施。

（三）建立调动地方政府在保障性住房建设方面积极性的法律机制

温家宝总理说："如果说发展经济、改善民生是政府的天职，那么推动社会公平正义就是政府的良心。"保障性住房建设就是为了实现社会的公平正义。但在以 GDP 为主导的政绩观的影响下，我国地方政府建设保障性住房的积极性难以调动，当前一些地方保障性住房兴建出现了瓶颈。公民住宅权的实现不能仅凭政府的良心而为之，我国当前法律体系在规范地方政府保障性住房建设的法律责任方面存在缺失。我们认为，建立调动地方政府在保障性住房建设方面积极性的法律机制应当包括以下内容。

首先，通过立法明确"保障公民住宅权"既是政府的政治责任，也是政府的法律义务。

我国尚未通过立法确立作为人权的住宅权，仅规定了司法意义上的住宅权，即住宅所有权以及与此有关的权利。我国应当加快制定《住宅保障法》，规定人权法意义上的住宅权，即每个公民均享有获得适足、充分的住房权利。政府是这一权利的义务主体，政府有提供公民适当住房的法律义务。我国当前保障性住房的规定对各级政府及各职能部门的行政责任界定较为笼统。各级政府公权力行使的范围与限度应当加以明确。同时，当前立法未规定专门的责任机关，不利于法律责任的界定，应当设立专门的住房保障管理机构负责监督各级地方政府保障性住房建设进度、专项资金的使用情况，负责组织保障性住房的建设、分配、管理，严格监控保障性住房的准入与退出。

其次，建立合理的、能够调动地方政府积极性的相应措施。保障性住房的兴建将解决中、低收入家庭居住问题，有利于社会的和谐与稳定，也有利于地方经济的长期发展。我们应当建立与保障性住房建设挂钩的奖惩考核措施，将保障性住房的实行情况作为考核地方党政官员政绩的尺度之一，改变过去一味以 GDP 为考核指标的短视行为。保障性住房建设考核的指标包括：建设资金的投入情况、保障性住房的兴建速度、准入与退出机制实施情况、保障性住房覆盖率等。中央政府应当加大对保障性住房的资金投入与宏观调控，特别对于较为贫困、保障性住房需求较大的地方应当加大力度，调动地方政府的建设积极性。

最后，建立官员个人问责机制，完善法律追究机制。保障性住房建设时间跨度较长，从项目的确立、审批、土地划拨、建设方选定到项目的建设、分配往往要几年的时间。政府负责人更替，易导致工程延缓，甚至工程质量等问题。建立官员个人问责机制，由项目建设期间的管理机关负责人对项目承担连带责任。当保障性住房质量、分配出现问题时，追究主要负责人的行政甚至刑事责任。我国当前廉租房与经济适用房的规定也凸显了法律追究机制尚需完善：规定了保障性资金的来源，未规定资金的管理与使用；规定了准入程序，未规定政府暗箱操作应承担的法律责任；规定了退出机制，政府对违反规定者的惩罚力度过低等等。政府法定责任的细化是完善的法律制度的必要条件，是确保我国保障性住房建设目标达成的重要指标。

（四）明确保障性住房建设中政府法律责任的建议与设想

明确保障性住房建设中的政府责任最为关键的一点在于，在法律上为政府承担保障性住房建设的责任提供依据，既要规定可行的监督机制和责任追究机制，同时还要将保障性住房建设纳入到官员的政绩考核中来，具体则可通过如下几种途径实施。

第一，在《宪法》中确立住宅权的概念，并将之作为基本人权的一种加以保护。《宪法》是我国的根本大法，在《宪法》明确住宅权的概念，是住宅权相关法律制度构建的必要前提，并可为政府法律责任机制提供国内法律依据。所谓住宅权就是公民有权获得可负担得起的适宜于人类居住的，有良好的物质设备和基础服务设施的，具有安全、健康、尊严，并不受歧视的住房权利①。从性质上来说，住宅权首先是基本人权的一种，是人生而为人，必须享有的一项权利，如果住宅权得不到保证和实现，那么公民就无法积极的行使其他政治以及经济权利。根据我国已经签署的联合国《经济、社会、文化权利国际公约》第十一条的规定，我国政府对人民的住房权利的保证是法定而不可推卸的责任。

第二，在《住房保障法》的制订过程中，明确保障性住房建设责任的主体是政府，并建立相应的监督机制和责任追究机制。首先，《住房保障法》的总则中应当规定政府对保障性住房建设负责，各级地方政府对本行政区域内的保障性住房建设负责。其次，《住房保障法》中应当规定设立专门的保障性住房建设管理与监督机构，负责对保障性住房项目设立、招标、工程建设、房屋分配等一系列流程进行管理和监督，防止在保障性住房建设过程中出现"权力寻租"等违法乱纪的行为以及以虚假信息骗取保障性住房分配资格的行为。最后，《住房保障法》应当着重规定住宅权保障中的责任追究机制和住宅权的司法救济途径。通过行政处罚乃至刑事处罚的方式对失责的责任主体及其工作人员进行追究，并允许住宅权受到侵害的特殊需求群体以司法途径维护其权益，从而使住宅权成为一个可诉的权利。

第三，在我国《公务员法》中将保障性住房建设纳入到公务员考核中的工作实绩里，在实施细则中针对保障性住房建设的特殊性，为公务员考核设立科学有效的评价体系，即除了 GDP 年度增长幅度、居民收入增长幅度、税收收入以及招商引资

---

① 金俭. 中国住宅法研究. 北京：法律出版社，2004：59.

等经济效益标准外，更加注重保障性住房建设、民众满意度等社会效益标准，并将对社会效益的追求置于经济效益之上，从而为地方政府进行保障性住房建设消除后顾之忧。

四、权利视角下我国政府责任的具体承担

在住宅权利保障的视角下，为了进一步解决公民的住宅问题，真正实现"住有所居"的住宅保障目标，政府必须有所作为，履行其住宅保障职责。首先，各级政府应该从实际出发，确立住宅权利保障的目标和发展规划，确保公民住宅权有计划、有步骤地得到实现。其次，政府应当制定切实可行的政策，采取有效的措施，不断改善公民的住宅状况，在实践层面推动住宅权利的真正实现。从住宅自身特点和住宅权实现的角度出发，政府责任的承担不应仅停留在住宅分配环节，而要从源头抓起，将政府责任贯穿于住宅土地供应、住宅开发建设、住宅交易等各个环节。唯有如此，才能有效地稳定住宅价格、打击各种投机与违法行为、保护住宅改革成果、改善公民住宅条件，实现我国住宅市场的持续、健康、稳定发展。

（一）土地供应环节的政府责任

为了切实稳定住宅价格，解决广大中低收入者的住宅需求，从土地出让环节开始，政府就应通过以下手段来承担其责任。

1. 合理调控住宅土地供应，优先保证保障性住宅的土地供应

从目前全国的整体形势来看，尽管房地产开发土地供应总量较大，但仍难以满足民众的住宅需求，经济适用房和城镇廉租房等保障性住房用地普遍供应不足。国有建设用地实际为地方政府控制和利用，有些地方政府为了追求地方经济利益，往往超出土地利用规划，过度提供土地用于普通商品房开发，缩减保障性住房土地供应。由于保障性住房建设用地实行行政划拨的方式供应，地方政府多将保障性住房用地选在远离城市的郊区，而且随着城镇化的加速，距离市区更是越来越远。交通、学校、医院相关配套条件的缺乏，无形中加大了低收入家庭购买后的生活成本，使得部分城市经济适用住房出现滞销问题。另外，却有大量的住宅建设用地长期被闲置，开发商借以哄抬房价，牟取暴利，导致更多的群众买不起房。因此，政府土地管理部门应该对住宅用地供应进行合理调控，对于过度用地或者大量闲置土地的地区的土地供应进行限制，并根据需要加大保障性住房用地的优先供应和合理供应。

2. 住宅规划选址应以适居为要旨

在土地供应环节，住宅的规划选址对于公民住宅权的实现也同等重要。政府城乡规划部门在住宅选址规划过程中，必须充分考虑住宅的适居性要求。首先，必须把公民的安全和健康放在首位，住址规划选址应该远离城市工业园区，尤其是污染较为严重的区域。其次，应该注意住宅周围配套的基础设施与服务设施等，方便群

众生活和工作需要。再次，经济适用房等保障性住房的规划选址应该接近城市普通商品住宅区域或者直接选定在普通商品住宅小区中，尽可能避免集中化，防止因居住空间阶层化区隔加剧而引发新的社会歧视和贫富落差。

3. 确保土地出让金的规范使用

数据显示，2009 年我国土地出让金总金额达 15000 亿元，同比增加 140％。中国指数研究院年终盘点报告披露的这一数字再度引发了对地方政府是否过度依赖土地财政的担忧与质疑。1994 年国家实行分税制后，土地出让金作为地方财政的固定收入全部划归地方所有，此后逐渐成为地方政府的"第二财政"。地方政府大量批地卖地，引发城市规模的无序扩张和房价的飞速上涨。2006 年，国务院办公厅发布《国务院办公厅关于规范国有土地使用权出让收支管理的通知》（国办发［2006］100 号）明确规定，从 2007 年 1 月 1 日起，土地出让收支全额纳入地方基金预算管理。收入全部缴入地方国库，支出一律通过地方基金预算从土地出让收入中予以安排，实行彻底的"收支两条线"。但是，实践中土地出让金的管理和使用仍存在较多问题，使用不规范、监督和约束机制缺乏等问题较为突出。2009 年国家审计署发布的对 18 省区市财政预算管理情况审计调查结果公告显示，全国有 10 省市超过 600 亿的土地出让金未纳入预算。另外，从使用情况来看，土地出让金用于改善民众住宅状况的比例较低，尤其是在保障性住房的资金构成中，土地出让金只占很小的比例。有学者认为，土地出让金收益全部归政府所有是个很大的弊端，应尽快建立类似香港的土地基金制度，防止现届政府花未来政府的土地收益资金。政府有责任通过制定政策和修订法律，规范土地出让金的管理和使用，并应充分考虑其对公民住宅保障的积极作用。

4. 加大土地执法力度，严格打击各种土地违法行为

国土资源部 2009 年 12 月的调查数据表明，全国闲置的房地产用地约达 1 万公顷，开发商长期囤地所获利润已经远远超过房产开发。地方政府违规批地卖地、开发商囤积土地、哄抬地价等土地违法行为，不仅造成土地资源的浪费，更造成住宅价格的快速上涨，以致更多的公民无力买房。土地、规划等执法部门应该坚决执行和贯彻落实国家土地管理法律、法规和政策要求，加强对住宅开发用地的监管，严格土地执法，稳定住宅市场，保障公民的住宅权益。

（二）住宅开发环节的政府责任

住宅安全是公民住宅权利的重要内容，保障住宅安全的关键在于住宅的质量问题。在住宅开发环节，政府有责任重点解决好以下两个问题。

1. 对房地产开发企业资质实施严格监管

实践中，有些资质不够的企业通过虚报注册资本获得批准从事房地产开发，还有一些企业借用其他企业名义进行房地产开发，尤其是很多城中村住宅改造、扩建

项目多为散工实际建设，这些都为住宅的质量问题埋下了较大的安全隐患。因此，认真审查和监管房地产开发企业资质，成为确保住宅质量安全的首要任务。

2. 严格执行住宅建筑标准，监督住宅质量安全

我国已于 2006 年 3 月 1 日期实施住宅建设国家标准——《住宅建筑规范》，规定该规范全部条文为强制性条文，必须严格执行。但是该规范的执行情况却并不理想，从 2009 年上海、广州、重庆相继发生的"楼脆脆"事件到成都、南京的"楼歪歪"事件再到烟台的"楼垮垮"丑闻，越来越多的豆腐渣工程使得"住宅质量问题"成为全社会普遍关注的焦点。这些问题虽应直接归因于缺乏诚信的开发商，但同时也暴露出政府监管的不足和相关法律存在的缺陷。2001 年国务院颁布的《建设工程质量管理条例》（中华人民共和国国务院令第 279 号）实行竣工验收备案制，将建设工程竣工验收的组织和实施单位由建筑工程质量监督机构变为建设单位。这虽然简化了验收程序、提高了行政效率，但同时却给偷工减料、铤而走险的违法者们提供了更多的机会。因此，及时修改相关法律、法规，严格履行政府的住宅安全监管责任已成为当务之急。

（三）住宅交易环节的政府责任

住宅交易环节是公民住宅权利保障的关键环节，关系到公民住宅权的直接实现。政府应在以下几个方面履行其责任：

1. 加强舆论正确引导、及时准确公布市场信息

舆论导向对于稳定住宅市场、引导住宅消费起着很重要的作用。一方面，政府要制订科学的调查与统计体系，并且及时公布全面、准确、可靠的市场信息，如土地供应、住房供求及价格涨落等，正确引导居民合理消费和心理预期；另一方面，政府应当加强对新闻媒体的监管，规范引导措施，避免挫伤市场信心，引起房地产市场大的波动。

2. 规范房地产市场秩序，稳定住宅价格

稳定房地产市场价格，是房地产市场稳定的标志内容，房地产市场调控的本质是稳定房地产市场价格。我国房地产市场中的违规销售、捂盘惜售、恶意哄抬等非法行为不仅导致了房价的过快上涨，更影响了房地产市场秩序的健康发展。政府应该综合采取土地、财税、金融等相关政策措施和法律手段，整顿房地产市场秩序，抑制投机性购房，使房价能够保持在较为合理的价位。此外，加强住宅交易中的消费者权益保护，严格规范商品房预售中的违法收取会员费、诚意金、选号费等行为，这也是政府应该落实监管责任的重要方面。

3. 大力发展与完善住宅租赁市场

住房制度改革后，我们过度、过分地宣传与夸大住宅私有化、自有化率的好处。提倡享有住房，不一定要拥有住房所有权。其实，对住房拥有控制权（占有权）与

拥有住宅的所有权同样重要。在法律上，对出租者解除租赁自由给予一定的限制、对于住宅租金以一定的控制。如实行以保护承租人为主的房租管制、限制租金、强制空屋出租、禁止不法驱逐等法律规定与措施，可以保障租赁者的住房需要的满足。所以，大力发展与完善住宅租赁市场，以求保障无法通过购买取得住宅所有权的人群的住宅权。

（四）保障性住宅供应中的政府责任

保障性住宅是指政府在对中、低收入家庭实行分类保障过程中所提供的限定供应对象、建设标准、销售价格或销售面积的住房，主要包括经济适用房、廉租房、限价房、公共租赁房等。提供保障性住宅是政府实施安居工程、解决民众"住有所居"的重要途径，更是政府的重要责任。我国当前住宅市场任由经济利益最大化为导向，住宅开发一直以市场价商品房为主，重视高端产品市场，忽略了保障性住宅的开发，导致住宅供给结构失衡，更多的中、低收入者无法实现购房目的，从而影响了住宅市场的健康发展。

现阶段，以保障性住宅为核心，政府应该解决好以下几个问题：第一，数量供应不足问题。政府可以通过加大保障性住宅的资金投入、多渠道筹集房源等措施，提高经济适用房、城镇廉租房等保障性住宅的供应数量。第二，保障性住宅的价格问题。要综合考虑当地经济发展状况以及建设和管理成本，对保障性住宅价格进行管制，包括经济适用房价格、廉租房租金等，防止为少数利益主体操控，导致价格过高或者过低。第三，公平分配问题。由于资源的稀缺性，保障性住宅的分配问题最受社会关注。导致权力腐败的典型。所有这些，都成为普通民众尤其是低收入群体住宅权实现的实际障碍和绊脚石。因此，对于保障性住宅的供应对象，政府要建立资产申报制度、审核制度、轮候制度和退出机制等，保证分配的公正公平。

五、住宅权的实现与住宅立法

国家对一种权利体系所承担的基本义务，主要有两个方面：一是通过法律形式对这种权利体系予以确认。二是保障法律化的权利充分而有序地实现。住宅保障问题不仅事关公民的切身利益，更关系到社会生活秩序的稳定和经济的可持续发展。从实践来看，仅靠住宅政策对市场进行短期调控，并不能真正解决我国目前面临的困境。破解中国住宅保障难题、实现公民住宅权的根本之道在于加快住宅立法，将住宅改革的制度成果用法律的形式固定下来，对住宅土地供应、住宅规划、住宅建设、住宅分配等环节进行规范和约束。首先，应该在宪法层面增加公民住宅权的保护；其次，尽快制定《住宅法》，全面规定公民的住宅权利，并确定政府在公民住宅权实现中的责任和义务。住宅价格的持续上涨，中、低收入群体住房保障问题的日益突出，制定《住宅法》已迫在眉睫。住宅保障和制定《住宅法》已经成为近年

"两会"上最受代表、委员们关注的焦点。虽然我国自 21 世纪初就开始着手研究制定《住宅法》，但是至今尚未出台。相比之下，美国、英国、日本、法国、新加坡等国家早已建立了较为完备的住宅法律制度，我国深圳市、厦门市近年在住宅地方立法方面进行的有益尝试，为国家层面的住宅立法提供了可供参考的经验和做法。

第四章　住房保障法律制度基本框架

住房保障法律制度基本框架包括住房保障法律制度应遵循的基本原则、基本目标、基本内容以及具体的制度框架。住房保障法律制度应遵循的基本原则主要有：普遍性原则、保障生活所需原则、分配正义原则、社会化原则、倾斜保护原则等。住房保障法律制度的目标在于，通过完善住房保障法律制度，保护公民住宅权，真正实现"住有所居"。住房保障法律制度的基本内容以住宅权的实现为基础，包括了住房保障的对象、住房保障的方式、住房建设制度、住房金融制度、住房租赁制度和保障性公共住房制度等内容。

一、住房保障法律制度的基本原则

法律原则是法的基本要素之一，是指在一定法律体系中为法律规则提供某种基础或本源的综合性的、指导性的价值准则或规范。法律原则具有较强的抽象性和稳定性，涵盖面较广，逻辑结构简单，它不预先设定任何确定的、具体的事实状态，没有规定具体的权利和义务，更没有确定的法律后果[①]。但是，在法律的创制和法律的实施过程中，却离不开法律原则的指导和运用。法律原则首先决定着法律制度的基本性质、内容和价值取向；其次还起着指导法律解释和法律推理、补充法律漏洞、限制自由裁量权的行使等作用。住房法律保障制度的基本原则是指集中体现住房保障法律的理念和宗旨，指导和协调整个住房保障法律制度的制定和实施，调节住房保障关系所应遵循的根本准则。住房法律保障制度的基本原则贯穿于住房保障立法、执法、司法、守法等各个环节，是住房保障精神实质的高度概括，对于推进我国住房保障法律制度的发展、实现公民住宅权益起着基础性的指导作用。

（一）普遍性原则

普遍性原则是指住房保障的对象应该包括所有社会成员，住房保障法律制度应该保证所有社会成员住宅权益的顺利实现。公民在法律面前一律平等，住宅权是一项最基本的人权，法律制度的设计应该维护这一基本人权的平等性。任何公民在其基本的住宅需求得不到满足时，都应平等地享有从国家和社会获得帮助的权利。住房保障法律制度应对所有社会成员一视同仁，凡是符合条件的社会成员都有权获得基本的居住条件的保障，否则，便会偏离住房保障法律制度的根本宗旨。

---

① 张文显. 法哲学范畴研究. 北京：中国政法大学出版社，2001：54.

从世界范围来看，发达国家的住房保障覆盖率较高，城镇人均住房建筑面积平均为 35 平方米左右。而发展中国家受经济发展水平的制约，住房保障覆盖率不高，人均住房建筑面积较低，还远远达不到普及全体社会成员的目标。从 1998 年住房分配改革以来，我国城乡居民的住房条件已经获得极大改善，到 2008 年底，城镇人均住房建筑面积已经达到了 28 平方米以上，是 1978 年人均住房面积的 4.2 倍，农村居民基本实现了一户一宅①。以上海为例，至 2009 年年末，城镇居民人均住房建筑面积达到 34 平方米，人均住房居住面积 17.2 平方米，居民住房成套率达到 95.6%②。在保障性住房方面，国务院 2007 年印发《国务院关于解决城市低收入家庭住房困难的若干意见》后，各地区加快了解决城镇低收入群众住房困难的步伐，截至 2008 年底，通过廉租住房制度解决了 295 万户低收入家庭的住房困难，经济适用住房制度对低收入家庭的保障作用得到实现，已经有 500 多万户低收入家庭通过经济适用住房解决了住房问题。通过各类棚户区改造使 130 多万户居民的住房条件得到了根本的改善，约有 4700 万职工通过住房公积金制度改善了住房条件。

上述有关数据充分显示了 20 多年来我国住房制度改革带来的巨大成就。但是，透过数据，我们却不难发现，我国公民的住房保障还存在很多问题，住房保障普及率远远滞后于社会经济的发展。首先，上述人均 28 平方米的住宅面积是以城镇户籍人口为统计分析依据的，有专家指出，如果把一些没有户籍、但长期在城镇工作的常住人口加在一起，城镇的人均住房面积只有约 22 平方米；其次，我国的城镇化速度突飞猛进，城镇人口不断增长，这就给住房保障主要是城镇住房保障工作不断带来新的挑战和考验③，而且随着国家户籍制度的松动和改革，城镇将迎来新一轮的人口增长高峰④；再次，住房保障普及率逐渐提高的同时，却伴随着严重的失衡现象。一方面是住房保障的地区性差异——即使以 2008 年的人均 28 平方米住房面积作为标准，全国仍然有很多地区达不到这一平均水平；另一方面是住房保障的群体或者阶层差异——在不同城镇居民、群体之间，所拥有的住宅面积差异是比较大的，有的

---

① http://news.21cn.com/gundong/roll/2009/09/28/6929459.shtml.［2010-6-12］.

② http://news.online.sh.cn/news/gb/content/2010-02/13/content _ 3334545.htm.［2010-6-12］.

③ 诺贝尔经济学奖获得者、世界银行前副行长斯蒂格利茨曾宣称：21 世纪影响人类进程的两件大事，一是新技术革命；二是中国的城镇化，其成败得失不仅影响中国，而且遍及全球。至 2008 年，我国城镇化率已从 1949 年的 10.6%提高到 45.68%，有 6 亿多中国人居住在城镇。参见：李慧，张玉玲. 经典中国·辉煌 60 年——城乡建设篇. 光明日报，2009-08-26.

④ 2010 年居住证制度的正式提出，有力地推动了国家户籍制度的改革。2010 年 5 月 27 日，国务院转发国家发展和改革委员会《关于 2010 年深化经济体制改革重点工作的意见》，首次在国务院文件中提出在全国范围实行居住证制度。自 2008 年 3 月，浙江慈溪、吉林长春废止暂住证实施居住证以来，全国已有至少 10 个城市实施这项制度。

人均住宅面积可能几倍于全国平均水平，而大量的居民却可能连平均水平的二分之一、三分之一也达不到。有调查显示，上海的房价虽然在全国名列前茅，但 21.7% 的城镇居民家庭拥有两套以上住房，而在江苏，超 3 成居民拥有了两套及以上房产。在"人均 28 平方米"的数据下，既然如此多的居民拥有"两套以上"的住房，其背后必然是许多居民一套住房也没有或者只有不完整的半套住房①。此外，大量存在的"空城"、"空心村"以及数量惊人的"无人居住"住宅，使得住宅人均水平又大打折扣。有媒体报道，一项对全国 660 个城市的调查发现，有高达 6540 万套住宅电表连续 6 个月读数为零，这些空置房足以供 2 亿人居住②。虽然后来关于这一数据的来源和真实性受到一定程度的质疑，但是其本身揭示的问题已经远远超过数据本身。住宅空置率较高已经成为不争的现实，北京联合大学应用文理学院城市科学系张景秋和孟斌带领课题组，对北京 50 多个 2004～2006 年售出后入住的小区用电情况进行了调查，结论是，电表几乎不走的比例高达 27.16%。而电表不走的比例还在陆续上升，2007 年时达到 29%。并且越往外空置率越高，市中心二环至三环空置率水平大约在 20% 左右，四环至五环就上升到 30% 左右③。因此专家建议国家应该尽快进行房屋普查，全面掌握住宅空置率情况，为下一步的房改提供政策依据。

住房问题不仅是维持社会成员基本生活的关键，更关系到国家的稳定和长远发展。我国住房保障法律制度的设计和安排，应该从我国实际出发，在充分调查和研究的基础上，确保住房保障能惠及全体社会成员。

（二）保障生活所需的原则

保障生活所需的原则是指住房保障法律制度应该以公民的生活所需为出发点，保障公民最基本的居住需求。住宅不同于一般商品，其本身是为了满足人们的基本生活所需，是衣、食、住、行中最基本、最重要的生活必需品，政府有责任确保公民最基本的生活所需。但是，在市场经济高速发展的今天，住房却被作为普通商品在市场上进行自由流通，很多消费者购房的主要目的不是为了居住，而是将购房作为一种不动产投资，这在一定程度上刺激了房地产市场的繁荣，但同时伴随而来的却是房价的飞速上涨，还有越来越多"望房兴叹"的无力购房群体。购买两套、三套甚至更多住房，投资住房市场已经成为众多城镇家庭投资理财的首选方案。因而，上述 6000 多万套无人居住住宅电表连续 6 个月读数为零也就不足为奇。当然，这也从反面揭示了实际存在着更多无房居住的社会大众，也反映出我国住房保障的现状和困难。

---

① 经不起"平均"的平均住房面积. [2010-4-2]. http://yzwb.yznews.com.cn.
② 京华时报，2010-7-7.
③ 肖明. 专家称空置房超 6000 万套说法可信现状或更严重. 21 世纪经济报道，2010-07-21.

确立保障生活所需的住房保障原则，是由我国的经济发展水平和住房保障的现状所决定的。一方面，我国目前属于发展中国家，经济还不够发达，政府用于社会保障包括住房保障的支出非常有限；另一方面，住房保障的现状仍不容乐观。住宅供应量远远无法跟上城镇化的客观需求，供不应求导致住房价格一直保持涨势，而投资性购房、开发商捂盘惜售等行为又在刺激房价的进一步上涨。因此，保障基本生活所需应当是我国当前及未来几年住房保障所应遵循的基本原则。国家统计局前局长李德水就曾指出："房地产市场的核心是社会问题，不是经济问题，甚至是建设一个什么样的社会的问题；发展房地产市场根本目的是解决广大居民的居住问题，而不应该推行把房地产作为投资品为主的发展模式。"几年来，国家宏观调控政策频出，主要目的就在于控制住宅价格，稳定住房市场秩序，努力满足人民的最低居住需求。2010 年 1 月 11 日，《国务院办公厅关于促进房地产市场平稳健康发展的通知》（国办发［2010］4 号）明确提出要合理引导住房消费，抑制投资投机性购房需求。金融机构在继续支持居民首次贷款购买普通自住房的同时，要严格二套住房购房贷款管理，合理引导住房消费，抑制投资、投机性购房需求。对已利用贷款购买住房、又申请购买第二套（含）以上住房的家庭（包括借款人、配偶及未成年子女），贷款首付款比例不得低于 40%，贷款利率严格按照风险定价。2010 年 4 月 17 日，《国务院关于坚决遏制部分城市房价过快上涨的通知》（国发［2010］10 号）更是明确提出，要坚决抑制不合理住房需求，实行更为严格的差别化住房信贷政策。对购买首套自住房且套型建筑面积在 90 平方米以上的家庭（包括借款人、配偶及未成年子女），贷款首付款比例不得低于 30%；对贷款购买第二套住房的家庭，贷款首付款比例不得低于 50%，贷款利率不得低于基准利率的 1.1 倍；对贷款购买第三套及以上住房的，贷款首付款比例和贷款利率应大幅度提高，具体由商业银行根据风险管理原则自主确定。要严格限制各种名目的炒房和投机性购房。商品住房价格过高、上涨过快、供应紧张的地区，商业银行可根据风险状况，暂停发放购买第三套及以上住房贷款；对不能提供 1 年以上当地纳税证明或社会保险缴纳证明的非本地居民暂停发放购买住房贷款。地方人民政府可根据实际情况，采取临时性措施，在一定时期内限定购房套数。

（三）分配正义原则

市场经济的稳定发展以及和谐社会的建立，客观上需要实现各种资源和利益的合理分配，以此保证社会有序发展、人民安居乐业。分配正义"就是要通过制度安排在社会成员或群体成员之间对权利、权力、义务和责任进行合理配置，使广大人民群众对自己的分配所得及自己与他人分配所得差距与自己的条件及他人的条件感到均衡，从而维护社会的秩序和稳定，促进经济社会的可持续发展。相反，如果分配不公正，人们就会感到不均衡，即不公平，就会产生不满情绪，社会就会出现不安定。"① 作为一种特殊的市场资源，住房关系公民最基本的生活保障。然而，住房资源自身的稀缺性和价值性却决定了人们对住房的热切追求和占有，因此常会引发住房分配的不公现象，住房的分配问题已经成为当前最受社会关注的焦点问题。在2010 年北京"中国城市发展高层论坛"上，住房和城乡建设部原副部长杨慎坦言，分配不公，房价太高，特别是低收入家庭的住房没有很好地解决，已经成为中国住房建设中存在的主要问题。以保障性住房的分配为例，近年来保障性住房分配过程中暴露出来的种种不公平和违规现象，凸显了我国保障性住房分配的制度性缺陷。一段时间以来，一些地方打着保障性住房的名义，以各种形式为公务员建实物型住房，变相"福利分房"，公务员享受超国民待遇的同时也造成了更大的资源分配不公，导致更加尖锐的社会矛盾②。而 2009 年湖北武汉发生的经济适用房"六连号"事件，更加体现了住房分配制度的不健全和政府监管的失灵。所有这些，都成为普通民众尤其是低收入群体住宅权实现的实际障碍和绊脚石，也引发了更多的社会不和谐因素。

罗尔斯认为，"人们对由他们协力产生的较大利益怎么分配并不是无动于衷的（因为为了追求他们的目的，每个人都喜欢较大的份额而非较小的份额），这样就产生了一种利益的冲突。就需要一系列原则来指导在各种不同的决定利益分配的社会安排之间进行选择，达到一种有关恰当的分配份额的契约。这些所需要的原则就是社会正义的原则，他们提供了一种在社会的基本制度中分配权利和义务的办法，确定了社会合作的利益和负担的适当分配"③。因此，从一定意义上讲，法律制度应该是一种追求分配正义的制度，正义应该是法律制度所追求的首要价值。一个法律制度若不能满足正义的要求，那么从长远的角度来看，它就无力为政治实体提供秩序和和平。但在另一方面，如果没有一个有序的司法执行制度来确保相同情况获得相同待遇，那么正义也不可能实现。因此，秩序的维系在某种程度上是以存在着一个合理的、健全的法律制度为条件的，而正义则需要秩序的帮助才能发挥它的一些基本作用。为人们所要求的这两个价值的综合体，可以用这句话加以概括，即法律旨在创设一种正义的社会秩序④。住房保障法律制度的制定和实施，关系到公民的住宅权益的最终实现，关系到经济的稳定发展和国家的长治久安。分配正义原则应该作

---

① 何建华. 分配正义论. 北京：人民出版社，2007：7.
② 公务员住房享受"超国民待遇"危害极大. 扬子晚报，2009-5-28；公务员"福利分房"被批超国民待遇 源于官本位，2009-12-10；http://view.qq.com. 人民时评："单位自建房"背后昭示的不公. 2009-12-10. http://opinion.people.com.cn/GB/5559376.html.
③ 罗尔斯. 正义论. 何怀宏等译：北京：中国社会科学出版社，1988：2-3.
④ E·摩登海默. 法理学——法律哲学与法律方法. 邓正来译. 北京：中国政法大学出版社，1999：318.

为一项基本原则贯穿住房保障立法、执法、司法等各个环节，通过合理的制度协调各种利益冲突和不稳定因素，建立一种相对和谐的社会关系。

（四）社会化原则

社会化原则是指住房保障应该是全社会共同关注、共同参与的事业，以求实现住房保障资金来源、多层次住房供给以及住房保障责任的社会化。社会化原则是现代国家社会保障的重要原则，社会保障"主要的义务承担者是国家，但国家并不是唯一的义务角色。除此之外，社会及其成员也负有使每一个社会成员'继续生存下去'的责任或义务"① 作为社会保障的重要内容，住房保障的主体不仅仅是政府，公民个人、企事业单位甚至全社会都应该负有相应的责任。在住宅权益的实现过程中，公民个人无疑应负主要责任。至于住房保障中的政府责任，则首先体现在对全国住房市场的宏观调控；其次，主要是承担中低收入尤其是低收入群体的住房保障工作。自 1998 年住宅分配实行市场化改革，正式取消福利分房以后，虽然住房总体状况有所改观，人均住房面积有所增长，但是政府的责任并没有相应减轻。从实际情况来看，住房保障的形势愈加严峻，房价居高不下，市场调控失灵，更多的人群无力购房。基于此，有越来越多的学者甚至人大代表、政协委员纷纷呼吁政府应该立足中国现实，制定科学合理的住房保障制度和政策，鼓励社会力量尤其是符合条件的企事业单位参与住房保障，实行全方位、多样化、多层次的城镇居民住房保障体系。因而，有关辩证看待福利分房的讨论便备受关注。一项调查指出，有 56.6％的居民认为福利分配住房更具优越性，福利分房是从房屋的基本功能出发，以实物分配的形式满足公民的居住需求②。

关于单位集资建房或者单位自建房的争论一直是备受争议的热点问题。反对者认为，集资建房违背房改的初衷，不利于住房商品化和市场化目标的实现。赞成者认为，允许单位集资建房，只是把开发商的利润完全返还给买方者，必然会使房价下降，这不仅不会影响政府的利益，而且还会减轻政府住房保障的压力。单位集资建房曾经是经济适用房建设的组成部分，建设标准、参加对象和优惠政策，按照经济适用房的有关规定执行。至 2006 年，建设部、监察部和国土资源部联合下发通知，严禁党政机关以任何名义、任何方式搞集资建房，超标准为本单位职工牟取住房利益③。财政部《关于企业加强职工福利费财务管理的通知》（财企［2009］242号）中则规定，企业为职工提供的交通、住房、通讯待遇，尚未实行货币化改革的，

---

① 种明钊. 社会保障法律制度研究. 北京：法律出版社：2000：5；郑尚元等. 劳动和社会保障法. 北京：中国政法大学出版社，2008：409.
② 李斌. 分化的住房政策：一项对住房改革的评估性研究. 北京：社会科学文献出版社，2009：131.
③ 《关于制止违规集资合作建房的通知》（建住房［2006］196 号）.

企业发生的相关支出作为职工福利费管理，但根据国家有关企业住房制度改革政策的统一规定，不得再为职工购建住房。我们认为，这一规定的科学性和合理性值得商榷，本着住房保障社会化原则，只要能够合理引导和加强监管，应该允许单位通过自建房或者适度提高住房补贴缓解职工住宅困难，这也是缓解高房价的有力举措之一。实践中，广东、新疆等地方就曾明确规定，单位在符合规定的前提下，可以自行建房解决单位内职工的住房问题①。

（五）倾斜保护原则

住房保障的核心在于"保障"，即通过多种途径重点满足广大无家可归、无房可居的人的住房需求。因此，住房保障法律制度的设计，不仅要遵守普遍性原则，提高住房私有化程度，使绝大多数社会群体能够达到居者有其屋。更为重要的是，要重点关注和保障广大特殊社会群体——弱势群体有房可居。当然，弱势群体是一个外延较为宽泛的概念，学者们具有不同的理解。但是，按照国际社会学界公认的定义，所谓社会弱势群体是指由于某些障碍以及缺乏经济、政治和社会机会而在社会上处在不利地位的人群。这部分群体经济基础较为薄弱，住房条件极为困难。一般来讲，在现实生活中，此类人群的居住水平处于社会平均水平以下，在社会、政治、经济生活中往往处于弱势地位，通过自身的努力难以改善和提高自己的住房条件。因而，社会弱势群体的住房问题只有通过国家、社会的支持与帮助才能得以解决②。现阶段，这部分特殊群体主要包括广大无收入或者收入水平低下的人群，例如广大农民工群体、失地农民群体、残疾人群体、妇幼及老龄群体、特殊病患者群体和由于遭受各种自然灾害而失去家园的灾民群体等等。从现状来看，这些特殊需求群体的住房条件普遍较差，亟需通过住房的社会保障制度予以救济和改善。因而，住房保障法律制度在坚持普遍性原则的同时，还应该从我国实际出发，对上述特殊群体进行倾斜保护，做到普遍性和特殊性的统一。倾斜保护旨在实现法律的实质公平和公正，促进社会各阶层的和谐相处。正如有学者所言"倾斜是以'（实质）公正'为限度的，不是偏离公正的偏重，更不是以剥夺一方当事人的合法权益来满足另一方当事人的利益需求。"③

贯彻和遵守倾斜保护的基本原则，要求住房保障法律制度必须充分关注上述各种特殊住房需求群体的住房困难，通过有效的制度设计逐步解决他们的住房困难。具体来说，我国当前的经济适用房制度、城镇廉租房制度、限价房制度、公共租赁房保障制度等都有助于改善广大弱势群体的住房条件。但是，从实际来看，这些制

① 张广宁：单位自建房不是回归福利分房. 南方日报，2007-3-16；新疆维吾尔自治区党委办公厅、人民政府办公厅《关于进一步规范清理单位集资建房工作的通知》（新党办发［2008］12号）.

② 金俭. 中国住宅法研究. 北京：法律出版社，2004：67-70.

③ 黎建飞. 劳动法的理论与实践. 北京：中国人民公安大学出版社，2004：24.

度的保障作用却极其有限，保障性住房数量不足、质量较差、分配不公等问题的不断凸显深刻揭示了当前制度设计存在的种种内在缺陷以及实施过程中出现的偏差。因此，不仅在基本的住房保障制度设计中要体现对特殊群体的倾斜保护，相关配套制度以及制度的严格执行同样应该贯彻这一基本原则。

二、住房保障法律制度的基本目标

住房保障法律制度的目标是通过合理的制度设计，逐步解决我国目前面临的住房保障困境，解决广大中低收入群体的居住问题，实现公民的住宅权利。具体可分为两个层面：第一层面的目标在于建立多层次的住房保障体系，逐步实现"住有所居"；第二层面的目标是建立完善的住房保障法律制度，保证住宅权的最终实现。

（一）建立多层次住房保障体系——实现"住有所居"的目标

1. 从"居者有其屋"到"住有所居"

古今中外，"住"的问题一直为人们重视。《孟子·梁惠王章句上》中关于"无恒产而有恒心者，惟士为能。若民，则无恒产，因无恒心"的记载，最早提出了"恒产"（土地、房屋等不动产）对民众生活得重要性。《汉书·货殖列传》关于"各安其居而乐其业，甘其食而美其服"的记载则指出了"安居"对"乐业"的重要意义，成为中国人千百年来追求的理想生活状态。近代，孙中山在《国民政府建国大纲》中提出："建设之首要在民生。故对于全国人民之食、衣、住、行四大需要，政府当与人民协力，共谋农业之发展，以足民食；共谋织造之发展，以裕民衣；建筑大计划之各式屋舍，以乐民居……"提出政府应当重视和满足人民的居住需求。为了解决人民的居住难题，新加坡在1964年正式提出了"居者有其屋"的住房保障计划①，"居者有其屋"的概念被正式提出。20世纪70年代，香港也开始推行"居者有其屋"计划，鼓励居民自购住所，政府帮助那些收入超过廉租屋的标准，但又负担不起私人楼宇租金的家庭解决住房困难②。1988年，联合国大会通过了"2000年全球安居规划"，号召各国政府改变直接干预政策，使"居者有其屋"③。1996年在伊斯坦布尔召开的联合国第二届人类住宅大会上，把"人人享有适当的住房"作为会议的第一行动口号，世界各国政府也在会上就此做出了承诺。这说明"居者有其屋"和"人人享有适当的住房"，已经成了当今世界各国政府和人民为之努力的世界潮流④。

新中国成立后，与住房的公有制形式相适应，在住房的政策上，住房一直被当

---

① 新加坡兴建公共住房"居者有其屋". 中华工商时报，2010-7-14.
② 陈翌. 香港的公共屋村和居者有其屋计划. 中国工商，1993（3）.
③ 琼·斯切夫. 居者有其屋——全球后十年面临的挑战. 中国经济信息，1994（15）.
④ 包宗华. 房改政策之异见剖析之一——提出"居者有其屋"是否倒退. 中国房地信息，2000（8）.

作社会福利的一部分，而不是一种商品。城市居民的住房由政府和单位分配。然而高度的住房公有化与住房福利政策的弊端使政府不得不进行住房体制改革，实行住房个人所有制。"居者有其屋"便是伴随着我国住房私有化的进程而逐渐开始为公众知悉。1988 年 10 月 3 日，时任建设部部长林汉雄在"世界住房日"发表的电视讲话中讲到："由于我国现行的住房制度仍然是基本上由国家将职工的住房全包下来的制度，因此，国家虽然为城镇居民建房花了大量投资，但住房矛盾始终没有缓和，而且房屋失修、失养，损失严重，政府负担越来越重……我国政府考虑，今后住房制度改革的总方针就是：住房私有化，实现居者有其屋……"① 国务院于 1988 年及 1991 年分别发出《关于在全国城镇分期分批推行住房制度改革的实施方案》和《关于继续积极稳妥地开展城镇住房制度改革的通知》，明确提出了我国城镇住房制度改革的目标就是按照社会主义有计划的商品经济要求，实现住房商品化。1994 年国务院发布《关于深化城镇住房制度改革的决定》，对除县级以上人民政府认为不宜出售的以外，其他公有住房均可以向城镇职工出售，住房制度改革全面推进。1998 年 7 月国务院发布《关于进一步深化城镇住房制度改革加快住房建设的通知》，确立了以住房货币化为中心内容的改革方向②。在这样的背景下，"居者有其屋"的提法开始在各种媒体和公众中频繁出现。"居者有其屋"曾一度被媒体和学者奉为我国住宅市场化改革的目标，有不少学者也曾对这一目标的内涵进行了认真研究，关于"其屋"是否应该包括租住房也由开始的部分质疑最后逐渐为学界所普遍肯定。

2. "住有所居"目标的正式确立

千百年来，中国人对拥有自有住宅有着特别的情结。"耕者有其田、居者有其屋"、"有恒产者有恒心"、"安居才能乐业"的传统观念一直影响着人们的住房消费。人们普遍认为，只有买了住房才能有立足之所，立家根本，才可以安居乐业。"租房不如买房"的说法也彰显了当前人们对买房和住房投资特有的热衷。虽然有学者对"居者有其屋"的内涵已经做了分析和研究，指出租房居住也应该包括在内。但是从字面意思理解，"居者有其屋"似乎更多是在强调公民对住宅的所有权，从过去的住宅改革实践来看，"居者有其屋"更多地被理解为让越来越多的人买得起房子，而不是有房可居。因而，让更多的人能够买得起住房就被大多数人认为是政府住房改革应该达到的目标，政府有责任帮人民实现"新加坡"式的"居者有其屋"③。

---

① 许晨. 居者有其屋——烟台住房制度改革闻见录. 中国作家，1989（1）.
② 金俭. 中国住宅法研究. 北京：法律出版社，2004：13-16.
③ 新加坡实行"居者有其屋"计划以来，建屋发展局建造了 90 万间组屋，80% 的人口居住在组屋中，其中 95% 拥有自己的组屋，是全球唯一近乎达到百分之百拥屋率的国家，真正实现了"居者有其房"的政策目标。参见：http://news.163.com/special/00012Q9L/singaporehouse.html.〔2010-7-6〕.

事实上，从我国国情来看，要真正实现让人们都能够买得起房子的住房保障目标，实现"居者有其屋"，在近期是不可能达到的。有专家指出，"我国'买得起房'的家庭所占比重远低于发达国家，但需要购房或打算购房的家庭所占比重则远高于发达国家。要让这些需求全部得到满足，至少需要 20 年左右的周期。"① 国家统计局前局长李德水在"经济每月谈"中表示："中国要实现居者有其屋，实在是为时尚早，现在还只能是住有所居。"② 我们必须清楚，土地属于稀缺资源，未来城镇化进一步提速，土地供应更加紧张，而城镇人口却在不断增长。有文章指出，到 2030 年中国基本上完成工业化的时候，在 15 亿人口中将有 12 亿城市人口，城市化率超过 80％。目前如果不算进城打工的农民，真正的城市人口只有 4.5 亿，因此，在未来 20 年将有接近 8 亿人要进城，是目前城市人口的两倍③。面对数目如此庞大的城镇人群，要真正做到"人人有其屋"，可能性非常小。此外，有人以美国为例，从人人购房可能带来的负面影响来说明"居者有其屋"目标实现的艰难性。美国在 1974 年制定了《住房与社区发展法案》（Housing and Community Development Act），提出在社区多建房子卖给低收入家庭，当时美国人拥有物业权的业主占 63.3％；而到了 2001 年开始大力发展房地产，直至 2008 年金融海啸爆发，这个比率才达到 68％，光是提高了4.7 个百分点的物业拥有权，就触发了一场超级金融风暴④。因此，要实现居者有其屋，人人都要拥有所有权的住宅的目标并不容易。

在人们对"居者有其屋"进行评价和论证的过程中，另一个更为科学的概念——"住有所居"逐渐进入媒体和公众的视野。从字面理解，"住有所居"强调的是人人有房可居，强调的是公民对住宅的使用权，并不要求必须是购买的拥有所有权的住宅。相比之下，"住有所居"的提法更加切合我国目前的现实状况，人们的居住权益不仅可以通过购买房屋实现，也可以通过租赁他人住宅或者廉租房、公共租赁房等途径来得以实现。事实上，在发达国家，也不是每个人都拥有住宅所有权。2007 年，"住有所居"这一概念因其合理性和可行性而受到我国官方的正式认可和接受。胡锦涛总书记在中国共产党第十七次代表大会的报告中，正式提出："社会建设与人民幸福安康息息相关。必须在经济发展的基础上，更加注重社会建设，着力保障和改善民生，推进社会体制改革，扩大公共服务，完善社会管理，促进社会公平正义，努力使全体人民学有所教、劳有所得、病有所医、老有所养、住有所居，推

① 住建部专家：十二五住房发展目标人人有房住. 经济参考报，2009-11-24.
② 西江日报，2010-7-29.
③ 王建. 到 2030 年地价前景及房产政策分析，2010-6-21. http://www.macrochina.com.cn/zhtg/20100618096765. shtml.
④ 香港信报社论. 住有所居还是居者有其屋，2010-7-28. http://www.ce.cn/macro/more/201007/28/t20100728_21663617. shtml.

动建设和谐社会。""住有所居"被首次在官方正式文件中提出。温家宝总理在 2009 年的政府工作报告中提出:"要深化城镇住房制度改革,满足居民多层次住房需求,努力实现住有所居的目标。"上述官方文件表示,"住有所居"已经正式成为我国未来住房保障的目标。从"居者有其屋"到"住有所居",这不仅仅是文字上的改变,而是从我国国情出发,经过科学论证所确立的住房保障目标,成为我国住房制度改革转型的重要标志。有文章指出:"'十二五'到 2020 年,我国城镇住房发展仍处于'脱困优先、适度改善'的阶段。在'大多数人有房住'的基础上,我们要努力实现的下一战略目标应是'人人有房住'、'大多数人适度改善'和'中低收入群体优先改善'。也就是说,下一战略周期内,我国城镇住房基本目标,仍是'住有所居'。"①

"住有所居"可以从广义和狭义两个角度分别进行解释。广义上的"住有所居"是指全体人民有房可居,不论等级、不论宗教信仰、不分收入高低、不分实现途径,人们都可以通过市场或者政府帮助获得适宜居住的住宅。而从狭义上理解,"住有所居"只能是针对广大的低收入群体,在他们无法通过市场购房或者租房居住时,由政府帮助他们获得可以居住的住宅。换个角度,狭义上的"住有所居"可以理解为当前政府住房保障的目标,而广义的"住有所居"可以理解为政府长远住房保障的目标或者可以被理解为长远住房体制改革的目标。也就是说,"住有所居"是一个渐进式的住房保障目标,随着我国经济水平的提升和人民生活得改善,"住有所居"的范围和程度可以逐渐扩大。

(二)建立多层次住房供应体系

"住有所居"目标的正式提出,不再强调每个人都要拥有自己所有权的住房。这就意味着,应该采用多种途径、利用不同方式来满足公民的居住需求,最大限度地达到"有房可居"。从住房保障的角度讲,就是要建立多层次住房保障体系,来解决我国目前面临的住房保障难题,帮助广大中低收入群体重点是低收入者实现有房可住的住房愿望。具体来讲,应该包括以下几方面。

1. 普通商品住房

普通商品房指房地产开发经营企业经过政府的审批而建造的用于市场出售的房屋。我国自 1998 年正式取消福利分房制度,实行住房货币化改革以来,普通商品住房一直是住房供应的主体,满足了广大城镇中高收入群体的住房需求。我国住房私有化程度的提高、住房状况的整体改善,主要都是通过市场化的供应手段来实现的。当然,过度强调住房商品化也不可避免地带来很多负面效应,当前房价的失控高涨便是最突出的反映。因此,国家对普通商品房住房市场的严格调控,即使要改变这一情形,着力使普通商品房价格保持在较为稳定的水平,保证使广大中等收入群体

---

① 住建部专家:十二五住房发展目标人人有房住. 经济参考报,2009-11-24.

能够买得起房。今后，随着国家住房政策的逐步调整，普通商品房的供应也应该有所变化，应该逐步加快中低价位、中小套型普通商品住房的建设，以满足城镇中等收入群体的住房需求。当然，普通商品住房的供应，不仅仅是为了出售给购房者，也包括了通过市场手段出租或承租住房，实现住房市场化保障的多元化。

2. 经济适用房和城镇廉租房

经济适用住房是指列入政府住房保障计划，由城镇政府组织房地产经营开发企业或者部分集资建房单位建造，以微利价向城镇中低收入家庭出售的住房。经济适用房属于具有社会保障性质的商品住房，其特点在于经济性和适用性。经济适用房是国家为解决城市低收入人群住房问题而做出的政策性安排。1994 年，由建设部、国务院住房制度改革领导小组、财政部联合发布的《城镇经济适用住房建设管理办法》指出，经济适用住房是指以中低收入家庭住房困难户为供应对象，并按国家住宅建设标准（不含别墅、高级公寓、外销住宅）建设的普通住宅。中低收入家庭住房困难户认定的标准由地方人民政府确定。对离退休职工、教师家庭住房困难户应优先安排经济适用住房。2007 年由建设部、国家发展和改革委员会、监察部、财政部、国土资源部、中国人民银行、国家税务总局等七部门联合发布的《经济适用住房管理办法》指出，经济适用住房是指政府提供政策优惠，限定套型面积和销售价格，按照合理标准建设，面向城市低收入住房困难家庭供应，具有保障性质的政策性住房。城市低收入住房困难家庭，是指城市和县人民政府所在地镇的范围内，家庭收入、住房状况等符合市、县人民政府规定条件的家庭。经济适用住房制度是解决城市低收入家庭住房困难政策体系的组成部分。

在我国，经济适用房和城镇廉租房一直是近年来的保障性住房供应的主要形式。房改初期，经济适用住房曾被确定为多层次城镇住房供应的主体，主要供应中低收入家庭，后来被调整为政策性住房，主要供应城镇低收入家庭，购房人拥有有限产权。低收入住房困难家庭要求购买经济适用住房的，由该家庭提出申请，有关单位按规定的程序进行审查，对符合标准的，纳入经济适用住房供应对象范围。购买经济适用住房不满 5 年，不得直接上市交易，购房人因各种原因确需转让经济适用住房的，由政府按照原价格并考虑折旧和物价水平等因素进行回购。购买经济适用住房满 5 年，购房人可转让经济适用住房，但应按照届时同地段普通商品住房与经济适用住房差价的一定比例向政府交纳土地收益等价款，具体交纳比例由城市人民政府确定，政府可优先回购；购房人向政府交纳土地收益等价款后，也可以取得完全产权。

城镇廉租房是指政府以租金补贴或实物配租的方式，向符合城镇居民最低生活保障标准且住房困难的家庭提供社会保障性质的住房。廉租房的主要供应对象为低收入群体，解决低收入家庭的住房困难。但在当前主要解决的是最低收入家庭的住房困难，以后逐渐过渡到低收入群体。廉租房的分配形式以租金补贴为主，实物配租和租金减免为辅。与经济适用房不同，城镇廉租房的房源形式多样，包括了新建住房、改造后的房屋以及旧的公房等。廉租房通常只租不售，而且只收取较为低廉的象征性房租，满足广大低收入群体的居住需求。由于经济适用房属于有限产权的住宅，仍然摆脱不了商品房的特性，其运行过程中出现了很多问题，因此引起社会的质疑。我国当前住房保障的主要对象仍然是最低收入群体，这些人无法通过市场手段购买或者租赁住宅，只能依靠政府帮助，通过缴纳象征性的租金获得廉租住房的保障。因而，廉租住房应该成为我国未来几年住房保障的主要供应来源。法国、美国、加拿大、新加坡、日本等国家，都非常重视廉租房的建设和分配，由政府出资保障广大低收入人群有房可居，例如在法国，大约有 1/4 的人住在廉租房里。我国住房和城乡建设部、国家发展和改革委员会、财政部《关于印发 2009～2011 年廉租住房保障规划的通知》规定，从 2009 年起到 2011 年，争取用 3 年时间，基本解决 747 万户现有城市低收入住房困难家庭的住房问题。其中，2008 年第四季度已开工建设廉租住房 38 万套，3 年内再新增廉租住房 518 万套、新增发放租赁补贴 191 万户。进一步健全实物配租和租赁补贴相结合的廉租住房制度，并以此为重点加快城市住房保障体系建设，完善相关的土地、财税和信贷支持政策。

3. 限价普通商品住房

2006 年 5 月 29 日，国务院办公厅转发了建设部、发展和改革委员会等九部委《国务院办公厅转发建设部等部门关于调整住房供应结构稳定住房价格的意见通知》（国办发〔2006〕37 号）（简称"国六条"），指出：土地的供应在限套型、限房价基础上，采取竞地价、竞房价的办法，以招标方式确定开发建设单位。这里的"限套型、限房价"的普通商品住房，就是指限价房，也称双限商品房。限价房是一种限价格、限套型（面积）的商品房，主要解决中低收入家庭的住房困难，是目前限制高房价的一种临时性举措。限价商品房通常采用的是以房价定地价的思路，采用政府组织监管和市场化运作的模式。与一般商品房不同的是，限价房在土地挂牌出让时就已被限定房屋价格、建设标准和销售对象，政府对开发商的开发成本和合理利润进行测算后，设定土地出让的价格范围，从源头上对房价进行调控①。虽然限价商品房遭到经济学家以及开发商的不满，但是，在房价高速上涨的背景下，用于解决中低收入的双限商品房对于缓解目前的住房压力无疑具有积极的作用。以天津市为例，自 2008 年出台限价商品房政策至今，全市共有 4 万余户家庭申请购买了限价商品房，至 2010 年底，已累计开工建设限价商品住房 500 万平方米、约 6.5 万套。2011 年天津市还将在中心城区建设限价商品住房 230 万平方米、3 万套，滨海新区建

---

① 追踪住房制度变迁 福利分房取消保障的力度加大. 大连晚报，2009-9-28.

设 220 万平方米、2.2 万套①。

4. 公共租赁房

公共租赁房是解决城镇新就业职工等"夹心层"群体住房困难的一个新产品，这些群体收入不低，既买不起商品房，又不符合经济适用房和城镇廉租房的条件，通过市场难以解决自己的住房困难，而由政府或公共机构以低于市场价或者承租者承受起的价格向他们提供租赁住房。公共租赁住房属于我国 2010 年新推出的政策性住房类型，在性质上仍属于保障性住房。2010 年 6 月 13 日，住房和城乡建设部发布了《关于加快发展公共租赁住房的指导意见》（建保〔2010〕87 号），正式提出要大力发展公共租赁住房，这是完善住房供应体系，培育住房租赁市场，满足城市中等偏下收入家庭基本住房需求的重要举措，是引导城镇居民合理住房消费，调整房地产市场供应结构的必然要求。各地区、各部门要统一思想，提高认识，精心组织，加大投入，积极稳妥地推进公共租赁住房建设。按照文件要求，公共租赁住房供应对象主要是城市中等偏下收入住房困难家庭。有条件的地区，可以将新就业职工和有稳定职业并在城市居住一定年限的外来务工人员纳入供应范围。公共租赁住房所有权归政府或公共机构所有，只用于承租者自住，不得出借、转租或闲置，也不得用于从事其他经营活动。

经济适用房主要是解决户籍人口的住房问题，廉租住房主要是解决最低收入人群的住房问题②。未来几年，随着越来越多的外来人口涌入城镇，城镇"夹心层"的住房问题将成为住房保障面临的重点。因此，大力发展公共租赁房，应该是"十二五"住房保障的主要方式，也是实现"住有所居"目标的重要形式。

5. 单位集资合作建房或者自建房

允许单位集资合作建房或者自建房提供本单位职工，解决职工的住房困难，是多层次住房保障的形式之一，也是对保障性住宅供应的有效补充，是住房保障社会化的重要体现。关于单位集资合作建房或者自建房，政策规定限制较多，既没有完全禁止，也不明确支持发展。按照国家政策规定，单位集资合作建房只能由距离城区较远的独立工矿企业和住房困难户较多的企业，在符合城市规划前提下，经城市人民政府批准，并利用自用土地组织实施。单位集资合作建房纳入当地经济适用住房供应计划，其建设标准、供应对象、产权关系等均按照经济适用住房的有关规定执行。各级国家机关一律不得搞单位集资合作建房；任何单位不得新征用或新购买

---

① 徐岳. 天津今年开工建设 5.2 万套限价房. 新华网，2011-08-28．〔2011-08-28〕. http://finance. people. com. cn/h/2011/0828/c227865-2026104155. html.

② 未来"十二五"期间，我国廉租房住房保障将进入收尾阶段，最低收入家庭的住房保障将基本解决，住房保障的重点也必将向中低收入群体转移。

土地搞集资合作建房；单位集资合作建房不得向非经济适用住房供应对象出售。在目前房价高居不下，政府调控失灵，住房保障困难重重的情况下，应该认真研究单位集资合作建房或者自建房的问题。这不仅有助于减轻政府的住房保障责任，缓解高房价压力，也是我国建立多层次住房保障体系的重要方面。

6. 特殊性质的住房

在多层次住房保障体系中，除了上述几种住房，还应该包括棚户区改造房、农民工保障房、灾难安置房等特殊性质的住房。

1）棚户区改造房

2008年12月份国务院办公厅131号文件明确提出，到2011年年底，基本解决747万户现有城市低收入住房困难家庭的住房问题，基本解决240万户现有林区、垦区、煤矿等棚户区居民住房的搬迁维修改造问题。据国家有关部门的调查显示，现在全国各类棚户区包括城市、林区、垦区、煤矿和其他国有工矿棚户区居民还有1100多万户，其中城市和国有工矿棚户区有860多万户，这些棚户区居民的居住条件非常差，居住环境恶劣，房屋结构比较简单，使用功能不全，尤其是基础设施比较差①。因此，加快集中成片棚户区的改造，改善棚户区居民的居住现状，既是改善民生的重大举措，也是全面落实住房保障规划，完善城市功能、促进经济社会协调发展的有效途径。2009年12月24日，住房和城乡建设部、发展和改革委员会、财政部、国土资源部、中国人民银行等五部门联合印发了《关于推进城市和国有工矿棚户区改造工作的指导意见》，明确提出，要把改善群众的居住条件作为城市和国有工矿棚户区改造的根本目的，力争从2009年开始，结合开展保障性住房建设，用5年左右时间基本完成集中成片城市和国有工矿棚户区改造，有条件的地区争取用3年时间基本完成，特别应加快国有工矿棚户区改造，使棚户区群众的居住条件得到明显改善。

2）农民工保障房

农民工的住房现状和保障是近年来社会关注的热点问题，也是国家面临的住房保障难题。据国家统计局对全国31个省（区、市）6.8万个农村住户和7100多个行政村的农民工监测调查结果推算，2009年度全国农民工总量为22978万人，其中外出农民工14533万人，与2008年相比，农民工总量增加436万人，增长1.9%。调查结果显示，外出农民工的住宿是以雇主或单位提供住房为主，四成外出农民工的雇主或单位不提供住宿也没有住房补贴②。即使单位提供集体宿舍，大部分宿舍居住条

---

① 住建部：棚户区改造首先要改善民生解决居住安全. 新华网，2010-01-18. ［2010-6-22］. http://www.ce.cn/xwzx/gnsz/gdxw/201001/18/t20100118_20820560.shtml.

② 2009年农民工监测调查报告，2010-06-25，国家统计局网站。

件也相当恶劣，其中，建筑业农民工人均住房使用面积不到 2 平方米；而租房居住的农民工中，绝大多数都租住在城乡结合部、城中村以及其他形式的违章"廉租屋"内，保守估计，这部分农民工超过 3000 万人①。在城镇常住人口中，农民工占有很大比例，因此，解决收入低廉的农民工的住房保障问题是建立我国多层次住房保障体系必须考虑的重要方面。除了由用工单位向农民工提供符合基本卫生和安全条件的集体宿舍外，新近推出的"公共租赁房"将会在一定程度上成为未来农民工保障房的重要类型。

3）灾害安置房

灾害安置房是指在发生地震、水灾、洪灾、火灾等重大自然灾害造成房屋毁坏，灾民无家可归的情况下，用来紧急安置灾民的临时性保障住房。灾害安置房可以预建预留，也可以在灾害发生后临时建设，既可以通过政府和社会以资金补贴的形式资助灾民自建，也可以由政府集中建设供灾民居住。在发生各种自然灾害之后，很多人将会因此流离失所、无家可归，饮食和居住通常是灾民们所面临的亟需解决的首要问题。因此，以制度化的形式将灾害安置房纳入我国多层次住房保障体系，具有重要的意义。

（三）建立完善的住房保障法律制度——确保住宅权的最终实现

全面实现公民"住有所居"的居住目标，解决广大中低收入群体的住房困难，离不开法律制度的最终保障。美国、英国、日本、法国、新加坡等国家早已建立了较为完备的住房法律制度。以法国为例，法国住房构成中福利性住房比重较大的一个重要原因是有法律保障。法国 2000 年颁布的一项法律规定，在人口超过 5 万的城镇中，廉租房占全部住房的比例不能低于 20％，否则将受到处罚。法国 2006 年的《国家住房承诺法》（National Housing Commitment Act）鼓励加大福利性住房供给。2007 年，法国又通过《可抗辩居住权法》（Defeuding Housing Rights Act），承诺增加住房建设投入。该法还规定，国家保障居民的合法住房权，居民可通过法律手段维护自己的住房权。政府应满足低收入者、无家可归者等人士对由政府补贴的社会住房的需要。从 2008 年 12 月 1 日起，在住房申请没有收到满意答复的情况下，无房户、将被逐出现住者、仅拥有临时住房者、居住在恶劣或危险环境中的人员等住房困难户可向主管部门要求解决住房问题，如问题得不到解决，可向行政法院提起诉讼②。

国家对一种权利体系所承担的基本义务，主要有两个方面：一是通过法律形式

---

① 住建部专家：十二五住房发展目标人人有房住. 经济参考报，2009-11-24.
② 李明. 廉租房成为法国社会稳定器. 新华网，2010-07-11. ［2010-07-16］. http://news. china. com. cn/rollnews/2010-07/12/content _ 3157424 _ 2. htm.

对这种权利体系予以确认。二是保障法律化的权利充分而有序地实现①。从实践来看，仅靠住房政策对市场进行短期调控，并不能真正解决我国目前面临的住房保障困境。破解中国住房保障难题的根本之道在于：加快住房保障立法，将住房改革的制度成果用法律的形式固定下来，将住房保障的宗旨、公民住宅权、住房保障的对象、保障的范围与标准、保障的途径和程序、实施住房保障的组织机构、住房保障法律责任的承担与公民住宅权的救济等内容通过法律予以明确规定，对住房保障涉及的住宅土地供应、住宅规划设计、住宅建设、住宅分配等环节进行严格规范和约束，逐步建立完善的住房保障法律制度。从长远来看，建立健全住房保障法律制度的意义主要在于以下几点。

第一，建立健全住房保障法律制度是我国社会保障法律制度建设的必然要求。社会保障是指国家对于年老、疾病、伤残、失业、丧失劳动能力或者遭遇各种灾害而导致生活极为困难的公民依法给予一定物质帮助，满足公民基本生活所需的制度。社会保障旨在通过国民收入的再分配以缓解各种社会矛盾、维护社会稳定，其内容通常包括社会保险、社会救助、社会福利、社会优抚等方面。现代各国的社会保障制度普遍是通过国家立法的形式建立起来的。这是因为，国家对于社会成员的保障待遇只有通过法律予以规定才能够更加明确更加具有执行力。因此，所谓社会保障法就是指调整在社会保障实现过程中所发生的各种权利义务关系的法律规范的总称。按照公私法的划分标准，社会保障法律制度很难归属于公法或者私法，而是属于社会法的范畴。从各国社会保障立法来看，社会保障法律制度一般包括社会保险法律制度、社会救助法律制度、社会福利法律制度、社会优抚法律制度等内容。

我国社会保障立法起步较晚，虽然宪法中已有关于伤残军人、烈士家属和普通公民在年老、疾病、残疾或者丧失劳动能力的情况下有从国家和社会获得物质帮助的权利，但是却长期缺乏能够将前述宪法规定予以具体贯彻的基本法律，社会保障立法不健全、现有法律法规效力层次低下、实施机制普遍薄弱等问题较为突出②。进入 21 世纪以来，国家加大了社会保障立法的力度：2007 年 6 月 29 日，第十届全国人民代表大会常务委员会第二十八次会议通过了《中华人民共和国劳动合同法》并于 2008 年 1 月 1 日起施行；2007 年 8 月 30 日，第十届全国人民代表大会常务委员会第二十九次会议通过了《中华人民共和国就业促进法》并于 2008 年 1 月 1 日起施行；2007 年 12 月 29 日，第十届全国人民代表大会常务委员会第三十一次会议通过了《中华人民共和国劳动争议调解仲裁法》并于 2008 年 5 月 1 日起施行；2010 年 10 月 28 日，第十一届全国人民代表大会常务委员会第十七次会议通过了《中华人民共和

---

① 王人博，程燎原. 权利及其救济. 济南：山东人民出版社，1998：182.
② 《中华人民共和国宪法》第四十四、四十五条。

国社会保险法》并于 2011 年 7 月 1 日起施行。这些法律的实施，对于关涉就业、劳动保障、社会保险等民生问题的解决具有重要的意义，使我国的社会保障法律制度建设取得质的飞跃。但是，截至目前，关于住房保障，还缺乏专门的法律予以规定。不仅如此，在传统的社会保障制度中，住房保障往往被归入社会救助或者社会福利的范畴，并没有引起足够的重视。在 2008 年国务院法制办公室公布的《中华人民共和国社会救助法（征求意见稿）》中，对于住房保障只是在个别条文中有所提及①。随着我国城镇化的不断加速，住房保障问题日益突出，房价飞速上涨，越来越多的居民无房可居，住房问题同教育问题、医疗问题一样，成为近年最受民众关注的民生话题，有关住房保障立法的呼声也越来越高。因此，住房保障立法应该成为今后社会保障法律制度建设的主要任务。住房保障法律制度的建立和完善，也将会促使社会保障法律制度更加健全，不断迈向新的台阶。

第二，建立健全住房保障法律制度有利于公民住宅权的真正确立和保护。住宅权是指公民获得适宜与充分住房的权利，既是公民一项基本的人权，又是一项重要的财产权。然而，这一关系公民基本生活保障的基本权利并未为我国现行法律所明确规定。何为住宅权？如何确保住宅权得以真正实现？政府在公民住宅权实现中的责任应该如何落实？这些都有赖于通过制定专门的住房保障基本法才能得以实现。因此，建立健全完善的住房保障法律制度，将是公民住宅权实现的根本途径。

第三，建立健全住房保障法律制度将会推动政府住房保障责任的落实，确保住房问题从根本上得以逐步解决。公民住有所居目标的实现，主要依赖于公民自身的努力。但是，对于部分收入水平极低、生活困难的公民来说，仅靠自身的努力根本无法获得适当的住房保障。因此，对于这部分生活困难的弱势群体，政府负有不可推卸的责任。换个角度讲，基于住房保障的性质，在住房保障中，政府具有关键性的作用，因为政府对住房保障资源的投入和配置都有着决定性的作用，政府具有最强的提供住房保障的能力。因此，政府不仅要作为住房保障制度的供给者，也要作

---

① 如《中华人民共和国社会救助法（征求意见稿）》第六条："国务院民政部门主管全国的社会救助工作，财政、教育、卫生、住房和城乡建设等部门在各自职责范围内管理相应的社会救助工作。县级以上地方各级人民政府有关部门在各自职责范围内管理本行政区域的社会救助工作。"第十六条："对共同生活的家庭成员人均收入低于当地居民最低生活保障标准 2 倍且家庭财产状况符合所在省、自治区、直辖市人民政府有关规定的家庭，由县级以上地方人民政府有关主管部门根据需要给予教育、医疗、住房等专项救助。"第二十条："符合专项救助标准的家庭住房困难的，县级人民政府应当按照规定通过提供廉租住房、住房租赁补贴、经济适用住房等方式予以保障，在寒冷地区还应当给予冬季取暖补助。"第二十二条："各级人民政府对基本生活因自然灾害受到影响的人员提供资金、物资、服务等方面的救助，保障其吃、穿、住、医等基本需求。其他突发公共事件需要采取救助措施的，适用本章的有关规定。"第二十四条："自然灾害的危害消除后，受灾地区的各级人民政府应当帮助受灾人员恢复重建因自然灾害倒损的居民住房。恢复重建应当做到因地制宜，科学规划设计，保证建设质量，达到防灾要求。"

为住房保障的组织者和住房保障资源的主要供应者，政府要承担住房保障的最终责任①。但是，这些责任的承担，仅靠政策和文件却很难得到真正的落实。所以，住房保障法律制度的确立，将会使政府的住房保障工作有法可依，各级政府的住房保障责任也会因此受到法律的规范和约束，这也将会有助于住房问题从根本上得以逐步解决。

第四，建立健全住房保障法律制度有利于我国房地产市场的可持续发展。当前我国房地产市场的现实表明，房价无序上涨和巨大的住房需求之间的矛盾越来越突出，甚至出现了很多怪相。例如，开发商和地方政府不断声称住宅用地指标不够用，而实际上开发商手里却囤积了面积惊人的土地在哄抬地价和房价；看似是住宅供量供不应求而致使房价不断飞涨，但是大量空置房的出现却让我们不断反思什么才是刺激房价上涨的主要因素。虽然中央政府三令五申要求地方政府加大保障性住房投入、全力解决低收入人群的住房问题。但是，在不良政绩观影响下的一些地方政府却始终是在应付做样子，主要的精力都集中在了征地拆迁、大搞面子工程等方面。另外，保障性住房供应中也暴露出了许多制度性的问题。这些问题，已经严重地影响到我国住宅市场甚至整个房地产业的健康发展，"中国房地产市场陷入各种非理性行为与升值预期、房价上涨相互强化、相互推动的恶性循环，住房有效供给不足和有效需求不足、市场调节和政府管制双重失灵，整个房地产市场信马由缰，房地产市场失稳、失控的风险不断加大，中国经济金融面临的安全形势越来越严峻"②。社会上有关"开发商绑架了政府"、"房地产绑架了中国经济"的说法亦足以说明我国房地产市场发展存在的问题。因此，从满足公民最基本的居住需求出发，以公民住宅权的保障为着眼点，制定完备的住房保障法律制度，这不仅可以逐步解决广大低收入群体的住房问题，更重要的是，住房整体供求关系也会因此受到影响而趋于稳定，从而最终保障房地产市场的可持续发展。

第五，建立健全住房保障法律制度有助于实现社会生活秩序的稳定，促进社会和谐。建设和谐社会，最重要的是要解决好人民群众最关心的衣、食、住、行等基本民生问题，维护人民群众的各种合法权益。房地产业事关我国经济发展大局，但是，在房地产业蓬勃发展的同时也应该注意与社会整体的和谐，必须关注和顾及广大低收入群体的生活保障尤其住房保障问题。事实证明，因为房价上涨、野蛮拆迁以及过度城镇化造成了很多社会不稳定因素，因而导致群众集体上访、围堵政府等现象时有发生。有学者表示："城市中低收入人群住宅消费问题如若不能得到有效的

---

① 曾国安，胡晶晶. 论中国城镇住房保障体系改革和发展的基本思路与目标构架. 江汉论坛，2011 (2).
② 冯燮刚. 国安居之路——走出房地产迷局. 上海：上海远东出版社，2008：19-20.

解决，则势必会影响我国的政治稳定和经济社会发展"①。因此，住房保障法律制度的不断完善，将会使广大中低收入主要是低收入群体的住房需求得到最大限度的满足，从而减少各种社会不稳定因素，促进社会的和谐发展。

1. 现行住房保障法律法规的梳理与评价

我国目前还没有住房保障方面的专门法律，有关住房保障的一些原则性规定主要散见于宪法和一些单行法律、行政法规中。最早关于住房保障的规定是 1982 年《宪法》中关于保护公民住宅所有权不受侵犯的规定。如，《宪法》第十三条规定："国家保护公民的合法的收入、储蓄、房屋和其他合法财产的所有权。"第三十九条规定："中华人民共和国公民的住宅不受侵犯。禁止非法搜查或者非法侵入公民的住宅。"另外，《宪法》第四十三条规定："中华人民共和国劳动者有休息的权利。国家发展劳动者休息和休养的设施，规定职工的工作时间和休假制度。"根据此条规定，劳动者享有休息的权利，而劳动者休息的设施和场所主要就是合适的住房，国家有责任为劳动者提供合适的住房。这是最早关于国家承担住房保障责任的宪法依据。如前文所述，住宅权不仅是指公民的住宅财产权，它更是一种人权，属于广义的人权保障范畴，这一点早已为国际社会包括许多国际条约所普遍认可。2004 年宪法修正案首次将"国家尊重和保障人权"写入宪法，这一变化被称为中国人权保障的里程碑，从而也为国家保障公民的住宅权提供了宪法基础②。1982 年《宪法》第十四条第 3 款规定："国家合理安排积累和消费，兼顾国家、集体和个人的利益，在发展生产的基础上，逐步改善人民的物质生活和文化生活。"第四十五条第 1 款规定："中华人民共和国公民在年老、疾病或者丧失劳动能力的情况下，有从国家和社会获得物质帮助的权利。国家发展为公民享受这些权利所需要的社会保险、社会救济和医疗卫生事业。"这是宪法中最早关于社会保障的规定，为以立法形式保障公民的住房等基本生活所需提供宪法依据，在此基础上，2004 年宪法修正案又进一步提出了"国家建立健全同经济发展水平相适应的社会保障制度"③，这一规定使得"社会保障制度"得以首次在国家根本大法中正式确立，表明了国家关注民生，改善和保障人民生活的决心，为国家今后相关社会保障立法包括住房保障法的立法工作指明了方向。然而，我国现行宪法关于住房保障的规定却仍存在不足的地方，有关公民住宅权或者住有所居等内容并没有在宪法中得到明确的肯定，也没有对政府的住房保障责任做出积极的规定。正如有学者所言：宪法有关社会成员的住宅权仅仅是从"防

---

① 周珂. 住宅立法研究. 北京：法律出版社，2008：134.
② 《中华人民共和国宪法》第三十三条第 3 款.
③ 《中华人民共和国宪法》第三十三条第 4 款.

守"的角度进行规定的，是"消极权利"的住宅权，而没有从更积极的角度进行规定。①

随着我国住房改革的不断推进，出现了很多新问题，国家的政策调控因执行力不强和随意性较大而往往难以奏效，法律的缺位问题愈显突出。在此背景下，有关制定住房基本法的呼声越来越高。加快制定《中华人民共和国住宅法》成为20世纪90年代以来住房保障领域最受关注的问题。其实，早在1980年7月14日，国家有关部门就召开了住宅法起草工作调研会，住宅法的起草工作第一次展开。当时适逢中国住房改革前期，住宅法的制定显得尤为迫切。1983年，《中华人民共和国住宅法》被正式纳入全国人大常委会的立法计划。住房和城乡建设部按照国务院经济法规研究中心的要求开始了《住宅法》的研究制定工作。该法由建设部有关司局参加，组织了12个城市的代表共同起草了初稿，在初稿的基础上，召开了各种类型的座谈会、调研会100多次，征求了房管、城建、司法、科研、教学等200多个单位2000多人的意见。1985年，《中华人民共和国住宅法（试拟稿）》完成，并且印发广泛征求意见，内容包括总则、住宅建设、住宅所有权、住宅买卖、住宅分配、住宅租赁、住宅拆迁等十二章，共一百一十一条。但是，由于当时我国的住房改革还处于试点阶段，新问题不断出现，在一些问题上还不能形成统一意见，住宅立法因而被暂时搁置。1988年之后，建设部根据新形势对《住宅法》征求意见稿进行了较大的修改和补充，形成了《住宅法》草案。但是，由于时机尚未成熟，国家住房制度改革还在不断的探索当中，国内也有部分学者反对制定住宅法，基于种种因素的考虑，《住宅法》再次被搁浅②。2001年，《住宅法》的制定工作再次被提起，但由于我国住房改革还没有尘埃落定，中国的房地产市场仍然处于转型期间，变化性太大，《住宅法》又暂时搁置。自2003年开始，国务院相继颁发了"前国八条"、"后国八条"、"国六条"等一系列重要政策性文件，提出建设和完善适合我国国情的住房保障制度。2007年8月7日，国务院发布了《国务院关于解决城市低收入家庭住房困难的若干意见》，要求各级政府把解决城市低收入家庭住房困难作为维护群众利益的重要工作，作为住房制度改革的重要内容，作为政府公共服务的一项重要职责。这些文件和措施反映了国家对于住房市场宏观调控的决心，效果也比较显著，但是，这些措施背后却缺乏法律的维护和支持，因而其贯彻和执行受到很大的限制。2007年，随着《中华人民共和国物权法》的颁布实施，社会上对住房平等和住房保障法制化的呼声越来越高，住宅法再次受到关注。再加上党的十七大报告提出的"着力保障和改善民生"、"促进社会公平正义"、"使全体人民学有所教……住有所居"等理念

---

① 周珂. 住宅立法研究. 北京：法律出版社，2008：78.
② 金俭. 中国住宅法研究. 北京：法律出版社，2004：47-48.

的提出，住宅立法的重要性和紧迫性进一步凸显。正如刘俊海教授所言："住宅法是运用公权力来改善房地产供给结构，满足低收入人群住房的一个重要手段，这和打造服务型政府、依法治国、建设社会主义法治国家等理念不谋而合。"① 2007 年 9 月 18 日，建设部住宅与房地产业司负责人首次表态，政府将研究制订《住宅法》，对我国住房市场发展规划、管理机构、市场主体和市场运行的监督管理，以及住房保障制度等予以法律规定，作为规范市场的基础法律②。另据媒体报道，制定《住宅法》或《住房保障法》在 2008 年已经被纳入十一届全国人大常委会立法规划③。所有这些表明，尽快制定住房保障的基本法——《住宅法》已经成为我国住房法制化建设的紧迫任务。然而，虽然人大代表、政协委员、学者、律师们不断提出制定《住宅法》的建议以及立法草案，但是《住宅法》至今尚未出台。

在我国现行的法律体系中，有关公民住房保障问题，主要是其他单行法或者行政法规、部门规章中的一些零散的、原则性的规定。2008 年 1 月 1 日起施行的《中华人民共和国城乡规划法》第一条即将"改善人居环境"作为该法的立法宗旨和目的之一，体现了该法对于公民住房问题的深切关注。然而，遗憾的是，在我国《城乡规划法》的内容当中，却并没有明确规定应该如何将"改善人居环境"这一立法宗旨落到实处，如何改善公民的居住条件和环境。仅有第三十四条第 2 款对中低收入人群的住房问题有所提及："近期建设规划应当以重要基础设施、公共服务设施和中低收入居民住房建设以及生态环境保护为重点内容，明确近期建设的时序、发展方向和空间布局。近期建设规划的规划期限为五年。"这一规定被视为是迄今为止明确有关中低收入人群住房保障的最高效力的法律规定，无疑具有重要的现实意义。2007 年 8 月 30 日施行的经过首次修订《中华人民共和国城市房地产管理法》规定："国家根据社会、经济发展水平，扶持发展居民住宅建设，逐步改善居民的居住条件。房地产权利人应当遵守法律和行政法规，依法纳税。房地产权利人的合法权益受法律保护，任何单位和个人不得侵犯。为了公共利益的需要，国家可以征收国有土地上单位和个人的房屋，并依法给予拆迁补偿，维护被征收入的合法权益；征收个人住宅的，还应当保障被征收入的居住条件。国家采取税收等方面的优惠措施鼓励和扶持房地产开发企业开发建设居民住宅。"④ 根据上述规定，公民的住宅所有权受法律保护，国家有义务满足和改善公民的居住条件，即使是以公共利益为目的征收公民的住宅，也必须保障住宅所有人的最基本的居住条件，真正实现住有所居。

---

① 李亮. 专家呼吁尽快出台住宅法. 法制日报，2007-10-28.

② 刘秀浩. 建设部首次表态将制定住宅法. 东方早报，2007-09-19；王伟民，吴颖. 保障基本居住权建设部官员重提《住宅法》. 中国房地产报，2007-09-24.

③ 崔丽. 消费者权益保护法和制定住宅法列入立法规划. 中国青年报，2008-10-31.

④ 《中华人民共和国城市房地产管理法》第四条、第五条、第六条.

我国现行《土地管理法》更多地涉及农民的住宅保障，对农村住宅用地做了较多的规定。例如，该法第四十三条第 1 款："任何单位和个人进行建设，需要使用土地的，必须依法申请使用国有土地；但是，兴办乡镇企业和村民建设住宅经依法批准使用本集体经济组织农民集体所有的土地的，或者乡（镇）村公共设施和公益事业建设经依法批准使用农民集体所有的土地的除外。"第六十二条："农村村民一户只能拥有一处宅基地，其宅基地的面积不得超过省、自治区、直辖市规定的标准。农村村民建住宅，应当符合乡（镇）土地利用总体规划，并尽量使用原有的宅基地和村内空闲地。农村村民住宅用地，经乡（镇）人民政府审核，由县级人民政府批准；其中，涉及占用农用地的，依照本法第四十四条的规定办理审批手续。农村村民出卖、出租住房后，再申请宅基地的，不予批准。"此外，我国现行《中华人民共和国建筑法》也是公民住房法律保障的重要渊源之一，这是因为，无论何种性质的住宅，都必须符合法律所规定的质量标准。否则，仅强调房屋供量而忽视房屋质量，人民群众的生命和财产安全将会受到严重的侵害，保障公民住有所居就会成为空话，失去住房保障的本来意义。在住宅建设的要求上，我国《建筑法》第三条明确规定："建筑活动应当确保建筑工程质量和安全，符合国家的建筑工程安全标准。"第四条规定："国家扶持建筑业的发展，支持建筑科学技术研究，提高房屋建筑设计水平，鼓励节约能源和保护环境，提倡采用先进技术、先进设备、先进工艺、新型建筑材料和现代管理方式。"此外，建筑法还对建筑工程施工许可、从业资格、建筑工程发包与承包、建筑工程监理、建筑安全生产管理、建筑工程质量管理等问题作了详尽的规定，这对于提高住宅质量，保障人民群众住房安全具有重要的意义。

除了上述单行法律之外，国务院于 1998 年 7 月 20 日发布实施了《城市房地产开发经营管理条例》（中华人民共和国国务院令第 248 号），1999 年 4 月 3 日国务院发布了《住房公积金管理条例》（中华人民共和国国务院令第 350 号）①，2000 年 1 月 30 日国务院发布实施《建设工程质量管理条例》（中华人民共和国国务院令第 279 号），这些行政法规的制定和实施在客观上对于住房保障工作的落实起到了积极的作用。然而，具体到保障性住房立法，1992 年，由当时的国务院住宅制度改革领导小组、建设部和国家税务局联合发布的《城镇住宅合作社管理暂行办法》（京政发［1992］35 号），建设部、国家发展和改革委委员会、国土资源部、人民银行于 2004 年 5 月 13 日联合发布的《经济适用住房管理办法》（建住房［2004］77 号）② 和建设

---

① 2002 年 3 月 24 日，中华人民共和国国务院令第 350 号公布《国务院关于修改〈住房公积金管理条例〉的决定》，并于同日起施行，进一步规范和完善了住房公积金制度。

② 2007 年 11 月 19 日，建设部会同有关部门修订了《经济适用住房管理办法》 （建住房［2007］258 号）。

部、国家发展和改革委员会、监察部、民政部、财政部、国土资源部、中国人民银行、国家税务总局和国家统计局等九部门于 2007 年 11 月 8 日联合发布的《廉租住房保障办法》①　等部门规章对于解决城镇低收入人群的住房困难，改善居民生活和居住条件做了比较详尽的规定。此外，北京、江苏、广州、深圳等地方也陆续颁布了一些规范经济适用房住房、城镇廉租房等保障性住房的地方政府规章，为落实地方政府的住房保障责任提供了法律依据，这些有益的尝试对于国家层面的法律制定提供了可供参考的经验和做法。

综上所述，我国至今尚缺乏住房保障方面的基本法律，住宅权还未得到现行法律的正式确认。虽然《城乡规划法》、《城市房地产管理法》、《土地管理法》、《建筑法》等法律对住房保障有所涉及，但是却普遍过于原则和片面，仅仅涉及住房保障的某一方面，而且执行力较弱。对于住房保障对象、主体、内容、程序等的一些根本性规定尚无涉及，更缺乏对于农民工、灾民等特殊人群的特别保护。而国务院和各部委发布的行政法规、部门规章以及有关的地方性法规和地方政府规章不仅自身存在着诸多缺陷，而且因为相互割裂、效力层次低下而很难实现其立法的预期，所以，立足我国基本国情，制定一部完备的住房保障方面的专门性法律，成为构建我国较高水平住房保障法律体系的关键和核心。这既是对人们住宅权保障的需要，也是我国同国际社会接轨的紧迫要求②。

2. 我国住房保障立法模式之选择

各国住房保障立法的经验证明，只有运用法律制度解决住房保障问题，才能给公民住宅权的实现提供全面的制度保障，给人民安居乐业的现实需求奠定良好的基础。加快住房保障立法，是我国当前住房改革的必然选择，也是实现人民住有所居的根本途径。从这一需求出发，我国目前面临的首要问题是住房保障立法应该如何定位，住房保障立法应该选择何种立法模式。从我国的现状来看，住房保障的立法模式之选择还存在着很大的争议，属于住房保障过程中亟需解决的首要难题。我国《住宅法》的制定工作屡次遭受搁浅，不仅是由于我国当前的经济改革形势复杂多变，还与住房保障立法的模式选择存在很大关系。由于学者们和立法机构在住房保障立法模式的选择问题上意见不能统一，给立法工作的顺利开展造成很大的障碍。关于立法模式的选择，主要存在以下争论。

第一，住房保障立法属于何种性质的法律。即住房保障立法在性质上属于经济法、民法还是社会保障法？关于这一问题，不同领域的学者们有不同的主张。有学

---

①　《廉租住房保障办法》，建设部、国家发展和改革委员会、监察部、民政部、财政部、国土资源部、中国人民银行、国家税务总局、国家统计局令第 162 号，2007 年 12 月 1 日起施行。
②　周珂. 住宅立法研究. 北京：法律出版社，2008：284.

者曾认为，由于与公民住宅权相关的民事法律制度存在缺陷严重影响了该权利的实现，因而应该加强民事法律制度，尤其是住宅所有权制度的完善，从而为住宅权的实现提供有力的民事法律制度保障①。社会保障制度领域的学者多强调在社会保障法的框架下解决住房保障的制度构建问题，如有学者认为："住房保障是社会保障制度的重要内容，住房保障的各项管理规定应该从属于社会保障法……我国必须尽快制定《中华人民共和国社会保障法》，用以规划、指导住房保障法制建设。"② 另外，也有文章从政府宏观调控与政府住房保障责任的角度探讨住宅权的经济法属性③。我们认为，无论是从保护住宅所有权的角度提出加强住宅民事法律制度建设的建议，还是从社会整体利益，尤其是广大低收入群体的住房利益出发探讨住房保障的经济法属性，在理论上都有其合理之处。但是，从住房保障的目标及其本质来讲，将住房保障立法归属于社会保障法似乎更为合理。这是因为，住房是人们生存的必要条件，属于政府必须提供的一个"公共产品"。因此，住房保障与失业保障、养老保障、医疗保障一样，都属于社会保障体系的重要组成部分④，社会保障的理念、原则以及目标等内容都适用于住房保障。否则，如果将住房保障立法定位于其他部门法范畴，就有可能忽视和违背社会保障的一般原则和基本要求。此外，无论是从住宅权的双重属性还是从住房保障制度自身来讲，在民事法律或者经济法律的框架下构架住房保障法律制度都比较难以顾及住房保障的多层次性、难以涵盖住房保障的多元价值目标。

第二，住房保障立法应该选择一般立法还是单行立法的模式。关于立法模式的选择，一般可分为一般法与单行法两种形式。一般法又可称为基本法，是用来调整某一类社会关系的基础性的法律，适用于该特定法域内的所有人。单行法又可称作特别法，旨在调整和规范某一种具体领域的社会关系，或者是仅适用于特定地区、特定主体的法律。如前文所述，住房保障属于社会保障体系的组成部分，住房保障立法也应该属于广义上的社会保障法的范畴。因而，关于住房保障立法的模式选择，社会保障法领域的学者多主张一般法的模式，将住房保障作为社会保障法的一个方面作以规定。在他们看来，住房保障只不过属于整个社会保障体系中比较小的一部分内容，通常归属于社会救助或者社会福利，因而认为住房保障在社会保障法的框架下即可以得到解决⑤。但是，从全国范围内来看，近几年关于制定住房保障专门性

---

① 孙宪忠，常鹏翱. 论住宅权的制度保障. 南京大学法律评论，2001，秋季号。
② 郭士征，张腾. 中国住房保障体系构建研究——基于"三元到四维"的视角. 广东社会科学，2010（6）。
③ 李极，魏薇. 论住宅权的经济法属性. 法制与社会，2010（10）。
④ 房绍坤. 房地产法. 北京：北京大学出版社，2009：182。
⑤ 郑功成. 中国社会保障改革与未来发展. 中国人民大学学报，2010（5）。

法律的呼声和建议越来越多，先后有多名专家、人大代表、律师等纷纷建议对住房保障进行专门立法。我们认为，从我国住房保障的实际出发，应该采用混合立法的模式，即采用一般法和单行法并行的立法模式。一方面，通过制定《中华人民共和国社会保障法》对住房保障做出原则性的规定。在国家制定和实施《中华人民共和国就业促进法》、《中华人民共和国社会保险法》以及将来发布《中华人民共和国社会救助法》之后，我国的社会保障法律体系将会得到不断的完善，因而有必要制定社会保障的基本法——《中华人民共和国社会保障法》，将社会保障的宗旨、基本原则以及社会保险、社会救助、住房保障等基本内容通过基本法的形式予以规定，实现社会保障法领域内基本法和单行法的协调统一；另一方面，应该在我国现有住房保障立法的基础上，尽快制定住房保障单行法。住房、医疗、教育是目前最受关注的民生问题。在我国社会保障工作整体获得改善和提高的过程中，住房保障的重要性和紧迫性越来越突出。因此，制定住房保障单行法就显得尤为必要。我国多年的住房改革经验以及部门立法、地方立法工作的探索和积累，为住房保障单行法的制定奠定良好的基础，住房保障单行立法的条件和时机已经成熟。

此外，从国外关于住房保障立法的模式选择来看，也大多采用了单行立法的模式。美国在 1934 年经济大萧条后为了解决失业人口的住房问题专门制定了《临时住房法案》。1937 年，该法案进一步补充为《国家住房法》，规定联邦政府出资，由地方政府负责建造廉价、卫生、合乎标准的公共住房供低收入家庭租用。1949 年美国国会通过新的《全国可承受住宅法》，正式明确美国政府有义务向全体美国人提供体面、安全和整洁的居住环境，并计划在之后的 6 年内每年兴建 13.5 万套公共住宅单位。此后，美国在 1968 年通过了《住房与城市发展法》，1970 年通过了《紧急住宅融资法案》，1974 年通过了《住房与社区发展法》，1987 年颁布了《无家可归者资助法》，1990 年颁布了《国民可承受住宅法》等一系列单行法案，对美国住房困难的解决提供了重要的制度保障。第二次世界大战后，日本为了解决国民住房短缺问题，率先从颁布住房单行法律做起，先后制定了《住房金融库法》（1950 年）、《公营住宅法》（1951 年）、《住宅公团法》（1955 年）、《城市住房计划法》（1966 年）等 40 多部法律法规。德国采用的是混合立法的模式，一方面在《民法》中明确规定了居住权为公民的基本权利，明确了政府在住房保障中的职责；另一方面还陆续出台了《住宅建设法》、《建筑法》、《住宅促进法》、《节约能源法》等单行法规。英国于 1946 年通过《住宅法》，1984 年又通过了《住宅与建房控制法》，通过法律对住宅保障问题进行全面规范①。

第三，住房保障单行法的定位与选择。住房保障单行法的定位与选择，主要是

---

① 陈杰. 300 名博士呼吁的《住宅法》究竟要解决什么. 解放日报，2008-3-13.

指该项立法工作站在什么样的立场、解决那些主要问题。切入点不同，单行立法因为定位的不同而有不同的选择。对这一问题的争议由来已久，主要由三种不同的主张：①主张制定专门的《住宅法》。从20世纪80年代开始，我国即有学者主张制定《住宅法》以规范和解决我国当时所面临的住房改革难题。此后20多年的时间，亦有很多学者建议尽快制定《住宅法》，在多次的全国两会上，也曾出现过众多关于制定《住宅法》的立法议案，部分专家或者律师还曾提出专门的《住宅法》建议稿。政府也多次对《住宅法》进行调研、起草和论证，并形成《住宅法》（征求意见稿），但《住宅法》最终却未能出台①。②主张制定单独的《住房法》。为了使我国城镇住房事业实现可持续发展，有学者建议应该尽快制定《住房法》，明确最低住房保障标准、限制住房过度消费、成立专门机构负责住房保障工作②。③主张制定《住房保障法》。在2010年十一届全国人大三次会议期间，有193名人大代表在6个议案中提出建议，要求加快我国住房保障法立法进程，建立完善的住房保障体系和法律制度。此后，《住房保障法》的起草被列入十一届全国人大常委会立法规划和国务院2010年立法计划，并已形成基本《住房保障法》（征求意见稿）③。此外，学者们亦围绕《住房保障法》的制定展开了热烈的讨论。争论的焦点主要是住房保障法的适用范围、住房保障的方式、经济适用房的存废、特殊人群的住房保障、住房保障中的政府责任等④。我们认为，关于住房保障单行法的选择，无论是《住宅法》、《住房法》还是《住房保障法》，都必须立足我国当前的住房保障现状，通过科学的制度设计确

---

① 潘其源. 对制订住宅法的几点看法. 住宅科技，1984（7）；张良彬，彭补拙. 对住宅法立法的一些建议. 中国房地信息，1998（10）；廖永生. 规矩与广厦——《住宅法》框架论证会综述. 中外房地产导报，2001（8）；左令."住宅法"会是部什么. 中外房地产导报，2001（16）；我国首部《住宅法》已形成框架. 中国建设信息，2001（9）；卓文.《住宅法（征求意见稿）》专家论证会议纪要. 中外房地产导报，2002（18）；魏雅华. 中国需要一部《住宅法》——"居者有其屋"应成为《住宅法》的立法基础. 中国房地产金融，2008（1）；卫葳. 中国呼唤《住宅法》. 金融经济，2007，（23）；梁新伟. 加快出台《住宅法》深化住房制度改革. 城市住宅，2009（5）；金俭. 中国住宅法研究. 北京：法律出版社，2004：46-53；周珂. 住宅立法研究. 北京：法律出版社，2008：281-288；王苹. 人大代表、专家建议：加快《住宅法》立法进程. 消费日报，2008-3-19.

② 顾海兵. 建议尽早制定住房法. 湖南经济，1998（10）；李兰芝，海兵. 应尽快制定住房法. 团结，1999（1）；顾海兵."住房法"何时露面?. 兵团工运，2000（5）；杨溢. 制定一部"住房法"如何. 人才开发，1995（3）；专家建议制订《住房法》. 领导决策信息，1998（42）.

③ 崔清新，邹声文. 中国将制定基本住房保障法.［2011-03-09］. http://news. xinhuanet. com/legal/2010-11/08/c_12750266. htm；《住房保障法》已经列入国务院今年立法计划，［2011-03-09］. http://news. stnn. cc/china/201003/t20100307_1282711. html. ；基本住房保障法征求意见稿成形. 人民代表报，2010-12-9.

④ 申卫星. 住房保障法的起草：目标、原则与内容. 江淮论坛，2011（3）；申卫星. 住房保障法：保障什么？怎样保障?. 政府法制，2010（26）；上海易居房地产研究院发展研究所. 关于《基本住房保障法》若干问题研究. 上海房地2010（5）；郑尚元. 居住权保障与住房保障立法之展开——兼谈《住房保障法》起草过程中的诸多疑难问题. 法治研究，2010（4）.

立公民的居住权利，通过多种方式满足不同层次人群的居住需求，明确和落实政府在住房保障中的责任。

在上述几种选择中，讨论比较多的是《住宅法》和《住房保障法》，关于制定《住宅法》的建议和讨论一直占据主流，并形成一批有重大影响的成果。《住房保障法》是在 2010 年被列入立法规划后才逐渐为学界所关注和讨论。住房保障立法是一项长期的、极其艰巨和复杂的任务，必须符合我国住房改革和社会保障整体状况以及经济发展水平，必须要从实际出发、实事求是，保障该项立法的科学性、前瞻性和持续性。基于此，似乎制定《住宅法》会更加适应我国的住房保障现实。理由在于：①制定住宅法将更有利于实现立法名称和立法内容的有机统一。在《住宅法》的制定中，相关制度的构建始终是围绕着"住宅权"这一核心内容展开的，而住宅权的双重属性必将有助于制度设计沿着对公民住宅所有权和基本住宅人权两个方面有机展开。②制定《住宅法》有利于全面顾及不同层次人群的住宅需求。制定《住房保障法》，最突出的问题就在于"保障"，受此影响，法律制度的设计多会局限于对部分对象，主要是城镇中低收入人群的住房保障。住房保障是一项事关全体国民的民生工程，任何公民都享有获得适足住宅的权利。住房保障不仅应该关注城镇居民，农村村民、城镇外来务工人员、特殊病患者、失地农民以及遭受各种自然灾害的灾民都应该是住房保障立法的关注对象。以公民住宅权的实现为基础，住房保障立法不仅应该重点关注经济适用房、城镇廉租房、限价房、公共租赁房等保障性住房，也应该将对普通商品房的规范纳入其立法范围。事实证明，忽视对于占据绝对主体地位的普通商品房的法律约束和规范，已经使得越来越多的人因为房屋的质量、交易等问题而受到严重侵害，而这些人大多都属于工薪阶层，住宅权的享有对他们来讲也是至关重要的。因此，《住宅法》的制定也将会促使这一问题得到较好的解决。③制定《住宅法》满足公民对住宅数量和质量的双重需求。《住宅法》不仅关注对公民住宅的供应数量，它对住宅用地的供应、住宅规划与建设等问题的规定，这些都有利于提升住宅的工程质量和住宅社区的整体环境和基础设施水平，从而确保为公民提供适宜的、充分的、健康的住宅，促使真正意义上的"住宅权"的全面实现。④ 从国外立法来看，住房保障也多选择制定单行的住宅法。

因此，以公民住宅权的实现为核心，加快制定《中华人民共和国住宅法》，为我国当前住房保障工作的当务之急。笔者建议，首先应该在宪法层面增加公民住宅权的保护，以国家根本法的形式将住宅权确立为公民最基本的权利；其次，通过《住宅法》将住房保障的宗旨、基本原则、保障对象、住宅用地供应、住宅规划、住宅分配、保障性住房的供应和分配、住房保障中的政府责任等内容做出明确规定。在此基础上，对《城市房地产管理法》、《土地管理法》、《城乡规划法》等其他相关法律经行适当修订，逐步健全我国的住房保障法律体系，确保公民住宅权的实现。这是我国社会保障制度不断推进的必然选择，必将具有重要的历史和现实意义。正如学者所言："在现阶段的中国，如何保障住宅权这种人权在我国得以普遍地实现，如何建立相应的制度，以便为政府组织实施积极的住宅扶助行为，为居民知悉和求诸提供必要的规范，这是我国是否走向文明发达之路的象征。"①

三、住房保障法律制度的基本内容

住房保障法律制度是依据住房保障法律的基本原则所制定的，相互之间具有一定联系的各种住房保障法律规范的总称。然而，到目前为止，我国尚缺乏住房保障方面的基本法律。仅有的法律规范不仅效力层级较低，而且相互割裂，极不统一，很难达到预期的目标。从现有法律规范来看，关于住房保障的目标和原则、公民的住宅权的保障和救济、住房土地供应、住房规划、住房质量等基本问题亟需要通过法律予以确定。而这些，都属于我国住房保障法律制度所涵盖的基本内容。借鉴世界各国住房保障法律制度的经验，结合我国住房保障的现状，确定全面、科学的住房保障法律制度的基本内容，是当前构建我国住房保障法律制度所要解决的主要问题。

（一）确立住房保障法律制度应该注意的几个问题

1. 必须以公民住宅权的保障和实现为核心

公民享有获得适足住宅的权利，这已经为相关国际公约，世界上多数国家住宅立法所确认。公民住宅权不仅仅是一项住宅财产权，更是一种住宅人权。因此，要从根本上解决公民的住房保障问题，必须首先通过法律赋予公民住宅权，这既是公民获得住房保障的前提，也是最直接的法律依据。我国住房保障法律制度具体内容的设计，必须紧紧围绕公民住宅权的保障和实现为核心。唯有此，才能实现立法的既定目标，到达预期的保障效果。

2. 应该在住房保障法律制度中确立我国住房社会保障的根本模式

在法律制度的设计中，应该确立以商品化兼福利政策模式作为我国住房保障制度的根本模式。这一模式既符合我国住房制度改革的商品化、社会化的大方向，同时又兼顾了我国低收入阶层的住房困难且无法通过自身改变的现实性。对于中高收入者，可以通过市场途径购买普通商品住房。对于低收入者，由于其自身无法克服住房困难，所以必须由政府通过住房保障福利制度予以解决。收入低下且住房困难者可以通过向政府申请保障性住房以实现其居住需求②。

---

① 孙宪忠，常鹏翱. 论住宅权的制度保障. 南京大学法律评论，2001 秋季号。

② 金俭. 中国住宅法研究. 北京：法律出版社，2004：78.

3. 住房保障法律制度应该满足不同层次人群的住房需求

住房保障法律制度旨在保障全体社会成员的住宅权利，但在具体内容的设计上要区分不同层次人群的住房需求。受年龄、地位、经济收入等条件的影响，人们的住房需求和愿望是不同的。有的人收入较高且住房条件较好，购买房屋并非为了居住，而是将其作为一种投资手段；有的人收入水平较好，常常以拥有自主产权的房屋作为奋斗目标，以满足自己的住房需求；有的人收入水平较低，但是却拥有一套甚至几套住房，住房并不存在困难；有的人不仅收入水平低，而且住房条件非常困难，他们的住房理想是有房可居即可。还有部分人群如刚刚毕业的大学生，他们收入处于中等水平，但是购买普通商品住房仍然困难很大，这部分人被称作住房保障的"空心阶层"。另外，对于农民工、伤残病患者、灾民等特殊群体来说，他们的住房需求也明显不同与城镇普通居民。因此，住房保障法律制度内容的具体设计，既要在整体上确保全体社会成员的住房权利，而且要区分上述不同人群的不同住房需求。对于中高收入人群来讲，他们通常以拥有自己的住宅为目标，其途径通常通过购买商品住房来实现，对这部分群体，可以通过规范普通商品住宅的供应和分配制度以满足其居住需求。对于低收入人群且住房困难者，购买住房对他们来说困难较大，只要有房可居，满足他们最基本的居住需求就可以了。

4. 住房保障的定位要以救济性为主，改善性为辅

所谓救济性为主、改善性为辅是指，对于弱势群体的住房保障只要也应该做到，满足基本的生活功能，即安全、卫生、安宁即可，大体上具有人类尊严。等经济发展水平提高和财力较充分后，再加大保障的力度，实现住房保障由浅入深逐步发展[1]。以目前饱受争议的经济适用房为例，虽然政府将其定位于城镇低收入人群住房保障，但是，由于经济适用房的设计建造标准几乎等同于普通商品住宅，在价格上只是比市场价格略低，实际上真正的住房困难户仍然无力购买。因此，经济适用房制度在实际运行中暴露出很多缺陷。诸如经济适用房滞销、部分高收入人群开奔驰或者宝马等豪华轿车入住经济适用房小区等报道经常见于报端。

5. 保障性住房制度应该采用租赁为主、出售为辅的租售并举形式

提供保障性住房是政府承担住房保障责任的主要方式。在现有的各种保障性住房类型中，要根据实际情况合理安排不同类型保障性住房的供应比例。从整体上讲，政府住房保障的对象主要应该侧重于中低收入群体尤其是低收入人群，这部分人群的支付能力极其有限，因而制度的设计应该以鼓励和发展租赁住房为主、以购买为辅。对于广大低收入人群来说，以出售为目的的经济适用房由于价格过高、供量不足而很难满足他们的住房需求，因而只能通过租赁的方式由政府提供公共住房。因

---

① 金俭. 中国住宅法研究. 北京：法律出版社，2004：79.

此，在住房保障具体制度的设计中，应该突出对于城镇廉租房、公共租赁房等保障性住房的规定，以出售为目的的经济适用房制度只能作为补充性的规定。

6. 住房保障法律制度的设计应该积极借鉴和吸收外国立法的经验

1948 年 12 月 10 日，联合国大会通过第 217A（Ⅲ）号决议并颁布《世界人权宣言》（The Universal Declaration of Human Rights），该宣言第十三条明确规定："人人在各国境内有权自由迁徙和居住。"第二十五条规定出："人人有权为维护他本人和家属的健康和福利所需的生活水平，包括食物、衣着、住房、医疗和必要的社会服务；且于遭受失业、患病、残疾、寡居、衰老或其他不可抗拒之环境时，有享受保障之权利。"这是最早关于住房保障的国际性立法的规定。这一规定在联合国大会 1966 年 12 月 16 日通过的《经济、社会和文化权利国际公约》（International Covenant on Economic Social and Cultural Rights）中得到同样的体现，该《公约》第十一条规定："本公约缔约各国承认人人有权为他自己和家庭获得相当的生活水准，包括足够的食物、衣著和住房，并能不断改进生活条件。各缔约国将采取适当的步骤保证实现这一权利，并承认为此而实行基于自愿同意的国际合作的重要性。"这是目前住房保障国际立法的最直接的法律规定，各缔约国必须严格遵守，保障国民的住房需求。作为该公约的成员国，我国也必须遵守公约的各项规定。因此，在我国住房保障法律制度的设计中，必须首先遵守国际条约的规定。其次，要积极借鉴和吸收其他发达国家有关住房保障立法的经验。以英国为例，经过上百年的发展，目前已经形成较为完善的住房保障法律制度，其中，1996 年颁布实施的《住宅法》（Housing Act）内容较为全面，包括了廉租住宅、多住户住宅、业主和租户、住房利润和有关事宜、租户的行为、无家可归者住房等方面。再如美国《住宅法》（Housing Act）中关于住房租赁保障的规定、法国法中关于公民住宅权可诉性的规定，都值得我们学习和借鉴。

（二）住房保障法律制度的基本内容

在立法内容上，住房保障法律制度应该包括以下几个方面的内容。

1. 确立公民住宅权及住宅权实现中的国家责任

基本人权是人人享有的权利，是每个人在一个社会和国家中应该享有的进行正常的社会活动的最起码的权利。住宅权的主体是全体社会成员，这就意味着：不管男女老少、不管贫富贵贱、不分民族区域，所有人都有权取得可以居住的住宅，并在条件允许的情况下，不断地改善住宅①。住房保障法律制度必须首先在立法中明确住宅权为人人享有的基本权利，并且依据相关国际公约的规定确立国家在公民住宅权实现中的责任。

---

① 周珂. 住宅立法研究. 北京：法律出版社，2008：54.

2. 住房保障的对象

住房保障的对象问题，即是要解决住房保障是要保障哪些人或者哪些家庭的住房需求。也就是说，住房保障是"大保障"还是"小保障"，是保障全体公民的住房需求还是仅针对住房困难家庭。我国目前的住房保障政策主要着眼于住房困难家庭，通过具有产权式保障性质的经济适用房制度和具有租赁式保障性质的廉租房制度、公共租赁房制度满足中低收入家庭的需要。这种"小保障"的政策得到相当多学者的赞同。但是，持"大保障"观点的学者主张，全体国民的权利是一致的，宪法上所规定的公民获得社会帮助的权利并没有区分什么人群，且当今大多数市场经济国家有关住房保障的法律制度皆为针对全体国民的保障，一般以国民住宅法的形式出现，不论穷富，皆可以获得相应的保障①。关于住房保障的对象，笔者赞同"大保障"的观点。住房保障的对象不能仅仅局限于中低收入人群，因为所有公民都平等地享有获得适足住房的权利，我们不能仅因为中低收入人群住房问题突出而忽视了对其他人群的住宅权的保障。因此，住房保障应该立足于对全体社会成员的住房需求的满足。对于所存在的收入和住房条件的差异，我们完全可以通过建立多层次的住房保障体系，满足不同层次人群的不同住房需求。

3. 住房保障的方式

从整体上讲，住房保障的方式可分为两种，一种是市场保障方式，通过普通商品住房满足大部分高收入者的居住需求；另一种是社会保障方式，主要是通过保障性住房满足中低收入者的居住需求。以保障性住房为基础的社会保障方式又可以分为产权式保障和租赁式保障两种方式。我国住房保障法律制度关于保障方式的确定，应该同时包括上述市场保障和社会保障两种方式。但是，由于住房保障的定位主要归属于社会保障法，因而，在具体的内容规定中应该以社会保障，即以保障性住房的供应和分配为主。另外，在社会保障方式中，应该实行以租赁住房保障为主、出售产权保障为辅的保障方式。其中，对于租赁保障，还可以采用实物配租和提供住房租赁补贴等不同的形式。

4. 住房建设制度

住房建设处于住房保障的初期阶段，不仅关系着住房保障中房屋供应的数量，还关系着房屋的质量。因此，在住房保障法律制度中，必须要高度重视住房建设中的各个环节，建立合理住房建设制度。具体来讲，首先应该规定住宅用地供应制度，合理解决好住宅建设中的土地供求矛盾；其次，要合理规定住宅规划制度。城市规划是政府调控城市空间资源、指导城乡发展与建设、维护社会公平、保障公共安全

---

① 郑尚元. 居住权保障与住房保障立法之展开——兼谈《住房保障法》起草过程中的诸多疑难问题. 法治研究，2010（4）.

和公众利益的重要公共政策之一。城市规划与公民住宅权的保障关系极为密切，科学、合理的城市规划不仅可以预先确定住宅的选址和区划，也可以尽量避免在城市更新和改造过程中频繁修改规划出现过度拆迁，进而引发社会矛盾。住宅规划属于城市规划的重要组成部分，它既关系着住宅小区的整体环境和住宅的品质，还涉及到国家规划权与公民私有住宅所有权的冲突与协调，是住房建设中的关键环节之一，必须为法律所明确规定；再次，住房安全是公民住宅权的应有之意，保障住房安全的关键在于住房的质量问题。因而必须对住房建设中的房屋质量标准和监管做出明确的规定，以保障公民住房的健康性、安全性和持久性。此外，对于住房建设的主体，在普通开发商和政府之外，还应该鼓励社会力量或者民间团体参与住房建设，逐步增加住房的供量，实现多元化的住房供应体系。因此，这就要求通过立法的形式肯定集资建房、合作建房的合法性，并对我国现行的住宅合作社制度进行明确规定。

5. 住房租赁制度

虽然"居者有其屋"历来是仁人志士们的理想，但不论在经济发展的程度如何，社会中都会有相当部分的人群依赖租赁满足自己的居住需要。其中不仅包括无力购置自有住宅的中低收入阶层，还包括流动性较强或对租赁住宅有特别需要的群体，如外出求学或务工的人员，尚未组成家庭的青年等等。从发达国家的经验来看，租赁住宅在住宅构成中一直占有较重要的份额。由于私有租赁住宅在住宅存量中占有重要的地位，西方各国普遍将对私有住宅租赁市场的干预作为国家住房保障政策的重要工具。随着我国住房保障工作的不断进展，租赁住房在今后住房保障中的比重会越来越高。因此，在住房保障法律制度中应该对住房租赁制度做出详尽的规定，比如住房租赁中房东的责任、住房租赁中承租人的住宅权利、租金控制与住房保障等。

6. 住房金融保障制度

为了解决公民住宅权问题，世界各国都在不同程度上为公民尤其是中低收入公民解决住房困难提供积极的政策支持和制度保障，住房金融保障制度便是其中之一。住房消费需要大量而且长期的资金投入，单靠居民个人积累的资本来一次性付清显然是非常困难的，在市场经济条件下，持续稳定的住房融资政策是我国住房改革制度顺利推进的关键。能否获得有效的融资是提高公民住房消费能力，有效实现住宅权的条件保障。在住房金融保障制度中，住房抵押贷款制度、住房公积金制度等都是满足公民住房需求的重要制度，对于改善公民住房条件发挥了重要的作用。公民住房需求的满足和住宅权的实现，依赖于合理的住房金融政策的支持。因而，住房金融制度是整个住房保障法律制度中不可或缺的重要组成部分，住房保障立法必须对住房抵押贷款、住房公积金等问题予以明确的规定。

7. 保障性公共住房制度

保障性公共住房是具有特殊性质的住宅，通常是指根据国家法律和政策的规定，由各级政府统一规划，对该类住房的建造标准、销售价格或者租金标准进行限定并且提供给中低收入家庭使用的具有社会保障作用的住房。保障性公共住房主要有经济适用房、城镇廉租房、公共租赁房、安置房等不同类型。保障性公共住房制度就是在保障性住房规划、建设、分配等过程中形成的制度。保障性住房制度是政府干预住房市场、保障社会弱势群体住宅权实现的重要举措，是当前世界各国所普遍采用的住房保障形式。但是从我国实际来看，保障性公共住房制度在实施过程中暴露出不少问题，如地方保障性住房供量不足、资金来源短缺、管理混乱、分配不公、监管不力等等。为此，社会各界强烈呼吁加强保障性公共住房立法，加快对保障性公共住房的建设与管理。因此，在住房保障法律制度的构建中，必须将保障性公共住房制度作为重点内容，对于保障性公共住房的用地、建设规划、资金来源、保障房申请主体与资格、保障房分配机制、保障房退出机制、保障房之救济与责任追究做出全面规定。

8. 特殊群体的住房保障

从住房法律保障的角度来看，所谓特殊需求群体指的是无法通过自身的力量实现其在住宅权上的特殊要求，而需要政府在住房法律保障机制中予以考虑或帮助的群体。一般而言，住房特殊需求群体主要包括：①城镇低收入群体。该群体的人员构成复杂，包括城镇中无收入来源、无劳动能力、无社会保障的"三无人员"在内的所有人均收入低于城市最低生活保障线的贫困人口。②残疾人群体。残疾人由于身体结构或机能的破坏或丧失而造成的身体机能的损失或削弱，他们在正常的社会生活中欠缺与相同年龄、教育和健康水平的个体同等的竞争力，所以应当得到政府在立法上的额外保护。③妇幼群体。儿童是社会的未来和发展的关键，他们居住环境的情况对阅历的培养和性格的形成有着直接或间接的影响。但是，儿童本身不具备改善居住条件和提高生活水平的能力，其必须依靠监护人的保护和国家政策的保障才能够达到住宅权的实现。就妇女群体而言，由于在力量等生理条件上与男性存在差异，因此即使妇女被赋予与男性群体同等的权利机会，其在实现相同水平权利的过程中所要付出的努力和成本也要超过男性。为了平衡这种先天上的差距，在国家住房保障法制定中，应该遵循男女平等参与、共同发展、共同受益的原则，并通过立法的形式加强对妇女住房权利的保障。④老龄群体。随着年龄的加大，尤其是对60周岁以上的老年人来说，体力和精神都在逐渐的衰弱，其改善居住水平和提高生活水平的能力也日益丧失，必须依靠家庭的扶助和国家、社会的帮助和支持才能够维持现有的居住和生活水准而不下降。⑤特殊疾病患者群体。特殊疾病患者一般是指患有艾滋病等高危传播疾病或是需要长期治疗，医疗费用较高的疾病的人员。

特殊病患者或由于罹患疾病的特殊性而容易受到他人的误解和歧视，或因为难以负担高昂的治疗费用而欠缺维持正常居住和生活水平的能力。因此，在强大的心理、生理以及经济压力之下，特殊疾病患者的获得可负担得起的适宜于居住的、有良好的物质设备和基础服务设施的、具有安全、健康和尊严以及不受歧视的住房权利的意愿是很难实现的，而必须依靠国家提供的强有力的住房法律保障。⑥其他在住宅权上有特殊需求的群体。上述各类特殊人群是我国住房保障的重要关注对象，制定住房保障的专门性法律，必须对他们的住房保障做出特殊规定。

9. 住房保障的组织与管理

住房保障立法目标的实现、各项具体制度的最终落实，离不开健全的、高效的组织机构和行政管理体制。在住房保障立法中，必须对住房保障组织机构的设立、住房保障职责和行政管理权限的划分等问题做出明确规定，确保住房保障组织机构的统一，有效推进各项制度能够得到有效实施。

10. 住房保障法律责任制度

住房保障法律责任制度旨在确保各类义务主体按照法律的规定严格履行其住房保障职责，保护公民的基本住宅权利，促使实现住有所居的住房保障目标。住房保障法律责任具体包括公民住宅权的救济方式和救济程序、法律责任的归责原则、具体法律责任的承担等内容。就法律责任的方式而言，包括住房民事保障法律责任、住房保障行政法律责任、住房保障刑事法律责任等。

四、住房保障基本法——《中华人民共和国住宅法》草案建议稿（附全书后）

（一）制定《中华人民共和国住宅法》的目的与宗旨

制定和实施住宅法是为了适应我国当前住房体制改革和住房保障整体形势的要求，巩固和发展我国住房改革制度的成果和经验，通过专门立法解决我国当前住房改革中遇到的诸多困难，促进房地产市场的稳定和可持续发展和社会的和谐。

住宅法草案之立法宗旨在于保障全体公民的住宅权利，改善公民住房条件和住宅环境，提升公民居住水平，健全住宅市场机制和社会保障制度，确保每一位公民都能够实现住有所居。

住宅法为住宅相关事务的基本法。

住宅法是规定公民住宅权利、稳定和规范住宅交易秩序、建立住房保障体系法法律规范的总称。

（二）《中华人民共和国住宅法》草案建议稿

本草案建议稿分为总则、分则、附则三部分，共九章，六十一条。具体框架如下：

第一章　总则

第二章　住宅用地与规划

第三章　住宅建设

第四章　住宅金融

第五章　住宅市场

第六章　保障性公共住房

第七章　组织与监管

第八章　法律责任

第九章　附则

第五章　住房建设与住房保障

　　住房建设，是指按照一定的建筑标准和操作规范，以必要的材料和装备建造能够满足人们日益增长的工作、生产和生活需求的房屋。住房建设的目标是要充分运用新技术、新结构、新材料和新产品，提高住房建设的节地、节能和节材效果，以实现房屋的舒适装修、功能与设备齐全和良好的室内声、光、热、空气环境，并最终凸显住房设计的灵活性、多样性和可改性，提高住房的功能质量。1998年住房分配改革以来，我国住房建设取得了举世瞩目的成就。2009年城镇新建住房面积达到7.88亿平方米，是1978年的20.7倍；城镇人均住房建筑面积超过30平方米。与此同时，住宅规划设计水平、施工质量、配套设施和居住环境明显提高。1999年，国务院办公厅转发了建设部等部门《关于推进住宅产业现代化，提高住宅质量的若干意见》（国办发〔1999〕72号）的文件，系统提出了推进住宅产业化工作的指导思想、主要目标、重点任务、技术措施和相关政策。十多年来，我国已初步建立了符合住宅产业化方向的住宅建筑和产品体系、技术支撑体系和质量控制体系，住宅的适用性能、环境性能、经济性能、安全性能和耐久性能等已获得极大改善。但是，从现状来看，传统的粗放型生产方式仍未实现根本性转变，住宅产业化水平和劳动生产率低；技术创新和集成能力弱；资源和能源投入大，环境负荷重，可再生能源在建筑中应用规模小；住房使用寿命短，质量和性能还不能完全令人满意[①]。从住房保障的角度看，住房建设质与量的现状还远远不能满足我国民众对住房消费的实际需求。

　　住房建设与住房保障有着密切的关联。住房保障体系中任何政策或制度的调整，都会影响到住房建设的具体内容，同样，住房建设的效果，尤其是有关住房的规划与设计、住房的规模、住房的质量等也会直接反映在住房保障之中。在我国，住房保障的性质主要为公益性或非营利性的。为了确保住房保障的这种性质，政府与社会力量的介入尤为必要，集中体现为城市建设中住房的规划与设计，住房建设用地供应，尤其是保障性住房建设用地的供应，以及扩大住房建设的当事方范围，即允许实验和推广住宅合作社制度。总之，围绕构建和谐社会的新理念，在当代中国住房法律问题的解决过程中，制定和完善住房质量衡量标准，探究社会弱势群体住房保障制度构建，拓宽住房建设模式，兼顾效率的同时平衡各方利益，不仅是解决公

---

① 刘志峰. 转变发展方式　建造百年住宅. 中国建设报，2010-6-30.

民住房困难的需要，也是我国保障基本人权的一个方向标①。

一、住房建设的土地供应及问题

住房建设用地供应是住房建设的首要环节，也是解决住房困难问题的最根本保证。解决我国广大中低收入群体的住房保障问题，必须首先解决好住房用地的供应问题。

我国土地所有制的特殊性决定了当前中国住房建设和保障所处的特殊环境与背景。一方面，政府对土地所有权完全垄断②；另一方面，地上建筑物的招投标、开发、建设、物业等等环节的市场化，在丰富人们住房资源的同时，也会由于市场机制的通病（市场失灵③）而导致部分社会群体无力购买住房，或者已经购买住房的家庭或人群又不得不承受在一定时间内难以承担的经济压力，从而引发各种复杂的社会经济矛盾。其中，房屋价格是最为敏感的问题，很多人认为，导致房价上涨的最主要原因是土地供应不足问题。因此，本章研究的起点就是住房建设的土地供应（尤其是保障性住房的土地供应）问题。

（一）我国住房建设土地供应现状

我国土地管理法规定，我国实行土地的社会主义公有制，土地分为国家所有和集体所有。国家实行土地用途管制制度，国家编制土地利用总体规划，规定土地用途，将土地分为农用地、建设用地和未利用地。使用土地的单位和个人必须严格按照土地利用总体规划确定的用途使用土地。土地使用权可以依法转让，国家依法实行国有土地有偿使用制度。任何单位和个人进行建设，需要使用土地的，必须依法申请使用国有土地④。根据《物权法》、《土地管理法》和《城市房地产管理法》的相关规定，设立建设用地使用权，可以采取出让或者划拨等方式。工业、商业、旅游、娱乐和商品住宅等经营性用地以及同一土地有两个以上意向用地者的，应当采取招标、拍卖等公开竞价的方式出让。严格限制以划拨方式设立建设用地使用权。只有

---

① 1948 年《世界人权宣言》第二十五条提出"人人有权为维护本人和家属的健康和福利所需的生活水平，包括食物、衣着、住房、医疗和必要的社会服务，且于遭受失业、患病、残疾、寡居、衰老或其他不可抗拒之环境时，有享受保障之权利。"

② "在中国特殊的土地所有制模式下，政府对土地所有权完全垄断，土地供应的时间、数量以及用途完全由政府决定，使得研究土地供应对住房产出的影响具有重要的现实意义。"引自：任荣荣、刘洪玉．土地供应对住房供应的影响研究．建筑经济，2008（3）．

③ 通常市场失灵表现为信息失真，价格杠杆发挥不了应有的作用等，这里本章还想补充另外一些影响因素，即"发展中国家向低收入者供应住房影响最大的因素之一是对非法或非正规的住房和土地开发的容忍程度。在发展中国家的许多城市里，这对那些可能想拥有或建造其住房的低收入家庭影响最大"。参见：王茹．城市低收入阶层的住宅保障．山西建筑，2009（8）．

④ 兴办乡镇企业和村民建设住宅经依法批准使用本集体经济组织农民集体所有的土地的，或者乡（镇）村公共设施和公益事业建设经依法批准使用农民集体所有的土地的除外。

下列建设用地，经县级以上人民政府依法批准，可以以划拨方式取得：①国家机关用地和军事用地；②城市基础设施用地和公益事业用地；③国家重点扶持的能源、交通、水利等基础设施用地；④法律、行政法规规定的其他用地。上述法律规定表明：①在我国，土地所有权和使用权归国家或集体所有，但是建设用地只能依法申请使用国有土地，而且应当按照土地利用总体规划的用途使用。建设占用土地，涉及农用地转为建设用地的，应当办理农用地转用审批手续；②土地使用权可以依法转让；③建设用地使用权的取得可以采取出让或者划拨的方式，并明确规定了招标、拍卖等出让方式的情形。

我国实行土地使用权出让制度以来，我国房地产事业获得了空前的发展，人民的住房状况也有了明显的好转，城镇人均住房面积逐步增加。改革后的土地使用制度有力地推动了中国经济的持续稳定发展，也使得房地产业成为国民经济中举足轻重的支柱性产业。中国城镇化的快速发展，需要大量的土地供应作为基础。如图 5-1 所示，我国国有土地出让的数量，1987 年仅有 5 宗 15.75 公顷，2005 年达到了 162112 宗 165586 公顷，出让收入也从 0.352 亿元增加到了 5883.82 亿元。统计从 1987～2005 年的我国土地出让数量与面积的数据，我国一共出让了 1779993 宗 1165288.33 公顷的土地，合计土地出让收入为 25999.192 亿元[①]。

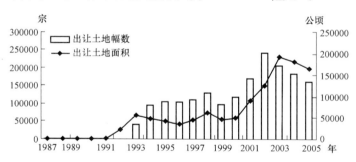

图 5-1　1987～2005 年的国有土地出让图

（资料来源：1987～1990 年的数据来自董黎明（1992），1992 年数据来自杨重光和吴次芳（1996，第 126 页），1991 年的数据根据杨重光和吴次芳（1996，第 126 页）提供的倍数关系算出，1993～1996 年的数据来自《中国土地年鉴》（1994～1997），1997 年土地出让幅数、面积、收入数据根据刘琳（2004，第 60、183、184 页）推算得到，1998～2005 年土地出让数据来自《中国国土资源年鉴》（1999～2006））

最新的数据显示，2009 年全年批准建设用地面积 57.6 万公顷，同比增长 44.6%；供应建设用地 31.9 万公顷，同比增长 44.2%。与 2005 年相比，土地出让

---

① 张清勇. 却顾所来径：改革开放三十年中国房地产业的回顾. 中国房地产研究丛书. 第三卷. 上海：上海社会科学院出版社，2008.

面积翻了将近一番。全国保障性住房用地供应总量为 1.04 万公顷，同比增长 30.9％①。数据表明，我国土地出让的数量连年增长，在一定程度上满足了经济发展的需求，但是土地供需矛盾依然很突出，因此很多人将房价高涨的原因归责于土地供应量太小，认为招拍挂的土地出让方式是推动房价上涨的主要因素，因此将矛头直指政府。

（二）我国住房建设土地供应存在的问题

从住房保障的角度来看，我国国有土地供应环节还存在很多问题，主要表现在以下几方面。

1. 住房用地供需矛盾依然突出

关于住房用地供应数量是否是导致房价上涨的主要因素，政府部门和房地产开发商各执一词，争论不下。国土资源部官员认为，实际并不存在土地供应不足的问题。国土部门每年供应的土地开发商都建不完，中国房地产市场土地供应不存在"地荒"问题，地价并未拉高房价。国土资源部官员在解答关于"土地利用总体规划修编"问题时表示，现在所有供出的土地总量，房地产用地不会超过40％。不存在房地产用地控制问题，土地供应量是足够的，有人说"地荒"是误导老百姓。国土资源部副部长负小苏曾指出，就土地供应而言，近几年来房地产业用地占到了全国供地总量的30％左右，重点城市比例则更高②。有文章将房价上涨的真正原因归责于开发商的囤积土地行为，"按照正常的市场规律，当一种商品供给增加，其价格必然会下降；当一种商品供给紧张，价格就必然上涨。但不可忽视房地产市场中非正常因素的干扰，因为目前房价走势不一定取决于土地供给，而在很大程度上取决于某些人为因素。就土地供应而言，假设政府平均每年无条件地向全国开发商出让1亿平方米的住房建设用地，看起来土地供应量大大增加了，可是，这些土地到了开发商手里，可能马上就会被囤掉7000万平方米，只拿出其中的3000万平方米慢慢规划和开发。"③ 相反，部分房地产开发商则认为，土地供应不足才是开发商囤地的根本原因，如果国土资源部能够把原来定的条条框框的东西打破，能够按照中国城市化进程的需要供应土地，这才是让中国房价不会上涨20％，甚至30％的真正举措。如果国土资源部加大土地供应，开发商就不会去囤地④。

究竟是住房用地供应不足导致了开发商囤积土地，还是因为开发商囤积土地致

① 《2009 中国国土资源公报》；国家土地总督察公告（第 3 号）. 中国国土资源报，2010-5-5.
② 国土部副部长否认"地荒说"地价未拉高房价. 上海证券报，2006-06-14；国土部官员：土地供应足够　地荒说是误导老百姓.［2010-06-08］. http：//news. xinhuanet. com/politics/2006-08/04/content_4918002. htm.
③ 谭文兵. 单增供地难稳房价. 中国国土资源报，2009-8-12.
④ 任志强、潘石屹回应"囤地"论：国土部门供地不足. 第一财经日报，2009-8-19.

使住房建设用地不足，很难说清楚。而目前的现状是，房价一直在上涨，其原因不仅仅是土地供应的问题，也不仅仅是开发商囤积土地的问题，这些都不是导致房价上涨的唯一因素。经过分析，我们认为，在我国当前具体情况下，住房建设用地的供需矛盾仍然存在，住房建设用地的供应仍然是供小于求，理由在于：第一，从根本上讲，土地属于稀缺资源，经济和社会的发展只会使土地越来越少，而且国家三令五申强调要严守18亿亩耕地的红线毫不动摇，未来城市发展所能使用的土地也必定是越来越少，而实际各地发展所需要的土地数量却很大，结果必然是土地供应供小于求[1]；中共广州市委书记朱小丹在中共广东省委十届二次会议上说："广州市1500万人在7343平方公里的范围内生活，而且人口还在增加，城市建设用地资源严重透支——按原有规划，到2010年，广州的建设用地规模为1330平方公里，但这个数字早在2006年便被突破，超出了230平方公里。广州城市的承载力已经近乎'到顶'。"[2] 第二，住房建设用地的计划供应量实际很难真正落实。根据土地法和相关政策，土地利用必须严格执行土地利用总体规划和年度计划，控制建设用地规模，各地不得突破年度计划批准用地，也不得擅自修改土地利用总体规划批准用地。各地在执行住房建设用地计划时，不得超出计划用地指标。在严格的用地指标限制下，为了发展地方经济的需要，地方政府更多将工业用地、经营性用地放在优先发展的地位，住房建设用地的实际供应往往会少于计划供应。国土资源部公布的2010年上半年全国住房用地供应情况：上半年住房用地供应量达到56108.2公顷，同比增长135%。但是我们注意到，2009年初，国土资源部宣布的2010年全年住房用地供应计划是185399.2公顷，半年过去了，才完成进度的三分之一（表5-1）。第三，与其他类型的建设用地相比，住房用地的供应比例仅占很小部分。根据《2009年中国国土资源公报》，2009年国土资源部全国批准建设用地57.6万公顷，比上年增长44.6%，其中交通、水利、能源三项批准用地占批准用地总面积的48.7%。工矿仓储用地为21.5%，住房用地仅为10.8%（图5-2）。图5-3为2005～2009年国有建设用地供应情况图，虽然2009年全国建设用地总体供应大幅增加，住房用地增幅不大，远小于工矿仓储用地和基础设施用地。第四，解决迅速增长的城镇人口尤其是非户籍人口的居住问题，对住房用地的需求很大。国土资源部等主管部门近年一直在强调增加住房建设用地供应量，也说明了实际不断增长的土地供应需求，也在一定程度上反映了住房用地的实际供应不足。关于前文所述囤地和房价问题，中国房

---

[1] 资料显示，虽然2009年政府建设用地供应明显高于往年，但是各地实际缺口仍然很大。辽宁省大约有75万亩的缺口；成都市上半年就已基本用完全年度的用地计划指标；广东每年实际使用建设用地45万亩左右，而国家每年下达给广东的新建设用地指标加上国家重点项目用地指标只有约29万亩，缺口高达16万亩。参见：下半年建设用地指标吃紧 地方建议适当扩大规模. 第一财经日报，2009-7-29.

[2] 羊城晚报，2007-12-27.

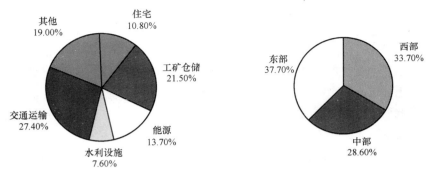

图 5-2　2009 年批准用地类型和地区分布图

（资料来源：《2009 中国国土资源公报》）

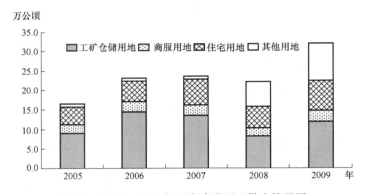

图 5-3　2005～2009 年国有建设用地供应情况图

（资料来源：《2009 中国国土资源公报》）

地产研究会副会长顾云昌表示，如果土地供应量加大后依然供不应求，说明供应还是不足。[1]

2010 年 1～6 月我国内地住房用地供应情况汇总表（单位：公顷）　表 5-1

行政辖区	住房用地				保障房用地		棚改房用地		中小套型商品房用地			其他
	全年计划供应量	1～6 月实际供应量	与去年同比增加（%）	1～6 月保障房用地供应量	廉租房	经济适用房	保障房	中小套型	普通	限价	公租	
合计	185399.2	56108.2	135	9472.2	1512.7	4433.1	3526.4	3069.1	28759.8	714.4	61.1	14031.6
北京	2500.0	1450.0	400	99.0	11.0	88.0	0.0	739.0	166.0	170.0	28.0	248.0
天津	1740.0	1568.0	61	192.0	0.0	192.0	0.0	0.0	878.0	85.0	0.0	413.0

----

[1]　任志强、潘石屹回应"囤地"论：国土部门供地不足. 第一财经日报，2009-8-19.

续表

行政辖区	住房用地				保障房用地		棚改房用地		中小套型商品房用地			其他
	全年计划供应量	1~6月实际供应量	与去年同比增加(%)	1~6月保障房用地供应量	廉租房	经济适用房	保障房	中小套型	普通	限价	公租	
河北	9778.7	2398.4	144	328.6	44.3	96.1	188.1	48.0	1301.9	16.6	0.0	703.3
山西	4730.0	483.6	53	114.9	57.9	57.0	0.0	0.0	25.4	0.0	0.0	343.2
内蒙古	10488.9	2512.6	109	483.4	66.2	240.7	176.5	239.2	1015.7	17.1	0.0	757.3
辽宁	12708.4	3905.8	268	125.9	4.0	70.0	51.9	99.1	2448.5	0.0	0.0	1232.5
吉林	5564.9	1218.7	306	237.9	61.2	29.2	147.5	268.0	384.7	0.0	0.1	327.9
黑龙江	8753.3	2557.5	330	523.6	44.6	178.8	300.1	587.8	1077.4	0.0	10.5	358.3
上海	1100.0	320.7	−19	235.2	0.0	12.0	223.3	0.0	17.1	0.0	0.0	68.4
江苏	13009.5	6615.2	100	1303.6	78.1	921.1	304.2	248.0	3072.1	181.4	1.0	1809.1
浙江	8239.9	2736.5	110	546.5	6.9	48.7	490.9	269.0	1425.6	2.2	1.3	491.8
安徽	10673.7	2238.2	104	429.6	63.9	207.4	158.3	63.8	1131.0	60.3	11.5	542.0
福建	4234.3	812.5	90	83.7	10.6	22.0	51.2	0.8	468.1	0.1	0.1	259.6
江西	4391.0	1538.5	363	246.2	88.1	95.3	62.9	3.9	694.0	10.8	1.3	581.3
山东	18165.0	6357.0	149	652.1	6.6	354.9	290.7	193.5	4421.1	25.9	0.8	1063.5
河南	7372.4	2692.2	144	845.2	45.7	308.3	491.1	81.4	1382.3	3.1	0.0	380.3
湖北	5548.1	1664.9	100	152.0	20.3	124.4	7.3	2.9	987.7	7.6	0.0	514.7
湖南	3180.1	1491.4	98	197.3	43.5	44.5	109.3	23.2	825.0	1.8	0.0	443.4
广东	7503.6	1830.3	32	121.5	77.2	44.3	0.0	7.5	1258.2	0.0	0.0	443.1
广西	5002.1	923.8	66	151.3	25.3	124.0	1.9	23.1	479.1	15.5	0.0	254.0
海南	1564.0	335.6	76	103.3	27.9	68.5	6.9	0.0	108.1	19.9	0.0	104.4
重庆	6449.0	1191.5	108	207.7	108.2	97.9	1.6	0.0	773.9	0.0	0.0	209.9
四川	8160.2	2710.7	214	469.0	116.2	264.7	88.1	63.2	1512.1	26.0	0.0	640.4
贵州	4543.7	1638.6	540	396.2	80.2	211.2	104.9	63.7	510.1	58.5	5.5	604.6
云南	4969.8	1392.4	52	51.5	24.0	26.2	1.3	2.8	841.9	1.4	0.0	494.7
西藏	270.1	42.4	207	16.4	11.5	5.0	0.0	0.0	22.6	0.0	0.0	3.4
陕西	3465.9	1022.3	307	243.8	53.4	158.1	32.3	8.7	475.1	0.0	0.3	294.4
甘肃	2420.4	498.6	52	126.8	45.1	65.0	16.7	4.3	300.5	0.0	0.0	66.9
青海	835.4	160.5	67	114.4	26.6	1.3	86.5	0.0	6.6	0.0	0.0	39.6
宁夏	1787.5	643.7	323	233.5	40.1	127.4	66.0	0.0	214.2	0.0	0.0	195.9
新疆	4821.7	989.4	108	332.3	146.1	127.3	59.0	28.5	507.6	11.2	0.0	109.8
新疆兵团	1427.4	167.0	−4	107.6	78.0	21.9	7.6	0.0	27.2	0.0	0.0	32.2

注：1. 北京市的棚改用地为定向安置房用地。

2. 新疆生产建设兵团是在自己所辖的垦区内，依照国家和新疆维吾尔自治区的法律、法规，自行管理内部的行政、司法事务，在国家实行计划单列的特殊社会组织，受中央政府和新疆维吾尔自治区人民政府双重领导。

3. 用划拨土地建设的租赁住房，土地供应计划放入经济适用房供应计划中。

（资料来源：国土资源部网站）

2. 住房建设用地利用率不高，"囤地抬价"引发"帐篷效应"

虽然国土资源部门表明，住房用地的供应量很充足，但是，大量的数据显示，政府所供应的土地并没有按照预期全部转化为终端产品——住房，而是被开发商大面积闲置、大量囤积炒卖以刺激地价和房价的无限上涨，引发"帐篷效应"，开发商要么将土地闲置待机高价出手，要么采用长年"分期"开工建设的办法将大量土地囤积，慢慢开发，等待增值利润。

"据国土资源部调查，目前全国闲置的房地产用地仍有约 1 万公顷，闲置土地中因规划调整为主的政府部门原因和司法查封的约占 55％。国土资源部此次挂牌督办的 18 宗房地产开发闲置土地，分布在北京、上海、浙江、山东、福建、湖南、广西、吉林、宁夏 9 省（区、市）。其中，按闲置时间划分，闲置满一年未满两年的有 11 宗，闲置满两年的有 7 宗；按闲置原因划分，因企业自身原因的有 5 宗，因政府拆迁未及时交地的原因的有 5 宗，因城市规划调整的原因的有 5 宗，因其他政府及有关部门的原因的有 3 宗。"

"广州市国土房管局最新透露，目前广州全市还有约 200 宗闲置地，主要位于花都和番禺，总面积近 3 平方公里。相当于广州一年的住宅用地供应量。"

"2010 年 1 月 8 日，上海市规划和国土资源管理局宣布，拟会同相关区政府收回并督促开工 8 块闲置土地，总面积共 66 公顷。据悉，这 8 块土地中有 7 块闲置超过 2 年以上。"

"在 2009 年，广州市国土资源和房屋管理局一共收回 16 宗闲置用地，共计面积约 43.4 公顷，收缴土地闲置费约 3000 万元。其中，收回闲置土地 12 宗、面积共 41.3017 公顷；注销用地批准文件 4 宗、面积共 2.0976 公顷。"

"2009 年 12 月，据厦门市国土资源与房产局透露，通过约谈、发函督促、帮助解决实际困难等方式，促使 16 宗闲置土地的用地单位开工建设，用地面积达 53 公顷。对于 28 宗逾期两年未动工的土地，已经撤销用地批文或收回储备，重新确定建设用途并进行二次供地。此外，对于 7 宗逾期超过一年的用地单位，依法征收了 9 万美元和 594 万元人民币的土地闲置费。"

"2009 年 9 月，援引青岛日报消息，青岛市加大清理处置闲置土地力度，提高土地利用率。截至目前，青岛市核查出涉嫌闲置土地 110 宗、323.69 公顷，并对其进行了处置。其中，征收闲置费 8 宗、13.55 公顷、金额 9088 万元；无偿收回 8 宗、22.44 公顷；协商处置 35 宗、103.82 公顷；其他方式处置 59 宗、183.88 公顷。"

"武汉汉口后湖中一花园小区后面近 200 亩的地块，闲置 9 年没有动工……这个地块规划用地面积 379.68 亩，当年拍卖地价每亩约 52 万，而现在的地价每亩至少涨到了 500 万。"

"国土资源部副部长负小苏透露，截至 2009 年底，全国房地产开发企业手中拥有近 300 万亩的土地，可保证今后两三年房地产开发。"①

"2006 年初李泽楷旗下的盈大地产以 5.1 亿元人民币拍下北京工体北路 4 号地块，创下当年地王。按规定，该地块合同开竣工日期为 2006 年 9 月 20 日和 2008 年 3 月 31 日，但盈大地产在拿地后的 3 年里，该地块开工的只有一个不变的大坑。捂地 3 年，2009 年 8 月底盈大地产转手净赚 3 亿。"②

"国土督察广州局局长束伟星日前也表示，广东目前仍有 33.8 万亩左右的闲置土地，低效用地近 200 万亩。发掘低效用地的潜力成为广东解决土地瓶颈的关键。如果每年盘活 20 万～30 万亩低效用地，新增建设用地就可以减少一半。"③

"今年（2010）1～5 月，番禺区查出 130 宗闲置土地，面积达 2.6 平方公里，收缴闲置费共 870 多万元。据悉，2009 年，广州全市 10 区共对 412 宗用地核发了《闲置土地认定通知书》，共处置闲置土地 75 宗，面积 2.1 平方公里。这次番禺查出的闲置土地面积已超过去年 10 区处置的闲置用地量。而根据广州今年的土地供应计划，番禺拟供应住房用地和商业用地共 196 万平方米，即 1.96 平方公里，番禺认定的闲置用地量为今年土地供应量的 1.3 倍"④。

有报道指出，国土资源部在 2010 年将一份涉及全国 1457 宗闲置土地的统计表交予银监会，银监会将根据这份"黑名单"做一次全面的风险排查。其中 80％的闲置土地可能被收回。《有关房地产开发企业土地闲置情况表》中，详细列出了省市、项目名称、闲置土地的受让人、合同编号、合同签订时间和约定的开竣工时间等内容。其中北京、广州、海南、江苏等地是闲置土地的"重灾区"，四地闲置土地数量占全国的近四分之一，70％以上闲置土地性质为住宅用地。北京闲置土地共 160 宗，总面积 703 万平方米，其中 125 宗地块是由于政府原因造成的土地闲置，35 宗是企业原因造成的。因企业原因造成的闲置土地共计 148 万平方米，涉及合同金额 8.5 亿元。广州闲置土地 54 宗，面积近 192 万平方米，总出让金额约 5.87 亿元，住房用地占六成。海南有 77 宗闲置土地，总占地面积超过 1200 万平方米，主要分布在海口和三亚，商用与住房用地大约各占一半，约定动工时间最早为 1993 年，最晚为 2007 年。江苏闲置土地 48 宗……⑤。

一组组的统计数据表明，住房建设用地的利用率极其低下，可以想象，在这样的情况下，要实现全民的住房保障，困难何其大也。一些房地产开发商明确表示：

① 数据来源：9 城市开年严打土地闲置 数万平米土地将被罚没. [2010-05-16] http：//news. dichan. sina. com. cn.
② 开发商"捂地"说：官方罚款远小于囤地收益. 华夏时报，2010-5-7.
③ 下半年建设用地指标吃紧 地方建议适当扩大规模. 第一财经日报，2009-7-29.
④ 黄颖. 番禺 2.6 平方公里土地闲置. 新快报，2010-7-14.
⑤ 国土部发 1457 宗闲置土地黑名单. 中国证券报，2010-8-3.

比起囤房，更乐于"囤地"，将短线炒作的资金用于 2～3 年的"中线炒作"，将大量资金用于与地方政府投入的基础设施和公共设施建设中，采取"与地方政府共谋发展"、"共享囤地成果"的方式，来规避市场风险①。有文章指出："据不完全统计，今年（2007 年）以来上市房地产公司通过增发、配股等方式，已合计融资超过 1000亿元……绝大多数上市公司巨额融资到手干什么呢？国务院发展研究中心于 2007 年9 月 16 日发布的《中国房地产企业竞争力研究报告》显示，随着国家土地和房地产金融调控政策的不断调整，房地产企业不断进行融资渠道创新，资本规模急剧扩张，土地购置面积也越来越大。很明显，融资几乎都投放到了土地储备之上，这可以直接推高公司的未来发展评价。""上市公司手握巨资竞拍地块，其直接结果就是，全国范围内的土地价格不断创出新高，上海、杭州、东莞、天津、厦门等地纪录不断被刷新，一个个'地王'闪亮登场：上海，苏宁环球集团以 6.7 万元/平方米楼面价、44 亿元天价拿下单价'地王'；武汉，上海豫园商城以 35.02 亿元天价竞得一块土地……"② 根据央视经济半小时和新浪网的联合统计，截至 2009 年三季度末，全国排名前十位的上市房企囤地规模已经达到 3 亿平方米。其中，恒大地产以 5120 万平方米居首，碧桂园和雅居乐分别以 4360 万平方米、2950 万平方米分获第二和第三位，万科以 2450 万平方米位居第九位。在这些房企中，按 2009 年前三季度销售业绩推断，最长的土地储备可以保证开发时间长达 40 年，最少的也有 6 年时间，大部分都在 10 年以上③。

从市场来看，"囤地炒作"已经成为为数不少的地产开发商融资、盈利、发展的主要模式。房价上涨带动地产股升值，地产商巨额融资后开始大量圈地，然后充足的土地储备抬高股价、拉高地价，然后再拉高房价，楼市、股市、土地相互携手共创高价已经成为中国房地产市场最生动的描述。而且，随着一线城市的房价越来越高，市场竞争趋于白热化，不少开发商开始大规模挺进二、三线城市，大规模进行"囤地"、"造城"，有些开发商甚至提前四五年即已开始布局。"部分实力强的开发商在二、三线城市的胃口很大，单个开发项目往往占地四五百亩以上甚至数千亩……"2010 年 4 月底，广州富力地产刷新天津市单一项目楼盘的面积纪录，以 70.5 亿元总价拍得位于天津津南区咸水沽镇的一片土地，面积约 1933 亩。而碧桂园在内蒙古通辽市、满洲里的项目，规划的占地面积分别为 9000 多亩和 3000 多亩，洋房、别墅、酒店、购物广场、学校等区域一应俱全，建设后就是一片新城④。为了遏制开发商大

① 何丰伦，戴劲松. 囤房改囤地开发商称与地方政府"共享成果". 经济参考报，2010-5-28.
② 沈寅，张向永. 挟巨资"跑马圈地"开发商的土地家底有多厚？人民日报，2007-09-26.
③ 国土资源部推出住宅用地上限新政. 东方今报，2009-11-25.
④ 开发商"造城"变相囤地抬升二三线城市房价. 经济参考报，2010-7-16.

面积"囤地造城",国土资源部专门下发通知,限制商品住房用地的宗地出让面积,小城市(镇)不超过 7 公顷(105 亩),中等城市不超过 14 公顷(210 亩),大城市不能超过 20 公顷(300 亩)。但是,从现实来看,这一政策并未得到充分落实①。

频频出现的"地王"现象不仅导致地价上涨,也导致了住房价格以及周边整体住房价格的被迫大幅上涨。全国各地因地价上涨而导致周边在售楼盘涨价的例子层出不穷。以内蒙古呼和浩特为例,3 年前,呼和浩特市每平方米超过 4000 元的房子很少。随着一些"造城"项目在呼和浩特市落地、高价入市,项目周边的中小楼盘也纷纷跟风涨价,目前每平方米五千元以上的楼盘已经遍地开花。以该市万达广场工程项目为例,所售楼房每平方米的售价区间在 5000～6500 元。在此之前,这个项目周边的楼盘,售价一般在每平方米 3000～4000 元左右。而且,该项目入市以来,周边其他楼盘的价格每平方米至少上调了 500 元以上②。这就是住房市场所谓的"帐篷效应",某一块地价大幅上涨,如同帐篷的一个点增高,其他点也随之被动向上增高,形成连锁反应。从短期看,"帐篷效应"虽然给开发商和政府带来巨额利润,但从长远看,帐篷一个点增高的同时很多地方还是空的,要高度警惕因此而产生的地产泡沫。应当说,房地产商大面积囤地,本属于市场经济条件下的企业行为,无可争议,但是,从社会角度上说,这种行为负面效果却较为严重,住房用地由政府垄断转向企业垄断,最终受到影响的是老百姓,住房保障成为了普通民众心中美好的愿望。

3. 保障性住房土地供应仍然存在问题

主要表现为:第一,供应总量仍然不足。从目前全国的整体形势来看,尽管房地产开发土地供应总量较大,但仍难以满足民众的住房需求。受总量和用地来源的限制,经济适用房和城镇廉租房等保障性住房用地更是普遍供应不足。另外,国有建设用地实际为地方政府控制和利用,而且采取行政划拨的方式供应,有些地方政府为了追求地方经济利益,往往超出土地利用规划,过度提供土地用于普通商品房开发和其他建设用途,缩减保障性住房土地供应。实际上,在建设用地本来就很紧张的情况下,地方政府并不情愿以无偿划拨的形式大规模增加保障性住房的用地供应。政府每年都编制有保障性住房土地供应计划,但是缺乏保障政策落实的具体措施,土地供应计划很难全部落实。国土资源部新规规定:"城市申报住房用地时,经济适用房、廉租房、中小普通住房用地占比例不得低于 70%。"但是,这是一个综合比例,本身就包含了中小普通住房的用地面积,而且,申报的保障性住房用地是否

---

① 2009 年 11 月 12 日,国土资源部和国家发展改革委员会共同发布《限制用地项目目录(2006 年本增补本)》和《禁止用地项目目录(2006 年本增补本)》。

② 开发商"造城"变相囤地抬升二三线城市房价. 经济参考报,2010-7-16.

能真正到位，都值得进一步关注①。第二，部分保障性住房用地使用不规范。保障性住房用地是为了保障低收入住房困难户的住房需求而由政府划拨供应，因此必须按照规定的用途使用。但是社会上出现了部分以建设"经济适用房"或"廉租房"名义申请划拨保障性住房用地，然后改作商品房出售或者搞住房实物分配。第三，保障性住房土地供应选址不尽合理。实际表明，出于经济利益的考虑，地方政府多将保障性住房用地选在远离城市的郊区，而且随着城镇化的加速，距离市区更是越来越远。交通、学校、医院等相关配套条件的缺乏，无形中加大了低收入家庭购买后的生活成本，部分城市甚至出现了经济适用住房的滞销问题②。

4. 集体土地使用权流转限制阻碍住宅权保障的实现

主要表现为：第一，政府垄断住房建设用地供应不利于住房保障。按照法律规定，城镇住房建设用地只能申请使用国有土地，而属于农村集体的土地是不能实际出让的。现行法律制度框架下，政府垄断了整个建设用地土地流转市场，如果要占用农村集体土地的，可由政府用"征收"方式办理农转非的相关手续，政府低价取得集体土地后再以国有土地名义出让给房地产开发商。这种垄断性质的土地供应方式，在很大程度上助长了住房价格的快速上涨。因此，积极探索农村集体土地使用权流转方式，适度放开集体土地流转，将会对缓解目前的住房保障困境有很大意义。第二，征地拆迁侵害了弱势群体的住房权利。与现行土地供应制度相配套的征地制度、拆迁制度，在一定程度上导致很多人流离失所，基本生活尤其是居住条件无法保障。而城中村改造拆迁中无数的流血事件更是赤裸裸暴露了公民住房权利被直接践踏的事实。第三，小产权房产生的正面效用在一定程度上表明了集体土地流转制度存在的重大弊端。小产权房是指一些农村集体组织或者开发商打着新农村建设等名义出售的、建筑在集体土地上的房屋或是由农民自行组织建造的"商品房"。虽然小产权房的问题非常棘手，但是，无可否认的是，数量惊人的小产权房确实对解决中低收入困难住户的住房保障问题作出了很大贡献，实现了很多人"居者有其屋"的住房梦想③。当然，也成为从反面揭示我国现行土地流转制度弊病的生动

---

① 国土资源部 2010 年 4 月 15 日公布的 2010 年住房用地供地计划表明，在全国住房用地计划中，保障性住房用地为 24000 多公顷，与去年相比增加一倍多。其中，经济适用房用地占保障性住房用地总量的 71%，与去年实际供地相比增加 79%；廉租房用地占保障性住房用地总量的 29%，与去年实际供地相比增加 472%。

② 谢家瑾. 房地产这十年：房地产风雨兼程起伏之内幕. 北京：中国市场出版社，2009：27.

③ 据统计，目前我国住宅总量在 186 亿平方米左右，其中高达 66 亿平方米面积的住房属于小产权房，占比超过 1/3。而在深圳，这种情况更为突出。2007 年深圳市住房调查显示，深圳有"城中村"农民房或其他私人自建房超过 35 万栋，总建筑面积约 1.2 亿平方米，占全市住房总量的 49%。北京的小产权房的数量占市场总量的 20% 左右，上海的小产权房数量占市场总量的 22% 左右，西安小产权房已占市场总量的 25%～30%，郑州、广州等城市的小产权房屋数量也都在 20% 以上。**数据来源：小产权房：中国城市化进程中的难解必解之题**. 2010-03-22. http：//bj. house. sina. com. cn.

写照。

5. 住房违法用地情况依然突出

住房违法用地行为，不仅侵犯了国家法律，在实际上也间接影响到我国的住房用地供应，影响了住房保障工作。据媒体报道，河南周口有一房地产公司虚报注册资本，又伪造土地使用证，然后凭假证件一路过关，在闹市区建起两栋小高层，后被周口市政府没收，而在此前，房子已全部售完。广州市某房地产商通过伪造土地使用证等文件，假造征地数千亩的事实，然后将"假征地"卖给政府回收，从中获利1.6亿元[①]。虽然政府执法部门正在加大执法检查的力度，违法用地情况有所好转，如下图所示。但是，值得警惕的是，仍然还有一些存在的地方政府违规批地卖地、开发商囤积土地、哄抬地价等土地违法行为，不仅造成土地资源的浪费，更造成住房价格的快速上涨，以致更多的公民无力买房（图5-4）。

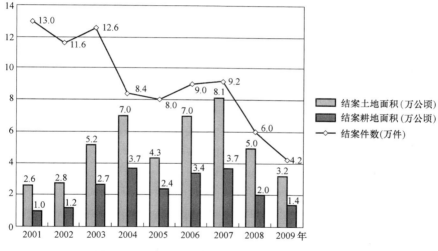

图5-4　2001～2009年土地违法案件查处情况图

（资料来源：《2009中国国土资源公报》）

6. 土地出让金缺乏有效规范和监管

1989年，财政部颁发《国有土地使用权有偿出让收入管理暂行实施办法》（（89）财综字第94号），规定："凡有偿出让国有土地使用权，各级政府土地出让主管部门必须按规定向财政部门上缴土地使用权出让收入。"土地出让金正式进入了财政收支体系。资料显示，1998年，全国土地出让收入仅68亿元。1999年住房改革之后，政

---

① 李国阁. 假证件衍生出两栋小高层—周口美景天城属违法建筑，政府依法没收. 周口晚报，2009-12-8. 广州一房产商伪造土地使用证假征地诈骗政府1.6亿元. 2009-12-16. http://www.hnsc.com.cn/news/2007/11/29/241554.html.

府在土地使用权出让的过程中获得的资金越来越多，2000 年土地出让收入为 595 亿元，2001 年为 1295 亿元，2002 年为 2416 亿元，2003 年为 5421 亿元①，而到了 2009 年，国土资源部发布《2009 年中国国土资源公报》显示，土地出让总价款达到 15910.2 亿元，同比增长 63.4%。房改以来的十年多的时间，政府土地出让金的收入翻了近 234 倍，这些数字，引起公众对我国土地出让金问题的极大关注，也再度引发了对地方政府是否过度依赖土地财政的担忧与质疑②。

1994 年国家实行分税制后，土地出让金作为地方财政的固定收入全部划归地方所有，此后逐渐成为地方政府的"第二财政"，地方政府大量批地、卖地，引发城市规模的无序扩张和房价的飞速上涨。2006 年，国务院办公厅《国务院办公厅关于规范国有土地使用权出让收支管理的通知》（国办发〔2006〕100 号）明确规定，从 2007 年 1 月 1 日起，土地出让收支全额纳入地方基金预算管理。收入全部缴入地方国库，支出一律通过地方基金预算从土地出让收入中予以安排，实行彻底的"收支两条线"。但是，实践中土地出让金的管理和使用却仍然存在较多问题，使用不规范、监督和约束机制缺乏等问题较为突出，土地出让金拖欠与流失情况比较严重。2009 年国家审计署发布的对 18 省、区、市财政预算管理情况审计调查结果公告显示，全国有 10 省市超过 600 亿的土地出让金未纳入预算③。2010 年 6 月 13 日，审计署发布的《17 个省区市财政管理情况审计调查结果》显示，由于征收不到位、缴款单位拖欠等原因，截至 2009 年 6 月底，有 12 个省区市本级和 26 个市县区有关部门应征未征土地出让收入、矿产资源补偿费和探矿权、采矿权价款等非税收入 794.16 亿元，其中土地出让收入占 94.76%。土地出让除了上述问题外，还存在着流失问题。2010 年 4 月 20 日，审计署公布一项审计调查结果表明：各地土地出让金管理极不规范，超 20% 未按规定纳入预算管理，11 个省市变相减免土地出让收入 19.61 亿元，改变用途 56.91 亿元④。

另外，从实际使用情况来看，土地出让金用于改善民众住房状况的比例较低，尤其是在保障性住房的资金构成中，土地出让金只占很小的比例⑤。来自河南郑州的事例足以说明全部问题。据河南媒体披露，郑州市审计局经审计发现，2008 年郑州市本级国有土地出让净收入 46 亿元，而当年廉租房支出为 5809 万元，仅占土地净收入的 1.26%，远远低于国家规定的比例。如果郑州能够足额从土地出让收入中提取

---

① 尹中立. 住房"掠夺"了居民 10 万亿元财富. 21 世纪经济报道，2010-3-19.
② 土地财政弊端凸显　出让金部分将收归中央？. 瞭望东方周刊，2010-1-25.
③ 审计署：10 省市逾 600 亿土地出让金未纳入预算. 新京报，2009-7-18.
④ 王冰凝. 地方追缴 700 亿土地款　部分开发商土地面临收回. 华夏时报，2010-6-19.
⑤ 《国务院关于解决城市低收入家庭住房困难的若干意见》（国发〔2007〕24 号）曾规定，土地出让净收益用于廉租住房保障资金的比例不得低于 10%，各地还可根据实际情况进一步适当提高比例。

资金，当地的廉租房建设资金已经足够。让人莫名的是，郑州从 2009～2010 年 6 月份居然获得了廉租房中央预算内投资补助总计达 6000 多万元①。

7. 频遭质疑的土地"招拍挂"出让方式有待完善

面对房价不断上涨的现状，越来越多的民众包括部分媒体把原因归责于我国现行的"招拍挂"的土地出让方式，认为是不合理的"招拍挂"土地出让形式推高了土地价格，也催生了以每平方米上万的价格拍卖土地的"地王"们，地价的上涨又推高了房价。于是，"招拍挂"的存废之争成为近来房地产市场最具争议的焦点问题。某知名网站做了一个民意调查，563 人中，竟有 81.9％的人认为应彻底改革土地拍卖制度②。曾被认为最科学最公正的土地"招拍挂"制度受到了前所未有的质疑和挑战，也凸显了我国土地出让制度在运行中存在的一些问题，值得我们认真思考和应对。

（三）住房保障视角下住房建设用地供应问题之应对

在住房保障的视角下，解决我国目前住房建设用供应存在的诸多问题，可以从政策和法律层面分别进行积极应对。

1. 政策层面的若干建议

从政策层面应对住房建设用供应之困境，首先要保证政府土地供应政策的科学性和合理性。政策调控是我国政府干预住房建设用地供应的主要手段。政策调控以其及时性、快捷性、灵活性等特点在我国土地供应市场甚至整个房地产市场发挥着重要作用，甚至是主导性作用。这就要求，政策的制定一定要实符合我国的客观情况，要建立在认真调查和研究的基础之上，要经过全面仔细的论证，确保其科学性。同时，还要为土地供应市场的稳定发展留有空间，体现适度性特点，符合合理性要求。其次，要有针对性地采取相应的具体举措，主要有以下几点。

第一，加大住房建设用地供应总量。要实现公民"住有所居"的住房保障目标，必须首先拥有建造住房的土地资源。从长远看，土地供不应求仍然是我国未来住房保障的主要瓶颈。政府应该根据市场行情加大住房建设用地供应总量。在现阶段，保障低收入群体住房权益是整个住房保障工作的重点，土地供应该首先保障经济适用房、城镇廉租房、限价房、公共租赁房等保障性住房的建设需求，重点加大保障性住房的土地供应力度，做到"应保尽保"，确保国家的保障性住房安居工程能够全面实现。当然，加大住房建设用地供应总量，不仅在土地供应计划的制定，落实才是关键。

第二，积极探索集体土地使用权流转方式。中国的土地制度，长期以来一直划

---

① 叶开. 分税制改革造就土地财政　土地出让金累计 5.2 万亿. 第一财经日报，2009-12-2.
② 招拍挂出让：十字路口的反思. 中国国土资源报，2010-4-13.

分为城市国有土地和农村集体土地的二元结构。集体土地要入市交易，必须经过征地环节，变为国有土地之后才能实现。在征地过程中，农民只能获取有限补偿。农地成为国有土地后上市交易的丰厚收益，都与农村集体无缘，这便是土地矛盾日益尖锐的现实根源。① 如今，"集体土地流转"已经成为当前土地制度中最受关注的问题，学者们给予了很高的研究热情，也取得了一些有价值的研究成果。逐步放开集体土地使用权流转，已经成为我国未来土地管理制度发展的必然趋势，理论界也基本形成共识。建立城乡统一的土地市场，是我国农村土地制度改革的重要目标，这已经为决策层所确认，在中共十七届三中全会上，中央明确提出："逐步建立城乡统一的建设用地市场，对依法取得的农村集体经营性建设用地，必须通过统一有形的土地市场、以公开规范的方式转让土地使用权，在符合规划的前提下与国有土地享有平等权益。"② 这一论述指明了我国集体土地使用权流转的基本方向，也被认为是打破我国土地二元结构的里程碑。当然，集体土地使用权流转涉及我国基本土地所有制结构的根本变化，在具体制度设计上还存在很多问题，比如流转的范围、流转的程序等。此外，还存在与《土地管理法》等相关法律制度的统一和协调问题。因此，积极探索集体土地使用权流转方式，任重而道远。

第三，建立和完善住房用地动态监管和土地收回制度。住房建设用地尤其是保障性住房用地供应计划难以落实，闲置和囤积土地行为导致的住房用地利用率低下是多年以来土地出让中最难彻底解决的顽疾，必须要通过严格的制度来进行规范。首先，应该建立住房用地的动态监管机制，从编制住房用地供应计划到计划的公布、落实再到所供地块的后续开发利用整个全过程，从对住房土地供应进行全程动态监管，以确保土地供应终端产品的形成，真正实现土地供量的增加到住房供量增加的转变。其次，要严格落实土地的收回制度，彻底解决土地闲置和恶意囤地的问题，确保现有存量土地的合理使用。关于闲置土地的处置，我国《城市房地产管理法》中早已有明文规定："以出让方式取得土地使用权进行房地产开发的，必须按照土地使用权出让合同约定的土地用途、动工开发期限开发土地。超过出让合同约定的动工开发日期满一年未动工开发的，可以征收相当于土地使用权出让金百分之二十以下的土地闲置费；满二年未动工开发的，可以无偿收回土地使用权；但是，因不可抗力或者政府、政府有关部门的行为或者动工开发必需的前期工作造成动工开发迟延的除外。"这一规定在 1999 年 4 月 28 日，国土资源部发布的《闲置土地处置办法》（中华人民共和国国土资源部令第 5 号）中得到重申。制度的设计近乎完善，但是在

---

① 集体土地入市：圈内圈外费思量. 新世纪，2010-5-24.
② 中国共产党第十七届三中全会通过的《中共中央关于推进农村改革发展若干重大问题的决定》。

真正执行中却遇到重重阻力，使得制度的执行力大打折扣。所幸的是，国务院2008年颁布的《国务院关于促进节约集约用地的通知》（国发〔2008〕3号）更加表明了政府严格处置闲置土地和囤积土地的决心，通知不仅规定了相对严格的"闲置"费用标准，还规定将开始对"闲置"土地征收增值地价，希望这一政策会减少闲置土地和囤积土地情形，促使开发商加快建设进度。

第四，完善土地出让方式，抑制地价的非理性上涨。"招拍挂"一直是我国土地出让的主要形式，制度运行以来为我国的土地市场甚至是整个房地产市场健康发展立下了汗马功劳。虽然制度本身还存在诸多问题，但我们绝不能因此而因噎废食地废除"招拍挂"。否则的话，土地交易中的"权力寻租"、"暗箱操作"等违法、违规行为将会导致更为严重的腐败现象产生。正确的抉择应该是，土地"招拍挂"制度首先应该得到肯定并坚持执行；其次，应该在现有基础上进行补充和完善，使土地的出让更多地体现社会公平和民生保障。此外，还可以探索"综合评标"、"一次竞价"、"双向竞价"等其他可行的土地出让方式。

第五，建立严格的土地出让金监管机制。土地出让金直接关系到地方的财政收入，土地出让收入在地方国民经济总产值中占很大比例。土地出让金与地方政府的发展如此密切相关，因此其长期游离地方财政预算之外呈现"模糊"状态也就不难理解。而媒体所公布的一组组数据却令人震惊，现行土地出让金体制不仅使地方财政收支出现畸形，而且诱发了地方政府种种不适当的行政行为。因此，许多地方政府开始出台相关政策对土地出让金进行管理和规范，但是效果并不理想。因此，应该建立更为严格的土地出让金监管机制，既要确保土地出让金足额收取而不流失，也要保证土地出让金接受社会监督，在阳光下公开运行。上海在2008年就开始积极探索土地出让金的公开监管模式。2008年8月，上海市政府常务会议批准了《关于本市贯彻落实〈国务院办公厅关于规范国有土地使用权出让收支管理的通知〉精神的通知》、《市级国有土地使用权出让收支预决算管理实施意见》、《关于土地储备成本认定暂行办法》等3个文件，并明确了各部门的职责，要求建立起市级国有土地使用权出让收支管理工作平台。由上海市房屋土地管理局、市财政局、市发展和改革委员会及相关部门对土地使用权出让收支进行统筹平衡、综合协调，形成土地储备、供应和出让收支相衔接的管理体系。今后上海市每年的国有土地使用权出让收支情况，都要由市发展和改革委员会和市财政局向市政府定期报告，市政府依法定期向市人大报告①。

2. 法律层面的应对

从法律角度应对住房用地问题，可以从立法和执法两方面入手。

---

① www.shgtj.gov.cn/gtzyzw/ldft/2008/12/t20081223_166238.htm.

首先，应该积极通过立法手段，规范住房建设用地供应。根据土地管理中出现的种种新问题以及国家政策调整的需要，2008 年开始，我国就开始了《土地管理法》的新一轮修改工作，目前还正在修改过程中。此次立法仍采用授权立法的方式，由国土资源部主持起草修正案，再提交人大讨论。《土地管理法》的修改，应当体现国家政策的要求，将土地改革的成果通过法律的形式固定下来，以增加其适用性和强制执行力。从保障公民住宅权的角度，审视土地管理法的修改，笔者提出以下建议：第一，政府部门主导立法不尽合理，容易产生行政化倾向，忽视法律的公平性。《土地管理法》本身就是我国少有的法律名称中直接带有"管理"称谓的规范性文件，其行政化色彩异常明显。政府部门立法多从部门利益角度出发，缺乏其他利益主体的广泛参与，立法效果会大打折扣。既然本次修法仍由政府部门主导立法，但是应该扩大民众的参与范围，广泛向社会征求意见，确保立法的科学性、公平性。第二，《土地管理法》的修改应当贯穿保障公民住宅权的理念，规范住房建设用地之供应，尤其应该把保障性住房用地的土地供应保障写进新修订的《土地管理法》中。第三，《土地管理法》的修改应当和其他法律和国家政策实现衔接和协调。比如，其中的很多制度要实现和《物权法》的衔接，重点是住宅用地使用权 70 年期满后如何续期的问题，一定要给予解决。再如，中央提出的农村集体建设用地流转制度该如何设计也是必须解决的问题。第四，要建立专门的制度，规范土地出让金的收取、分成、管理和支出。第五，完善传统土地出让方式，并补充其他合理的出让方式。

其次，严格加强住房建设用地供应执法检查和监督管理工作，加大违法者的违法成本。执法不到位是我国依法治国过程中客观存在的现实问题，当然也包括了此处的住房建设用地供应的执法。究其原因，既有来自土地供应市场的外在因素，也有体制本身存在的一些内在因素。住房建设用地供应事关最基本的公民住房需求，关系到国家民生工程的贯彻落实，更关系到社会的稳定与和谐发展。因此，要严格土地执法的尺度，加大执法检查的力度，对住房开发中闲置土地、囤地炒地、违规向别墅供地以及未批先建、以租代征等违法、违规用地的行为进行严肃处理。尤其应该注意的是，一定要严格落实处罚措施，加大违法者的违法成本，打击和遏制其投机心理，坚决维护和规范住房用地市场秩序的运行。

二、住房社会保障中的城市规划

从保障公民住房权益、落实国家住房保障目标出发，不仅要解决好住房用地的供应问题，还要做好与住房保障有关的城市规划以及住宅的设计和规划。科学、合理的城市规划不仅可以预先确定住宅的选址和区划，也可以尽量避免在城市更新和改造过程中频繁修改规划，出现过度拆迁，进而引发社会矛盾。城市规划对于住房保障的意义极为重大，这也是政府住房保障工作中必须要重点关注的问题。然而，这一环节在实践中往往被忽视，在住房保障中，政府和公众似乎更为关注土地的问题、关注国家的金融信贷政策。城市规划是政府调控城市空间资源、指导城乡发展与建设、维护社会公平、保障公共安全和公众利益的重要公共政策之一。城市规划的编制与实施，应当以科学发展观为指导，以构建社会主义和谐社会为基本目标，坚持因地制宜确定城市发展目标与战略，促进城市全面协调可持续发展。这就要求，在确保宏观调控城市整体发展的同时，还应当发挥城市规划对于保障公民住房权益的积极作用，特别是对于当前国家保障性住房安居工程的重大作用。因此，规范和调整城市规划的法律制度设计，应当充分考虑住房保障的实际需求。

（一）对我国城市规划法律制度的综合审视

1989 年全国人大常委会颁布了我国第一部真正意义上的调整城市规划的法律——《中华人民共和国城市规划法》，共六章，四十六条。该法第一条明确提出了立法的目的："为了确定城市的规模和发展方向，实现城市的经济和社会发展目标，合理地制定城市规划和进行城市建设，适应社会主义现代化建设的需要，制定本法。"可以看出，其立法目的在于保障和促进城市的快速发展。1993 年国务院颁布了《村庄和集镇规划建设管理条例》（中华人民共和国国务院令第 116 号），共七章，四十八条，对于村庄和集镇的规划作了较为详细的规定。随着上述法律和行政法规的颁布，标志着我国城乡规划工作逐步进入了法制化轨道，初步形成了依法制定城乡规划及其对其实施管理的基本制度。这对于加强我国城市、村庄和集镇的规划、建设与管理，发挥了重要作用。

近年来城镇化的快速发展，出现了很多新问题，原有的制度和规定中有很多已经不能适应城乡建设与发展的实际需求。2007 年 10 月 28 日，"第十届全国人民代表大会常务委员会第三十次会议"通过了新的调整城乡规划与发展的法律——《中华人民共和国城乡规划法》（以下简称《城乡规划法》），共七章，七十条，2008 年 1 月 1 日实施，原《中华人民共和国城市规划法》同时废止。新的《城乡规划法》的立法目的在于："加强城乡规划管理，协调城乡空间布局，改善人居环境，促进城乡经济社会全面协调可持续发展。"该法明确提出："制定和实施城乡规划，在规划区内进行建设活动，必须遵守城乡规划法。地方各级人民政府应当根据当地经济社会发展水平，量力而行，尊重群众意愿，有计划、分步骤地组织实施城乡规划。"新的《城乡规划法》首次把"改善人居环境"作为其立法目的，这对于公民住房保障来说无疑具有标志性意义，充分体现了《城乡规划法》的时代性特征，符合我国当前住房保障工作的实际需求。然而，令人遗憾的是，除了第一条立法目的之外，在其他条文中几乎找不到直接规定保障公民住房权益、改善人居环境的内容，仅有两个条文与此相关"城市的建设和发展，应当优先安排基础设施以及公共服务设施的建设，妥善处理新区开发与旧区改建的关系，统筹兼顾进城务工人员生活和周边农村经济社会发展、村民生产与生活的需要……"，"城市、县、镇人民政府应当根据城市总体规划、镇总体规划、土地利用总体规划和年度计划以及国民经济和社会发展规划，制定近期建设规划，报总体规划审批机关备案。近期建设规划应当以重要基础设施、公共服务设施和中低收入居民住房建设以及生态环境保护为重点内容，明确近期建设的时序、发展方向和空间布局。近期建设规划的规划期限为五年。"① 从整部法律来看，政府管理本位的色彩十分浓厚，条文几乎全为城乡规划的制定、实施、修改等内容，没有多少真正体现住房保障、改善人居环境的内容。因此，将来城市规划法律制度的进一步完善，必须要考虑这方面的实际需求。

（二）住宅选址规划与住房保障

住宅选址规划，是城市规划行政主管部门根据城市规划及其有关法律、法规对住宅建设项目地址进行确认或选择，使其符合城市规划安排，并核发住宅建设项目选址意见书的行政行为。住宅建设项目与其周围的自然环境、功能布局、空间形态以及基础设施、公共服务设施等具有密切的联系，因此，住宅的选址布局就显得十分重要。住宅选址规划是否合理，不仅关系到城市的长远发展，更与广泛意义上的住房保障密切相关。获得健康安全的住宅以及良好的公共基础设施是公民住宅权的应有之义，这就要求住宅建设项目在规划选址时就应当充分考虑住房保障的问题。城乡规划主管部门首先应当在编制城市规划时，合理规划好住宅的整体分布，避免住宅规划临近于城市噪音、空气污染比较严重的不适宜居住的区域，同时应该尽可能考虑住宅区域周边的交通、医院、学校等与生活密切相关的公益设施和单位的分布情况。其次，具体的住宅项目选址，城乡规划主管部门应该在建设项目可行性研究阶段就参与管理，对建设项目的选址和布局提出意见，并核发建设项目选址意见书，作为有关部门审批或核准建设项目的依据。选址意见书应当包括下列内容：①建设项目的基本情况。主要是建设项目名称、性质，用地与建设规模，供水与能源的需求量，采取的运输方式与运输量，以及废水、废气、废渣的排放方式和排放量。②建设项目规划选址的主要依据有：经批准的项目建议书。建设项目与城市规划布局的协调。建设项目与城市交通、通信、能源、市政、防灾规划的衔接与协调。建设项目配套的生活设施与城市生活、居住及公共设施规划的衔接与协调。建设项目对于城市环境可能造成的污染影响，以及与城市环境保护规划和风景名胜、文物古迹保护规划的协调。③建设项目选址、用地范围和具体规划要求。再次，在修改城市规划时，应当严格遵守法律和相关行政法规，在确保"公共利益"的前提下，尽量避免对公民住宅权的侵犯。

---

① 《中华人民共和国城乡规划法》第二十八、三十四条。

（三）"围棋效应"与"贫富混居"：保障性住房规划的困境

与普通商品住房相比，经济适用房、廉租房、限价房、公共租赁房等保障性住房的规划存在更多的问题，也引发了很多争议。在利益的博弈之下，多数地方政府和开发商并不希望在城市中心区域出现更多的保障性住房尤其是保障性住房小区，主要是害怕周围价格低廉的保障性住房对其所开发的住房价格形成冲击，形成"围棋效应"，影响房价上涨的预期。因而，保障性住房被越来越多地规划和建设在远离市中心、交通不便、设施不健全的郊区。这不仅给广大中低收入群体造成生活的不便，更加造成"富人"和"穷人"的隔阂，加剧贫富分化，引发贫富对立，带来许多社会矛盾。国外也早有这方面的教训，英国在 20 世纪 70 年代集中建设了许多保障性住房，但是最后却成了穷人的聚居区，由此引发的高失业率、高犯罪率、医疗教育服务欠缺等问题至今还没有得到有效的解决。

在我国城市规划中，保障性住房如何规划，成为最受瞩目的问题。借于此，出现了"贫富分居"和"贫富混居"模式的强烈争议。而关于"贫富混居"模式的支持者，明显占据了上风。实践中，2008 年广州市委书记朱小丹公开提出"不要让富人、穷人分区域居住"的观点，开发商建房，不应让不同收入的群体住在不同的地方，一个项目既要有富民区，也要有贫民区①。这一观点率先将"贫富混居"的理念融入中国城市的设计规划之中，并引发了社会各方面对"贫富混居"模式的担忧和讨论。2010 年 6 月，武汉再次提出，不再成片开发建设经济适用房，提倡富人和穷人混居。但是，良好的初衷却也遭到很多非议。2010 年 7 月，兰州市经过反复权衡，采取了在商住小区内"配建"廉租房和经济适用房模式，旨在让贫困户在邻居的积极影响下、帮助下，走上发家致富之路。同样，此举再一次将保障性住房规划的"贫富混居"模式争议推向极致。有关网络、报纸、电视等各种媒体关于"贫富混居"的报道纷至沓来。"贫富混居"模式是否合理？是否应该推行？不管是低收入者，还是高收入者，似乎对这一模式都不太接受。旨在解决中低收入者住房保障"贫富混居"模式遇到前所未有的尴尬，也折射出我国住房保障面临的重重困难。

我们认为，任何制度和政策都应该辩证看待。与"贫富分居"相比，"贫富混居"模式应该成为未来保障性住房规划建设的主要方向。在我国的现实语境下，关键是如何推行这一模式。政府作为公共资源的分配者和公共服务的提供者，只要合理运用政策杠杆，是不难做到适度的贫富混居的。其前提是，地方政府不再过度谋求土地收益，不把中心区域全部出让给高档住房，也不把低收入群体全部搬迁到偏远和公共设施落后的地段去。在住房建设规划中，合理调配普通商品住房、经适房和廉租房的比例，以完善的社会保障减轻或免除低收入群体的居住负担。让那些住

---

① 张艳红. 广州住房保障屡开全国先河市委书记呼吁贫富合住. 第一财经日报，2008-01-25.

在保障性住房里的人也能享受公共服务的阳光，其实并不存在难以逾越的障碍①。

（四）城市规划与公民住宅权的保护

我国《宪法》明确规定："公民的合法的私有财产不受侵犯。国家依照法律规定保护公民的私有财产权和继承权。""中华人民共和国公民的住宅不受侵犯。禁止非法搜查或者非法侵入公民的住宅。"《物权法》也规定了："国家、集体、私人的物权和其他权利人的物权受法律保护，任何单位和个人不得侵犯。"② 这是国家法律对于公民私有财产所有权最强有力的保护。但同时《宪法》和《物权法》又有例外规定："国家为了公共利益的需要，可以依照法律规定对公民的私有财产实行征收或者征用并给予补偿"，"为了公共利益的需要，依照法律规定的权限和程序可以征收集体所有的土地和单位、个人的房屋及其他不动产"。上述规定表明，国家只有为了公共利益的需要，才可以征收集体的土地或者个人的房屋及其他不动产。与此同时，国务院于 2011 年 1 月 21 日实施的《国有土地上房屋权征收与补偿条例》（中华人民共和国国务院令第 590 号）取代了旧的《城市房屋拆迁管理条例》（中华人民共和国国务院令第 305 号），以房屋征收取代房屋拆迁，并明定房屋征收必须符合城市规划。依第九条之规定："依照本条例第八条规定，确需征收房屋的各项建设活动，应当符合国民经济和社会发展规划、土地利用总体规划、城乡规划和专项规划。保障性安居工程建设、旧城区改建，应当纳入市、县级国民经济和社会发展年度计划。制定国民经济和社会发展规划、土地利用总体规划、城乡规划和专项规划，应当广泛征求社会公众意见，经过科学论证。"

由此可见，只有符合城市规划并符合有关条件，有关部门方能征收公民的房屋。也就是说，城市规划实际上成为了保护公民住宅所有权的关键屏障，而规划主管部门无疑担当了保护公民住宅所有权最重要的职责。首先，要征收拆迁就要符合城市规划，也就是说要先有了规划主管部门科学的城市规划才可能实施以后的拆迁。其次，房屋征收必须符合城市规定之相关规定，建设用地规划许可证又可使规划主管部门再次对该项目进行审核。但是，从实际来看，这样的规定并没有发挥其应有的作用。只要开发商看中的地块，不管是属于农村集体的，还是由城市居民占有的，政府都可以通过修改城市规划的手段，通过强行拆迁，强制低价获得土地权属，再由地方政府和开发商瓜分土地增值利益。这种以公共利益为借口，以城市规划为工具，对居民用地进行强行拆迁的过程中，导致拆迁过程中的冲突愈加激烈，群体性事件越来越多③。为了彻底解决这一问题，需要修改和完善《城乡规划法》，严格规

---

① 贫富混居，梦想必须照进现实. 2010-07-26，http：//news. xinhuanet. com/comments/2010-07/16/c＿12339870. htm.

② 《中华人民共和国宪法》第十三、二十九条；《中华人民共和国物权》第四条.

③ 曹建海. 地方政府倒卖土地贻害无穷. 21 世纪经济报道，2009-12-30.

定城市规划的修改条件和法定程序。使城市房屋拆迁和城中村改造在符合城市规划和国家法律的条件下有序进行，最大限度地保障公民的住房权益。这里的住房权益，不仅包括被拆迁人的住宅所有权，也包括拆迁后获得适足住房保障的权利。

三、住房社会保障中的住房质量

住房安全是公民住房权利的重要内容，保障住房安全的关键在于住房的质量问题。近年来，随着房价的上涨，人们把更多的注意力放在如何拥有住房方面，有关遏制房价上涨、保障公民居住需求成为社会关注的焦点和落实政府责任的主要内容。在此背景下，住房质量问题经常被忽视和淡化。处于弱势地位的消费者在遇到住房质量问题时，要么找消协投诉、要么最后不了了之。与高房价相比，住房质量问题似乎一直被认为是住房交易双方之间的合同纠纷。2009 年上海"楼脆脆"、西安"瘦身钢筋"、合肥"竹签垫块"等事件的发生，成为唤醒全社会普遍关注住房质量的标志性事件①。此后，有关住房质量的报道越来越多，如何有效保护购房者的合法权益逐渐引起全社会的关注，也成为学者们研究的热点问题。我们认为，住房质量是住房保障的重要内容，在住房建设中，必须要切实保证住房的质量，这也是实现公民住房权的重要体现。住房质量的保障需要施工单位、建设单位、监理单位以及政府主管部门重重把关，而责任的最终落实仍然离不开完善的住房质量法律规范。因而，审视和研究我国现有住房质量法律制度，提出可行之策，对于住房保障和公民住房权的实现，具有强烈的现实意义。

（一）住房质量的概念与住房质量标准

住房质量直观地反映了设计理念、价值观念、投资策略以及潜在的文化内涵，同时它也能把客观的房地产市场与主观的设计开发理念有机连成一体，使房地产开

---

① 2009 年 6 月 27 日，上海闵行区莲花南路近罗阳路淀浦河南岸的"莲花河畔景苑"小区一栋在建的 13 层住宅楼整体倒塌，造成一名工人死亡，无其他人员伤亡，此事件被称为"楼脆脆"事件。同年 8 月 12 日，闵行区检察院对该案涉及的张志琴等 13 名责任人批准逮捕。2010 年 2 月 11 日"楼脆脆"6 被告重大责任事故罪成立，并被判处了相应的刑罚。2010 年 4 月 21 日，上海市第一中级人民法院一审判决两名被告阙敬德、张志琴无期徒刑，剥夺政治权利终身，并分别被没收个人财产 200 万元和 500 万元。有关案件详细报道参见《上海商报》2009-6-29；《广州日报》2010-2-12；《21 世纪经济报道》2010-7-3；《法制日报》2009-7-1.

据媒体报道，西安市工商局执法人员检查发现，西安市存在大量无任何资质和手续的"瘦身钢筋"黑加工厂，通常将规格直径 10 毫米、8 毫米的钢筋拉长拉细到 9 点几、6 点几毫米，造成钢筋的潜在质量缺陷，此举引发了强烈的社会反响。而在西安市在建工地中，这种违规钢筋的使用占总量近 10%。不久，合肥又出现了以竹签代替钢筋的"竹签垫块"事件，建筑工地上混凝土里面穿的不是钢筋而是竹签。详细参见："揭开钢筋'瘦身'的秘密"，陕西电视台《今日点击》2010-8-23；"揭秘西安'瘦身'钢筋由来"，中央电视台《焦点访谈》2010-9-10；竹签代替钢筋是中国楼市骗局的缩影.新安晚报，2010-8-31.

发获利能力得以实现，是当前实现住房产业化进程中一个值得探讨的问题①。住房质量的含义随着时代的发展也发生了新的变化，人们对住房的要求不仅仅限于安全，追求健康的生活环境、注重环保、追求居住环境与周围环境的和谐已经成为住房质量的重要内容。住房质量的核心就是住房设计与开发要适合各种家庭居住生活行为特征，满足人们的健康、安全的居住需求。住房质量是一个广义的概念，它既包括住房建设阶段的质量（即设计、施工、安装各个阶段，另外，对于成品房来说，还应包括装潢质量），也包括住房的生态质量，甚至包括小区物业服务的提供②。

　　关于住房的质量标准问题，在理论上有不同的理解。一般来说，按房屋建筑质量进行分类，可将住房分为以下几种：①完好房屋。指主体结构完好，不倒、不塌、不漏，庭院不积水，门窗设备完整，上下水道通畅，室内地面平整，能保证居住安全和正常使用的房屋，或者虽有一些漏雨和轻微破损或缺乏油漆保养，经过小修能及时修复。②基本完好房屋。指主体结构完好，少数部件虽有损坏但不严重，经过维修就能修复的房屋。③一般损坏房屋。指主体结构基本完好，屋面不平整、经常漏雨，门窗有的腐朽变形，下水道经常阻塞，内粉刷部分脱落，地板松动，墙体轻度倾斜、开裂，需要进行正常修理的房屋。④严重损坏房屋。指年久失修，破损严重，但无倒塌危险，需进行大修或有计划翻修、改建的房屋。⑤危险房屋。指结构已严重损坏或承重构件已属危险构件，随时有可能丧失结构稳定和承载能力，不能保证居住和使用安全的房屋③。另有学者认为，同过去十多年相比，居民住房观念和需求开始发生重大变化，整体上将逐步实现从生存型向舒适型转变，这种变化集中在：①住房的功能空间要更加合理。要在较小的空间内创造较大的舒适度，提高单位住房面积使用率和功能空间的合理性。②住房的物理性能要有较大改善。住房保温、隔热、隔声、通风、采光、日照等物理性能，越来越成为衡量住房质量的重要因素。③住房设施、设备的装备水平要进一步提高。厨房、卫生间设施，采暖与制冷系统，智能化技术系统的高效性、实用性已成为体现住房舒适性的重要内容。④居住区的环境和配套水平要更加完善。要创造自然和谐、朴实优美、安全环保、舒适便捷的住区环境。⑤住房的耐久性要延长。住房具有价值量大、位置固定的特点，对耐用性有很强要求，应当在目前砖混结构50年的基础上，延长住房使用寿命。因此，推动住房建设质的飞跃和住房的更新换代，是居民住房需求转型和保持住房建设持续健康发展的必然要求④。

---

① 徐冠群. 住房质量问题的探析及应对策略. 住房科技，2000（8）.
② 金俭. 中国住房法研究. 北京：法律出版社，2004：109.
③ 金俭. 中国住房法研究. 北京：法律出版社，2004：109-110.
④ 李剑阁. 中国房改现状与前景. 北京：中国发展出版社，2007：90-91.

2005 年 11 月 30 日，建设部发布住房建设国家标准——《住宅建筑规范》（GB 50368—2005），自 2006 年 3 月 1 日起实施。《住宅建筑规范》首次提出了住房的基本质量要求：①住房建设应符合城市规划要求，保障居民的基本生活条件和环境，经济、合理、有效地使用土地和空间。②住房选址时应考虑噪声、有害物质、电磁辐射和工程地质灾害、水文地质灾害等的不利影响。③住房应具有与其居住人口规模相适应的公共服务设施、道路和公共绿地。④住房应按套型设计，套内空间和设施应能满足安全、舒适、卫生等生活起居的基本要求。⑤住房结构在规定的设计使用年限内必须具有足够的可靠性。⑥住房应具有防火安全性能。⑦住房应具备在紧急事态时人员从建筑中安全撤出的功能。⑧住房应满足人体健康所需的通风、日照、自然采光和隔声要求。⑨住房建设的选材应避免造成环境污染。⑩住房必须进行节能设计，且住房及其室内设备应能有效利用能源和水资源。⑪住房建设应符合无障碍设计原则。⑫住房应采取防止外窗玻璃、外墙装饰及其他附属设施等坠落或坠落伤人的措施。

《住宅建筑规范》还规定，住房应满足下列条件，方可交付用户使用：①由建设单位组织设计、施工、工程监理等有关单位进行工程竣工验收，确认合格；取得当地规划、消防、人防等有关部门的认可文件或准许使用文件；在当地建设行政主管部门进行备案；②小区道路畅通，已具备接通水、电、燃气、暖气的条件。建设单位应在住房交付用户使用时提供给用户《住宅使用说明书》和《住宅质量保证书》。《住宅使用说明书》应当对住房的结构、性能和各部位（部件）的类型、性能、标准等作出说明，提出使用注意事项。《住宅使用说明书》应附有《住宅品质状况表》，其中应注明是否已进行住房性能认定，并应包括住房的外部环境、建筑空间、建筑结构、室内环境、建筑设备、建筑防火和节能措施等基本信息和达标情况。《住宅质量保证书》应当包括住房在设计使用年限内和正常使用情况下各部位、部件的保修内容和保修期、用户报修的单位，以及答复和处理的时限等。

与《住宅建筑规范》同时发布的《住宅性能评定技术标准》（GB/T 50362—2005）也规定了将住房性能划分成适用性能、环境性能、经济性能、安全性能和耐久性能 5 个方面。每个性能按重要性和内容多少规定分值，按得分分值多少评定住房性能。住房性能按照评定得分划分为 A、B 两个级别，其中 A 级住房为执行了国家现行标准且性能好的住房；B 级住房为执行了国家现行强制性标准但性能达不到 A 级的住房。A 级住房按照得分由低到高又细分为 1A、2A、3A 三等。

住房质量标准包括房屋结构标准、建筑材料与配套设备标准、房屋装修质量标准等各个方面。住房质量标准的高低以及标准的执行体系力度，不仅是住房质量的基本保障，更是衡量一个国家是否发达的重要指标。关于住房质量标准的问题，在我国现行法律中还没有明确的规定。上述住房建筑规范虽然具有一定的指导意义，但实际中却很难得到遵守和落实。因此，关于住房质量标准的确定，仍有待进一步研究。

（二）我国住房质量现状、问题及影响

近年来，随着我国住房产业化的不断推进，住房建设的整体水平取得了较大提升，住房质量不断获得改善，涌现出一大批质量过硬、环境优美、品质较好的住房小区。但从总体来看，住房建设的水平还有待提升，住房质量缺陷依然比较突出。不仅新建商品住房存在很多质量问题，在现有的存量住房中，相当一部分旧宅不能满足居民新的住房需求，住房建筑工程质量、功能质量、设施设备水平和环境配套水平等方面，都需要加大整理改造工作力度[①]。根据中国消费者协会的统计，房屋质量问题在消费者投诉中占有很大比例，统计数据显示，2007 年中国消费者协会受理房屋建材方面的纠纷达到 37443 件，2008 年为 38694 件，2009 年为 34645 件，2010年上半年就已达到 16447 件[②]。从投诉的情况来看，房屋的质量问题，主要体现在地基下沉、房屋倾斜、裂缝、漏水以及管线质量等方面，另外还存在虚假广告、面积不符、延期交房等纠纷。为了全面了解我国住房质量保障现状，本课题组先后深入各地进行了广泛调研，调研结果表明，当前我国住宅质量不仅存在渗、漏、壳、裂、堵等住宅通病，还存在以下几个突出问题。

1. 住宅整体寿命较短

我国《民用建筑设计通则》（GB 50352—2005），重要建筑和高层建筑主体结构的耐久年限为 100 年，一般性建筑为 50～100 年。而我国的住宅整体寿命较短，一般平均只有 25～30 年，大量正处在建筑寿命"青壮年"的普通住宅往往因质量问题而非正常"死亡"（被提前拆除），相比之下，英国住宅的平均寿命达到了 132 年，美国的建筑寿命也达到了 74 年[③]。住宅具有价值量大、位置固定的特点，对耐用性有很强要求，应当在目前砖混结构 50 年的基础上，延长住宅使用寿命。因此，推动住宅建设质的飞跃和住宅的更新换代，是居民住宅需求转型和保持住宅建设持续健康发展的必然要求[④]。

2. 重大住宅质量安全事故多发

上海"莲花河畔景苑"倒楼案之后，全国连续发生多起重大住宅质量安全事故。2009 年 7 月，成都市校园春天小区 6 号楼和 7 号楼两栋楼突然斜靠在一起（被称为成都"楼歪歪"事件）。2009 年 11 月，被评为"江苏优秀住宅"的南京江北山水云

---

① 李剑阁. 中国房改现状与前景. 北京：中国发展出版社，2007：91.
② 中国消费者协会信息网：http：//www.cca.org.cn，2010-8-18.
③ Wang Qian. Short-lived buildings create huge waste. China Daily，2010-04-06；萧然. 中国短命建筑频出现 因卖地利益驱动等短视行为. 人民日报，2010-11-1.
④ 李剑阁. 中国房改现状与前景. 北京：中国发展出版社，2007：90-91.

房花园小区因质量问题屡遭投诉终被认定为危楼（被称为南京"楼歪歪"事件）。2009 年以来接连发生的上海、广州、重庆的"楼脆脆"事件到成都、南京的"楼歪歪"事件再到烟台的"楼垮垮"丑闻，越来越多的豆腐渣工程使得"住宅质量问题"成为全社会普遍关注的焦点，也在不断敲响着住宅质量保障的警钟。

3. 隐性质量问题逐渐增多

住宅质量问题可分为表征性质量问题和隐性质量问题。表征性质量容易被业主发觉，也能够在居住前及时得到解决。但是，有些问题是业主难以发现或判断的，比如房屋裂缝是结构性裂缝还是表层裂缝；卫生间等电位是否连结、连接是否规范等。这些问题都可能影响到业主的生命安全。资料显示，北京丰台区某套住房被民间专业验房师一次检测出墙砖空鼓、马桶漏水等 169 项质量问题，这些问题大部分属于业主难以自行发现隐性质量问题，均不符合国家住宅相关法律、法规或标准[1]。

4. 住宅建筑材料质量不过关

调研发现，住宅建筑材料质量问题不仅表现为钢筋被非法拉长拉细，劣质水泥、砂浆、混凝土等其他材料也被大量使用，个别住宅建设使用的楼板竟然使用塑料泡沫填充，这些严重不合格的建筑材料给住宅工程结构安全，尤其是抗震性能留下严重隐患，更是时时威胁着业主的生命安全。

5. 保障性住房质量堪忧

保障性住房建设是民心工程，是民生问题，但在国家推行保障性住房安居工程中，也存在很多质量问题。开发商为了减低成本，往往铤而走险、偷工减料、以次充好，给保障性住房的居住和使用埋下严重的质量隐患。例如，2007 年青海西宁某经济适用房小区居民入住一个月，300 多套房屋普遍出现不同程度的暖气管道漏水问题，房屋的水龙头、水管、门窗所用材料质量都很差[2]。曾有开发商向媒体透露，北京至少有 10％的保障房存在质量问题。主管部门执法检查发现，北京旧宫三角地保障房项目因混凝土不达标致使八栋楼未达抗震要求，决定六栋拆除重建两栋加固[3]。

住房质量存在的诸多缺陷，不仅侵害了购房者的合法权益，还在一定程度上给社会带来很多消极影响，影响社会和谐发展。住房质量不达标，首先侵害的是购房者的合同利益，购房者难以实现其预期的合同目的。其次，如果住房质量问题较为严重，还可能会影响到购房者的生命安全和身体健康，构成民事侵权。再次，开发商提供问题住房，本身就是对购房者住宅权的侵犯。住宅权是指公民有权获得可负

---

[1] 周斌. 一套房验出 169 个问题折射住宅质量问题严峻. 法制日报，2009-10-29.

[2] http://www.qh.xinhuanet.com/2009-10/31/content_18100872.htm，2010-9-10.

[3] 开发商称北京至少有 10％的保障房存在质量问题. 经济参考报，2010-10-15；翟烜. 北京 6 栋保障房被建成"豆腐渣"须拆除重建. 京华时报，2010-10-9.

担得起的适宜于人类居住的，具有安全、健康、尊严的，有良好的物质设备和基础服务设施的并不受歧视的住房的权利。住宅权是《世界人权宣言》和《经济、社会、文化权利国际公约》规定的公民的基本权利之一，为确保本人与家庭的安全与健康，人们有权要求住宅的质量符合安全标准①。开发商提供存在质量缺陷的住宅给购房者，不仅侵犯了购房者的住宅财产权，更是对购房者住宅人权的侵害。最后，住宅质量问题通常会造成业主与开发商、物业公司的矛盾，如果问题得不到妥善解决，还容易出现集体对抗与冲突，增加社会不稳定因素。

（三）住房质量问题的主要原因分析

造成住房质量问题的原因是多方面的：一是定位偏差。这是产生住房质量问题的根本性因素。开发商由于自身知识、经验等问题而造成项目定位失策。二是贪图利润。这是诱发质量问题经济性因素，开发商不顾设计质量、施工质量贪图利润，主要表现为：①设计单位重业务量不重视设计质量，通过竞相压低设计费进行恶性竞争，难以形成开发商与设计单位双向优势互补。②建设总承包商不按基本建设程序办事，通过压低标价选定分包商。为节省开支，总承包商对分包商在质量管理上不肯投入、分包商管理层对劳务层在工艺管理上不肯投入，导致住房质量问题②。三是管理脱节。管理跟不上或脱节是产生质量问题的体制性因素，主要表现在管理部门之间的工作脱节、土地供应机制与住房有序开发的脱节、设计意图和使用功能脱节、管理层和劳务层脱节③。四是住房建设监理不到位。《中华人民共和国建筑法》规定，实行监理的建筑工程，由建设单位委托具有相应资质条件的工程监理单位监理。依照规定，住房工程的监理是由开发商委托的，出于利益的因素，监理单位和开发商始终处于同一战线，很难客观公正地监督住房的施工建设和质量安全。五是住房质量法律规范自身存在缺陷。法律规范欠缺是导致住房质量问题的首要原因。主要表现在：①住房质量法律规范散乱，尚无专门立法。在我国现行法律体系中，有关住房质量的法律规范主要散见于《城市房地产管理法》、《建筑法》、《产品质量法》以及《合同法》等单行法律规范中，至今没有一部专门调整住房质量的法律。②现有行政法规、部门规章和地方性法规数量较多，不仅存在效力等级低下、执行和落实困难等问题，而且还存在一些自身性制度缺陷。例如，2000 年国务院颁布《建设工程质量管理条例》（中华人民共和国国务院令第 279 号），实行建设工程竣工验收备案制，将建设工程竣工验收的组织和实施单位由建筑工程质量监督机构变为建设单位，这虽然简化了验收程序、提高了行政效率，但同时却给偷工减料、铤而

---

① 金俭. 中国住宅法研究. 北京：法律出版社，2004：54.
② 金俭. 中国住房法研究. 北京：法律出版社，2004：108-109.
③ 徐冠群. 住房质量问题的探析及应对策略. 住房科技，2000（8）.

走险的违法者们提供了更多的机会。

（四）我国住房质量法律制度之完善

住房质量的最终保障，离不开健全的住房质量法律制度。日本、英国、法国等国家在住房质量立法方面积累了丰富的经验。

早在战后初期，当时处于复兴期的日本，便制定了规范建筑质量的法规。1950年，日本颁布《建筑基准法》（Building Standards Act），该法由 7 章 105 条组成，颁布该法的目的是为保护居住者的生命、健康和财产。根据该法规，建筑项目动工前，开发商必须向有关机构提交建筑物的基本指标报告，施工方法认定书及设计图等材料，获得指标和设计确认后才能动工。该法还对建筑物地基、结构、设备、用途等方面的标准下限作了详细规定。同时，为了杜绝违章建筑，建筑基准法还规定了施工现场巡查制度，并明确了建筑监理员对不合格施工具有令其停工的权限。《建筑基准法》是日本建筑法规的基石，以后关于建筑的各种法规都是在该法基础上衍生而来的。同时，为了配合《建筑基准法》的顺利实施，使建筑设计规范化，日本还于1950年颁布了《建筑师法》（Architects Act）。该法是为规范建筑物的设计规模和种类，并对工程进行监督而制定的。根据该法的规定，建筑师分为一级和二级，1984年又增加了木工建筑师，建筑师制度规定建筑师须持证上岗，其业务范围除根据建筑物的规模及种类进行设计外，还具有工程监督的义务。建筑基准法与建筑师制度在确保日本建筑质量方面产生了重要影响。特别是据此衍生的诸规范对确保日本的住房质量发挥了重要作用。住房是普通日本人一生中购买的最昂贵商品，因此，确保住房的质量成为日本建筑法规的核心任务之一。2006 年 10 月 11 日，日本国土交通省提交了《建筑基准法》（Building Standards Law）、《建筑业法》（Coustruction Law）和《建筑师法》（Architects Act）三项法律的修正案。修正案弥补了以往法律的缺陷，严格了建筑设计标准和加大了处罚力度①。此外，日本从 1982 年开始尝试建立住房性能保证制度，到 1999 年通过《住宅质量确保促进法》（The Ensare Hoasing Quality Promotion Act），确定了住房性能保证制度的法定地位。日本住房性能保证制度是确保住房质量和性能的一种运作机制，由于从法律上规定了开发商必须对住房质量提供 10 年长期保证，当住房出现了保证书中列明的质量问题时，通过保险机制保证消费者的权益。从而消除了消费者对住房质量和性能的不信任感，有利于消费者放心购房②。

法国有关住房质量的立法主要是《法国民法典》（French Civil Code）和 1979 年制定的《斯比那塔法》（Spietta）。1804 年《拿破仑法典》规定，建筑师和设计师必须在建筑完工 10 年内负有对房屋结构缺陷作修正的严格责任。在 10 年保证期后，除

---

① 连会新. 日本确保建筑质量的经验、教训及启示. 消费导刊（理论版），2008（12）.
② 刘美霞. 解密国外"住房质量保证保险". 中国建设报，2003-3-19.

非能证明建筑师或设计师有欺诈行为，否则建筑所有者本人将对建筑负完全的责任。法国后来对原法典在很多方面进行了修订。开发商、承包商、部件生产商都要对房屋质量问题负连带责任。1979 年法国制定了《斯比那塔法》（Spinetta）。该法规定 10 年期的潜在缺陷保险（Inherent Defects Insurance，简称 IDI）为强制性保险，必须由房主或开发商投保。从 1990 年 7 月 31 日后，对潜在缺陷强制性保险的要求有所放松。对于自建房屋用于办公的大公司，不用强制投保该保险。但该强制性保险仍适用于所有用于居住的房屋，即所有的住房仍需要强制性保险。针对 IDI 保险，法国制定了一套复杂的建筑技术评定检查机制，在技术评定检查过程中发现的问题，只要建筑商没有按要求整改，技术评定检查机构就有权要求停工。技术评定检查机构对建筑工程签发的合格证书是 IDI 保险生效的前提条件。IDI 保费一般为建筑造价的 0.5%。①

英国为保证住房质量，于 20 世纪 30 年代成立了国家房屋建筑委员会（NHBC），是英国房屋建筑工业的独立管理与标准定位机构。其成员包括消费者集团、房屋建筑商、开发商、抵押出借商、专门机构及其他团体。NHBC 是一个非盈利组织，其使命是帮助房屋建筑商建造符合住房业主合理要求的较优质的新住房。该委员会有以下职责：一是为房屋建筑商和开发商注册登记。凡欲加入 NHBC、享受其政策待遇的房屋建筑商和开发商，都必须经过注册登记。作为注册条件，所有建筑商或开发商必须遵守规则，并按 NHBC 技术标准建房。如果不能遵守规则或标准，就会引起调查，以致最后可能取消注册。二是确定施工标准。NHBC 有权制定、修正建筑施工标准。三是施工期间进行检查。严格的检查为房屋建筑商交付给住户合格的住房提供了保证。四是为新建住房提供质量担保和保险。NHBC 是一家注册的保险公司，拥有近 8 亿英镑储备金。它是英国新住房质量担保和保险的最大提供者，为约 200 万户住房提供保障。凡经注册的建筑商和开发商，其新建和改建住房均可享受 10 年保证金的待遇，即在 10 年保证期内，凡受保的新建和改建的住房发生质量问题购房业主可直接向 NHBC 索赔。NHBC 将视质量事故造成损失的严重程度，对购房业主做出赔偿②。

我国目前还没有一部专门针对住房质量进行统一规制的法律，尚未建立起一套完善的住房质量法律规范体系。有关住房质量的法律规定主要散见于各相关法律法规中。从我国现有相关住房法律规范来看，还存在较多问题，无法满足住房质量保障的实际需求。为了切实加强住房质量，保证公民的住房权利，要通过修改和完善相关法律和行政法规，加快建立完备的住房质量法律制度。

---

① 童悦仲，娄乃琳. 国外住房质量保证保险制度介绍. 城市开发，2003（2）.

② 金俭. 中国住房法研究. 北京：法律出版社，2004：111.

1. 住房建设主体资质审核和监管法律制度

对主体资质的审核和监管旨在从主体上控制进入房地产开发的条件和范围，防止不具有相应条件的开发商、建筑商承揽房地产开发业务，从而从根上减少低劣工程的出现。其主要涉及房地产开企业、勘察设计单位、建筑企业、工程监理公司等①。实践中，有些资质缺乏的企业通过虚报注册资本获得批准从事房地产开发②，还有一些企业借用其他企业名义进行房地产开发，尤其是很多城中村住房改造、扩建项目多为散工实际建设，这些都为住房的质量问题埋下了较大的安全隐患。因此，认真审查和监管房地产开发企业资质，成为确保住房质量安全的首要任务。

2. 严格的住房竣工验收法律制度

2000 年 1 月国务院颁布的《建设工程质量管理条例》对我国工程竣工验收制度做了根本性的修改，将工程竣工验收由验收制改为备案制，建设行政主管部门不再核发竣工验收证明，而是采用了《竣工验收备案表》的办法，改变了房屋建筑工程竣工验收制度。2003 年 5 月，国务院又发布《关于取消第二批行政审批项目和改变第一批行政审批项目管理方式的决定》（国发〔2003〕5 号），其中，将房屋建筑工程市政基础设施工程竣工验收核准制改为告知性备案制。从保障住房的长久性质量安全角度考虑，应该对住房的竣工验收制度进行重新定位，彻底改革。首先应当取消住房竣工验收的备案制，建设房屋主管部门应当主动承担起住房的竣工验收职责，严把质量关，不能由开发商自己开发自己验收。其次，在具体的验收方式上，应该取消现行的整体验收和抽检的验收方式，逐步推行"一户一验"的分户验收方式，确保每一套住房都能符合住房质量标准。

3. 政府监管和责任追究法律制度

众多重大住房质量安全事故的发生，在引起人们关注住房质量的同时，加强政府监管和责任追究的呼声也越来越高。住房不同于一般的商品，要求政府承担起更加严格的监管责任。在住房勘察阶段、设计开发阶段、施工阶段、监理阶段、住房销售以及售后等阶段，政府都应该承担其市场监管责任，确保公民的住房权益。同时，在法律制度设计的角度，还应该有严格的住房质量责任追究法律制度，对于违反住房质量法律规范的相关责任人员，除了追究其行政责任外，还应当依法追究其法律责任。

4. 严格有效的住房质量监理法律制度

建筑质量出现问题的重要原因之一就是监理行业对承建方的监督不力。尽管自

---

① 金俭. 中国住房法研究. 北京：法律出版社 2004：112.

② 李国阁. 假证件衍生出两栋小高层—周口美景天城属违法建筑，政府依法没收. 周口晚报，2009-12-8.

2004 年开始，我国投资体制改革后，现在多数城市对房地产项目的工程质量实行五方责任主体共同负责制。实际上，五方中只有开发商是甲方，施工方、监理、设计方和工程勘测方均受雇于开发商，都是乙方。很明显，这种雇佣关系决定了监理行业很难对开发商承建的建筑质量进行真正的监督。因此，希望我国有关部门采取措施，改变目前由开发商自由选择监理公司的状况，由相关政府部门通过招标选择监理公司，将监理行业纳入法制轨道，使监理行业能够真正发挥其职责①。

5. 住房质量保证保险制度

所谓住房质量保证保险是指"潜在缺陷保险"（简称 IDI）又称"建筑物十年期责任保险"，主要是指保险公司对承保项目的建筑质量进行跟踪和监督，投保费用由开发商支付，购房者在购买房屋的同时获得保单。一旦因房屋问题给购房者造成损失，购房者可以直接从保险公司获得赔偿，包括修理、加固或重新购置住房所用的费用，最高赔偿金额为住房的销售价格。这种保险运作机制起源于法国。自 2002 年开始，在建设部的倡导下，我国在一些地区开始住房质量保险的试点。但是效果并不理想，一方面购房者对这一险种不太了解；另一方面，开发商投保积极性也不高。

从国外发达国家发展过程来看，市场经济会逐渐进入到信用经济阶段，应建立一套完善的信用制度。在这个制度下，开发商、消费者和保险公司的职责是非常明确的。目前房地产市场随着国民经济的发展，已经逐步规范化，很多开发商认识到诚信的重要性。通过实行住房质量保证保险制度，从而确保消费者在索赔环节不方便寻找开发商时，由保险公司进行赔偿，有利于增加消费者的购买信心。保险的内容是在保险期限内因住房潜在缺陷而造成的住房本身损坏。这些损坏包括在住房主体承重结构部位出现的影响结构安全的破损、断裂、变形、裂缝；悬挑构件坍塌或出现破裂、折断；地基沉降超出设计规范允许范围；住房倾斜、倒塌。当然，实行住房质量保险制度并不是为了免除开发商的责任，而是为了从根本上保障消费者的权益，解除消费者的后顾之忧。开发商的责任也并不因为投保而获得免除。消费者既可以向开发商索赔，也可以向保险公司索赔②。因此，对国外住房质量保险制度进行认真研究和学习，是极为必要的。为了改进我国住房质量状况，维护消费者住房权益，急需建立一整套完善的住房质量保险体系。

6. 住房买卖合同惩罚性赔偿法律制度

按照《合同法》规定，合同违约损害赔偿的范围以违约方在订立合同时预见到或者应当预见到损失为限。违约损害赔偿一般是为了弥补当事人因一方违约而产生的损害，而不是对违约行为的惩罚，一般不具有惩罚性。但是，在住房买卖合同中，

---

① 连会新. 日本确保建筑质量的经验、教训及启示. 消费导刊（理论版），2008（12）.

② 金俭. 中国住房法研究. 北京：法律出版社，2004：118-119.

买方始终处于弱势地位，因开发商原因而造成的房屋质量问题经常发生，而受法律补偿性赔偿制度的限制，开发商的法律责任明显过轻，不利于保护购房者的合法权益。住房属于特殊性商品，往往耗尽购房者几十年的积蓄，但是遇到质量问题却难以获得有效救济。因此，我们建议，在住房买卖合同中，可以引入惩罚性赔偿法律制度，加重开发商的违约成本，促使其提高住房质量。

四、住宅合作社与合作住宅

新中国成立后，我国先后出现过农村供销合作社、农村信用合作社、消费合作社、住宅合作社等不同形式的合作组织，这些组织在成立之初在我国经济发展中起到积极的作用，但是随着市场经济的不断发展，这些合作组织的发展受到了极大的限制，正在逐渐退出历史舞台。以住宅合作社为例，从该制度产生以来，其发展一直处于不太明确的状态，在改善公民居住条件、实施住房保障的过程中，并没有切实发挥其应有的作用。近年来商品住房价格的飞速上涨，住房需求越来越大，解决公民的居住问题成为全社会普遍关注的民生问题。在此背景下，关于组建住宅合作社、集资合作建设住房的呼声越来越高，住宅合作社和合作住房问题再一次成为住房保障背景下的热点话题。

（一）住宅合作社与合作住宅的含义

关于合作社，经济学、社会学等不同专业领域的学者们均有不同的理解。国际合作社联盟（International Co-operative Alliance，简称 ICA）于 1995 年在第 31 届大会上，将合作社定义为：合作社是人们自愿联合，通过联合所有和民主控制的企业来满足共同的经济和社会需求的自治组织[1]。这一概念后被国际劳工组织（International Labor Organization 简称 ILO）在《合作社促进建议书》里所采用。关于住宅合作社的定义，国际上较为流行的定义为：住宅合作社是一个为其社员提供持续住房的法律组织，归其社员所有并受其控制[2]。我国 1992 年颁布的《城镇住宅合作社管理暂行办法》（建房［1992］67 号）规定："住宅合作社，是指经市（县）人民政府房地产行政主管部门批准，由城市居民、职工为改善自身住房条件而自愿参加，不以盈利为目的公益性合作经济组织，具有法人资格。合作住宅是指住宅合作社通过社员集资合作建造的住宅。"该条例反映了住宅合作社主要是为了改善合作社社员的居住条件，具有典型的非盈利性特征，这是其区别于一般商品生产者、经营者和经济组织的根本性特征。此外，因为住宅合作社的成立要经过法定程序、要有必要的财产和经费。住宅合作社一般都有自己名称和工作场所，能够独立承担责任，符合

---

① International Co-operative Alliance，Statement on the Co-operative Identity，1995.
② 庞咏娣. 浅析住宅合作社法律地位. 大众科技，2008（9）.

我国《民法通则》所规定的法人的必备要件，因而，从性质上讲，住宅合作社具备法人资格，属于非营利性法人。

（二）住宅合作社的任务和类型

住宅合作社的主要任务是：发展社员，组织本社社员合作建造住房；负责社内房屋的管理、维修和服务；培育社员互助合作意识；向当地人民政府有关部门反映社员的意见和要求，兴办为社员居住生活服务的其他事业。住宅合作社可以分为以下类型：

① 由当地人民政府的有关机构，组织本行政区域内城镇居民参加的社会型住宅合作社。②由本系统或本单位组织所属职工参加的系统或单位的职工住宅合作社。③当地人民政府房地产行政主管部门批准的其他类型的住宅合作社。

（三）我国住宅合作社的发展历程及评价

从 1990 年我国住宅合作社制度的初步建立至今，随着国家经济形势和住宅政策的发展变化，我国的住宅合作社先后经历了由建立与发展、逐步走向衰落、发展停滞等不同的历史阶段：

1. 住宅合作社产生与发展

住宅合作社在国外已经有 200 多年的历史，有文字记载的最早的住宅合作社是 1775 年于英国伯明翰成立的互助性建筑社团[①]。中国的住宅合作社制度发展较晚，1986 年，上海市成立了第一家住宅合作社——"新欣住宅合作社"，开创了我国住宅合作社发展的先河。此后，北京、天津、沈阳、武汉、昆明、包头、长春、哈尔滨、南京等地纷纷相继组建了不同形式的住宅合作社。但是这一时期成立的住宅合作社由于缺乏法律依据而受到广泛质疑，发展较为缓慢。1991 年 12 月 31 日，国务院住房制度改革领导小组颁发的《关于全面推进城镇住房制度改革的意见》（国办发〔1991〕73 号）第六条规定："各地政府应大力支持单位或个人的集资、合作建房，特别是结合'解危'、'解困'进行的集资、合作建房。计划、金融、财政、税收、城建、规划、土地等有关部门应该积极配合、支持，通过减免税费等扶持政策，努力降低建房造价……除指令性计划安排外的住房建设外，对个人集资与合作建房的部分可以不受规模的控制，实行指导性计划。"该意见明确肯定和鼓励单位或个人的集资、合作建房。1992 年 2 月 14 日，国务院住房制度改革领导小组、建设部、国家税务局联合颁布了《城镇住宅合作社管理暂行办法》，详细规范了住宅合作社的设立、类型、管理以及合作住宅的建设、产权登记、维修、管理等，标志着我国住宅合作社制度的正式建立。这是我国首部也是目前为止唯一一部以立法的形式明确规定住宅合作社制度的规范性法律文件。1994 年 7 月 18 日，国务院发布《国务院关于

---

① 李铃. 夏利法克斯：世界最大的住宅合作社. 中国房地产金融，1995（4）.

深化城镇住房制度改革的决定》，再一次明确了国家对合作建房和住宅合作社的鼓励与支持态度：鼓励集资合作建房，继续发展住宅合作社，在统一规划的前提下，充分发挥各方面积极性，加快城镇危旧住房改造①。《城镇住宅合作社管理暂行办法》和相关政策的实施，极大地推动了我国住宅合作社的发展。至 1997 年，全国已有住宅合作社 5000 多家，遍及全国 20 多个省市，大约 150 万个家庭参与了这种合作建房方式②。住宅合作社这一组织形式在我国各地得到广泛发展。此外，北京市人民政府于 1992 年 5 月 30 日颁布了《北京市城镇住宅合作社管理办法》（京政发［1992］35号），大力推行住宅合作社制度，先后建立了 40 多家住宅合作社，成为地方住宅合作社制度发展的典范。

2. 住宅合作社制度的衰落

1998 年开始，我国正式进行住宅分配体制改革，要求停止住宅的实物分配，逐步实行住宅分配货币化。从此，我国的住宅分配制度逐渐由福利分房走向市场化供应。稳步推进住房商品化、社会化，逐步建立适应社会主义市场经济体制和我国国情的城镇住房新制度成为当时住房体制改革的指导思想。随着我国住房建设和住房市场经济的快速发展，特别是商品住房供给的大量增加和我国住房制度改革重点的转移，各地住宅合作社出现了逐步下滑的趋势。到 2002 年，其数量已不及 90 年代初的一半，住宅合作社事业趋于衰落③。但是，这一时期的住宅政策对集资建房和合作建房仍然是肯定的④。

3. 发展停滞时期

自 2003 年开始，国家相关政策文件中几乎没有对"住宅合作社"制度有任何的正面表述和规定，而是对集资、合作建房逐步进行限制。2003 年 8 月 12 日，国务院（国发［2003］18 号）文件规定："集资、合作建房是经济适用住房建设的组成部分，其建设标准、参加对象和优惠政策，按照经济适用住房的有关规定执行。任何单位不得以集资、合作建房名义，变相搞实物分房或房地产开发经营。"⑤ 2006 年，国务院办公厅（国办发［2006］37 号）文件进一步规定："严格规范集资合作建房，制止部分单位利用职权以集资合作建房名义，变相进行住房实物福利分配的违规行为。"⑥ 2006 年 8 月 14 日，建设部、监察部、国土资源部联合发布（建住房［2006］196 号）

---

① 国务院《关于深化城镇住房制度改革的决定》（国发［1994］43 号）第 26 条.
② 陆介雄，宓明君，李天霞等. 住宅合作社立法研究. 北京：法律出版社，2006：82.
③ 高沛沛. 我国住宅合作社法律问题研究. 青岛：中国海洋大学，2008 年硕士论文：14.
④ 国务院《关于进一步深化城镇住房制度改革加快住房建设的通知》（国发［1998］23 号）第 17 条.
⑤ 国务院《关于促进房地产市场持续健康发展的通知》（国发［2003］18 号）第 4 条.
⑥ 国务院办公厅转发《建设部等部门关于调整住房供应结构稳定住房价格意见的通知》（国办发［2006］37 号）第十二条.

文件规定："自通知下发之日起，一律停止审批党政机关集资合作建房项目。严禁党政机关利用职权或其影响，以任何名义、任何方式搞集资合作建房，超标准为本单位职工牟取住房利益……对违反规定批准或实施集资合作建房的，要严肃追究有关责任人的责任。对利用职权及其影响，以'委托代建'、'定向开发'等方式变相搞集资合作建房，超标准为本单位职工牟取住房利益的，要追究有关单位领导的责任。凡以集资合作建房名义搞商品房开发，对外销售集资合作建成的住房的，要没收非法所得，并从严处理有关责任人；构成犯罪的，移送司法机关追究刑事责任。"[1] 2007 年国务院（国发［2007］24 号）文件对集资合作建房有所放松："单位集资合作建房只能由距离城区较远的独立工矿企业和住房困难户较多的企业，在符合城市规划前提下，经城市人民政府批准，并利用自用土地组织实施。单位集资合作建房纳入当地经济适用住房供应计划，其建设标准、供应对象、产权关系等均按照经济适用住房的有关规定执行……各级国家机关一律不得搞单位集资合作建房；任何单位不得新征用或新购买土地搞集资合作建房；单位集资合作建房不得向非经济适用住房供应对象出售。"[2] 从以上政策文件来看，2003～2007 年，国家对集资、合作建房基本上采取的是严格限制的态度。住宅合作社的数量也在迅速减少。以北京为例，截至 2005 年，住宅合作社的数量已经锐减至 10 家，而且全为单位型住宅合作社[3]。

　　虽然集资、合作建房与住宅合作社建房本身有明显的区别，但是，单位通过成立住宅合作社进行集资、合作建房却是住宅合作社发展的一种主要形式。国家对集资、合作建房的限制，在一定程度上使得住宅合作社的发展受到很大的影响。2004 年于凌罡发动"个人集资建房"，掀开全国范围内个人集资建房的高潮。此后，上海、南京、深圳、沈阳、温州等地纷纷有人发动召集个人集资建房，媒体也纷纷开展有关个人集资建房的大讨论。通过个人集资、成立住宅合作社成为当时最热门的房地产话题，众多城市人群也因此将拥有住宅的梦想寄托于这一住房建设模式。然而，从实践来看，除北京之外，自 2004 年于凌罡发动"个人集资建房"至今，我国几乎没有住宅合作社集资建房的成功范例。广州、南京、青岛等地纷纷发起的合作社集资建房终因审核不通过；或者被以非法集资名义叫停；或者因拿不到土地而搁浅；或者由于其他原因最后偃旗息鼓。长时间以来，我国的住宅合作社制度形同虚设，住宅合作社的发展基本处于停滞状态，并逐渐被开发商全面取代。

　　回顾我国住宅合作社的发展历程，可以清楚地看到，我国的住宅合作社在 20 世

---

①　建设部、监察部、国土资源部《关于制止违规集资合作建房的通知》（建住房［2006］196 号）.
②　国务院《关于解决城市低收入家庭住房困难的若干意见》（国发［2007］24 号）第十二条.
③　于璐娜. 合作建房：一场尚待制定规则的博弈. 中国合作经济，2005（5）.

纪90年代初期出现短暂的繁荣之后，便失去了长久发展的生命力。客观来说，我国住宅合作社的出现，顺应了经济发展的要求，为解决城镇住房问题提供了新的解决思路，成为我国建立多层次住宅体系的重要来源，在一定程度上满足了部分城镇居民的住房需求。但是，这一符合世界合作经济发展潮流的住宅发展模式，在中国却出现了完全不同的结局。从我国实际来看，20多年来，有关住宅合作社的规范性法律文件仅有一部暂行的部门规章，其他政策性文件也只有一些不太明确的原则性规定，住宅合作社的主体地位并没有在全国得到普遍接受和真正确立。地方政府和主管行政机关在住宅合作社的问题上消极对待，或者反对；或者观望。而从世界范围来看，住宅合作社一直被很多国家视为解决城市居民住房困难的重要形式。例如，英国一贯重视和支持住宅合作社的发展，并拥有世界上最大的住宅合作社——夏利法克斯住宅合作社。在德国，住宅合作社是住宅建房的主要组织形式，合作社建造的住宅占全国新建住宅总数的30.9%①。法国、意大利、奥地利、韩国、日本、印度等国家都普遍支持住宅合作社的发展。国际合作社联盟（ICA）专门设有住房合作委员会，从成立至今，一直致力于指导和推动各国住宅合作社的发展以及国际间的交流与合作。

另外，我国住宅合作社的发展类型较为单一。从住宅合作社的构成来看，曾经出现过包括现存的住宅合作社中，绝大部分都属于由部门、单位、行业系统主办，具有特定身份的人，如国家公务员、单位职工才能够加入住宅合作社，纯粹意义上的完全由城镇居民自愿参加的住宅合作社却寥寥无几，住宅合作社仅成为了一个法律上的概念，住宅合作社这一美好事物，对中低收入的城镇居民来说只是空中楼阁②。住宅合作社这一能够平等、有力地解决中低收入者住房问题的建房模式在我国变成了一种行业性或单位性的强制建房方式，失去了其自愿、民主的本质。最后，单位主导型的职工住宅合作社合作建房也被实际叫停③。

设立住宅合作社的宗旨在于解决广大中低收入居民的住房困难。但是，实践表明，住宅合作社在相当程度上满足了政府公务员、大型事业单位职工的住房需求，中低收入居民根本难以通过加入政府主导型和单位主导型的住宅合作社来实现其居住要求。由于政策的调整，现有的住房保障结构主要是由普通商品住房和保障性住房两部分构成，住宅合作社集资、合作建房因为受到限制无法发挥其保障功能。从全国范围来看，因为有地方性规章支持，北京市的住宅合作社发展状况较好，曾经

---

① 国外的住宅合作社. 中国合作经济，2007（3）.
② 王丽. 关于在我国发展住宅合作社的探讨. 建筑经济，2005（12）.
③ 按照《城镇住宅合作社管理暂行办法》，住宅合作社可分为政府主导型的社会性住宅合作社、单位主导型的职工住宅合作社以及政府主管部门批准的其他类型的住宅合作社，如公民自发性住宅合作社等类型。

为改善居民住房状况发挥了积极的作用。除此之外，其他各地的住宅合作社发展收效甚微。

（四）我国住宅合作社的发展困境与根源

住宅合作社的历史发展和现状表明，我国住宅合作社事业遇到多重障碍而停滞不前，与广大群众的愿望和呼声背道而驰。笔者认为，在举国上下都在关注住房保障问题的现实背景下，亟需对我国住宅合作社制度的发展进行全面反思，厘清其生存和发展面临的主要困境，探究问题背后的深层次根源，这不仅关系着住宅合作社的未来发展和制度抉择，对于我国住房保障工程的有效推进实施和公民住宅权的真正实现，也具有非常重要的现实意义。

1. 面临的现实困境

1）住宅合作社面临生存危机

住宅合作社何去何从？是肯定和支持还是完全否定和严格禁止？拟或采取折衷之法保持现状？这是住宅合作社目前面临的首要困境，也是最根本的问题。住宅合作社制度是部门规章明确规定的旨在解决城镇居民住房困难、改善居住条件的重要法律制度，有其存在的法律基础。从《土地管理法》、《城乡规划法》、《建筑法》等法律来看，虽然没有直接规定住宅合作社集资合作建房，但也没有明确禁止。广大居民极为乐观地寄希望于能够通过住宅合作社集资建房的方式满足其住宅需求，但是房改以来的国家政策总体上却是消极对待甚至是逐步限制。在住宅合作社的审批过程中，主管行政机关多以无法律和政策依据不予批准和注册或者以社员资格无法认定予以拒绝①。"拟制房价靠政府、不能靠中介组织"、"住宅合作社不符合房改方向"成为反对住宅合作社存在的主要理由。在这一问题上，政府已经陷入两难境地：如果支持住宅合作社的发展，担心影响住宅的市场化改革，更害怕出现房价大幅下跌影响经济稳定发展。如果否定并废除住宅合作社制度，因有违世界合作经济发展的普遍趋势而可能遭受普遍质疑，也将会因房价的继续高涨引起广大居民的不满，加剧住宅保障的困难。

2）组织形式存在障碍

按照《城镇住宅合作社管理暂行办法》规定，住宅合作社属于公益性质的不以盈利为目的的群众性自治组织，具有法人资格。住宅合作社合作建房可以自行组织，也可以委托其他单位建设。但是，对于住宅合作社的成立条件、发起程序、组织形式均没有具体的规定。尽管如此，住宅合作社也曾经一度获得明显的发展，通过合作建房解决部分居民的住房困难。1998 年，国务院发布实施《城市房地产开发经营管理条例》（中华人民共和国国务院令第 248 号），规定房地产开发经营需要由房地

---

① 依照《城镇住宅合作社管理暂行办法》，加入住宅合作首先要求城镇正式户口，其次为中低收入家庭。

产开发企业来进行，并规定了房地产开发企业的设立条件。2000 年，建设部又颁布实施《房地产开发企业资质管理规定》（中华人民共和国建设部令第 77 号），对从事房地产开发经营的资质做了严格的规定。依照上述规定，要从事房地产开发经营，必须具有相应的资质要求。住宅合作社要合作建房，当然也需要有资质的要求。但是，住宅合作社的性质决定了其与房地产开发企业的根本差异，住宅合作社无法获取自行合作建房的资格，最终还得依靠委托开发商来完成。鉴于此，近年民间发起的个人集资合作建房不再首选住宅合作社方式，而是积极探索成立项目公司等其他操作性较强的解决路径。

3）合作建房遭遇用地瓶颈

我国目前的土地所有制结构为典型的"二元结构"，住宅合作社合作建房首先面临的就是国有土地使用权的取得。根据现行法律规定，建设用地使用权的取得分为出让或者划拨两种方式。普通商品住宅用地应当采取招标、拍卖等公开竞价的方式出让。对于住宅合作社住宅建设用地，《城镇住宅合作社管理暂行办法》规定应该由政府划拨土地，免交土地出让金①。但是，《土地管理法》、《城市房地产管理法》对于土地使用权的划拨，却有严格的限制，只有下列建设用地，经县级以上人民政府依法批准，可以以划拨方式取得：①国家机关用地和军事用地；②城市基础设施用地和公益事业用地；③国家重点扶持的能源、交通、水利等基础设施用地；④法律、行政法规规定的其他用地②。可见，住宅合作社用地并不在现行法律、行政法规规定的划拨范围之列。在能否划拨的问题上，部门规章和法律之间产生了冲突，按照法的效力等级，只能适用法律的规定。此时，住宅合作社合作建房土地的取得，只能寻求出让的方式予以解决。按照现行法律规定的土地出让方式，招标、拍卖、挂牌是获得建设用地使用权的主要途径。对于在夹缝中生存的住宅合作社而言，要通过这种途径取得土地难度非常大。虽然依照现行法律，单位、个人都可以依法获得土地使用权③。但是在各地的实践中，也通常要求购地者具有房地产开发的资质。住宅合作社要通过合作建房改善社员居住困难，但是土地的瓶颈问题却难以得到妥善解决。在当前背景下，要想获地仍然无法摆脱房地产开发商。以全国个人集资建房组织（温州市市场营销协会）首次（几乎也是唯一一次）"成功拿地"为例证，其以 1.0458 亿元的价格取得温州龙湾区蒲州街道"江前三产安置地块"的开发权即是通过委托方式由温州瑞安市正元房地产开发有限公司代理进行的④。

---

① 《城镇住宅合作社管理暂行办法》第十四条。
② 《中华人民共和国土地管理法》第五十四条、《中华人民共和国城市房地产管理法》第二十四条。
③ 《中华人民共和国土地管理法》第九条、《土地管理法实施条例》第五条、《城镇国有土地使用权出让和转让暂行条例》第三条、《招标拍卖挂牌出让国有土地使用权规定》第三条。
④ 肖宾. 政府公开表态合作建房"违规"谁能给指条明路. 京华时报，2006-12-29.

4）住宅开发融资困难

合作建房需要巨大的资金投入，仅靠社员的集资款，不仅有"非法集资"的嫌疑，而且集资总额非常有限，很难保证项目的顺利完工，因此需要融资，寻求更多资金支持。但是，住宅合作社合作建房却很难得到银行的资金贷款，即使是成员分别向银行进行个人财产抵押贷款，也无法满足建设的实际需求。《城镇住宅合作社管理暂行办法》规定国家对用于社员居住的合作住宅，在税收政策上给予减免优惠，地方人民政府也相应减免市政建设配套费等有关费用。但是对于整个项目的资金需求来说，根本起不到实质性作用。没有充足的资金支持，合作建房项目要么无法开始，要么中途搁浅，甚至会出现因资金链断裂形成烂尾楼，给合作社成员带来更大的经济损失。

5）运行过程监管困难

因相关法律法规的缺失，政府很难对住宅合作社集资合作建房进行有效监管，如果发起人携款潜逃或者发生其他意外，将会造成严重的后果。有不少人担忧，这种社会化的资金募集，缺少特定的对象和严格程序，不仅涉嫌非法集资，广大社员的利益更是难以保障，存在很大风险。同时，因合作建房利润较低，施工方为了增加利润而不断降低成本，住宅的质量也难以得到切实的保证。现状表明，住宅合作社集资建房的实际运作，通常都是在缝隙间寻找出路，走变通之路，而这恰恰都属于监管的真空地带。

2. 困境之根源探究

1）导致住宅合作社生存困境的根本原因在于法律的缺失

历史和现实都充分证明，我国住宅合作社发展面临困境的根本原因在于法律制度的缺陷。到目前为止，我国还没有一部统一的法律进行规范，仅有的规范性法律文件——《城镇住宅合作社管理暂行办法》（以下简称《办法》）颁发于1992年，其中的很多规定已经远远不能适应当前的经济和社会发展的需要，而且其本身就存在诸多缺陷与不足。首先，从法的效力等级看，该《办法》由当时的建设部颁发，仅属于部门规章，效力层次较低，适用程度和执行力并不强。其次，过度强调管理本位。该《办法》由主管行政机关主持制定且以"管理"命名，重在突出行政机关对住宅合作社的审查、控制与管理，强调主管机关的权限，而对于住宅合作社的组织与运行、社员入社的条件与程序、合作建房过程中的用地、规划、融资等程序、主管机关的责任与义务等实质性内容均没有明确的规定。再次，一部以"暂行"命名的部门规章执行了将近二十年而没有任何的修订和变化，也从另外一个角度显示了我国住宅合作社立法的缓慢与不足。最后，该《办法》相关规定与现行法律制度之间存在冲突。比如关于土地使用权的划拨问题，该《办法》规定的划拨方式并不在《土地管理法》、《城市房地产管理法》等法律明确规定的范围之内。依照规定，只有法律、行政法规才可以设定土地使用权的划拨，该《办法》属于部门规章，设定划拨违反了上位法的规定。再如关于住宅合作社的审批设立问题，2003年颁布的《行政许可法》第十二条、十四条、十五条有明文规定，企业或者其他组织的设立等需要确定主体资格的事项必须设定行政许可，只有法律、行政法规可以设定行政许可，尚未制定法律、行政法规的，地方性法规可以设定行政许可；尚未制定法律、行政法规和地方性法规的，因行政管理的需要，确需立即实施行政许可的，省、自治区、直辖市人民政府规章可以设定临时性的行政许可。依据上述规定，《城镇住宅合作社管理暂行办法》作为部门规章是无权设定行政许可的，该《办法》所规定的住宅合作社的审批主管机关也是不合法的。审批机关不明确，直接影响了住宅合作社的成立与发展。

综上，由于法律规范的缺失，住宅合作社在实践中只能是模糊前行，合作成员因此逐渐丧失合作积极性甚至最后放弃，国家行政主管机关无法在土地出让、规划审批、信贷资金等方面给予其充分的支持，有关住宅合作社问题的行政执法和司法实践也因无法可依带有很大的不确定性。例如，与住宅合作社相关的集资、合作建房问题，虽然民间的愿望与呼声非常高，也不乏勇于探索的例证，但是，制度与规则的缺失，注定了其发展的先天不足与无法避免的失败结局①。

2)"利益捆绑"是导致住宅合作社发展困境的必然因素

从当今角度，利益可以看作是人们（不管是单独地还是在群体或社团中或其关联中）寻求满足的需求、欲望或期望。因此，在借助政治组织机构调整人们的关系或规范人们的行为时，必须考虑到这些需求、欲望或期望②。住宅不同于一般的商品，它掺杂了各种利益因素，涉及很多人和组织。住宅合作社制度在实践中遭遇如此困境，究其原因，既有法律和政策的因素，也是各种利益团体相互博弈的后果。

住宅合作社问题首先关系到的是地方政府利益。事实表明，地方政府土地财政、GDP指标都离不开房地产问题，关乎四十多个行业发展的房地产业已经成为中国国民经济发展的支柱性产业，也是决定地方政府发展命运的最为重要的产业。房地产蓬勃发展，房价高涨，不仅可以促进利税的增长，带动地方经济的发展，促进劳动力就业安置，更重要的是地方政府领导所获得的是间接利益或者叫政治利益。招商引资、兴办企业、发展经济，这些都是基层政府领导大搞政绩工程的常用举措，凭借这一手段，获得晋升和提拔的机会就会增强。大力发展住宅合作社，将会对楼市造成一定冲击，可能出现的房价下跌、经济短期下滑必然会使地方政府利益受损。

① 于璐娜. 合作建房：一场尚待制定规则的博弈. 中国合作经济，2005 (5).
② See ante, §14. 转引自：[美]罗斯科·庞德. 法理学. 第三卷. 廖德宇译. 北京：法律出版社，2007：14.

其次是开发商利益。这是最主要的利益主体，企业设立的最直接最根本的目的就在于获取经济利益。住宅开发的主要利益，最终都归入开发商所有。发展住宅合作社，增加住宅供给，直接影响的是开发商的根本利益，所以主导中国房地产发展的开发商们是最不愿意看到住宅合作社的继续存在和发展的。再次是银行利益。银行为了自身利益，相当一部分资金都流向了房地产领域，通过大力支持开发商，获得丰厚的利润回报。相比之下，夹缝中生存的住宅合作社却很难给予银行同样的利益。最后是公民的住宅利益。对于广大公民来讲，对于住宅合作社合作建房，无疑是肯定并强烈支持的。但是，结果证明，公民的住宅利益往往最容易被忽视或者至少是最后才被考虑和顾及。

透过住宅合作社的发展困境，我们看到的是背后错综复杂的各种利益关系。各相应主体都为了自己的利益，按照自己的意志办事。住宅合作社得不到发展，公民的住宅利益得不到保障，其原因就在于地方政府、开发商、银行之间互为捆绑的隐形利益链，开发商"绑架"了地方政府、"绑架"了银行，这也是目前房价高居不下的主要原因之一。

（五）我国当前住房保障背景下的制度选择

住宅合作社作为具有特殊功能的企业形态，其和房地产开发公司应该是一对孪生兄弟，共同存在于城市建设、改善居住环境、促进经济发展等社会运动中，二者相辅相成，是一个国家城市化进程中不可缺少的要素[①]。在全社普遍关注住宅保障问题的背景下，我们应该坚持科学发展观，从实际情况出发，认真总结经验教训，在进入21世纪这个新的历史时期，有组织、有计划地组织住宅合作社、发展合作建房，切实解决好人民群众的住宅问题[②]。从长远来看，住宅合作社方式应当是增加住宅供应的重要渠道，住宅合作社的存在和发展应是历史的必然选择。

1. 住宅合作社的价值与其存在的必然性

合作是指个人与个人、群体与群体之间为达到共同目的，彼此相互配合的一种联合行动，是一种自愿性的、自助性的共同和协作。歌德曾经说过："不管努力的目标是什么，不管干什么，单枪匹马总是没有力量的，合作永远是一切善良思想的人的最高需要。"这说明了合作的优越性和的重要意义。对于公民住宅保障而言，仅靠政府救济无法得到真正的满足，通过相互合作改善居住条件无疑是较好的选择。有专家指出："住房分配货币化以来，职工可以获得相应的住房补贴，但是买商品房仍然需职工拿出相当的积蓄。而资本的逐利性决定了现在开发的房子我们大多数人是买不起的，也形成了我们在买房及购买服务中的弱势地位。要改变这种弱势地位，

---

①　王丽. 关于在我国发展住宅合作社的探讨. 建筑经济，2005（12）.
②　周珂. 住宅立法研究. 北京：法律出版社，2008：358.

解决我们自己的住房问题就要通过合作。这也就是西方的市场经济国家为什么有那么多的住宅合作社，有那么多的合作经济的原因。"① 笔者认为，发展住宅合作社，具有其必然性，并鼓励大力发展住宅合作社，主要是基于住宅合作社的自身价值。其价值首先在于自助、民主、平等、公平和团结。公民完全的自我发展离不开与他人之间的协作，住宅合作社是建立在平等的基础之上，为社员提供合作之机会与条件，为了共同的目标和利益，积极团结所有社员，公平对待每一位社员，尊重社员民主权利，共谋合作社之发展。其次，合作社成员坚持诚实、开放、关心社会、照顾他人的道德价值观念。合作社之所以为公民尤其是广大中低收入者普遍支持并寄予厚望，就是因为合作社是以诚实信用为基础，运行过程坚持透明、公开，公平地对待所有社员。不及如此，还坚持关心社会、履行其社会责任，并且关心和照顾他人的道德价值观念②。

2. 发展住宅合作社符合全球合作经济发展趋势

合作社是一个具有全球性的经济组织现象，其在不同的社会制度里都存在的价值与空间。合作社在与其他经济组织形式的竞争中顽强生存，不断发展。据资料显示，第二次世界大战前，全世界合作社的社员人数已达到 1 亿人左右，"二战"期间合作社有所衰落，战争结束后，1953 年世界合作社社员人数恢复到 1.2 亿，1984 年达到 5 亿，20 世纪 90 年代达到 8 亿③。若考虑合作社社员、雇员及其家庭成员，全世界约一半人口的生计与合作社有关④。作为合作经济的组织载体，合作社实现经济与竞争力相对较弱的社会弱势群体的互助与自助，能够改善并提高社会弱势群体的经济生活与社会地位。合作社作为弱势群体组织的特性也决定了它在一国国民经济中是一股所占比例不可能很大但同时也不可小觑的力量。因此，作为市场经济发展的产物，住宅合作社顺应世界合作经济发展的潮流，是各国住宅产业发展和改善居民住宅状况的必然选择。很多发达国家的住宅合作社在国家法律和政策的支持下都获得蓬勃的发展。以英国为例，其住宅合作社经过了极其丰富多彩的社会实践，形式多样，而且取得了很好的效果。在住宅合作社成立后的 100 多年的时间里，英国住房状况发生了巨大的变化，公共住房曾一度增长到 31%，住宅合作社功不可没⑤。国际劳工组织（ILO）第 127 号《关于合作社在发展中国家经济与社会发展中

① 于璐娜. 合作建房：一场尚待制定规则的博弈. 中国合作经济，2005（5）.

② Article 6, The International Co-operative Alliance Statutes, International Co-operative Alliance, Nov 22nd，2009.

③ 潘劲. 国外农村合作社的发展. 中国供销合作经济，2000（4）.

④ Statistical Information on the Co-operative Movement. ［2010-10-12］. http：//www. ica. coop/members/member-stats. html.

⑤ 金俭. 房地产法研究. 北京：科学出版社，2004：318.

的作用建议书》也明确指出，发展中国家的政府应制定并实施在经济、财政、技术、立法和其他领域扶助与提倡合作社的政策，该项政策不得意味着对合作社有任何控制。体现了该国际组织对于包括住宅合作社在内的各类合作社组织的支持与国际努力①。

3. 发展住宅合作社是完善房地产市场调控的有效手段

多年的房地产宏观调控结果表明，政府仅仅通过财政、税收、金融手段来调控住宅市场，并没有收到预期的效果，住宅价格不降反升的事实屡次证明了市场调控作用的局限性，政府调控几近失灵，即使在各地出现被寄予厚望的"住房限购令"②之后，房价也没有出现下降趋势。不少的专家对政府的宏观调控建言献策，认为房地产宏观调控应该统筹兼顾、全面部署，应该以"组合拳"来集中应对，而不应该寄希望于单方面的政策和措施。因此，积极组建住宅合作社，开展合作建房，也应该成为政府宏观调控"组合拳"中的有效"招式"，发挥其市场调节功能。这一点，其实早在1992年下发《城镇住宅合作社管理暂行办法》实施的通知中就已经有所肯定："组织住宅合作社，合作建房，是一项有重大意义的改革。充分体现了国家、集体、个人共同负担解决住房问题的原则，有利于吸收个人资金，加快住宅建设。从北京、上海、沈阳、武汉、昆明等城市的实践情况看，通过组织住宅合作社，吸收个人资金，合作建房，已经取得了很好的经济效益和社会效益。各地要加强对这项工作的领导，从实际情况出发，有组织、有计划地组织住宅合作社，发展合作建房，解决好群众的住房问题。"

至于有人提出的"住宅合作社与住房改革方向不统一、会影响住宅市场化改革"的担忧。笔者认为其并没有全面客观地了解住宅合作社的性质与作用，也没有认真了解住宅市场发展的现状与问题。房地产市场竞争机制缺位，市场竞争主体单一，造成开发商对住宅供应的垄断，从中牟取垄断利润，如果再伴有投机商哄抬房价，势必会造成房价增长过快。长此以往，房价会远远高于其实际价值，提高我国房地产市场的泡沫成分，造成国家的经济安全问题。因此，政府理应促进市场竞争主体多元化，增加住宅的供应渠道，完善市场的竞争机制，使得整个我国房地产市场利润率走向平均化③。只有这样，才真正符合房地产市场化改革的方向，解决我国面临

---

① Recommendation concerning the Role of Co-operatives in the Economic and Social Development of Developing Countries. The General Conference of the International Labour Organisation. Geneva, 1966.
② 2010年4月30日，北京首次出台家庭购房套数的"限购令"，在"国十条实施细则"，中明确提出：从5月1日起，北京家庭只能新购一套商品房，购房人在购买房屋时，还需要如实填写一份《家庭成员情况申报表》，如果被发现提供虚假信息骗购住房的，将不予办理房产证。此后，上海、厦门、广州、深圳等一线城市纷纷出台类似举措，限制居民购房套数。
③ 陈元传. 房地产市场需要住宅合作社. 合作经济与科技，2008（1）.

的住房难题。

4. 发展住宅合作社是实现公民住宅权的现实需要

住宅权（the right to adequate housing），即获得适足与充分住房的权利，又称为适足住宅权，对于全世界的每一个人、每一个家庭、每一个社会群体的健康与安宁都是非常重要的。尽管由于个人、家庭和社会群体的需要和偏好不尽相同，很难准确地描述"适足与充分住房"的内容，但认为住宅是人类的基本需要之一应得到法律保护的观点已经成为人类的一项共识[①]。自从 1948 年《世界人权宣言》第 25 条提出："人人有权为维护他本人和家属的健康和福利所需的生活水平，包括食物、衣着、住房、医疗和必要的社会服务；且于遭受失业、患病、残疾、寡居、衰老或其他不可抗拒之环境时，有享受保障之权利。"住宅权已被法律承认并为国际社会所接受。无论是在国际还是各国国内各个层面上，与住宅权相关的领域都正发生着令人鼓舞的巨大变化[②]。我国政府已于 1997 年 10 月签署《经济、社会、文化权利国际公约》，这就意味着我国将遵守公约的规定，履行公约义务，积极地采取措施保证公民住宅权的实现。但是，面对住宅市场存在的诸多风险以及高昂的住宅价格，公民的住宅权保障形势极为严峻，尤其是占据社会主体的中低收入者们，不仅买不起房，相当多的人群连租房居住也存在困难。虽然政府在不断加大经济适用房、城镇廉租房等保障性住房的供应，但是仍然无法满足城镇化不断增长带来的居住需求。而发展住宅合作社，尤其是积极鼓励公民成立自发性住宅合作社，开展集资、合作建房，将开发商的利益予以剥离，至少可以节约 20%～30% 的购房成本，这将会满足相当一部分人的住房需求。因此，发展住宅合作社是实现公民住宅权的现实需要，也是重要手段，这也是实现我国多层次住宅保障目标，实现公民"住有所居"的重要举措。

5. 发展住宅合作社有利于促进社会和谐发展

住宅合作社是为解决社会弱势群体的住房需求而建立，被视为解决住房问题的第三条道路，这不仅可以消除居民因购不起房而引起的社会不满和矛盾，从而减弱社会的不稳定因素，也可以通过抑制房价过快上涨，降低房地产市场泡沫，确保我国金融安全。此外，在其发展壮大过程中，也可以吸纳一定的剩余劳动力，缓解社会的就业压力。更深层次讲，还将有利于降低社会财富的不公平分配，缩小贫富差距。从企业自身角度讲，在市场环境下，有住宅合作组织与房地产开发企业竞争，也会促进房地产开发企业更自觉地承担社会责任，促进社会和经济的持续发展。所以，住宅合作社因其对社会和谐发展的促进作用而应该受到肯定和支持[③]。

[①] 金俭. 中国住宅法研究. 北京：法律出版社，2004 (55).

[②] Rajindar Sachar. The Right to Adequate Housing. UN New York and Geneva. United Nations Publication, 1996.

[③] 王献玲. 住宅合作社与和谐社会建设. 理论前沿，2007 (20)；陈元传. 房地产市场需要住宅合作社. 合作经济与科技，2008 (1).

（六）关于发展住宅合作社的建议

1. 住宅合作社发展需要重新定位

住宅合作社要获得持续发展，真正发挥其生命力与住房保障的社会功效，必须对其进行重新定位，建立现代意义上的新型住宅合作社。该新型住宅合作社必须符合和满足以下条件。

第一，必须是自愿组成的并为其社员所控制的自主、自助性组织。自愿成立是住宅合作社成立的前提条件，它的会员资格是对所有能利用它的服务并愿意承担会员义务的人都是开放的，没有人为的限制或任何社会、政治、种族和宗教的歧视。合作社应该由其成员自主管理，民主决策，在组织运行中应该保证合作社的自主性与独立性。长远来看，公民自发性住宅合作社应该是未来发展的主要形式，住宅合作社要真正成为解决居民住宅困难的群众型组织，政府不应该有过多的干预和限制，住宅合作社更不能成为政府的附属机构。作为自治性组织，住宅合作社应该独立于政府和私营企业。同时，住宅合作社也不等同于简单的个人集资建房。住宅合作社是依法成立的自治组织，具有严格的组织程序和运作机制，而且其存在具有长久性和稳定性。个人集资建房属于临时性的公民之间的普通合作关系，缺乏严格的审批成立机制，集资建房中涉及的融资、土地、开发建设均缺乏法律的保障，而且随着项目的竣工而自行解散，后续遗留问题难以保障。

第二，必须在本质上属于非盈利性组织。住宅合作社主要是为了改善合作社社员的居住条件，具有典型的非盈利性特征，这是其区别于一般商品生产者、经营者和经济组织的根本性特征。住宅合作社是一种特殊的市场主体，不同于公司，体现为"人"的联合而非资本的联合。公司的设立是为了盈利，住宅合作社既不是为了盈利，也不是为了公益，最终目标是为了解决本社社员的住房困难。

第三，必须具有法定的组织形式。新型住宅合作社必须具有法定的组织形式，至于是否必须是法人，笔者认为不应该一刀切，采取何种组织形式，应尊重合作社成员的共同决定。多数人认为住宅合作社应该为法人，但是却很难契合我国《民法通则》关于法人分类的相应理论。住宅合作社无法在实际上归入企业法人或非企业法人。至于梁慧星先生提出的"非盈利性法人"[①] 说，不仅实务中难以判断，而且不利于住宅合作社的长远发展。因此，住宅合作社的组织形式应该体现多样性，不宜将之统一确定为法人。合作社的主体地位，可由合作社发起人自行确立，其可以选择为有限责任性质合作社、股份合作社等法人形式，也可选择为合伙组织、合作社分社等非法人组织形式[②]。

---

① 梁慧星. 合作社的法人地位. 民商法论丛. 香港金桥文化出版有限公司，2003：348.
② 谭启平. 论合作社的法律地位. 现代法学，2005（4）.

第四，以真正的市场主体身份公平参与市场竞争。住宅合作社的实践者们普遍认为，合作建房的最大障碍就在于"身份的模糊性"，只要拥有政府认可的"准生证"，给住宅合作社合作建房一个身份，就已经足够①。住宅合作社必须成为真正的市场主体，公平参与市场竞争。未来中国的住宅合作社，应该放弃对政府行政划拨土地、税收优惠等方面的要求，以崭新的面貌融入到住宅的市场化运行之中，发挥其市场调节功效，解决中低收入群体的住宅需求。

2. 通过立法构建住宅合作社法律制度

"国家"对经济来说，并不是在任何地方，在纯粹"概念上"都是必要的。但是，尤其对一种现代形式的经济制度来说，没有具有特别特征的法的制度，自然无疑是行不通的，而这种法的制度实际上只能作为"国家"的制度才是可能的②。在德国、英国、法国、日本等国家，住宅合作社的发展具有法律制度的支持。以日本为例，日本早在 1966 年 7 月就制定了《日本勤劳者住宅协会法》（Hard-Working People Housing Association Act），并依据该法于 1967 年 3 月成立了勤劳者住宅协会（日本住宅合作社）。住宅合作社的房屋购价基本上是控制在普通职工年收入的 5～6 倍的界限范围内。由于勤住协的非营利性，日本政府除了提供资金支持外，还在税收方面给予各种优惠政策。这就使得勤住协能够提供价格更低廉的住房成为可能。勤住协在获得土地后是不纳土地税的，日本政府还规定其不受国土利用法、宅地建筑交易业法和其他土地使用政策的限制③。因此，在我国现实情况下，加快实施住宅合作社立法，构建住宅合作社法律制度，才是解决住宅合作社生存与发展的根本出路。通过住宅合作社立法，将住宅合作社的主体地位、法律性质、组织原则以及合作建设住宅的条件、程序等用具体的法律制度固定下来，确保住宅合作社的生存和发展有法可依。当然，立法模式的选择，可以通过单行立法模式④，制定专门的《中华人民共和国住宅合作社法》；也可以在当前立法呼声很高的《中华人民共和国住宅法》对住宅合作社制度做出明确规定。

---

① 孙兴全. 给个人集资建房一个身份：住宅合作社. 财政监督，2005（6）.

② ［德］马克斯·韦伯. 经济与社会. 林荣远译. 商务印书馆，1997：374.

③ 国外的住宅合作社. 中国合作经济，2007（3）.

④ 我国已有这方面的先例。为了支持、引导农民专业合作社的发展，规范农民专业合作社的组织和行为，保护农民专业合作社及其成员的合法权益，促进农业和农村经济的发展，我国于 2006 年 10 月 31 日通过了《中华人民共和国农民专业合作社法》，成为我国第一部也是目前唯一的一部合作社法律。

第六章　保障性公共住房法律制度

保障性公共性住房是当前世界各国普遍采取的住宅保障形式，能够直接干预住房市场，实现公民住宅权，具有较强的住房保障功能。我国保障性公共住房起步较晚，主要形式包括：廉租房、经济适用房、公共租赁住房等。实践中各地采用了共有产权等不同模式丰富了我国保障性公共住房的内容，但这些实践模式是否能够纳入我国的法律体系，是否能够实现住房保障的目标值得考察。廉租房与经济适用房是我国通过行政法规确立的两种最基本的保障性住房形式，但在实施过程中也暴露了不少问题。公共租赁住房起步较晚，受到了社会各界的极大关注，亦有人指出该制度存在不足。对此，应当立足于我国现实国情，借鉴国外立法经验进行有益探索，更好的发挥各类保障性公共住宅的作用。

一、保障性公共住房与实践模式

（一）保障性公共住房含义与范围

1. 保障性公共住房的含义

保障性公共住房是各类保障性住房的总称，是为了解决社会公众的住宅问题，针对收入低于平均水平的家庭提供的一种租金低于市场价格的政策性住房（廉租房或公共租赁房），或者是由政府或专门机构开发、以低于市场平均水平的价格出售的政策性住房（经济适用房），又称为公共住宅或共有产权公寓等。在市场经济发展的今天，商品房开发不断升级换代，改善了我国居民的居住条件和环境，却也带来了一定的负面效应，即房价高昂与低收入家庭间的矛盾无法通过商品房市场调和。根据凯恩斯的"国家干预思想"，市场并不具备自我调剂的功能，国家干预才是调节机制的唯一补救，社会保障应当成为市场经济的最后一张安全网。所以保障性住房成为市场经济国家不可缺少的政策性住房。英国早在 1919 年便颁布了世界上第一部《住宅法》（Housing Act 1919），解决战后英国国民居无定所的问题，而今世界上很多国家通过完善的立法对保障性住房进行规定，实现本国国民"居者有其屋"，甚至"居者有好屋"的目标。我国保障性住房的法律制度体系已经初步建立，中央及各地方政府纷纷出台了法律、法规规定保障性住房的形式和内容，规定各方权利与义务。从类别上说，我国保障性住房主要分为廉租房、经济适用房及公共租赁房。

2. 保障性公共住宅的范围

保障性公共住宅的范围分为广义说和狭义说。狭义说是指通过国家立法层面确认的保障性公共住宅的形式，主要指通过行政规章颁布实施的保障性公共住宅的类型，即廉租住房和经济适用住房两种；广义说是指通过中央指导性意见及各地方政府规范性文件制定实施的保障性公共住宅的种类，即不仅包括廉租住房、经济适用住房，还包括公共租赁住房、共有产权住房等形式。

1）由国家立法层面确立的保障性住宅类别

2007年七部委联合颁布出台的《廉租住房保障办法》、《经济适用住房管理办法》昭示着我国保障性公共住宅时代的真正开始①。廉租住房、经济适用住房保障对象为"城市低收入住房困难家庭"，"经济适用住房供应对象要与廉租住房保障对象相衔接"②。然而在几年的实施过程中，廉租住房、经济适用住房在实施过程中受到了很大阻力。地方政府落实情况参差不齐，政府问责机制不健全，资金实施无法确保，骗租、骗购屡禁不止等现实案例，使得在《住宅保障法》出台之前重新评价两类保障性公共住房的立法定位、制度保障是否到位尤为关键。

2）由中央部委指导性意见确立的保障性住宅类别

2010年住房和城乡建设部公布了《关于加快发展公共租赁住房的指导意见》（建保〔2010〕87号），公共租赁住房作为一种新的保障性公共住房形式得到确立。公共租赁住房是为了解决城市"夹心层"的住房问题，解决"中等偏下收入住房困难家庭无力通过市场租赁或购买住房的问题"，也要解决城市新职工、外来务工人员的住房问题。江苏、河北、吉林等省市纷纷出台规范性文件，针对本地区的"城市夹心层"的状况，制定相宜的保障性公共住房的政策。而公共租赁住房的出台并非没有异议，公共租赁住房是否会干扰租赁市场？是否能够弥补廉租房、经济适用房当前存在的不足？其法律性质如何？这些问题仍需要考察研究。

3）各地方实践中确立的保障性住宅类别

各地方政府在住宅保障实践过程中确立了多种创新模式，受到了社会各界的关注。具有标志性的是共有产权模式、租售并举模式、统一保障性住房模式、配建模式等。这些创新模式对廉租住房、经济适用住房、公共租赁住房的开发模式、法律性质作出了调整。共有产权模式提出政府与购房者按照比例享有所有权，政府对房屋有一定的处分权。租售并举模式、统一保障性住房模式将几种保障性公共住房的形式进行合并，不明确区分不同形式的建设上的差别，而是根据本地区的需求在几种不同形式的保障性住房之间进行调整。配建模式对开发商进行商品房开发的模式进行了一定的约束，同时给予开发商一定的政策支持。

---

① 自国家住房改革开始，从原先将住房市场完全推入市场，而今面临商品房市场价格居高不下与低收入群体难以承受高房价的矛盾势必通过保障性住房进行调和。

② 《经济适用住房管理办法》（2007年）第三条。

（二）我国各地方保障性住房实践模式及分析

我国 2007 年颁布《廉租住房保障办法》和《经济适用住房管理办法》后，全国各地区根据自己的实践颁布了本地区的保障性住房管理办法，其中不乏创新性的规定。对此理论界和实务界褒贬不一，下文将一一分析。

1. 共有产权模式

"共有产权模式"，又称"淮安模式"，是指政府通过与购房者签订合同，约定产权比例，由双方共同出资购买住房的一种方式。共有产权房由政府和购买人共同共有，政府产权部分实行低租金或者零租金。共有产权模式在江苏淮安市试行后引起了全国极大地反响①。我国共有产权起源于英国"共有产权房"，但与英国的共有产权房制度相比仍有些不同。最大的区别是英国共有产权房不仅允许卖，且只要购房者在征得"住房协会"以及提供贷款机构的同意后，可将住房全部甚至部分出租给他人，只不过出租的价格必须是市场价，出租的收益需要按照享有的产权比例进行分配。在购房者取得完全产权之前，也可以出售房屋，只不过政府有优先购买权，必须按照市场价出售，出售的收益也须按照享有的产权比例进行分配②。根据《淮安市共有产权经济适用住房管理办法（试行）》规定："共有产权经济适用住房（以下简称共有产权房），是指以出让方式取得经济适用住房用地，总价格参照普通商品住房执行政府指导价（一般低于同期、同区段普通商品住房销售价格的 5%～10%），购房人实际出资额与房价总额的差价显化为政府出资，购房人和政府各自的出资比例构成共有产权，具有保障性质的政策性住房。""共有产权房，由政府提供政策优惠，限定套型、面积，按照合理标准建设，通过政府产权分摊购房人出资负担，面向城市中低收入住房困难家庭提供住房保障，变经济适用住房与普通商品住房双轨制为普通商品住房单一制。"淮安模式与经济适用房的区别：一是，土地按照"出让方式"取得而非"划拨方式"。二是，购房人与政府共同出资购房，政府分担购房人的出资负担。三是，共有产权房的总价按照普通商品房来定价。四是，共有产权房在一定时间内购房人可以通过购买政府房屋产权的份额，实现完全所有权。

赞成者认为，共有产权房避免了寻租行为，实现了政府投入的高效性，化解了地方政府的资金缺口，解决了经济适用房有限产权的法律弊病等。反对者认为，此种模式并不能从根本上解决保障性住房当前监管不力的现状，共有产权房的法律性质值得深思，政府兴建保障性住房的责任并不能因此而免除。我们认为，共有产权房模式的出现反映了我国保障性住房出现的问题，如寻租现象严重，政府资金不足，

① 《江苏淮安首推共有产权住房获部委官员肯定》.［2011-07-21］http：//news.sina.com.cn/c/2010-03-10/023617191266s.shtml。

② 英国的共有产权房制度.［2011-07-22］.http：//news.xinmin.cn/rollnews/2010/04/30/4679555.html.

有限产权房发展的瓶颈等。对于此种模式是否应当推广或禁止，我们认为应当从以下几个方面展开考察。

第一，共有产权房法律性质的界定。我们认为，从目前淮安市对共有产权房的规定来看，共有产权房不是普通商品房，销售价格低于市场价格，政府与购房者间的共有法律关系属于按份共有。我国无锡市、苏州市、平凉市、松原市、定西市、兰州市等地区颁布了"共有产权房"规范性文件，但共有产权房的名称不同，称之为"共有产权房经济适用房"或"廉租房共有产权"。"共有产权房经济适用房"主要以淮安市、上海市、无锡市的规定为代表。"廉租房共有产权"主要以甘肃省、青海省、平凉市的规定为代表。从规范性文件内容看，"廉租房共有产权"实际为经济适用房，购房人通过一定的条件获得完全产权，仅当购房人退出后，房屋用途为廉租。不同的名称反映了各地对于共有产权房的法律性质界定并不清晰。"共有产权房经济适用房"或"廉租房共有产权"为经济适用房的一种形式。从本质上来说，该种模式下的共有产权房仍为保障性住房，政府与购房者间是管理与被管理的关系，而非民法上的平等主体关系。住房的价格由政府依据同类商品房的价格定价，限定了一定时期内的处分权。购买者的资格限定在低收入家庭群体的范围内。

第二，共有产权模式是否具有可持续性。我们认为共有产权房具有一定风险性。商品房市场价格上涨时，购房者与政府处于双赢局面；当商品房市场价格下降时，购房者按照合同约定，仍需要按照约定的价格回购份额。共有产权房在一定的时期内，交易仍受到限制，房屋的性质是"有限"的。但此种模式优势是，房屋的开发不依托政府，可以政府与开发商签订合同，认购一部分商品房作为"共有产权房"。此外，在房价较高的地区，共有产权房的模式亦存在一定的瓶颈，"淮安模式"中政府与购房者出资比例为 7∶3，而房价较高的地区，若为划拨用地，政府需要投入更大的资本购买，购房者也将面临"价格不低"的共有产权房。

第三，共有产权模式是否可以解决权利寻租的问题。短期看来，共有产权经济适用房的价格与普通商品房价格相同，但若商品房价格上涨过快，共有产权房经济适用房仍有牟利的空间。购房者以较低的价格购得后，可以以高于约定的价格出售，存在一定的利润空间。因此，我们认为，共有产权模式并不是解决寻租问题的根本解决办法，寻租问题一方面要通过严格的立法，完善审查程序及法律制裁手段，另一方面要通过行政部门严格执行法律的规定，杜绝不符合条件的申请人获得经济适用房。

总之，共有产权模式是地方政府对经济适用房的有益探索，是保障性住房的一种形式，政府依托社会资源认购经济适用房。但这一方式并不能完全杜绝经济适用房中出现的寻租问题，也存在一定的市场风险。

2. 租售并举模式

　　租售并举模式是指符合经济适用房条件，但无条件购买经济适用房的低收入家庭可以承租经济适用房或购买廉租房的部分产权。根据《杭州市区经济适用住房租售并举实施细则》规定，租售并举是指经济适用住房申请家庭按规定比例支付选购的经济适用住房首付款后，向开发建设单位租赁经济适用住房，并在租赁期限届满前付清全部房款，购买该套经济适用住房。租售并举经济适用住房申请家庭的首付款须达到房屋总价款的30％以上。租售并举经济适用住房的租赁期限不得超过5年，自申请家庭签订购房及租赁协议并支付首付款之日起计算。租售并举经济适用住房的申请家庭在签订购房及租赁协议并支付首付款之日起5年内未付清房款，而因继承、离婚析产发生承租人变更的，须经市房产管理部门核准。受让人符合本细则规定的申请条件的，可继续租赁该房屋；不符合条件的，收回该房屋，并归还申请家庭原支付的款项。租售并举经济适用住房的申请家庭在签订购房及租赁协议并支付首付款之日起5年后仍未全部购买该经济适用住房的，市房产行政主管部门应收回房屋，并归还申请家庭原支付的款项。申请家庭可根据相关条件申请廉租住房或经济租赁住房。

　　可见，租售并举模式放宽了经济适用房的购买条件，申请家庭在一定期限内完成给付，即可获得经济适用房。购房者与政府间签订了经济适用房买卖合同后，购房者未支付全部价款钱，政府仍为经济适用房的所有者，双方同时签订租赁合同，购房者拥有房屋的居住和使用权。这一模式的优点在于一定时期内解决了低收入家庭的居住问题且延缓了期限，使其避免因为经济问题无法购买经济适用房。但这一模式反映了当前经济适用房定价高的问题，一些地区经济适用房价格超出了低收入家庭的承受水平，经济适用房建造后无人问津。我们认为，经济适用房的价格应当通过调查本地区低收入群体的收入状况、可承受水平等来确定。对于确实无法购买经济适用房的群体，应当配备廉租房，而不用先居住在经济适用房，而后再搬迁。

　　3. 统一保障性住房模式

　　统一保障性住房模式是指对各类保障性住房不作区分，统一提供，实现资源的最优化配置。厦门市是实行统一保障性住房模式最典型的地区之一。《厦门市社会保障性住房管理条例》（2009年）规定："本条例所称的社会保障性住房，是指政府提供优惠，限定户型、面积、租金标准和销售价格，向本市住房困难家庭，以出租或者出售方式提供的，具有保障性质的政策性住房。社会保障性住房包括廉租住房、保障性租赁房、经济适用住房、保障性商品房以及其他用于保障用途的住房。社会保障性住房实行统一规划、统一建设、统一分配、统一管理。"厦门市扩大了保障性住房的保障范围，不仅仅以家庭收入为衡量指标。"有下列情形之一的申请家庭，可以予以单列分配：（一）居住在危房的；（二）居住在已退的侨房、信托代管房等落实政策住房的；（三）居住在已确定拆迁范围内的住房且不符合安置条件的。"但

"符合申请条件的每一家庭只能申请一套社会保障性住房。"

这种模式与租售并举模式有一定的相似性，具有更多的灵活性，整合了廉租房、经济适用房的资源。统一保障性住房的范围大于传统意义上的保障性住房，包括保障性租赁房、保障性商品房以及其他用于保障用途的住房。社会保障性商品房向有经济能力的中低收入家庭以及特定对象中的住房困难户提供；保障性租赁房向既不属最低生活保障线以下又无经济能力购买保障性商品住房的低收入家庭提供；廉租住房向最低生活保障线以下的住房困难家庭提供；结合旧城（村）改造，通过拆迁安置，解决和改善本市中低收入家庭的住房困难和居住条件①。可见，厦门市的保障性住房体系建构较为全面，对中低收入家庭提供社会保障性商品房。但社会保障性商品房不得上市转让，但可申请由政府回购，回购价格按购买价格结合住房的新旧程度确定。除购房按揭外，社会保障性商品房不得进行商业性抵押。这是保障性商品房与过去经济适用房最大的不同所在。《厦门市社会保障性公有租赁住房管理办法》（试行）通过对不同对象实行不同租金标准，即廉租租金、标准租金、准市场租金、市场租金，通过租金杠杆进行调控，实现良性的退出机制。

4. 配建模式

配建模式是指在利用新出让的土地上建设普通商品房中，政府与开发商协议，由房地产开发企业按可建住宅总建筑面积的一定比例或一定数量建造保障性住房。配建模式已在多个省市实行，如《银川市城市住房保障管理试行办法》（银川市人民政府令第5号）规定："廉租住房、经济租赁住房房源包括按照土地出让合同约定，由政府收回或者回购的在新建商品住房项目中配建的不低于总建筑面积的3％的廉租住房。"据悉，上海市也将采取配建模式："在新出让土地、用于开发建设商品住房的建设项目，均应当按照不低于建设项目住房建筑总面积5％的比例配建经济适用房等保障性住房。"②

配建模式利用开发商的资源，减少了政府组织兴建保障性住房的程序，同时也避免了由于集中的经济适用房或廉租房的建设造成未来可能出现的管理难题，如集中建设使得贫民窟的大量产生。政府与开发商签订协议时，亦须注意配建中廉租房或经济适用房的分布问题，应当避免最差房源或集中房源等问题的出现。

二、廉租住房的现状与对策研究

在物价、房价不断上涨的今天，底层社会的人权越来越受到社会各界的关注。

---

① 厦门市保障性住房模式研究. [2008-10-19]. http：//xmgxzzllk.com/upimg/soft/1_081018162402.doc.
② 上海将规定新建商品房项目需配建5％保障性住房. [2011-07-22]. http：//www.chinanews.com.cn/estate/estate-zcfg/news/2010/06-03/2322590.shtml.

廉租住房制度通过对社会最低收入群体提供低于市场房屋租赁价格、能够承受的租赁房屋，实现最低收入群体的住房权。廉租住房在我国实行过程中出现了一些问题，骗租现象屡禁不止，转租现象时有发生，退出机制不完善等，导致社会公众对廉租住房作用产生了质疑，甚至我国学者茅于轼提出"廉租住房不设厕所防富人购买"的观点。虽然这些观点不符合住房权的要求，却也反映了当前我国廉租住房法律制度亟待完善。

（一）我国廉租住房保障法律制度的分析

1. 廉租住房的含义与法律性质

廉租住房（low-rent housing）是指政府或单位以租金补贴或实物配租的方式，向符合居民最低生活保障标准且住房困难的家庭提供的具有社会保障性质的住房，又称作廉租屋、公营住宅或公屋。实物配租的廉租住房来源途径较多，有公屋、单位住房或者私人房屋等。由政府组织建设的廉租住房具有国有资产的性质。单位房或私人房屋通过捐献渠道提供给政府用于廉租住房的建设，则仍属于国有资产的范畴。若单位住房或私人房屋仅提供一定期间的租赁权给承租人使用，其所有权性质并不发生改变。一般来说，廉租住房具有如下几种法律性质：第一，社会保障性。第二，社会救济性。第三，公益性。承租人和租赁人双方之间的法律关系为房屋租赁法律关系。房屋租赁法律关系依照《合同法》为平等民事主体间的关系，而廉租住房的房屋租赁关系不一定是平等主体间的关系。在租金补贴的情况下，廉租住房承租人与出租人间是平等的民事关系。在实物配租的情况下，廉租住房承租人与出租的行政部门、审查部门间为不平等的行政法律关系。

2. 廉租住房相关法律文件的梳理

从狭义角度而言，我国并未出台专门针对廉租住房法律保障制度的法律规范性文件；广义上的廉租住房法律规范主要包括部门规章、地方性法规和行政规章等。部门规章主要体现为 2007 年建设部等九部门联合发布的《廉租住房保障办法》，系统规定了廉租住房的定义、保障对象、保障形式、申请条件及审核、来源范围、建设条件、资金来源、责任机关、退出机制及法律责任等。而政府对于廉租住房重视程度的演变主要体现在政府政策性文件中。1994 年，在国务院颁布的《国务院关于深化城镇住房制度改革的决定》中提出："要建立以中低收入家庭为对象、具有社会保障性质的经济适用住房体系和以高收入家庭为对象的商品房供应体系。"1998 年，《国务院关于进一步深化城镇住房制度改革，加快经济适用住房建设的通知》中国务院又重申了这一政策，并宣布要建立面向最低收入居民的廉租住房供应渠道。1999年，建设部先后单独以及会同有关部门制定了《城镇廉租住房管理办法》（中华人民共和国建设部令第 70 号）、《城镇最低收入家庭廉租住房管理办法》（中华人民共和国建设部令第 120 号）、《廉租住房租金管理办法》（中华人民共和国建设部令第 162

号)、《城镇最低收入家庭廉租住房申请、审核及退出管理办法》(建住房〔2005〕122 号)等一系列法规、规章。2004 年出台了新的廉租住房管理办法,2005 年 4 月 30 日建设部等七部委发布的《关于做好稳定住房价格工作的意见》。2007 年,国务院正式发布的《国务院关于解决城市低收入家庭住房困难的若干意见》(国发〔2007〕24 号)指出:"我国城市廉租住房制度建设相对滞后,政策措施还不配套,要加快建立健全以廉租住房为重点、多渠道解决城市低收入家庭住房困难的政策体系。"2010 年国务院总理温家宝政府工作报告中指出:"2009 年新建、改扩建各类保障性住房 200 万套,棚户区改造解决住房 130 万套,2010 年将建设保障性住房 300 万套,建设数量上的增加表现了政府对解决这一问题的态度和决心。透视政府的各阶段政策性文件,我们不难发现廉租住房法律制度正日益提上政府工作的议事日程,并在不断完善过程中,但我国廉租住房法律保障体系仍存在以下问题。"

3. 我国当前廉租住房法律保障制度的困境

《国务院关于解决城市低收入家庭住房困难的若干意见》中指出建立健全城市廉租住房制度通过如下几方面进行:第一,逐步扩大廉租住房制度的保障范围。第二,合理确定廉租住房保障对象和标准。第三,健全廉租住房保障方式。第四,多渠道增加廉租住房房源。第五,确保廉租住房保障资金来源。我们认为,廉租住房制度的问题首先要解决的是廉租住房法律保障体系的建立与完善。客观来说,我国廉租住房法律保障体系尚未完全规范到位,仍存在诸多缺陷。

第一,廉租住房法律保障的立法层次不高。我国尚未出台有关住宅保障的基本法律。住宅保障法律制度完善的标志之一是《住宅法》或《住宅保障法》的颁布与实施。世界上保障性住房运行较好的国家均有一部甚至几部住宅法案作为法律支撑。据悉,我国《住宅保障法》正在起草,还没有经过住房和城乡建设部的审定,计划将于 2013 年前出台,但能否按期颁布令国人关注①。

第二,《廉租住房保障办法》规定较为原则,一些规定有待商榷。廉租住房具有公共资源的性质,但目前对其法律性质、操作程序等并没有系统的研究,不利于保证公共资源分配的公平公正性,如廉租住房保障对象界定不明确。廉租住房保障范围为"城市低收入群体",对于大量游离在城市的农民工、外籍常住人口的住宅权未予规定,同时对低收入住房困难群体的界定标准不够清晰。政府法律责任规定不明确。如对土地净收益投入的义务,未规定地方政府达不到规定投入比例的惩戒措施,相关责任人承担的法律责任。

第三,廉租住房法律保障立法衔接不到位。这首先体现在与经济适用房法律制

---

① 《住宅保障法》或在 2013 年两会前颁布实施. http://house.focus.cn/news/2010-02-08/857054.html.

度的衔接上。我国目前保障性住房包括廉租住房与经济适用房，两者间应当是相辅相成的关系，而当前经济适用房存在的必要性受到了质疑，廉租住房与经济适用房的功能区分尚不明确，房屋资源浪费的现象也屡见不鲜。其次体现在廉租住房法律保障制度与其他社会保障制度的立法衔接上。我国现存的社会保障制度包括低保制度、公积金制度等。低收入居民住房问题的根源，不在于住房本身，而是一个与贫困作长期和坚持不懈的斗争的问题，因此必须从广阔的视野来考虑，对于廉租住房的法制建设应有全局性和统筹性的考虑①。

第四，政府法律责任或问责机制规定模糊甚至未作规定。《廉租住房保障办法》明确了廉租住房保障资金的种类及具体投入比例②，具有历史开创性。然而在 GDP 作为政府考核重要指标的今天，这一部门规章的规定是否会流于形式，我们不得而知，但是一部完整的法律规定在规定法定义务的同时，亦需要规定违反法定义务后的法律责任。不能仅凭政府的良心而为之。

第五，廉租住房建设标准规定不到位。《廉租住房保障办法》规定了新建廉租住房，应当将单套的建筑面积控制在 50 平方米以内，并根据城市低收入住房困难家庭的居住需要，合理确定套型结构。对于廉租住房的房屋质量、所处地理位置、配套公共设施等均为具体规定。国外公共租赁住房建设多年，已经出现了贫民窟的现象，如美国议会 1993 年启动了希望六号计划，目的是摧毁并重建衰弱的公共住房；1998 年颁布了《质量住房和工作责任法案》，着重用不同的方法来减少公共住房的贫穷集中现象③。这也反证了"廉租住房不设厕所"的观点的荒谬之处。

（二）重构廉租住房法律制度的对策研究

廉租住房既可以说是一项法律制度，也是一项国家的政策。当前我国廉租住房更多的是依靠政策运行，由政府命令的强制性保证地方政府的执行，然而长期依靠政策运行存在很多弊端。一方面，政策具有不稳定性，廉租住房的建设恰恰需要长期稳定的投入；另一方面，政府成为廉租住房的第一责任人，民众参与度降低，社会资源难以发挥作用。一旦目标难以实现，政府极易丧失公信力，民众对政府丧失信心。所以，从社会稳定和政府公信力的角度看，廉租住房不仅仅是一项政策，更是需要通过法律规范进行调控。这一点从国外及我国香港地区成熟的廉租住房保障法律制度可见一斑，值得借鉴。

1. 廉租住房的保障主体之考察

1）廉租住房保障主体的一般性考察

---

① 符启林，罗晋京. 对我国廉租住房立法的建议. 甘肃社会科学，2008（2）：136.

② 《廉租住房保障办法》第九、十条。

③ 阿列克斯·施瓦兹. 美国住房政策. 北京：中信出版社，2008.

　　廉租住房申请主体是启动准入程序的首要要件。符合条件的申请主体向有关行政部门提出申请，以期获得廉租住房轮候的资格或直接获得租金补贴。2007 年由建设部等七部委联合颁布的《廉租住房保障办法》（以下简称《办法》）中对申请主体范围进行了规定。该《办法》第二条规定："城市低收入住房困难家庭的廉租住房保障及其监督管理，适用本办法。本办法所称城市低收入住房困难家庭，是指城市和县人民政府所在地的镇范围内，家庭收入、住房状况等符合市、县人民政府规定条件的家庭。"可见，我国廉租住房的权利主体是"城市低收入住房困难家庭"，主体资格的界定主要围绕"户籍"、"家庭收入"、"住房状况"等条件进行判定。具体的判断标准由各市县人民政府进行规定。

　　通过《办法》第二条的分析，我们发现廉租住房的保障对象范围的限定有两个要件：①户籍限定性。《办法》限定享有廉租住房的主体为"城市"低收入住房困难家庭。②以家庭条件及住房状况为具体判断要素。纵观我国当前各地方政府颁布出台的保障性住房法规或政策性规定，基本上是以这两个标准为依据对本地区的主体进行分类，各地方政府进一步规定了特殊标准。笔者收集了二十几个省市的廉租住房保障办法的规定，对其中主体范围的规定进行梳理，发现对于廉租住房申请主体的规定各地方各不相同，也存在一些矛盾，引发了我们对于何为廉租住房的应然主体的思考。

　　2）现行法的反思

　　从各地规定的情况看来，对于何为廉租住房的申请主体，多数地区规定的一般条件为：户籍要求、人均收入水平及人均住房面积。这三点也是七部委《廉租住房保障办法》中对于廉租住房主体的限定条件。对于户籍的要求，一般要求是本地城镇户口即可，个别地区有居住年限的要求或者常住人口，极个别地区将范围扩展到了常住城市的失地农民（吉林）。对于人均收入，一般由各地方政府公布每年度的具体标准，个别地区规定廉租住房覆盖范围应当达到一定比例的最低收入群体（江苏）。对于人均面积的规定，直接公布具体面积标准的属于少数，多数省市规定在人均面积以下一定比例或由地方政府另行规定。

　　各地规定不乏特殊之处，如关于优先权的规定、对申请人民事主体资格的限定、对拆迁户的规定。首先，关于优先权的规定，实际上意义在于具体申请，对于这部分主体的排序应当提前。从一些地方的规定看来，有些优先权带有明显的政策性倾向，如《南宁市廉租住房保障办法》规定："在同等条件下，对无政策外生育家庭优先予以实物配租。"如《厦门市社会保障性住房管理条例》规定："申请家庭成员中有属于残疾、重点优抚对象、获得市级以上见义勇为表彰、特殊贡献奖励、劳动模范称号的；申请家庭成员中有在服兵役期间荣立二等功、战时荣立三等功以上的。"这些带有政策性评价的条件能否作为申请主体享有更大的申请条件的法律依据，值得我们考察。其次，对于申请人的资格限定条件的问题，即申请人是否要具备一定的行为能力资格。再次，对于拆迁户是否具有申请廉租住房的资格，应当具体考察拆迁制度中对于实物补偿的要求问题。

3）廉租住房申请主体的法律考察

行政相对人行为的生效要件必须要结合《民法》规定的同时，加以必要的修正或变更。相对人行为的生效要件中首先要符合一定的主体要件。作为行为主体的相对人必须具备行政法上的权利能力和行为能力，未达到法定年龄的人和不能控制自己行为的精神病人不能从事合法有效的行为。但是，必须划清两个界限：一是相对人行为主体要件与行政给付对象要件之间的界限。未满法定年龄或者患有精神病的人不能独立作出合法有效的相对人行为，但他们却可能依法符合行政给付要件，属于行政给付对象范围。二是相对人行为主体要件与相对人行为主体合法要件之间的界限。只要具备一定的权利能力和行为能力，就符合相对人行为主体要件，但其行为是否合法，即行为内容是否符合有关行政给付的法律规定，则是行为主体合法要件所应涵盖的内容。廉租住房的申请行为是否有效首先要符合一定的主体要件。作为一种行政给付的申请行为，申请相对人具备一定的权利能力和行为能力，只有属于行政给付对象范围的相对人的申请行为才是合乎法律要求的，才能得到行政主体的认同或批准。下文将对各地方的规定进行一定的评议：

（1）取消对申请主体必须为家庭限制

《廉租住房保障办法》第二条确定了保障对象为城市低收入住房困难"家庭"。"家庭"是一个社会概念，并不是一个严格的法律概念。法律概念中较为近似的概念为"亲属"。社会概念的"家庭"是指以婚姻和血统关系为基础的社会单位，成员包括父母、子女和其他共同生活的亲属。我们认为，具有较大意义的概念为家庭成员，其确定与收入、住宅标准直接挂钩。对家庭成员的认定，申请家庭成员之间应具有法定的赡养、抚养或者扶养关系，包括申请人及配偶、子女、父母等。其他人不能列为家庭成员。"家庭"这一名词概念，将单身人士或者独居者排除在外。纵览数个省市地区的规定，唯有《青岛市廉租住房保障办法》第四条规定："下列条件的家庭或年满35周岁的单身人员……"。此规定突破了《廉租住房保障办法》对于"家庭"的限制范围，将年满35周岁的单身人士申请包括在内。我们认为，要求符合年满35周岁的规定，目的为优先考虑家庭为单位的申请主体。青岛市的规定似乎表明超过35周岁的单身人士一般不易再成立家庭，亦有资格申请廉租住房。35周岁的年龄限制是否合理，是否会造成资源分配不合理？日本立法史上关于申请主体是否必须为"家庭"的变化值得我们关注。日本《公营住宅法》（The Public Management Housing Act）第17条对申请人的限定条件之一为："具有现在共同居住或将要共同居住的亲戚。"此条件相当于我国对于申请主体必须以家庭为单位的限制。日本独居者诉讼改变了这一限定条件的内容。《公营住宅法》1980 年修改时，对高龄者、身体残疾者、接受生活保护者及其他特别需要安定居住的人"网开一面"，他们可以以单身入住公营住宅。我国廉租住房的申请条件应当借鉴日本《公营住宅法》的规定，从平等权出发，不应当否认贫困独居者的申请资格。在符合同等条件的基础上，根据当地的廉租住房建设水平，对以家庭为单位的主体和独居者进行相应的排序。

（2）完善对申请主体收入水平、家庭资产、家庭住房的限制的规定

低收入群体是指收入低于贫困线的群体。一般来说，低收入者居住条件较差甚至住房困难，基本的居住条件无法得到满足。而纳入住宅社会保障范围中的低收入群体要具备两个要件，即收入困难且住房困难。加拿大《国家住宅法》（The National Housing Act）规定："低收入家庭是指一个家庭所收到的总收入，根据家庭生活条件在其现有的租赁市场内，不足以抵付可以满足其需要的住宅公寓租金。"收入困难是指收入低于贫困线，一般以家庭平均收入为准，收入标准根据本地区经济发展状况确定。申请主体收入水平应当以家庭人均收入为准。家庭收入是指家庭成员的全部收入总和，包括工资、奖金、津贴、补贴、各类保险金及其他劳动收入，储蓄存款利息等。家庭资产也应当进行认定，是指全部家庭成员门下的房产、汽车、有价证券、投资（含股份）、存款（含现金和借出款）等。但是如何确定一个家庭的总收入，在我国尚未建立个人信用体系的情况下，显得较为困难，且家庭总收入包括哪些形式和内容，需要法律进一步加以规定。我们认为，收入标准还应当考虑当地房屋租金的水平，当租金水平远高于贫困线家庭的收入水平，应当放宽门槛。住房困难是指家庭内成员均未有享有所有权的住宅且家庭收入无法承担一般房租。一般房租的标准应当以当地房屋租赁市场的平均水平或一般水平来确定。家庭住宅是指全部家庭成员名下承租的公有住宅和拥有的私有住宅。申请家庭现有两处或两处以上住宅的，住宅面积合并计算。各地的廉租住房申请者一般规定为经民政部门认定的低保家庭（含优抚家庭）中的住房困难户；除低保家庭外，也应保障那些即买不起房又非低保的住房困难者，也即中低收入人群。但是我国当前上没有完善的个人信用制度和个人收入申报机制，居民"隐形收入"无法统计在内，这使得划分居民收入线的基础将变得很薄弱，实施起来也非常困难。而且，在某些地方虽对收入线进行了划分，但由于"隐形"收入等因素存在，导致核查、监督居民的实际收入变得异常困难。从这两方面申请者的条件应当从廉租住房的政策目的来考察，亦需考虑到廉租住房与其他保障性住房的对接的问题。可以参考我国香港地区对申请人必须申报财产义务的要求进行规范立法。

（3）取消对申请者户籍的限制

对于户籍的限制，一般规定为城市户口或城镇户口。这里需要考察的是户籍范围的限定合法性与合理性问题。住宅社会保障法律制度的构建要覆盖到需要给予保

障的社会群体。在现代城市不断发展的今天，人口流动加剧，户籍意义上划分公民的意义正在不断弱化，特别是沿海地区城市人口流动加速，大量人口涌入沿海发达地区。而我国沿海地区的住房问题恰恰是最突出的，房价高涨的现实下，对过多的以户籍作为廉租住房的准入条件，势必使得最需要廉租住房的一部分群体被拒之门外。廉租住房保障体系的对象，从广义上讲，不仅包括具有本地城镇户口的"城镇居民"，还要包括城市中大量"流动"但常住城镇的"农业人口"和外地"城镇居民"。如果不对廉租住房保障对象进行重新界定，不解决该群体的住房问题，将给社会造成巨大的隐患，严重威胁社会安定团结。

对我国来说，多层次立法是将来的发展趋势，从不同经济收入出发，对能够享有廉租住房政策的群体，一般限定在无法通过自身能力获得自有住房的群体且无法承受经济适用房。社会保障的发展水平与经济条件息息相关，我国廉租住房保障的范围也与我国经济水平发展成正比，廉租住房保障的范围可以逐步扩大。目前廉租住房申请对象一般以城镇居民为主，但目前居住条件最差的往往是新城市居民，如外出打工的农民工，而城镇居民一般拥有自己的住房。从外国住宅保障发展的过程，我们可以发现，廉租住房保障对象一般从最贫困家庭开始，然后逐步过渡到次贫困家庭，直至中等收入家庭，实现全社会"居者有其屋"的目标。我国廉租房的保障范围应当根据当前需要保障主体的实际情况、我国廉租住房建设的规模以及我国社会现实情况进行规定。我们认为应当将城镇居民的认定标准扩大至城镇常住人口，最贫困家庭优先申请。

2. 廉租住房的资金来源之确保

廉租住房的资金来源充足是保障廉租住房制度能够发挥功效的重要条件。《办法》第九条规定："廉租住房保障资金采取多种渠道筹措。廉租住房保障资金来源包括：年度财政预算安排的廉租住房保障资金；提取贷款风险准备金和管理费用后的住房公积金增值收益余额；土地出让净收益中安排的廉租住房保障资金；政府的廉租住房租金收入；社会捐赠及其他方式筹集的资金。"第十条规定："提取贷款风险准备金和管理费用后的住房公积金增值收益余额，应当全部用于廉租住房建设。土地出让净收益用于廉租住房保障资金的比例，不得低于10％。政府的廉租住房租金收入应当按照国家财政预算支出和财务制度的有关规定，实行收支两条线管理，专项用于廉租住房的维护和管理。"

各地地王频出，土地出让金的记录一再被打破，然而廉租住房的资金却是杯水车薪。10％的土地出让净收益比例过低，而且土地出让净收益一般低于土地出让金，如果缺乏足够的监督机制，土地出让净收益将成为无法预期的数据。我们认为，应当提高土地出让净收益用于廉租住房建设的比例，并建立廉租住房建设专项建设资金，确保廉租住房建设的资金充足，对于虚报、瞒报土地出让净收益的部门和负责人应当承担一定的行政甚至刑事责任。同时，这样的规定也存在一定的缺陷，在地价较低，财政收入不高的地区，廉租住房的建设资金显然无法到位，应当由上级地方政府进行专项资金的投入，确保廉租住房建设到位。

3. 廉租住房退出机制之重构

廉租住房的退出机制问题是廉租住房住房保障制度中最热议的话题，也是目前廉租住房制度中存在的弊病。已领取租赁住房补贴或者配租廉租住房的城市低收入住房困难家庭，应当按年度向所在地街道办事处或者镇人民政府如实申报家庭人口、收入及住房等变动情况。廉租住房承租人的收入、经济状况一旦发生变化，不符合廉租住房申请条件时，应当主动退回廉租住房。但由于廉租住房租金低廉，承租人收入经济状况发生变化，可能不愿意退出廉租住房，更有甚者转租给他人从中牟取利益，这大大破坏了廉租住房的社会效应与价值。我们认为，要实现廉租住房功效的最大发挥，最关键的就是要建立和完善廉租住房的退出机制，具体对策如下。

第一，通过法律法规加大对欺诈行为的处罚力度。我国香港地区规定，任何人如故意向房屋委员会虚报资料，即属违法，一经定罪，可判罚款 200000 港元及监禁 6 个月。高强度的惩罚措施保证了违法行为的高成本，可以有效遏制违法行为的发生。我国应当通过立法对骗租行为进行处罚，而不仅仅是"警告"或退回廉租住房。

第二，加强廉租住房家庭收入及居住情况的定期跟踪管理制度。虽然我国个人信用制度尚未建立，但对于申请廉租住房的家庭要建立家庭收入档案。对廉租住房家庭的收入进行年审制度，在年审中出现收入增长不符合继续居住条件的情况，应当限定一定时期搬离；若暂时无法搬离者，应当按照市场价格或准市场价格收取房租，如扬州市出台了相关政策，为防止骗取廉租住房保障、恶意欠租、无正当理由长期空置、违规转租、出借、调换和转让廉租住房等行为的发生，要求住房保障中心每年对照当年廉租住房实物配租条件进行审核，对违规违约行为进行严肃处理，直至收回廉租住房，并取消违规家庭在一定时间内再次申请廉租住房保障的资格。

第三，成立专门的打击廉租住房骗租行为的行政机构，加大监管力度。香港政府为了加强公屋滥用方面的调查及执法工作，房屋署还成立了"打击滥用公屋资源特遣队"。申请公屋如果弄虚作假可能被刑事起诉。我国各地区的住房保障中心亦可以成立专门的行政机构，对廉租住房的使用情况进行监管。

4. 廉租住房建设标准之立法保障

商业性楼房是由开发商投资建设的，为了销售利润的最大化，必然会考虑其建设质量、配套设施等问题。而廉租住房的建设标准具有更多的社会保障意义：廉租住房提供给社会最贫困人群居住，其社会意义是为了改变这部分人群居住环境，实现住宅权，从而达到总体社会生活水平的提高。而保障性住房的房屋质量颇受诟病，从"楼脆脆"、"楼歪歪"再到"楼薄薄",主角多为保障房①。人们提起保障性住房,联想到的便是居住条件差、地理位置偏远、建筑质量落后的词眼。我国保障性住房的事业刚刚起步,将有很长的一段路程要走,而国外对于保障性住房的建设标准的问题已经分析较为透彻。因为初期保障性住房建设欠缺建设标准的考虑,导致贫民窟的形成、社会犯罪率的提高等问题影响了保障性住房的政策。

美国的公共住房和租房券制度与我国廉租房制度较为相似。公共住房是美国最广为人知的低收入住房资助项目,该项目设立于1937年。而发展至现今,美国公共住房项目面临衰弱,主要问题包括家庭处境糟糕、社区管理难度大、公共住房工程周边社区犯罪率高、住房物质状况下降。为此,美国议会1993年启动了"希望六号计划",目的是摧毁并重建衰弱的公共住房;1998年颁布了《质量住房和工作责任法案》(Quality Housing and Work Responsibility Act),着重用不同的方法来减少公共住房的贫穷集中现象。该法案规定,公共住房可接纳的极低收入住户不得超过其所有住房单元的40%;当地方公共住房管理局把超过75%的现有新租房券发给极低收入住户时,公共住房中极低收入住房的最高比率进一步下降为30%②。美国公共住房政策及法律的不断调整和后期对旧的公共住房改造的立法现象,对我国廉租房的政策制定和立法目的有很大的启示:①廉租房并不仅仅是为了实现最贫困阶层的生存问题,而是具有更重要的社会意义。为了提高最贫困阶层的生活水平,就要考虑到廉租房的建设不能完全集中,建设位置不能过于偏远,房屋建设质量应达到法定标准。②廉租房建设仅是个开始,更为重要的是廉租房的管理、维护以及社会问题的预防等。我们认为对于廉租房的选址、入住人群的条件以及小区管理、资金的投入都要通过法律形式加以明确,预防将来出现更加严重的社会问题。

三、经济适用房的问题与制度完善

经济适用住房是住宅社会保障的形式之一,是政府提供若干优惠政策面向城市低收入住房困难家庭供应的,具有保障性质的政策性住房。我国当前经济适用住房存在一定的问题,骗购案例不断,甚至出现仅针对公务员出售的"经济适用住房"等现象。这些问题的出现使得经济适用住房受到了社会的质疑,甚至有学者提出取消经济适用住房制度,保障性住房应以廉租住房、公共租赁住房为主,经济适用住房为辅的提议也受到了一些人的追捧。然而我们认为,经济适用住房当前存在的问题并非存在的合理性问题,而是具体制度设计的科学性问题,经济适用住房是保障

---

① 保障性住房价格便宜了但质量啥时才能有"保障". http://news.changchun.soufun.com/2010-10-11/3885830.htm.

② 阿列克斯・施瓦兹. 美国住房政策. 北京:中信出版社,2008.

性公共住房不可或缺的组成部分之一。

（一）我国经济适用住房保障法律制度的分析

经济适用房不同于普通商品房，是以低于商品房的价格向低收入群体出售的有限产权房。开发商在开发经济适用住房时，享有政府的政策支持。政府对经济适用住房的支持主要体现在提供划拨土地使用权，降低房屋成本与价格；提高部分基础设施配套，实行税收减免，严格控制住房成本和利润率（不超过3%）。经济适用住房的对象应该是中低收入者，以低收入优先。经济适用住房是一种特殊的不动产，其特殊性表现在以下几点。

第一，提供主体的公权力性质。经济适用住房由政府采取法人招标的方式或由经济适用住房管理实施机构直接组织开发。政府对经济适用住房的申请、审查、建设标准、销售等具有直接干预的权力。但政府行使公权力应当在法律赋予的限度内，遵循法律原则和规则。

第二，所有权主体的限定性。经济适用住房的申请主体为低收入家庭，同时要符合法律限定的条件，即收入低且住房困难。经济适用住房的供应对象要与廉租住房保障对象相衔接，也有别于廉租住房的保障对象。我们认为经济适用住房保障的对象经济条件比廉租住房申请人较好，有能力支付经济适用住房的价款。

第三，标的物的社会保障性。经济适用住房享有政府提供的若干优惠措施且限定了标的物的微利性或者无利性，这就决定了经济适用住房具有很强的社会保障功能，是低收入者获得的保障性住房。

第四，标的物的产权有限性。购房者在一定的时限内不得转让或出租，达到规定的年限后在取得完全所有权前不得转让。所有权的权能受到了限制。

经济适用住房涉及三方法律关系，即行政机关、房地产开发商及购房者，涉及行政法律关系和民事法律关系。行政机关与购房者之间是行政法律关系，行政机关有权对申请人的实际情况进行审核决定申请人是否适格，申请人对行政机关行政行为有异议的可以申诉；行政机关与房地产开发商之间是行政法律关系，房地产商中标后根据行政机关的要求及法律的规定进行房地产开发，行政机关对开发商的开发投资行为有监管的义务；开发商与购房者间是民事法律关系，符合条件且轮候到的申请者与开发商签订房屋买卖合同。

（二）当前我国经济适用住房制度存在的问题

2007年国务院发布《国务院关于解决城市低收入家庭住房困难的若干意见》指出要改进和规范经济适用住房制度，包括规范经济适用住房供应对象、合理确定经济适用住房标准、严格经济适用住房上市交易管理、加强单位集资合作建房管理几个方面。《经济适用住房管理办法》规定了相应的法律制度，但是经济适用住房在实践过程中仍暴露了一些问题，反映了法律的漏洞。

1. 经济适用住房的立法层次不高

《经济适用住房管理办法》仅为部门规章，效力过低，不利于保障低收入家庭的住宅利益。我国一直未通过立法对经济适用住房法律制度进行规范，也未确立"住宅权"——这一世界性的重要人权。当部门规章与《物权法》等上位法发生冲突时，应当适用上位法，这就使得经济适用住房法律性质的不明晰。经济适用住房是一种重要的不动产，并完全不享有物权法关于不动产的所有权益，体现了国家对财产权的一种限制，目的是为了实现绝大多数人的居住权。

2. 经济适用住房有限产权性的作用有限

根据《经济适用住房管理办法》的规定在 5 年内不能上市交易，5 年后若政府不行使优先购买权，购房人补足差价取得完全产权后可以上市交易。购房人仍可获益，同时经济适用住房性质发生转变成为普通商品房，经济适用住房的房源减少。政府需要通过不断建设新的房源满足低收入家庭的居住需求。我们认为，仍存在经济适用住房申请人的情况下，政府应当强制回购经济适用住房且原先购房人不得再次申请经济适用住房。

3. 经济适用住房准入和退出机制仍需要完善

经济适用住房的准入机制应当做细化规定。能够申请经济适用住房的低收入家庭的定位并不明确，与廉租房申请者衔接不到位，使得一部分人即使申请到了经济适用住房也无法支付对价。而高收入人群申请经济适用住房的惩戒措施过低。经济适用住房的退出机制亦应当完善。若购房者居住期间，家庭收入增长至中等以上水平，应当主动退出经济适用住房，若不愿退出，政府应当强制收回。

（三）完善我国经济适用住房法律保障体系

1. 经济适用住房存在必要性之考察

经济适用住房一度曾被媒体和部分学者视为"鸡肋"，主要原因是：①部分地区建设经济适用住房建设标准不符合法定要求，豪华型住宅占据经济适用住房市场。②收入审核不到位，公务员等收入较高阶层通过审核。③房价定价过高超出中低收入群体承受能力。④退出机制不完善，经济适用住房 5 年内买卖、租售的行为屡禁不止等。我们认为，经济适用住房的"弊端"表明我国对于该制度的法律设计存在缺陷，应通过重构我国经济适用住房法律保障体系来弥补，而不是一味否认经济适用住房存在的必要性。

所有权者乃对于标的物全面支配之物权[①]。所有权制度对于所有者的保护是完全的，有力的。自古所有权制度对于人类的意义重大，而今房屋所有权作为公民最重要的财产之一，对人类生活、隐私权、休息权保护等起到了基础性的作用。英国曾

---

① 谢在全. 民法物权论（上册）. 北京：中国政法大学出版社，2011：120.

有句谚语："风能进，雨能进，国王不能进"，用来形容住所是一个人赖以生存的场所。住房权对于每个人来说是庇护其不受非法伤害，保护个人合法权益的必要性权力。经济适用住房虽其房屋所有权性质受到一定的限制，但其所有权人对该房屋仍有占有、使用、收益、处分的权利。廉租住房能够解决居住问题，但租赁权并不能对抗所有权等物权。在租赁期满后，廉租住房人的租赁权仍需要对申请人的资格进行审查，以确定其是否继续符合条件。而经济适用房能够较好的解决这一问题，经济适用住房所有权人的所有权能够实现住房权的完全实现。投机行为的避免应通过法律规定进行严格限制甚至杜绝。比如，规定经济适用住房所有权人在法定期间内不能转让所有权，同时规定申请人在法定期间内不可有房屋转让行为。只要限定经济适用住房所有权人在法定的时间内不能买卖该房屋且在法定的时期内有过商品房买卖行为的人不能申请保障性住房，能够一定程度上杜绝经济适用住房所有权人的投机行为。此外，前文所述，共有产权经济适用住房亦是控制投机行为的途径之一。我们认为，应当通过完善的法律设计来平衡公民与国家间利益的公平与效率，既要确保通过经济适用住房制度实现中低收入群体的住房权，又要确保公共利益及公共资源分配的公平与合理。总之，经济适用住房制度是我国不可或缺的一项保障性公共住房制度。

2. 建立完善的经济适用住房准入制度

经济适用住房的保障对象是中低收入住宅困难家庭，要与廉租房制度相衔接，收入状况、住房状况符合法律法规规定的标准。《经济适用住房管理办法》第十二条规定："城市低收入家庭申请购买经济适用住房应同时符合下列条件：具有当地城镇户口；家庭收入符合市、县人民政府划定的低收入家庭收入标准；无房或现住房面积低于市、县人民政府规定的住房困难标准。我们认为对于经济适用住房准入制度关键是准确界定经济适用住房的申请主体，即建立完善的经济适用住房准入制度。"对此，至少有以下几个问题需要解决。

第一，申请人的条件是否以户籍为限定要件。根据规定，申请人需要将户口证明材料送至审查机关，当地低收入家庭可以申请经济适用住房。我们认为，应当将范围扩大至城市常住人口。具有当地城镇户口的居民一般拥有固定的住宅，随着经济不断发展，我国大中城市外来人口进城工作，目前住宅状况令人担忧，高房价问题一直成为外来人口生活的主要问题。从住宅权是一种基本人权的角度，户籍不应成为划分标准，更不应当成为申请的必备要素之一。我们认为较为适合的标准为居住满一定期限，有长期居住需求的家庭享有申请资格。

第二，申请人家庭收入的确定问题，建立个人收入审查制度。根据规定，家庭收入应符合低收入家庭的标准。家庭收入是指全体家庭成员收入的总和。政府划定的最低收入标准应以人均收入为准。然而根据调查，1998 年以来，北京约有 16％的经济适用住房卖给了中高收入者①。武汉经济适用住房摇号出现六连号②。北京 26 岁女孩梁静，因盗卖回龙观小区 40 多套经济适用住房而被立案审查，甚至出现公务员购买经济适用住房的现象。这些事件暴露出了申请人资格审查不严，法律规定存在可进一步完善之处。我们认为，核心问题是建立完善法律程序和惩戒措施，以防申请人的欺诈行为。我国应当建立个人收入审查制度。对于申请人家庭收入情况和住房情况的证明和调查不应完全以单位出具的证明为准，应当入户调查、邻里访问等方式进行核实。单位对出具的收入证明存在证明责任，若发现为虚假证明时，应当承担连带责任。家庭收入状况可能会发生变化，故购房人购房后在一定时期内应主动上报收入状况，若收入状况明显好转，能够购买普通商品房时，政府可回购经济适用住房用于其他贫困家庭的住房保障。此外，对购房人住房状况的审查应当通过完善住房公示制度来解决。政府通过公示制度查询购房人是不是没有住房或者是住房面积没有达到人均标准，是不是具有资格购买经济适用住房。对于骗取经济适用住房的个人，应当责令退回经济适用住房，并处以行政处罚措施甚至承担刑事责任。

3. 健全经济适用住房的有限产权制度

经济适用住房购房人拥有有限产权。有限产权是指购房人的所有权受到了限制，不得任意处分、收益。有限产权制度是国家限制经济适用住房所有权人投机行为的手段之一。但经济适用住房交易行为仍存在一定的市场空间。我们应当考察当前法律规定能否完全禁止经济适用住房的买卖。

首先，经济适用住房买卖合同是否有效的问题。根据《合同法》的规定，依法成立的合同自成立之日起生效，但违反法律、行政法规的强制性规定的无效。《经济适用住房管理办法》第三十条规定："购买经济适用住房不满 5 年，不得直接上市交易，购房人因特殊原因确需转让经济适用住房的，由政府按照原价格并考虑折旧和物价水平等因素进行回购。购买经济适用住房满 5 年，购房人上市转让经济适用住房的，应按照届时同地段普通商品住房与经济适用住房差价的一定比例向政府交纳土地收益等相关价款，具体交纳比例由市、县人民政府确定，政府可优先回购；购房人也可以按照政府所定的标准向政府交纳土地收益等相关价款后，取得完全产权。"该办法强制规定了经济适用住房所有权人购房之日起 5 年内的交易，然而该办法是部门规章，并不产生使购房合同无效的法律后果。《国务院关于解决城市低收入家庭住房困难的若干意见》规定："严格经济适用住房上市交易管理。经济适用住房

① 当前经济适用住房之问题及对策研究. http：//house. focus. cn/news/2001-04-05/15300. html.

② 武汉经适房摇中六连号事件存在诸多疑点. http：//news. sina. com. cn/c/2009-06-23/053018073282. shtml.

属于政策性住房，购房人拥有有限产权。"该意见由国务院颁布，但并不是行政法规。这就导致有关经济适用住房的有关法律规定并不能导致购房合同的无效。这也是为何经济适用住房5年内买卖不能完全禁止的法律症结之所在。一些判例也确认了经济适用住房5年内交易合同有效的判决①。所以，提高经济适用住房住房法律规定的立法层次，使得法律强制性规定能够干预购房人的合同效力。

其次，购房人出售房屋后是否要承担违约责任或者其他法律责任。根据《经济适用住房管理办法》第三十条规定："房屋转让的限制应在经济适用住房购买合同中予以载明，并明确相关违约责任。"这就意味着，购房人在取得所有权之后，违反管理办法规定的关于产权限制的规定，即需承担违约责任。违约责任能否起到遏制购房人非法牟利的作用？通过各地经济适用住房范本的查询，发现各地区有关于房屋买卖合同的合同当事人及违约责任的约定并不一致。北京市在合同范本中规定了双方合同当事人的权利和义务，但并未明确规定禁止购房人出售房屋的限制，亦未规定购房人违反规定的违约责任②。上海市在经济适用住房合同范本中规定："住房保障机构可以按照合同约定采取书面通知改正、要求支付违约金、在指定媒体通报、记录不良信用、直至收回房屋等处理方式。"③ 这使得我们不得不思考，违约责任的效力是否能够达到立法者所预想的效果？经济适用住房价格低于商品房，定位于中低收入阶层，是一种社会福利的体现。当行政机关进行给付行政后，违反法律规定的相对人应当承担行政责任，而非仅通过违约责任来实现社会住房资源总体分配的公平与效率。也就是说，购房人违反法律规定，通过经济适用住房非法牟利的行为，应当受到行政处罚甚至刑事处罚，以达到以儆效尤的作用。

再次，关于有限产权本身权利内容的考察。经济适用住房产权"有限性"的内容主要表现在以下几个方面：①处分权受限。购买经济适用住房不满5年，不得直接上市交易，购房人因特殊原因确需转让经济适用住房的，由政府按照原价格并考虑折旧和物价水平等因素进行回购。5年后，购房人要转让该房时，应当按照届时同地段普通商品住房与经济适用住房差价的一定比例向政府交纳土地收益等相关价款。②使用权受限。个人购买的经济适用住房在取得完全产权以前不得用于出租经营。政府回购的经济适用住房，仍应用于解决低收入家庭的住房困难。经济适用住房的性质是保障性住房，购买人仅能用于自住。有限产权的限制并不能完全排除购房人的投机行为，同时购房人的投机行为难被察觉。如购房人出租房屋，由于房屋租赁

---

① http：//www. lawtime. cn/article/lll1010878531010929470o38469.

② http：//www. beijing. gov. cn/ggfw/jm/zfsq/sy/wsyb/t656075. htm.

③ http：//www. shanghai. gov. cn/shanghai/node2314/node2315/node4411/userobject21ai364195. html.

法律关系是完全的民事行为，行政机关在无他人举报的情况下，很难发现购房人的租赁行为，使得法律规定成为一句口号性的规定。我们认为，对于有限产权的性质应确定经济适用住房居住是为自用性质，不得转让、出租且在规定的法定期限内，当事人不得有房屋买卖的行为，否则则丧失申请人或所有者的资格。此外，对于非法牟利行为，行政机关应当加强监管，通过居民委员会、物业、社会公众进行监督，采取上门走访、单位查询、交易记录查询等方式，严格控制申请人或购房人的牟利行为。

综上所述，我国经济适用住房的有限产权的法律规定仍存在很多漏洞，要通过提高经济适用住房法律规定的效力层次，加强对非法牟利购房人的行政责任的规定，完善有限产权权利内容的规定及监管力度，从而实现有限产权的规定真正达到立法者所追求的法律效果。

4. 加强经济适用住房的回购制度

回购制度是经济适用住房最具有特色的一项制度，政府在法定条件下能够回购购房人的经济适用住房的产权。从法律性质上看，政府享有一种法定优先购买权。政府回购行为分为强制回购和任意回购。强制回购是指购买经济适用住房不满5年，购房人因特殊原因确需转让经济适用住房的，由政府按照原价并考虑折旧和物价水平等因素进行回购。法定回购制度的设立，其目的是为了防止购房人的非法牟利行为。任意回购是指当购房人获得有限产权满5年，可以按照法律规定的条件回购给政府。购房人又购买了其他住房时，由政府按规定及合同约定回购。任意回购权赋予了当事人一定的自主选择权，当事人取得完全所有权后，可以上市交易。也就是说，政府强制回购行为的效力以法定期限5年为分界。5年的法定期限是否可以实现预防购房人非法牟利行为呢？

我们认为，我国回购制度的设置只能在一定程度上缓解非法牟利行为，而不能完全禁止非法牟利行为。原因如下：商品房的价格存在波动，在商品房价格上涨的情况下，购房人通过出售经济适用住房，在补足土地收益等价款后，仍有盈利的可能性。5年后出售经济适用住房仍可能取得利益，而5年内的买卖行为如上文所述并非完全无效。而经济适用住房出售后，原房屋所有人仍可能再次申请保障性住房。这就会造成保障性公共住房资源的浪费，也使得回购制度对当事人没有制约力。为了避免出现这一情况，应当限定经济适用住房的上市的交易对象。我们认为，应将回购制度规定为一种强制回购制度，取消任意回购制度的规定，以避免购房人的非法牟利行为。一方面，政府应当设立专门的机构来处理相关的回购事项。通过法律规定，经济适用住房的买卖进行单独登记。无法定特殊情况，经济适用住房只能由专门机构进行回购；另一方面，应当制定政府回购价格的法定参考标准、回购资金的发放方式以及存放保值方式。回购后的经济适用住房可作为保障性住房进行出售或租赁。我们认为，政府优先购买权不仅是一种权利，也应当作为一种法定义务。政府将回购经济适用住房分配给其他需要保障性住房的公民，以实现国家保障住房这一福利的最大效用化。

5. 完善经济适用住房的退出机制

经济适用住房购房人拥有"有限产权"，较廉租房的"承租权"不同，廉租住房租房人若不符合法定收入标准时，行政机关可直接责令租房人从廉租房中退出。而经济适用房购房人的"有限产权"，根据物权法的所有权权能的理论，购房人享有占有、使用的权能且《经济适用住房管理办法》仅规定了政府的回购权，对当购房人收入财产状况或住房状况发生重大变化时的退出机制情形未予以规定。如购房人通过继承或赠与的方式获得大笔资产或购房人经济状况发生改变能够购买满足居住需求的住房。购房人已经不符合保障性住房申请的条件，应当退出经济适用住房或按照市场价格来补齐差价。退出机制的完善能够解决当前经济适用住房申请的不公平现象，能够让更多低收入家庭享有经济适用住房。

对于退出机制有两种转化办法：一是，购房人缴纳同地段普通商品住房与经济适用住房差价并向政府交纳土地收益等相关价款取得完全所有权。二是，政府按照原价格并考虑折旧和物价水平等因素进行回购。我们认为，第一种"取得完全所有权"的退出模式，对于购房人来说无疑获得了更多的投资机会，而经济适用房的建设、投资成本巨大，不利于我国保障性公共住房总体目标的实现；第二种"政府回购"的退出模式，有利于让更多的符合条件的家庭获得保障性住房的资源且强制性回购能够避免牟利行为的发生，体现了经济适用住房保障性的特征。综上所述，对于收入、住房状况发生转变不满足条件的家庭应当通过政府回购的方式，退出经济适应住房市场。

6. 与廉租房制度的衔接问题

经济适用住房与廉租房是我国保障性住房的重要形式，如何更好地发挥两者的作用，两个制度的法律衔接应当充分考虑相互间的区别与联系。

廉租房与经济适用住房的区别：①保障方式不同。廉租房采用实物配租或货币补贴的方式，而经济适用住房为出售房屋的方式。②保障对象不同。廉租房应以最低收入家庭保障为主，经济适用住房以中低收入家庭为供应对象。③所有权主体不同。廉租房所有权主体非租房人，为政府或单位，而经济适用住房主体为购房人，即申请人。两者相同点是均为保障性住房，由政府控制价格，租住者或购房人承担更多的法律义务。

各地区对两者的衔接做出了有益的尝试，例如租售并举模式或统一社会保障性住房的模式实现了两者间的转化。廉租房与经济适用住房各有优势与劣势，各地区应当根据本地区的情况进一步规定配备比例等。上文已经做了具体说明，此处不再赘述。但最基本的原则是申请者只能居住一套保障性住房且申请者要满足保障性住房的准入条件。我们认为在住房需求能够满足多数人的需要时，可以借鉴新加坡、香港的经验，鼓励中低收入群体住宅的私有化，从而实现社会群体"居者有其屋"的目标。

四、公共租赁住房的实践做法及评价

（一）公共租赁住房的产生背景及性质分析

近年来，随着我国保障性住房的发展，廉租住房和经济适用住房在各地实践中暴露出的问题受到了社会各界的关注。其中突出的问题是保障性住房的结构性问题，廉租住房为了解决最低收入家庭的住房问题，经济适用住房则解决中等偏下收入家庭的住房问题，这两类保障性住房的定位使得新生代就业人员和暂时买不起住房又不能纳入廉租住房保障的城市"夹心层"群体的住房问题凸显。为了解决这一问题，我国各地纷纷出台或试行公共租赁住房的相关政策，部分地区公共租赁住房已经破土动工。最早出台公共租赁住房管理办法的是重庆市，《重庆市公共租赁住房管理暂行办法》（渝府发〔2010〕61号）自2010年7月1日起试行。随后住房和城乡建设部、国家发展和改革委员会、财政部等部委联合发布了《关于加快发展公共租赁住房的指导意见》（建保〔2010〕87号）。该意见指出了公共租赁住房存在的必要性。"大力发展公共租赁住房，是完善住房供应体系，培育住房租赁市场，满足城市中等偏下收入家庭基本住房需求的重要举措，是引导城镇居民合理住房消费，调整房地产市场供应结构的必然要求。"[1]

公共租赁住房指政府投资并提供政策支持，限定套型面积和按优惠租金标准向符合条件的家庭供应的保障性住房。公租房的目的是救急和救困，具有临时性，不同于廉租住房与经济适用住房：①公共租赁住房的保障对象不同。公租房的保障对象是针对"城市夹心层"，既不满足廉租房的保障条件，又无能力购买经济适用房的群体。部分地区还作为吸引引进人才的举措之一，对符合特殊条件的群体可以优先申请[2]。②公共租赁住房的租期具有临时性。公共租赁住房与廉租房的最大区别在于公共租赁住房的租期明确，一般限定在3~5年。若租赁期间届满，如仍需申请者要再次进行申请，符合条件者方可居住。而廉租房则根据申请者的条件确定居住期限，只要申请者符合廉租住房的准入条件，则不明确限定居住期限。③公共租赁住房灵

---

[1] http://www.cqgzfglj.gov.cn/flfg/201010/t20101027_156974.html.

[2] 《重庆市公共租赁住房管理暂行办法》规定：符合廉租住房条件的家庭，市、区政府引进的特殊专业人才，在重庆工作的全国、省部级劳模、全国英模、荣立二等功以上的复转军人符合公共租赁住房申请条件的，优先轮候配租。

活性更高。公租房租赁期居住人在租住期间可申请购买经济适用房或限价房,买房后须退房。租金结合承租家庭负担能力和同类地段类似房屋市场租金,一定比例下浮确定公共租赁住房的租金。不同地段将有不同标准。

(二)公共租赁住房各地做法及评价

1. 各地方有关公共租赁住房的做法及特点

《重庆市公共租赁住房管理暂行办法》为地方政府出台的第一部有关公共租赁住房的政策文件。其主要特点有:①申请人条件限定清晰。该办法规定申请人应为年满18周岁,在重庆有稳定工作和收入来源,具有租金支付能力,符合政府规定收入限制的本市无住房或家庭人均住房建筑面积低于13平方米的住房困难家庭、大中专院校及职校毕业后就业和进城务工及外地来渝工作的无住房人员。该办法且规定了排除性要件。申请人在申请公共租赁住房所在地其直系亲属有住房资助能力的,不能申请公共租赁住房。申请公共租赁住房的收入限制:单身人士月收入不高于2000元;家庭月收入不高于3000元。②合同最长期限进行了限定。政府将根据经济发展水平、人均可支配收入、物价指数等因素的变化定期调整,并向社会公布。重庆市公共租赁住房每次合同期限最长为5年。承租人租赁合同期满,应退出公共租赁住房。需要续租的,应在合同期满3个月前重新申请,经审核符合条件的,重新签订租赁合同。③租房人可取得公租房的所有权。承租人在租赁5年期满后,可选择申请购买居住的公共租赁住房。购买的公共租赁住房不得进行出租、转让、赠予等市场交易,可以继承、抵押。公共租赁住房购买后抵押,抵押值不得超过房屋购买原值的70%。购买人通过购买、获赠、继承等方式在购买公共租赁住房所在地获得其他住房的或因特殊原因需要转让以及抵押处置时,由政府回购,回购价格为原销售价格加同期银行存款活期利息。

住房和城乡建设部等部门出台《关于加快发展公共租赁住房的指导意见》后,《江苏省公共租赁住房管理办法》(江苏省人民政府令第73号)在2011年6月15日颁布①。该办法根据住房和城乡建设部指导意见进行了进一步细化规定,主要特点如下:①优惠与支持政策明确。该办法对土地供应做出了规定,市、县人民政府应当把公共租赁住房建设用地纳入年度土地供应计划,实行计划单列、专地专供。政府投资建设的公共租赁住房,建设用地实行行政划拨;非政府投资建设的公共租赁住房,建设用地采取出让、租赁或者作价入股等有偿方式供地,并将所建公共租赁住房的套型、建设标准和设施配套条件等作为土地供应的前置性条件予以明确。②明确公共租赁住房不得转让。公共租赁住房及其用地不得转变用途,不得上市交易,不得分割登记,不得分户转让。任何单位不得以出租公共租赁住房等名义变相进行

---

① http://www.jiangsu.gov.cn/tmzf/szfxxgk/szfxxgkml/szfgz/.

实物分房。不得擅自利用农村集体建设用地兴建公共租赁住房。③明确公共租赁住房的限制性条件。有下列情形之一的，不得申请承租公共租赁住房：申请之日起前5年内在就业地有房产转让行为的；通过购买商品住房取得就业地户籍的；本人或者配偶、未成年子女在就业地有私有产权房屋的；本人或者配偶已经租住公有住房的；在就业地已经领取拆迁安置补偿金的；正在享受住房保障政策的；市、县人民政府规定的其他情形。

2. 对地方政府实施意见的评价及启示

重庆市和江苏省关于公共租赁住房管理办法是目前较为典型的地方性规范文件。对比两者的规定内容及当前公共租赁住房的实行情况，我们认为有以下几点启示。

第一，应尽快出台公共租赁住房的法律法规。虽然住房和城乡建设部出台的《关于加快发展公共租赁住房的指导意见》已经颁布实施，然而缺乏有效的法律法规的规范将影响公共租赁住房的发展及实施。各地方出台的公共租赁住房的实施办法中对公共租赁住房的操作存在诸多矛盾之处。我们认为公共租赁住房的法律制度应当包括以下几个方面：首先，应包括保障对象的界定。公共租赁住房应区别于已有的保障性住房，其保障对象为"城市夹心层"。其次，应规定公租房准入及退出机制。公租房的准入条件较廉租房更为宽松，实施更加灵活，但仍应当严格限制不符合条件者进行申请。对骗租者应当规定相应的处罚办法。公租房的承租人一旦不符合条件应退出公租房，承租人对主管机关负有诚实申报个人资产的义务。再次，应规定国家政策支持及租金管理等。主要应规定对公租房投资人的政策支持，规定土地划拨或出让的优惠政策等。对公共租赁租金的收取及管理也应当进行明确规定。租金多少可根据承租人的实际收入比例进行规定，而非固定额，以免承租人承担的责任过低。

第二，明确公共租赁住房的法律性质及目标定位。公共租赁住房能否出售，两个地区规定不同。根据住房和城乡建设部的规定："公共租赁住房只能用于承租人自住，不得出借、转租或闲置，也不得用于从事其他经营活动。承租人违反规定使用公共租赁住房的，应当责令退出。"从条文规定可以看出，承租人不得通过公共租赁住房牟取利益。同时对于公共租赁住房能否由承租人购买，也进行了规定，"所建住房只能租赁，不得出售"。然而该条前提条件是由政府投资兴建的公共租赁住房或是政府通过其他方式投资的公共租赁住房。对于非政府投资兴建的公共租赁住房能否出售给承租人并未明确进行规定。我们认为，公共租赁住房的目标主要是调节住房租赁市场，弥补当前保障性住房制度存在的不足。公共租赁住房存在一定的时效性，在当前城市住房紧张、租金价格偏高的情况下，政府应加大投资兴建公共租赁住房。一旦城市住房趋于饱和、租金价格适宜的情况下，政府应减少公共租赁住房的供应。因此公共租赁住房应当不能上市交易，在需求量小的情况下可转为其他类型的保障性住房，实现各类保障性住房总量上的平衡。据此，重庆市有关出售公共租赁住房的做法值得斟酌。

第三，应避免公共租赁住房重蹈覆辙。公共租赁住房的出台是为了解决当前形势下，保障性住房存在的问题。那么是否公共租赁住房可以完全解决当前保障性住房存在的问题呢？我们认为，公共租赁住房并不能完全解决廉租住房、经济适用住房当前存在的问题。公租房弥补了廉租房、经济适用住房保障对象较窄的问题，其保障的主体是"城市夹心层"，不符合廉租房、经济适用住房申请条件的主体。值得注意的是，廉租房、经济适用住房当前存在的问题主要在于准入及退出机制的不健全。因此即使公租房制度得以确立，公租房的准入及退出机制的构建亦需要通过法律、法规进行规范，避免因法律规范的不健全导致这一新的制度重蹈覆辙。

第七章　特殊需求群体的住房法律保障

在社会上，以城镇低收入者为主要组成部分的住房特殊需求群体无法通过自身的力量实现其在住宅权上的要求，需要政府在住宅保障机制中予以考虑或帮助。正是由于住房问题对公民权利实现而言是一个重大的障碍，所以一旦得以解决，民众的住房矛盾将得到缓解，社会将更加稳定，政府的权力基础必将更加坚实，其公信力也就会得到民众更多的认可。因此，我国政府高度重视解决人民的住房问题，将保障性住房建设作为我国推动建设和谐社会、努力实现"住有所居"的一个重要措施。

一、特殊需求群体的界定及相关理论

（一）特殊需求群体的界定

从住宅法律保障的角度来看，所谓特殊需求群体指的是无法通过自身的力量实现其在住宅权上的特殊要求，而需要政府在住宅法律保障机制中予以考虑或帮助的群体。需要注意的一点是，这里的特殊需求群体与社会学界普遍使用的社会弱势群体、社会脆弱群体或社会弱者群体等范畴并不是一个概念——根据国际社会学界公认的定义，社会弱势群体指的是由于某些障碍以及缺乏经济、政治和社会机会而在社会上处在不利地位，其居住水平处于社会平均水平以下，而且即便通过自身努力也无法改变现在或在未来的一定时间内的住房状况，依靠国家、社会的支持与帮助才能解决住房问题的人群[1]。相比较而言，特殊需求群体对住宅权的要求虽然也要在政府的支持和帮助下才能够实现，但是这并不意味着其一定在社会上处于经济或政治的不利地位，他们的居住水平也并非必然的处于社会平均水平以下，而仅仅是因为特殊需求群体本身具有的特性导致其在住宅权上的特殊要求难以通过自力进行实现。也就是说，特殊需求群体的范畴要广于社会弱势群体，虽然后者是前者的主要组成部分，而且是住宅法律保障机制所着重关注的对象。一般而言，住宅特殊需求群体主要包括以下几类人。

1）城镇低收入群体

低收入群体是公认的社会弱势群体的一员。该群体的人员构成复杂，包括城镇中无收入来源、无劳动能力、无社会保障的"三无人员"在内的所有人均收入低于

---

① 金俭. 中国住宅法研究. 北京：法律出版社，2004：67-69.

158

城市最低生活保障线的贫困人口。根据《2009 年中国统计年鉴》的数据显示，至2008 年底，我国最低收入人群在城镇社会中的比重为 9.82%，其中可支配收入小于消费性支出的困难户占 4.85%；低收入人群在社会中的比重为 10.03%。这部分人群的住房支付能力与其他群体有很大的差距，其中的困难户更是连最基本的租房支出都难以维持，因此他们是无法依靠自身的力量在房地产市场上进行正常的居住消费的，而必须依靠政府通过最低生活保障和住房社会保障等有关措施来实现其住宅权。

2）残疾人群体

根据第二次全国残疾人抽样调查数据推算，全国各类残疾人总数为 8296 万人，占全国总人口的比例为 6.34%。其中，视力残疾 1233 万人，占 14.86%；听力残疾2004 万人，占 24.16%；言语残疾 127 万人，占 1.53%；肢体残疾 2412 万人，占29.07%；智力残疾 554 万人，占 6.68%；精神残疾 614 万人，占 7.40%；多重残疾1352 万人，占 16.30%。残疾人由于结构或机能的破坏或丧失而造成的身体机能的损失或削弱，他们在正常的社会生活中欠缺与相同年龄、教育和健康水平的个体同等的竞争力，所以应当得到政府在立法上的额外保护。在国外，疾病和残疾补贴构成了社会保障预算的第二大部分，仅次于在养老金方面的支出[1]。而在残疾人身上的花费也比在包括失业人员和家庭在内的其他所有工作年龄群体的花费都要高。[2]

3）妇幼群体

就儿童群体而言，国际《儿童权利公约》（Convention on the Rights of the Child）中对儿童的界定为："儿童系指 18 岁以下的任何人，除非对其适用之法律规定成年年龄低于 18 岁。"《儿童权利公约》通过确立各国政府在为本国儿童提供卫生保健、教育、法律和社会服务方面所必须达到的最低标准，从而保护儿童的基本权利，即：生存的权利；充分发展其全部体能和智能的权利；保护他们不受危害自身发展影响的权利；以及参与家庭、文化和社会生活的权利。一般而言，儿童是社会的未来和发展的关键，他们居住环境的情况对阅历的培养和性格的形成有着直接或间接的影响。但是，儿童本身不具备改善居住条件和提高生活水平的能力，其必须依靠监护人的保护和国家政策的保障才能够达到住宅权的实现。尤其是当出现单亲家庭的情况时，有证据证明，家庭的成员（子女和父母的一方）很难找到适宜的居所，而必须面对更高的居住成本。在这种情形下，对儿童的居住费用进行补贴的意义就更为重大。就妇女群体（尤其是照顾儿童或病人或老年亲属的妇女）而言，由于在

---

① K. Rowlingson and R. Berthoud. Disability, Benefits and Employment. DSS Research Report No. 54, London：HMSO，1996：17.

② Dss. Social Security Departmental Report：The Government's Expenditure Plans 1999/2000. London：The Stationery Office，1999：83.

力量等生理条件上与男性存在差异，因此即使妇女被赋予与男性群体同等的权利、机会，其在实现相同水平权利的过程中所要付出的努力和成本也要超过男性。为了平衡这种先天上的差距，国家在制定国家宏观政策时，遵循男女平等参与、共同发展、共同受益的原则，并通过立法的形式额外对妇女的权利实现进行保障。而妇女的住宅权作为其基础人权的重要组成部分，更应当在住宅法律保障机制中有所体现。

4）老龄群体

国家统计局 1999 年的统计数字就显示，全国 60 岁以上的老人已超过总人口的 10%，按照联合国规定的标准，我国已经步入老龄化国家。根据数据推断，我国 80 岁以上的高龄老年人的数量在 2020 年将达到 2708 万，2050 年将达到 1 个亿。随着年龄的加大，尤其是对 60 周岁以上的老年人来说，体力和精神都在逐渐的衰弱，其改善居住水平和提高生活水平的能力也日益丧失，必须依靠家庭的扶助和国家、社会的帮助和支持才能够维持现有的居住和生活水准而不下降。而从老年人对和谐社会的贡献和作用来说，他们应当享有从国家和社会获得物质帮助的权利和享受社会发展成果的权利，也应当实现"老有所居"。

5）特殊疾病患者群体

所谓特殊疾病患者，指的是患有艾滋病等高危传播疾病或是需要长期治疗，医疗费用较高的疾病的人员。特殊病患者或由于罹患疾病的特殊性而容易受到他人的误解和歧视，或因为难以负担高昂的治疗费用而欠缺维持正常居住和生活水平的能力。因此，在强大的心理、生理以及经济压力之下，特殊疾病患者的获得可负担得起的适宜于居住的、有良好的物质设备和基础服务设施的、具有安全、健康和尊严以及不受歧视的住房权利的意愿是很难实现的，而必须依靠国家提供的强有力的住宅法律保障。

6）其他在住宅权上有特殊需求的群体

这部分人群主要包括遭受自然灾害的人群、因工程建设需要而群体"移民"的人员、农村在外务工人员以及学生群体等。首先，自然灾害中的灾民，比如汶川地震、西南大旱的受灾人员，其个体甚至是整个群体的能力都不足以与自然的力量相抗衡，在遭遇灾害的过程中和灾害过后，他们必须依靠国家和社会的保障和帮助才能够实现住宅权。其次，对于因为铁路建设、火（核）电站建设、高速公路建设、水利工程建设等国家重点工程项目建设占有土地而搬迁至其他地方的"移民"，政府不仅应给予相应的补偿，还应当考虑到"移民"生活和居住环境变化带来的适应与发展的困难。再次，学生群体要实现其住宅权和改善居住水平，很可能面临与住宅（宿舍）的所有者和管理者——学校的冲突，甚至学生的住宅权会受到学校管理行为的侵害，而二者地位的差别以及住宿关系与管理关系的混同都会导致学生住宅权得不到相应的救济，因此国家应当加大对在校住宿的大学生和部分中学生的住宅权，尤其是对住宅的私密权、安全与健康权的关注与保护。

（二）特殊需求群体住房社会保障几种理论

1. 住房过滤理论

住房本身具有的耐久性也决定了住房市场上存在结构分层和收入阶层互动的关系。住房过滤理论就是在住房市场的这种特点的基础上，为研究住房市场的内在规律而产生的，因而既可以用之建立均衡住房市场的过滤模型，也可以将其作为验证住房保障政策效果的手段。

所谓住房过滤现象，指的是在住房逐步老化的自然法则和高收入者追求高质量住房的心理法则的共同作用下，市场上的高档住房不断被高收入阶层占有，高收入阶层的原有住房由于服务功能的降低、租金下降而被次收入阶层的房客使用，次收入阶层的原有住房又被再下一收入阶层的房客接着使用，住房在其生命周期内按高收入阶层——中等收入阶层——低收入阶层不断更换住户的过程①。依据这一理论，我们可以对现阶段增加保障性住房供给、提供住房补贴以及实施房屋销售和租赁价格限制等主要的住房保障模式进行分析。对于增加保障性住房供给的住房政策（如经济适用房制度）而言，在住房能顺利过滤的条件下，可以使得不同收入阶层获得的住房保障的程度不同，低收入群体能够获得更多的福利。但问题的关键在于，低收入群体的划分和低等级住房的价格的制定标准是否科学，将严重影响增加保障性住房供给的住房政策实施的效果。对于提供住房补贴的住房政策而言，在保障相同数量的低收入者的居住水平的前提下，住房补贴的成本更低，全社会成本收益远高于增加保障性住房供给的住房政策。但问题在于，除了直接接受住房补贴的低收入群体收益外，由于推动租金上涨，其他收入阶层均遭受福利损失②。对于实施房屋销售和租赁价格限制的住房政策而言，虽然短期效果非常可观，但长期来看，负面效应往往会持续数十年之久③。这是因为，价格限制可能诱发人们对住房的更大需求，而住房市场上的房屋供应量在价格过低的时候会比价格高的时候少很多，即使有低收入群体能够从中获益，也只是一小部分开始就住在租金控制严格的房屋内的人群。事实上，价格控制并没有降低特殊需求群体实现住宅权的成本，反而因为住房的出卖人或出租人怠于改善房屋及附属设施的条件，使得这部分成本需由买受人或承租人来负担，从而令住房市场的情况持续恶化。

---

① 张翼. 低收入群体的住房保障与信贷支持——基于住房过滤理论的分析. 城市发展研究，2009，16（5）.
② 刘友平，张丽娟. 住房过滤理论对建立中低收入住房保障制度的借鉴. 经济体制改革，2008（4）.
③ 托马斯·索厄尔. 超越第一阶段思考——工资、医疗、住房及风险规避的经济学分析. 北京：人民邮电出版社，2008：98.

2. 城市土地地租均衡理论

这一理论认为，土地价格的空间递减规律说明靠近城市中心的居民比远离城市中心的居民花费少的交通成本。为保证城市居民的满意度空间不变，靠近城市中心的居民比远离城市中心的居民支付高的土地价格。也就是说，城市居民要在下面两者中作出抉择：一是高的交通成本，低的土地价格（市郊区）。二是低的交通成本，高的土地价格（市中心）①。这就意味着，住房价格和通勤成本在住房选择的过程中起到举足轻重的作用。

3. 房价由地价决定论与地价由房价决定论

这两种观点都是基于将住房市场化作为住房问题源头的认识的基础上产生的。持房价由地价决定论观点者认为，由于土地的稀缺性，尤其是在我国城乡二元体制下存在的城乡之间巨大的差距和耕地红线的限制，而使城市土地表现出的极度稀缺性，必然导致政府出让土地金额的上升。而土地出让金以及其他税费、补偿金等土地成本都是计算在商品房的价格里的，从而促使房价的上涨。由此得出的结论是，高房价是由高地价决定的。因此，住房市场化导致的富人区的出现和低收入者住房边缘化和郊区化，其实是市场经济环境下经济——社会地位再分化的必然结果②。中国土地勘测规划院发布的《2009年全国主要城市地价状况分析报告》显示，2009年全国住宅平均价格为4474元/平方米，涨幅达25.1%，为2001年以来最高水平；同时坦承，"房价与地价二者呈现较大的相关性"，2009年全国重点监测城市居住用地地价、房价比均值为31.29%，35个重点监测城市的居住地面地价和住宅价格相关系数达到0.848，其中，京、津、沪、杭、宁、穗等城市居住地价房价比甚至要高于商业地价房价比。

持地价由房价决定论者则认为，在完全的住房市场化的前提下，由于土地只是一种生产资料，而非产品；而房屋作为生产链条的最终产出，应该受到供求关系的直接影响。在市场经济中，价格最终是由供求关系决定的；成本会对商品的价格产生影响，但不起决定性的作用，这是价格形成的普遍规律。产品的生产和销售者通过对市场上商品供需状况的考察和预测，来决定获得生产资料的价格底线。同理，在房地产市场上，由于购买者对房屋的需求加剧，开发商通过预测未来商品房价格的走高，竞相进入土地交易市场以获取土地使用权，造成土地使用权的需求加剧，从而使得地价上涨。但是需要注意的一点是，地价由房价决定论是建立在住房市场完全自由化竞争的基础上的，而研究当今世界各国的市场经济体制都可以发现，没

① 丁成日. 城市"摊大饼"式空间扩张的经济学动力机制. 上海：规划研究，2005，29（4）.
② 余南平. 欧洲社会模式——以欧洲住房政策和住房市场为视角. 上海：华东师范大学出版社，2009：412.

有任何一个国家的市场经济制度允许完全的住房市场化的安排。

二、特殊需求群体住房的现状及问题

(一) 特殊需求群体住宅问题的两个影响因素：住房成本和住房质量

在上文对特殊需求群体的范畴以及住宅权内涵分析的基础上，我们要构建特殊需求群体的住宅法律保障机制，还需要明确这部分人群现实的住房问题是什么，从而有针对性的提出解决的方案。而根据对特殊需求群体住房现状的研究，可以将之归纳为受住房成本和住房质量两个方面因素的影响。

1. 住房成本对特殊需求群体住房情况的影响

一般而言，住房成本方面对特殊需求群体实现住宅权的最大障碍就是商品房的价格（包括销售价格和租赁价格）超出了他们的承受能力。在这里，需要引入住房总价与家庭年收入所得比（Housing Price to Income Ratio，PIR）的指标辅助分析。根据联合国人类住区中心发布的《城市指标指南》，住房总价与家庭年收入所得比（房价收入比）表示一个地区中位数房价与家庭收入中位数的比值，但在实际计算中，由于中位数据难以获取，常用平均住房价格与平均家庭收入的比值来代替，即 $PIR = AP \times AF / n \times AY$。其中，$AP$ 表示住宅的平均单价，AF 表示每套住宅的平均面积，n 表示家庭平均人数，AY 表示家庭年人均可支配收入。房价收入比可以作为一个比较重要的辅助判断指标，该值越小，表明该地区居民的购房压力越小。以2008年我国部分城市的数据为例[①]，如果以套均建筑面积 60 平方米来计算，房价收入比最高的北京市为 10.4，最低的南京市房价收入比为 5.3；按套均建筑面积 80 平方米计，房价收入比最高的北京市为 13.8，最低的南京市为 7.0；按套均面积 100 平方米计，房价收入比最高的北京市为 17.3，最低的南京市为 8.8[②]。也就是说，平均收入家庭购买 60 平方米的房屋最少也要花费 5 倍以上的年收入。而根据 2008 年我国居民消费支出与年收入平均比 65.87％的数据推算[③]，平均收入家庭在不影响其他方面投入的前提下，需要积累约 15 年才能够购买一套 60 平方米的房屋。而如果将向银行借贷、分期偿付贷款的方式考虑进来，有研究指出，在购房者具备首期付款支付能力的前提下，北京的平均收入家庭买 60 平方米建筑面积的住房只能通过 30 年按揭期限才能从银行贷款；如果套均建筑面积为 80 平方米，北京、天津、上海的平均收入家庭将无法从银行贷款；对于建筑面积为 100 平方米的住宅，如果居民选择 20 年

---

① 包括：北京、天津、上海、南京、杭州、武汉、广州、深圳、成都、重庆。
② 吴刚. 城市居民住房支付能力研究——基于 2000～2008 我国 10 城市的经验数据. 城市发展研究 2009，16（9）.
③ 中国统计年鉴 2009. 北京：中国统计出版社，2009.

还款期限，则 10 个城市平均收入家庭都不满足银行的住房按揭贷款要求，即使选择 30 年还款的方式，也只有南京、武汉、深圳、成都、重庆的平均收入家庭满足银行的住房贷款条件①。在此基础上，考量居民的住房压力还需要增加平均年房价上涨率的影响。需要注意的一点是，由于特殊需求群体中的大多数并不具备银行贷款的首期付款支付能力和直接购买商品房的经济实力，因此平均年房价上涨率对他们的影响反而是微乎其微的。另外，就住房租赁价格的视角而言，由于特殊需求群体对就业、就学、医疗、交通、建筑设施以及信息获取等方面便利的需要，其更偏向于在能够提供这些便利条件的成熟社区租赁房屋。而从我国城市规划和建设的进程来看，特殊需求群体偏好选择的地区基本上位于城市的政治、经济或文化的中心地带，这些地区住房的平均租赁价格要远远超过特殊需求群体，尤其是低收入群体能够负担的居住支出。

2. 住房质量对特殊需求群体住房情况的影响

当我们论及住房成本的时候，实际上是暗指了某一特定质量水平住房的成本。不同的住房会因为其建筑结构、土地使用限制、产权、区位、无障碍设施、交通环境、就学条件……甚至是楼房编号、层数、楼间距、公摊面积大小、附近景物等等可以归入住房质量的因素的不同，而在房屋价格上有较大的差别。就特殊需求群体而言，他们对住房质量的要求主要体现在区位、无障碍设施等方面。首先，由于难以负担城市中心区高昂的房屋价格，同时又希望能够享受中心区的种种便利，特殊需求群体大多选择租住在价格低廉，相应的房屋质量非常差、年代较老的住房里，而不会选择到城市郊区或外围租住或购买质量较好的房屋。其原因在于，城市聚集效益决定了城郊房屋的区位远离他们能够以较简易的方式获得收入的场所或是远离城市中心地带的工作区，会增加特殊需求群体的通勤费用、通勤时间以及其他种类的支出；而且，城郊社区的配套设施和服务机构的建设程度也远不及靠近城市中心的社区，居住在郊区的特殊需求群体实际上无法利用城市发展带来的医疗卫生、子女教育以及信息流动等方面的资源与便利。其次，由于土地的稀缺性以及城市化进程的需要。一方面，政府收取的国有土地使用权的出让金额在日益增大，推动房屋的买卖和租赁价格逐步走高；另一方面，为了提高土地利用率，政府加大了城市土地整理和改造"城中村"的力度，拆除原有的土地利用低下和不符合城市整体规划的老旧建筑，以促进城市效益的最优化发展。与此同时，特殊需求群体在城市中心区域能够承担的低居住支出的房屋也不复存在，而不得不向城郊或外围迁移。然而，在城郊或外围的社区中，居住条件并不一定能够得到改善，但是工作和生活成本的

---

① 吴刚. 城市居民住房支付能力研究——基于 2000～2008 我国 10 城市的经验数据. 城市发展研究，2009，16（9）.

增加却是显而易见的。再次，特殊需求群体中的部分人群由于在生理条件上较为弱势，因此对附带无障碍设施住房的要求非常迫切。就我国无障碍环境的建设情况来看，主要还是考虑到残疾人群体的特殊情况，而没有关于老龄群体、儿童群体的无障碍环境详细实施办法；而且，无障碍设施的建设以大中型城市为主，中小型城镇中的无障碍设施的建设仍然还在起步阶段。

（二）特殊需求群体住宅问题的特例分析

1. 低收入大学毕业生的住房问题

在城市低收入群体中，有一个较为特别的人群，即刚从大学毕业的学生。他们虽然接受过高等教育，却缺乏经济基础，从事的工作并不稳定或回报较高，但是却宁愿背井离乡而留在北京、上海、广州、西安、重庆等大城市里。在这种情况下，他们可以选择的居住场所便相当有限，大都是在城市郊区、城乡结合部租赁房屋。由于普遍具有的特性，故又被称为"蚁族"——高智、弱小、群居。据统计，北京至少有十余万"蚁族"，在全国则有上百万的规模。大学毕业生群体之所以长期滞留在繁华的城市中、忍受恶劣的居住环境和生活条件的原因在于，他们认为可以通过数年的辛勤工作提高经济水平，确实也有相当一部分人达成了这一目的。然而，即使在几年后能够依靠自己的力量改善居住条件，之前还是会存在一定期间的住宅权实现困难的情形，而且这个期间并不确定，有可能延续到5年、8年乃至更长的时间。但是，由于低收入大学毕业生"高知"的特性，过去的观念一般认为他们改善居住水平的可能性要远远大于一般意义上的低收入人群，如农民工、下岗工人等群体，因此虽然应当同样受到住宅保障法律和政策的保护，实际上却因为关注力度不够而被选择性的"遗忘"了。事实上，低收入大学毕业生住房问题的关键并不在于表面上体现的平均住房面积小、周边环境差、通勤消耗大等几方面，而是在于缺乏相应的法律和政策的支撑，从而使他们自力实现住宅权的渠道和可能性被缩小和降低了。

2. 单身母亲的住宅问题

单身母亲，尤其是需要抚养子女或赡养老人的单身母亲，在住宅权实现上有着较大的困难。据2004年北京宣武区（今已归属西城区）的一项调查显示，单身母亲所在家庭人均住房面积7.02平方米，租房和借住亲属房屋的居多，占63.07％；少数是自购房，占3.96％；享受单位分房的极少。她们的大部分住房已居住20～60年，一般都是老房，年久失修，能改善住房条件的为少数。因此，单身母亲的住宅问题主要可以归结为以下两点。首先，住宅支出负担较重。由于单身母亲往往担负着抚养子女或赡养老人的责任，而作为家庭的主要收入来源，包括儿童或老人份额在内的全部住宅消费也由她们承担。其次，住宅质量较差。从子女的教育或老年人的生活便利出发，单身母亲在选择住宅的时候，会优先考虑学区房、有电梯的楼房或是较低楼层的房屋，而这些房屋的价格是相对较贵的；反言之，为了降低住宅支出，所选择的房屋的质量会比较差。

3. 孤寡老人和孤儿的住宅问题

所谓孤寡老人和孤儿的住宅问题，主要指的是孤寡老人和孤儿在各自的社会福利机构（养老院和孤儿院等）中的住宅权实现过程中产生的问题。孤寡老人和孤儿基本没有经济来源，依靠政府和社会的福利机构的帮助居住和生活。而这些社会福利机构的资金来源除政府投入、给予信息资源、政策支持外，还包括国内外社会各界、港澳同胞、海外侨胞及国际友人团体的捐赠与赞助，各类组织、团体举办的募捐、义捐，义卖等慈善活动的慈善资金、慈善资金的利息收入等。然而，现阶段我国的社会福利机构还没有形成完整的资金来源体系，也就不能有计划的改善孤寡老人、孤儿等入住人员的居住水平，反而会因为缺乏稳定的经济支持而使孤寡老人和孤儿的住宅权实现产生障碍。

4. 艾滋病患者的住宅问题

艾滋病患者是特殊疾病患者群体中最为特别的一类。虽然近年来社会大众对艾滋病和艾滋病患者的认知程度较之前要改善许多，但艾滋病的传染性和不可治愈性还是会让许多人对与艾滋病患者生活在同一个社区和正常交往产生畏惧情绪；而且，艾滋病的特殊性也会对患者在携带期间工作的稳定性造成威胁，从而制约艾滋病患者的住宅消费，因此，艾滋病患者的住宅问题将极大的影响对艾滋病患者的关怀以及艾滋病预防等方面。艾滋病患者住宅问题主要可以从以下几方面来分析：①非正规住房对艾滋病传播的潜在威胁性。由于社会上仍然存在歧视艾滋病患者的现象，所以艾滋病患者的流动性比较大，居住在非正规住房的几率也相对较大，从而提高了艾滋病传播的可能性。②流动人口所面临的艾滋病预防和护理的障碍。对艾滋病的预防和艾滋病患者的护理需要具备正确的艾滋病常识，而在城市流动人口中，这方面知识的教育与宣传还有所欠缺。

三、特殊需求群体住房社会保障模式与评价

（一）特殊需求群体住房社会保障模式

1. 杭州市住宅社会保障的实践

浙江省杭州市是我国建立特殊需求群体住宅保障较早也较为有特点的地区，住房保障体系建设中的"杭州模式"，也是诸多实践中成效较为显著的一种。"杭州模式"的住房保障体系主要由廉租住房、经济适用住房、限价商品房（拆迁安置房）、经济租赁房、危改房和人才房6大类构成，其基本方针为"租、售、改"并举，目标

是落实"两个房等人",重点是解决两个"夹心层"群众的住房问题,最终实现"居者有其屋"。"杭州模式"的可取之处主要在于以下几点。

第一通过完善住房保障政策的法规来保证特殊需求群体中的不同人群的住宅权的实现。自2007年以来,杭州市相继出台了《杭州市区经济适用住房管理办法》(杭政〔2007〕9号)、《杭州市城镇廉租住房保障管理办法》(杭政〔2008〕1号)、《杭州市区廉租住房保障实施细则(试行)》、《杭州市区公共租赁住房管理办法(试行)》、《杭州市区经济适用住房租售并举实施细则》、《杭州市区经济租赁住房管实施细则(试行)》、《关于进一步加强廉租住房管理的实施意见》(杭政办〔2009〕7号)、《杭州市区廉租住房货币补贴实施办法》、《关于杭州市区危旧房屋改善实施办法(试行)》等规定,明确了特殊需求群体中的各种收入层次的人员解决住房问题的方法,构建了多层次的住宅权保障体系。

第二突破经济适用房、廉租房和住房公积金三种主流的住房保障方式,实践新的住房保障制度和程序。首先,杭州市为解决特殊需求群体中的不符合申请廉租房条件、又买不起经适房的购房者和不符合购买经适房条件、又买不起商品房的购房者这两个"夹心层"人员的住房困难,创新推出经济租赁住房保障制度,通过"先租后售、租售并举"方式实现了住房保障政策的全覆盖,并有条件地将外来务工人员、大学毕业生纳入杭州市区住房保障范围,并通过统筹田园地块经济租赁房,用好闲置公房,以解决经济租赁房房源问题。其次,将经济适用房和廉租房的办理程序由集中受理调整为日常受理,并根据申请家庭的收入情况分两条线进行受理。

第三扩大住房保障机制的覆盖面,通过改革现有的住房保障方式,来更好地保障特殊需求群体在住宅权上的要求。例如,杭州市在廉租房制度实施过程中,坚持实物配租与货币补贴相结合、以货币补贴为主,集中安置与分散安置相结合、以分散安置为主;并适当降低申请条件,让更多的特殊需求群体享受到廉租房的优惠政策。

2. 广州市住房保障的实践

自1986年实施解困房制度以来,广州市在多年的住房保障实践中已经形成了较为完善的特殊需求群体住宅权保障机制。在《广州市住房建设规划(2008~2012)》中,广州市规划依托2008年调查形成的《广州市城市低收入住房困难家庭住房状况调查分析报告》和《广州市城市低收入住房困难家庭住房保障政策研究报告》,拟定规划期内建设政府保障性住房7.42万~10.76万套、建筑面积463万~680万平方米。为进一步加大住房保障步伐,广州市政府于2008年底出台《关于进一步扩大内需促进我市经济平稳较快增长若干措施的通知》(穗府〔2008〕47号),决定在2008~2009年两年内建设约408万平方米保障性住房,基本解决住房调查在册的

77177 户低收入家庭的住房困难①。广州市特殊需求群体住宅法律保障的成果主要体现在以下几点。

第一通过加强地方住宅保障立法来建立多层次的住房保障体系 2007 年以来，广州市先后发布了《广州市关于加快住房和土地供应　加强住房管理　抑制房价过快增长若干问题的意见》（穗国房字［2007］258 号）（简称"穗 7 条"）和《中共广州市委、广州市人民政府关于切实解决涉及人民群众切身利益若干问题的决定》（穗字［2007］2 号）（简称"惠民 66 条"）两大原则性的住房保障方面的文件。在此基础上，出台《广州市城市廉租房保障制度实施办法（试行）》和《广州市经济适用房住房制度实施办法（试行）》（穗府［2007］48 号），提出建立"广州特色四层次住房保障和消费体系"，即第一个层次是廉租房，保障的主要对象是双特困户；第二个层次是经济适用房，其保障对象是有一定经济能力，但在市场上买不起二手房或限价房的低收入家庭；第三个层次是限价商品房，即满足中等收入家庭的首次置业需求，以解决"夹心层"群众的住房问题；第四个层次是经营性商品房，用以满足中高收入阶层的改善型住房需求②。

第二探索保障性住房用地来源的新渠道，扩大受保障人群的范围，积极治理住房保障"夹心层"现象 2009 年 11 月，广州市公布《广州市保障性住房土地储备办法》（穗住保［2009］124 号），并对利用国有企业空闲自用土地建设保障性住房问题进行了反复调研、论证，最终通过与有土地的企业合作开发保障性住房项目，原先支付的部分地价退还给企业，用地改为划拨方式出让，项目产权归企业，同时约定项目开发利润不得超过 3％，从而扩大了保障性住房的来源和数量③。

（二）特殊需求群体住房社会保障模式评价

在现代民主国家中，社会公民权的理念和范式被认为是国家制定社会保障政策的重要影响因素。公民权即作为公民社会成员的资格或身份，其基本要求就是全体社会成员能够获得最低水平的经济财富和社会保障。国家的权力来自于公民权利，公民权利赋予法律权力，是为了让国家以法律的形式保证公民能够平等的、积极的参与公民社会的各种活动。事实上，国家的主要功能就是既要保护穷人免于贫困，又要致力于与限制全体社会成员参与社会、政治和经济活动的结构性不平等作斗

---

① 广州住房保障建设全国前列，大力建设保障房. 载广州房地产网. 转引自大洋网. ［2010-03-20］. http：//news. dayoo. com/guangzhou/200907/16/53872＿9969166. htm；广州"夹心层"住房保障方案明年出台. 广州日报，2009-12-25；住有所居，广州探索住房保障路. ［2010-13-20］. 转引自搜狐网. http：//house. focus. cn/news/2009-09-29/766433. html.

② 广州特色四层次住房保障和消费体系. 广州日报，2007-11-27.

③ 广州公布 2010 年保障型住房建设及土地储备计划. 第一财经. 转引自中证网. ［2010-04-12］. http：//www. cs.　. com. cn/xwzx/14/201003/t20100331＿2382448. htm.

争①。但是当这种法律权力的运用受到了阶层歧视和缺乏经济机会的严重限制时②，国家就应当参与进来，凭借社会保障制度与社会排斥作斗争，其中的一个方法就是规定国家支持的"参与标准"③。而正如上文所言，公民的住宅权系属基本人权的一种，当住宅权无法得到实现时，公民的生存就存在问题，也就不能再平等的积极的参与社会活动了，那么社会公民权的理想和体系就会崩溃。因此，基于公民权的基本要求，国家必须通过法律手段来对住房市场予以干预，尤其是保障特殊需求群体不会受到社会排斥并导致对其公民权的否认。而就以杭州市和广州市为代表的各地特殊需求群体住宅保障的实践而言，更好的运用法律手段来保障特殊需求群体的住宅权也是我国住宅保障体系发展的趋势。但是，现阶段我国特殊需求群体住宅法律保障机制仍然存在着一些缺点，需要在未来发展的过程中予以克服。

1. 住房保障的具体方式较为单一

从当今各国法律中规定的曾经和正在采用的特殊需求群体住宅权保障的措施来看，主要集中于对下列几种措施的使用和组合使用：①最低居住条件的保障。②房租管制政策和对租赁权的保护。③公共出租房的建造。④对社会出租房的国家补贴。⑤为鼓励买房进行的税收折扣。⑥住房补贴的支付④。而我国住房保障的具体方式主要有经济适用房制度、廉租房制度和住房公积金制度。就经济适用房制度而言，存在着开发量不足、适用房面积偏大和住房区位限制购房者未来发展几个问题。但最重要的一点在于，我国的经济适用房制度对购买者缺少明确的申购标准和判定程序，使得制度施行的一开始就可能产生权力寻租现象和特殊群体内部，甚至是与其他社会成员之间的机会和地位的不平等。就廉租房制度而言，存在着覆盖面较为狭窄、租金设置不合理等问题，其中最重要的问题在于国家对廉租房建设的投入不足，资金来源渠道单一，以至于廉租房房源严重不足。事实上，我国的私人住房保有率已然不低，一味的推动中低收入人群依靠自力在商品房市场上实现住宅权并不现实，而特殊需求群体要实现其住宅权也不一定要通过获得自己产权的房屋才能够进行。我们认为，"以租为主"才是可持续发展之道。因此，廉租房制度作为我国公共出租房制度的主要形式，其在住宅保障中的意义和功能要远远超过经济适用房制度。就

---

① 内维尔·哈里斯等. 社会保障法. 北京：北京大学出版社，2006：21.

② T. H. Marshall. "Citizenship and Social Class". in T. H. Marshall and T. Mottomore. Citizenship and Social Class. London：Pluto，1992：27.

③ R. Lister. "Social Security". in M. McCarthy（ed.）. The New Politics of Welfare，Basingstoke：Macmillan，1989：104-131，128.

④ 余南平. 欧洲社会模式——以欧洲住房政策和住房市场为视角. 上海：华东师范大学出版社，2009：107.

住房公积金制度而言，由于这一制度涵盖的范围过于狭窄①，即使在能够缴纳住房公积金的人群中也容易造成利益差别，更多的情况下，满足的是部分住宅权实现无虞的人群的住房投资的需要，实际上对特殊需求群体住宅权的实现没有太大帮助。由此得出结论，政府为了达到保障特殊需求群体住宅权的目的，不仅需要对现有的住房保障模式予以完善，还要借鉴国外的成功经验，积极探索创新中国特色的住房保障模式。

2. 更多的关注特殊需求群体的住房成本问题，而在改善群体住房质量上研究和实践的力度不足

早在 1976 年，《温哥华人类住区宣言》（Vaucouver Declaration on Human Settlements）中就已经提出："人类居住条件在很大程度上决定了人们的生活质量。"② 根据 1996 年第二次人类居住会议通过的《伊斯坦布尔人居宣言》（Istaubul Declaration on Human Settlement）和《人居议程》（Habitat Agenda）的有关内容，住宅权保障的基本目标应当是使所有人充分的享有人权，以实现人人享有适当住房和实现可持续人类住区的发展。因此，特殊需求群体的住宅权保障的重要性不仅在于保障群体基本的居住和生活水平，而在于住宅权这一基本人权的实现，并有助于个人、群体乃至市民社会的发展。而就这一点来说，虽然 2002 年我国建设部就已经公布了小康住宅的十大标准，2004 年建设部政策研究中心又颁布了我国居民住房的小康标准，即：到 2020 年，我国居民住房要从满足生存需要，实现向舒适型转变，基本做到"户均一套房、人均一间房、功能配套、设施齐全。"③ 但是从我国现阶段的住房保障实践中可以看出，很大程度上混淆了"基本居住需求"和"住宅权需要"两个概念，因而各地住房保障实践的目标是让特殊需求群体有一个安身之所，不仅欠缺对群体住房环境的考虑，更重要的是忽视了这部分人群获得可持续发展的权利，事实上造成特殊需求群体未来长期的发展困难和经济、政治的边缘化。因此，要想真正实现对特殊需求群体住宅权的保障，就不能仅仅着眼于让群体头上有一片屋顶，而要从适当住宅权和适当生活水平的标准出发；只有秉持这样的理念，才能够避免住宅保障的政策和措施的功能产生逆反效应，从而保证特殊需求群体的住宅权。

四、特殊需求群体住房社会保障的法律机制构建

国家构建特殊需求群体住宅法律保障机制的第一步就是制定一部专门的住宅保

---

① 我国的住房公积金制度将四部分人排除在制度外：一是规模较小的企业和大多数个体企业的职工；二是困难企业的职工及相当一部分下岗职工；三是"没有单位"的城市居民（包括个体经营户）；四是在城市工作的农民工。

② 卢卫. 解读人居——中国城市住宅发展的理论思考. 天津：天津社会科学出版社，2000：29.

③ 程衍方. 中国人居住小康标准解读：小康，2005（3）.

障法律，以增强住房保障的能力和效果。在这部法律中，需要对住房保障的对象、保障标准、保障水平、保障资金的来源、专门的监督和管理机构的设立等事项作详细规定。无此一部法律，则不足以规范各地种类繁多的住房保障实践，而住宅权受到侵害的特殊需求群体也没有直接、具体的法律依据可供维护自己的权利。①制定公民最低住房保障标准。虽然我国各地方平均房屋价格、特殊需求群体的平均收入水平、地方政府的财政负担能力等住房保障的要素不一，导致各地住房保障的措施、管理模式等也是千差万别，但只要能够保证特殊需求群体的住房情况在最低住房保障标准规定的住房消费和居住质量之上，再结合就业保障和养老保险等措施，就可以使群体的居住和生活水平得到维持和改善。②明确特殊需求群体住宅权保障的责任主体。政府是宏观经济的调控者和管理者，担负着促进社会全面发展和保障全体公民基本人权实现的职责，而住宅权系属基本人权的一种，公民的住宅权保障则属于政府不可推卸的责任，因此政府才是构建特殊需求群体住宅法律保障体系和制度的主体。③明确住房保障各种措施的申请和停止的资格和程序。特殊需求群体的住宅保障机制应当是一种具有严密的准入和准出标准的资格体系，这既是基于公平和平等原则的要求，也是为了防止在保障群体住宅权的过程中出现"权力寻租"的现象。④对保障资金和保障用地的来源渠道做出规定。经济支持是建设和落实特殊需求群体住宅权保障机制的基础条件，而要使保障体系的运行具有可持续性，必须充分考虑到政府能够达到财政支付能力。而且，明确规定了保障资金和保障用地的来源也有助于扭转现阶段各地方实践中资金和用地来源混乱的状况，并为部分可行的探索提供法律依据。⑤着重规定住宅权保障中的责任追究机制和住宅权的司法救济途径。通过行政处罚的方式对失责的责任主体及其工作人员进行追究，并允许住宅权受到侵害的特殊需求群体以司法途径维护其权益，从而使住宅权成为一个可诉的权利。除此之外，在构建住宅法律保障体系的过程中，还应当针对特殊需求群体中不同人群的不同要求，作一些特别规定，以体现对人性的理解、尊重以及对人的关怀。

（一）低收入群体住房法律保障制度设计的建议

与其他几类带有明显生理特征的特殊需求群体不同，低收入群体是以收入水平为划分标准的，他们的住房问题主要是因为群体的可支配收入与居住消费支出不成正比。而从现阶段低收入群体住宅权保障的情况来看，解决群体住宅问题的关键在于，建立和健全低收入群体的评估制度。

我国没有一个统一的低收入家庭认定的比例标准，从国家统计局每年的统计数据来看，采用的是"低收入户"、"最低收入户"和"困难户"的概念，三者在总量上约占全体城镇居民的 20%。然而事实上，在低收入户和最低收入户中，部分困难户即使达到住房保障的资格，也没有办法承担廉租房制度和经济适用房制度所需要的住房消费支出；另有部分人处于廉租房制度和经济适用房制度资格认定的真空状态，既不符合申请廉租房条件，又买不起经适房；而且除了这五分之一的人群，在"中等收入户"中也存在着大量住宅权实现困难的居民，他们既不符合购买经济适用房条件，却又买不起商品房。而各地对低收入家庭的认定标准也各有不同，例如，江苏省出台的《江苏省政府关于解决城市低收入家庭住房困难的实施意见》（苏政发〔2008〕44号）中将低收入家庭原则上认定为20％以上的城市家庭；江西省出台的《江西省城市低收入家庭认定实施办法》中则规定，用家庭可支配收入和家庭财产两项指标作为衡量"低收入"的标准，将覆盖25％左右的城市家庭；北京市2009年城乡低收入家庭认定标准为本市（当地）当年城乡居民最低生活保障标准的170％，即家庭月人均收入低于697元；海南省出台的《海南省城镇低收入家庭认定实施办法》中规定，城镇低收入家庭收入标准原则上以不高于当地低保标准的150％划定……在各地方在低收入家庭认定标准上的实践的基础上，基于扩大住房保障体系覆盖面的考虑，应当将低收入家庭的认定为30％以上的城市家庭，即原最低收入户和低收入户的全部以及中等偏下户的半数。但这并不意味着30％居民的全体都应该和能够享受到住房保障政策和措施，还应当制定严格的认定程序，每年既要通过财产申报确定是否属于低收入群体，还要对申请住房保障的人进行住房情况调查，再根据实际情况，分别施以租赁补贴、实物配租、购房补贴和购买经济适用房等住房保障措施。

（二）残疾人群体住房法律保障制度设计的建议

残疾人群体的生理特殊性决定了他们中有相当多的人难以和与其有相同年龄、教育和健康水平的个体进行就业竞争，部分人甚至缺乏必要的工作能力，因此大多处于收入贫困状态；而且，残疾人群体对无障碍居住环境的需求也是非常迫切。而在我国《残疾人保障法》中，虽然专章规定了"无障碍环境"，但是并没有具体可实施的详细规定，因此应该尽快制定保障细则，确定残疾人住宅权保障的有关内容。首先，城市保障性住房、农村危房改造计划等优先安排符合条件的困难残疾人家庭。对符合城市廉租住房保障条件的残疾人家庭应当优先安排实物配租廉租住房；并将农村贫困残疾人家庭优先纳入住房补助范围，整合资源，加快实施农村贫困残疾人家庭危房改造项目。其次，要加快推进无障碍建设，方便残疾人生活。加强无障碍设施建设和管理，提高无障碍设施建设质量。住房和城乡建设部等部门修订完善无障碍相关标准、规范，强制要求住宅的设计者和建设者在设计和建设房屋时就将无障碍环境考虑在内，使建成的房屋符合国家有关无障碍设施工程建设标准以及特殊需求群体的需要，具有适合特殊需求群体生活和居住的配套设施。

（三）妇幼群体住房法律保障制度设计的建议

对妇女和儿童群体的住宅权法律保障制度的设计，应当分别针对妇女和儿童的不同情况。首先，儿童不能从事有偿工作，因此他们不可能有经济实力去申请相应的住房保障，所以必须寻求有效途径。一种方法是，从家庭的角度来对儿童的住宅权的实现予以保障，即对儿童的住宅权实现有碍的低收入家庭或单亲家庭或人口众多的家庭的主要劳动力提供一定的补助或税收优惠，该补助的支付或税收优惠的赋予不应考虑相关的收入水平或经济条件。另一种方法是，国家在预算中罗列出专项资金，按照有住宅权需求的儿童的年龄不同，对儿童提供补助。二者的区别在于，后者的覆盖面更大，保障对象更直接，而前者的财政支出虽然较少，但并不能保证补助真正用于改善儿童的居住水平。其次，妇女，尤其是已婚妇女和有子女的妇女，其在实现相同水平权利的过程中所要付出的努力和成本要超过男性，因此对妇女的住宅权保障，一方面应当在婚姻、就业等方面保障妇女与男子平等的权利，另一方面还应在相同条件的住房受保障者中优先保障妇女的住宅权。

（四）老龄群体住房法律保障制度设计的建议

随着我国人口老龄化的日趋严重，老龄人口高龄化的趋势也日渐突出，尤其是在计划生育政策的影响下，家庭扶助的效果在下降，而今后数十年内的老龄群体对社会的帮助和支持的依靠也将日益增强。因此，国家在未来的老龄群体住宅权保障制度的设计中，首先是应当加大对老龄公寓或老年住宅的立法保护，在土地征用、资金筹措、税收政策等方面给予老年公寓的开发商以便利，同时也要加强对老年公寓的基本设施和服务设施建设的监督管理力度，为老年人的生活提供良好条件。其次，制定我国《老年人权益保障法》的实施细则，明确规定老龄群体无障碍住宅的标准，令其享有从国家和社会获得物质帮助的权利和享受社会发展成果的权利，实现"老有所居"。

（五）特殊疾病患者群体住房法律保障制度设计的建议

特殊病患者或由于罹患疾病的特殊性而容易受到他人的误解和歧视，或因为难以负担高昂的治疗费用而欠缺维持正常居住和生活水平的能力，而且前者较后者对特殊病患者群体的住宅权实现的压力更大，因此对群体住宅权的保障应当着眼于赋予其平等的、不受歧视的住宅权。首先，由于部分特殊病患者需要长期住院治疗，所以特殊病患者的住宅权保障应当与医疗保险制度相结合。其次，加大医疗卫生知识的宣传，为某些易受歧视的疾病去神秘化。最后，当特殊病患者的住宅权受到非物质侵害时，应规定允许其为精神利益受损而提起诉讼。

第八章　城市房屋征收中的住房法律保障

2011 年 1 月 19 日《国有土地上房屋征收与补偿条例》经过了两次征求意见并讨论论证后，在国务院第 141 次常务会议审议通过，由国务院颁布执行。自此 2001 年国务院颁布的《城市房屋拆迁管理条例》废止，退出了历史舞台。《国有土地上房屋征收与补偿条例》一出台便受到了社会各界及专家学者的好评，当然该条例同样存在不足之处。但我们真正关心的是，在城市化过程中，《国有土地上房屋征收与补偿条例》是否能够真正化解个人利益与社会公共利益间的矛盾，被征收人的权利尤其是住宅权的保障上是否全面，以及公共利益的界定是否准确且符合我国实际国情。

一、城市房屋征收新模式对住房法律保障的变革

城市房屋征收概念并不陌生，我国《宪法》、《物权法》、《土地管理法》等法律规定确定了征收制度。但长期以来《城市房屋拆迁管理条例》成为城市化进程中主导城市开发与建设的最主要的法律规范之一。征收一度异化为拆迁制度，《城市房屋拆迁管理条例》更是直呼为"拆迁条例"。2007 年，曾备受人们期待的《物权法》虽规定了征收的概念，但并未能终止《城市房屋拆迁管理条例》在城市强制拆迁的步伐。拆迁似乎成为逾越于征收制度上的法律制度。各地近几年关于拆迁恶性冲突事件仍不断挑战人们的忍耐力。《国有土地上房屋征收与补偿条例》废止了《城市房屋拆迁管理条例》，取消了"拆迁"这一并非法律概念的规定，纠正了我国对于城市房屋征收长期以来漠视被征收人权利的态度，确立了我国国有土地房屋征收制度，不得不说是我国立法史上的一大进步。以公共利益为标准的"征收"制度彻底取代了"拆迁"，正成为我国城市开发的法律基准。我国《国有土地上房屋征收与补偿条例》是否能够实现在城市化征收过程中住宅法律保障的实现？我们认为首先应当考察在回归征收制度后的新征收模式的变革，分析新征收制度存在的进步与不足，方能对住宅保障能否实现进行评估。

（一）征收法律关系的回归

《国有土地上房屋征收与补偿条例》（以下简称新《条例》）确立了国有土地上的房屋征收制度，该条例第二条规定："为了公共利益的需要，征收国有土地上单位、个人的房屋，应当对被征收房屋所有权人（以下称被征收人）给予公平补偿。"由此可见，国有土地征收的法律关系双方是征收人与被征收人，即国家与房屋所有权人。征收必须是为了"公共利益"的需要，且给予"公平补偿"。第二条的规定将征收异

化制度——拆迁进行了法律关系的回归。

首先，城市房屋征收新模式将三方法律关系回归为双方法律关系，将政府、拆迁人与被拆迁人间的法律关系回归为征收人与被征收人的法律关系。旧条例规定的拆迁人是指取得房屋拆迁许可证的单位，被拆迁人是指被拆迁房屋的所有人①。拆迁人在获得政府颁发的拆迁许可证后即可进行拆迁，拆迁行为在被拆迁人与拆迁人间完成，政府仅有监督的义务。拆迁行为主体和拆迁补偿主体均为拆迁人，即为具备一定资格的单位。旧条例将征收权力赋予拆迁人，同时其负有拆迁补偿的义务，将原本行政法律关系转化成为平等的民事法律关系。正是由于这些规定对征收法律关系错误的界定，致使一些地方政府在实际运作中只征收、不补偿，把补偿这一核心问题和矛盾推到拆迁阶段，开发商通过不法手段只拆迁，不补偿或者少补偿，从而引发了大量的暴力拆迁、强制拆迁。政府不能自行免除《宪法》规定的对被征收人进行补偿的宪法义务，更不能转嫁法律责任于开发商，政府、开发商、被拆迁人间应当回归正确的征收法律关系。新《条例》针对旧条例的规定，取消了拆迁关系这一错综复杂的法律关系，将异化的征收法律关系进行了回归。政府与房屋所有权人间的关系即为征收法律关系，政府依据法律做出征收决定，负责房屋征收与补偿工作，承担征收法律关系的义务。政府与房屋征收实施单位间的法律关系是委托关系，征收实施单位的行为后果由委托人，即政府承担。被征收人对征收决定不服的，有权对政府征收行为进行行政复议申请或提起行政诉讼。

其次，城市房屋征收新模式规定征收补偿的主体是征收人，即政府。征收是国家强制取得私人财产的所有权，公民丧失所有权，国家虽然做出一定补偿，但仍对所有权人产生极不利的法律后果，是国家为了公共利益而对所有权人做出的权利限制，抑或说是现代社会私人所有权所负有的社会义务。旧条例规定政府既是作出拆迁许可决定的行政机关，又作为裁定拆迁人与被拆迁人间法律关系的仲裁机构，协调双方间冲突与矛盾。这种既做运动员，又做裁判员的法律定位，规避了法律风险，却极大的激发了社会矛盾。拆迁人作为与被拆迁人法律平等的民事主体，却承担了拆迁补偿的义务，同时拆迁人有申请强制执行的权利，政府与拆迁人间似乎有种说不清道不明的关系。新条例改变了原先含混不清的公权力主体，规定作出征收决定并进行公平补偿的法定主体为政府，将原先分属两方的征收与补偿归于统一的主体，即政府。这一转变符合现代法治精神，符合各国关于征收规定的通说。

再次，城市房屋征收新模式规定了征收人与被征收人的权利与义务。国家征收行为是行政主体出于公共利益的需要，依据法律、法规的规定，强制性地取得行政相对人财产所有权、使用权或劳务并给予合理经济补偿的一种具体行政行为。行政

---

① 《城市房屋拆迁管理条例》第四条。

征收作为各国普遍采用的一项以强制方式取得财产的重要法律手段，涉及相对人的私有财产权利益，必须要有权力的法源①。城市房屋征收具有两面性：一方面，城市房屋征收可以促进旧城改造，创造激发更大的土地价值；另一方面，城市房屋征收是一种侵犯被拆迁人房屋所有权、土地使用权等财产权益的行为。若不能对被拆迁人进行合理有效的补偿或者不遵守公益原则而肆意拆迁，将会引发社会利益的失衡，导致严重的社会矛盾与问题。征收人行使权力应当在法律规定的范围内，否则被征收人有权提出异议。当公民个人权益受到公权力限制时，法律规定公民权益的保护和公权力行使的限制尤为重要。新条例规定了国有土地房屋征收必须经过法定程序做出征收决定，征收补偿费用必须足额到位且应当先补偿、后搬迁。被征收人对征收决定不服的，可以依法申请行政复议，也可以提起行政诉讼。在补偿程序中，对房地产评估提出异议的，被征收人有权向房地产评估机构申请复核评估等等。被征收人权利的明确化使得征收在实现公共利益的同时，最大限度的保护受损公民的利益，平衡社会公共利益与个人利益间法律价值。

最后，城市房屋征收新模式明确禁止了违法强制拆迁行为。旧条例规定强制拆迁行为的条件是被拆迁人或者房屋承租人在裁决规定的搬迁期限内未搬迁的，由房屋所在地的市、县人民政府责成有关部门强制拆迁，或者由房屋拆迁管理部门依法申请人民法院强制拆迁。根据法律规定，在特殊情况下有关部门可采取强制拆迁行为，然而在现实案例中强制拆迁行为主体错位，强制拆迁手段违法。个别案件中拆迁人在未进行补偿或者未达成拆迁协议时直接进行暴力拆迁、强制拆迁，是导致恶性拆迁事件发生的直接导火索。在以经济发展为政绩观的背景下，地方政府直接参与拆迁或者纵容拆迁人采取违法手段达成强制拆迁的目的，造成了公民与政府间关系的紧张，影响了社会和谐和稳定。强制拆迁手段应该视为"最后手段"，也唯有当公权力向拆迁户，以及向社会显现、证明出其已经尽了最大的努力来照顾拆迁户的利益，已经进行了最大的诚意及耐心来协调拆迁，到最后仍然无法获得拆迁户的理智配合，此时才可以进行最后的"拔钉子"的强制行为。这样子的公权力，才可以显现出一个进步的法治社会所应有的"执法文明"②。新条例规定任何单位和个人不得采取暴力、威胁或者违反规定中断供水、供热、供气、供电和道路通行等非法方式迫使被征收人搬迁。禁止建设单位参与搬迁活动③。同时规定在此条例施行前已依法取得房屋拆迁许可证的项目，继续沿用原有的规定办理，但政府不得责成有关部

---

① 金俭：不动产财产权自由与限制研究. 北京：法律出版社，2007：157.
② 陈新民. 台湾房屋拆迁的一般处理规则. 法学，2007（8）.
③ 《国有土地上房屋征收与补偿条例》第二十七条.

门强制拆迁①。明确禁止违法拆迁行为是《国有土地上房屋征收与补偿条例》根据当前形势下拆迁情况作出的禁止性规定，保护了被征收人的人身财产权益，值得肯定。

（二）征收正当程序的重构

程序正当原则作为近代法治精神最重要的体现，在西方国家作为重要的原则加以贯彻执行。在我国程序正当性长期以来落后于实体法的规定，尤其是在行政法领域，行政程序法上行政相对人权益的保护有待完善。对于不动产的征收，各国立法通过制定严格的程序，力求确保征收的公平与公正且在最大范围内实现被征收人有表达个人意愿的途径。如日本《土地征收法》除了规定正规程序制度外，在与资源收购相配合，还设置了特别程序，包括调解程序、协议的确认程序及和解程序等②。《国有土地上房屋征收与补偿条例》对城市房屋征收与补偿的程序做出了新的规定，主要体现在以下几个方面。

1. 规范征收决定作出的程序

根据第二章征收决定的规定，征收决定作出的程序具体如图 8-1 所示：

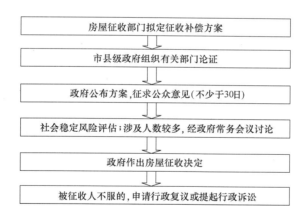

图 8-1　征收决定做出的程序流程图

新《条例》中征收决定做出的程序与《城市房屋拆迁管理条例》相比有如下特点：①程序更加透明，加大了被征收人、社会公众的参与度。新《条例》明确规定政府应当将征求意见情况和根据公众意见修改的情况及时公布。②改变了原先有拆迁人即建设方申请，由政府部门做出拆迁决定的模式，而由政府机关直接做出征收决定，避免了拆迁人与被拆迁人原本平等的民事主体关系的异化。③规定被征收人

---

① 《国有土地上房屋征收与补偿条例》第三十五条.

② 朱芒. 日本房屋征收制度的基本状况. 法学，2007（8）.

对房屋征收决定不服可直接提起行政复议或行政诉讼，弥补了原拆迁人与被拆迁人达不成拆迁补偿安置协议的，先由房屋拆迁管理部门裁决，方可提起诉讼的不足，减轻了被征收人的诉累。

2. 确立征收补偿中房地产评估程序

新《条例》第十九条确立了征收补偿的最低标准，即不得低于房屋征收决定公告之日被征收房屋类似房地产的市场价格。同时在该条规定了征收补偿房地产评估程序。被征收房屋的价值由具有相应资质的房地产价格评估机构按照房屋征收评估办法评估确定。在房屋征收补偿程序中，房地产评估是房屋征收补偿程序极为重要的环节，被征收房地产的价格认定和评估的公正与否直接关系到房屋征收补偿是否公平合理。建立独立、中立、客观、公正的损害评估机制，完善损害评估机制建设，是对征收补偿数额采取对社会中性第三人标准的必然要求，也是建立公正、合理的征收补偿制度的重要基础和前提[1]。新《条例》初步规定了房地产价格评估机构的确定方式、独立工作原则，对于缓解征收双方争议矛盾起到至关重要的作用。

3. 引入旧城改建的听证程序

新《条例》第十一条规定了听证程序：因旧城区改建需要征收房屋，多数被征收人认为征收补偿方案不符合本条例规定的，市、县级人民政府应当组织由被征收人和公众代表参加的听证会，并根据听证会情况修改方案。从该条的规定可见，启动听证程序有两个条件：征收类别限制，即旧城区改建；多数被征收者认为不合理的情况下可启动听证程序。召开听证会有助于征收活动的开展，征收人听取被征收人及社会公众的意见。不动产征收直接关系被征收人的重大利益，确立听证程序，被征收人有权进行陈述和申辩。不难看出新《条例》规定的听证程序仍需要进一步完善。首先，完善听证会召开法定要件。旧城改造往往涉及利益关系人众多，公民对征收意见难以调和，不召开听证会公民的利益诉求难以实现。而征收制度是国家课以特定公民财产的义务，非因公共利益不得为之。建设部 2005 年 10 月 31 日颁发的《城市房屋拆迁工作规程》（建住房［2005］200 号）规定，对于面积较大或户数较多的拆迁项目，房屋拆迁管理部门应当在核发拆迁许可证前就拆迁许可有关事项组织听证会，听取拆迁当事人意见。新《条例》规定了听证会召开的必要条件，但在涉及征收人众多、面积较大、矛盾突出的情况下，即使出于其他公共利益的需求，仍应当召开听证会，而不应仅限于旧城改造项目。其次，完善多数人的法定含义。法律条文涉及多数人决定的规定并不在少数，如建筑物区分所有权中业主共同决定事项应经过两个三分之二决的业主同意，而宪法规定对于法律的修改要经过过半数

---

① 王达. 房屋征收拆迁法律制度新问题. 北京：中国法制出版社，2010：31.

通过①。该条文关于多数人的含义是何比例，立法者似乎将判断的标准交由行政机关决定。旧城改造采取了类似集体主义表决的方式来影响（而非决定）征收补偿方案，而其他公共利益的不动产征收采取了任意性规定。这种含糊的规定对被征收人的利益保护明显不利，即使国家处于重大公共利益的需求征收公民财产，国家必须用"割自己肉"的感觉，来体会被征收土地、房屋之人民所遭受的痛苦②。总之，新《条例》对听证会的明确规定是征收制度的一大立法亮点，但仍需进一步通过立法规定完善听证会召开的具体要件，以确保关乎被征收人重大利益的诉求得以表达。

4. 明确被征收人法律救济途径

城市房屋拆迁纠纷一直得不到根本解决的深层次原因之一是纠纷解决机制的不畅通。拆迁人与被拆迁人间补偿安置问题在一定情况下不能通过司法解决。城市房屋拆迁纠纷分为民事诉讼和行政诉讼。根据国务院《城市房屋拆迁管理条例》及最高院关于城市房屋拆迁的有关批复③，城市房屋拆迁纠纷的诉讼管辖可归纳为：拆迁人与被拆迁人未达成补偿安置协议的，应当先申请裁决，对行政裁决不服的可以提起行政诉讼；拆迁人与被拆迁人已经达成补偿安置协议的，一方不履行协议内容的，另一方可以向人民法院提起民事诉讼；公民、法人或其他组织对拆迁、补偿、安置等问题的裁决不服的，应当向人民法院提起行政诉讼。尤其值得注意的是《最高人民法院关于当事人达不成拆迁补偿安置协议就补偿安置争议提起民事诉讼人民法院应否受理问题的批复》（法释〔2005〕9号）："拆迁人与被拆迁人或者拆迁人、被拆迁人与房屋承租人达不成拆迁补偿安置协议，就补偿安置争议向人民法院提起民事诉讼的，人民法院不予受理，并告知当事人可以按照《城市房屋拆迁管理条例》第十六条的规定向有关部门申请裁决。"拆迁人与被拆迁人，原本民事主体间的法律关系经过行政裁决后必须通过行政诉讼解决纷争。根据我国《行政诉讼法》的规定，行政诉讼只能对具体行政行为的合法性进行审查，不能对其合理性进行审查，导致了补偿安置的具体问题难以通过司法途径解决。同样根据最高院2005法释9号的规定："拆迁人与被拆迁人之间的民事法律关系最后要通过行政诉讼途径解决，而行政诉讼不能适用调解制度。除非行政裁决本身违法，否则只能判决行政裁决有效。"当一个个普通民众以"生命权"与"公共利益"抗衡

---

① 《物权法》第七十六条，《宪法》第六十四条.
② 陈新民. 台湾房屋拆迁的一般处理规则. 法学，2007（8）.
③ 与城市房屋拆迁有关的最高人民法院批复有：《关于当事人之间达成了拆迁补偿安置协议仅就协议内容发生争议的，人民法院应予受理问题的复函》（〔2007〕民立他字第54号）；《关于受理房屋拆迁、补偿、安置等案件问题的批复》（〔1996〕法复12号）；《关于当事人达不成补偿安置争议提起民事诉讼人民法院应否受理问题的批复》（〔2005〕法释9号）.

的案例发生时，说明了我国城市房屋拆迁纠纷缺少利益协调机制，缺少中立于政府与民众的第三方机构。新《条例》明确了被征收人的法律救济途径，该条例第十四条规定了被征收人对征收决定不服的，可以依法申请行政复议，也可以依法提起行政诉讼；第二十六条规定被征收人对补偿决定不服的，可以依法申请行政复议，也可以依法提起行政诉讼。

（三）公共利益标准的确立

公共利益是各国国家征收行为的法定前提要件。在我国《宪法》中已经确立了对土地和公民私有财产征收的公共利益原则①。虽然有学者认为拆迁应当为征收行为，但《城市房屋拆迁管理条例》中所规定的拆迁并不等同于征收，在条例全文未见公共利益的规定。旧条例并未规定拆迁的法律内涵，从现实情况看，拆迁不仅包括以公共利益为目的的拆迁，也包括以商业开发为目的的拆迁。新《条例》最大的亮点便是界定了征收中公共利益的内涵，完成了《宪法》、《物权法》、《城市房地产管理法》未完成的立法任务。从广义法的范畴来看，该条例第八条关于公共利益的规定是我国法律体系首次对征收中公共利益做出界定。公共利益标准的确立使得非公共利益的土地征用项目可以排除在外，公民得以向司法机关提出审查具体征收项目是否符合公共利益标准，是否合法的诉讼请求。《国有土地上房屋征收与补偿条例》第八条规定："为了保障国家安全、促进国民经济和社会发展等公共利益的需要，有下列情形之一，确需征收房屋的，由市、县级人民政府作出房屋征收决定：①国防和外交的需要。②由政府组织实施的能源、交通、水利等基础设施建设的需要。③由政府组织实施的科技、教育、文化、卫生、体育、环境和资源保护、防灾减灾、文物保护、社会福利、市政公用等公共事业的需要。④由政府组织实施的保障性安居工程建设的需要。⑤由政府依照城乡规划法有关规定组织实施的对危房集中、基础设施落后等地段进行旧城区改建的需要。⑥法律、行政法规规定的其他公共利益的需要。"可见，新《条例》采取了折中式的立法模式。"公共利益"概念本身的不确定性使得立法者欲穷尽公共利益的内容并非易事。各国和各地区在征收立法中采取了不同的立法例。总体上可以分为以下几种：一是概括式立法例，即仅在立法中概括规定征收需出于公共利益的目的，以美国、加拿大、澳大利亚为代表。二是列举式，以日本为代表，即在立法中详细列举公共利益的范围，当有 35 种情况时可以发动土地征收。三是折中式，即一方面列举公共利益的范围，另一方面又对

① 《宪法》第十条第 3 款规定："国家为了公共利益的需要，可以依照法律规定对土地实行征收或者征用并给予补偿。"第十三条规定："公民的合法的私有财产不受侵犯。国家依照法律规定保护公民的私有财产权和继承权。国家为了公共利益的需要，可以依照法律规定对公民的私有财产实行征收或者征用并给予补偿。"

公共利益作出概括性的规定，如我国台湾地区采取的立法模式①。折中式的立法模式既能控制政府征收权的滥用，又可结合公益界定之标准，为法院积极行使审查权提供明确的法律依据②。

对条文内容进行解读，该条文规定如下几项内容：①公共利益的概括性判断标准，即为了保障国家安全、促进国民经济和社会发展等公共利益的需要。即使仍有未明确列举的具体公共事业，须满足公共利益的概括性要求。②公共利益的判断机关为市县级人民政府。市县级人民政府应对具体项目是否符合公共利益标准进行科学论证，符合法定程序要求。③公共利益为非其他法律手段不能取得之唯一方法。该条"确需"两字表明，若政府能够通过协商、谈判等方式取得不动产，则不可通过征收取得。④公共利益的内涵存在兜底性条款。允许其他法律、行政法规对公共利益进行扩充性解释，但仍需要符合公共利益的基本判断标准。如上所述，新《条例》对公共利益的规定是一大立法进步，但也并非能够完全排除扩大性解释和任意性解释的可能。如在旧城区改建项目，政府在城市化过程中对老城区的改造往往带有一些商业开发的性质，是否能够符合公共利益的标准仍有待考察。

（四）征收补偿标准的确立

如果说公共利益成为制衡滥征、捍卫物权的有力武器，那么，房屋征收拆迁中的合理补偿成为落实损益相补、等价有偿原则的重要环节③。房屋被拆迁不是权利人预期应承担公法义务所遭受的损失，针对被拆迁人为公共利益或他人利益所受牺牲，应该给予被拆迁人的个人利益损失给予补偿。由于补偿是建立在为了实现更大利益而进行的利益重新分配的基础上，因此，补偿具有平衡两种利益失衡的性质。法律规定拆迁人所负义务为补偿义务，而非赔偿义务，是因为拆迁对被拆迁人的财产的损害是通过行政许可这种得到国家认可的合法行为实施的，不具有过错和违法性④。而我国曾经的城市房屋拆迁制度中拆迁补偿环节存在着诸多不足，最突出的症结在于：①拆迁补偿标准过低。依据旧《条例》第二十四条的规定，"货币补偿的金额，根据被拆迁房屋的区位、用途、建筑面积等因素，以房地产市场评估价格确定。具体办法由省、自治区、直辖市人民政府制定。"一些地方政府通过拆迁人申请，物价、国土、建设三部门联合下文的方式，代替房屋拆迁市场主体的自由选择，单方确定补偿标准，从而导致补偿价格与市场价格相差甚远，被拆迁人获得的补偿价远远低于同地段商品房售价，甚至低于同地段的二手房价，在主观上造成了被拆迁人

---

① 金俭. 不动产财产权自由与限制研究. 北京：法律出版社，2007：177.

② 同上，第178页.

③ 王达. 房屋征收拆迁法律制度新问题. 北京：中国法制出版社，2010：(52).

④ 侯雪梅. 房屋拆迁中私人财产权利的法律保护. 法学论坛，2004 (5).

购房的负担。拆迁人也往往依仗政府的支持，有恃无恐地压低拆迁补偿标准①。②补偿程序后置导致出现先拆后补、甚至先拆不补的程序紊乱现象。补偿是征收的构成要件之一，未依法补偿，对房屋所有权及相应土地使用权的征收程序就没有完成；而征收没有完成，就不能进行拆迁。但旧《条例》第三章"拆迁补偿与安置"对房屋拆迁补偿作出的具体规定将补偿与对房屋的征收分开了，将补偿作为拆迁程序的一部分，这实质上就是将本应在征收阶段解决的补偿问题延至拆迁阶段解决，与《宪法》、《物权法》及《房地产管理法》的规定存在冲突。③补偿内容不完全。城市房屋上存在两种权利，即房屋所有权和建设用地使用权。旧《条例》仅仅规定对房屋所有权进行补偿，建设用地使用权的补偿问题却只字未提。在我国城市土地资源紧张的情况下，地价是房地产价格的最大的决定因素，对建设用地使用权进行补偿可以使被拆迁人因拆迁而受损的利益得到响应的补偿，能够达到利益的平衡。

新《条例》对征收补偿进行了重新规定，一定程度上弥补了旧《条例》留给人们的遗憾。首先，从《国有土地上房屋征收与补偿条例》的条例名称看，"补偿"一词与"征收"并列，体现了立法者强调突出补偿的意图。其次，新《条例》专门在第三章规定了征收补偿的各项制度，强调了征收补偿的必要性原则。新《条例》规定了征收补偿的补偿范围、补偿程序、补偿形式、救济手段等，大大增加了地方政府任意补偿甚至不进行补偿的法律风险。新《条例》强调了先补偿、后搬迁的原则，避免了补偿后置的现象。新《条例》规定了房屋征收评估办法，采取中立第三方确定被征收房地产价值的机制，预防地方政府降低补偿标准的情况发生。这些制度较好地制约了地方政府的公权力，通过一系列法律制度保障了公民的不动产权益，以对抗公权力对私人财产权的非法侵犯。不得不说，征收补偿标准的确立是弥补公民不动产被征收后所遭受损失的一大慰藉，但并非新《条例》不存在不足之处。在商品经济发展的今天，公民不动产所承载的财产利益并非仅仅所有权而已，房屋所有权人通过出让所有权的各项权能，通过交换价值，取得其他利益是当前不动产财产法的重要课题。同时，从住房保障的角度看，公民住宅权所包含的内容不仅是补偿，更多的是对公民征收补偿安置的方式、内容等方面进行立法规定。新《条例》的补偿范围及标准仍存在完善的空间，尤其对于当下城市住房保障的现实问题仍需要各界的关注。

二、城市房屋征收新模式对住房法律保障的不足

如上所述《国有土地上房屋征收与补偿条例》对城市房屋拆迁制度作出了重大改革，使征收制度得以回归正常的法律关系之中。拆迁制度中混乱复杂的三方法律关系回归为征收双方法律关系，即拆迁人、被拆迁人和行政机关间法律关系回归至

---

① 潘嘉玮. 城市化进程中土地征收法律问题研究. 北京：人民出版社，2009：71.

征收人与被征收人的法律关系。征收正当程序得以确立，征收决定作出程序、房地产评估程序、旧城改建听证程序及被征收人救济程序的构建是新条例为保障被征收人权益架起了一道道法律屏障。征收公共利益原则的内涵的界定排除了原先商业开发性拆迁得以使用公权力的可能性。此外，征收补偿标准的确立，旨在政府在征收决定做出后及时、公平补偿，先补偿后搬迁成为征收的一大原则。但《国有土地上房屋征收与补偿条例》仍存在诸多局限性。

（一）新条例调整对象的局限性

《国有土地上房屋征收与补偿条例》规定了"国有土地"上房屋征收，征收范围不包括农村集体所有土地的征收。随着城市化发展，我国城市范围不断扩大，旧城区原有规模无法容纳日益涌入城市的人口，改善城市环境的手段除了旧城改造就是变农村土地为国有土地。我国《宪法》确立了国家土地二元结构，城市土地所有权属性为国家所有，农村、城市郊区土地属性为集体所有①。农村土地不能直接进行转让，必须首先通过征收转变集体土地的性质为国有土地，再由政府通过土地出让的方式进行新城市开发。《物权法》第四十二条确立了集体土地征收遵循公共利益及足额补偿的原则，但具体公共利益的内涵以及征收程序等问题未能得到规定。《物权法》第四十三条规定了对农转非进行严格的限制，征收集体所有土地不得违反法定权限和程序，然而在缺乏具体法律制度保障的情况下，集体所有土地肆意征收的情况屡见不鲜②。在制定《国有土地上房屋征收与补偿条例》的过程中，有学者建议征收制度由国家制定统一的征收征用法来解决，目前发生在集体土地上的征地拆迁问题依然未得到解决。由于修订后的房地产管理法仅授权国务院就城市房屋征收问题制定行政法规，因此农村集体土地的征收问题还有待通过修订土地管理法来解决③。

（二）征收对象及补偿范围的局限性

《国有土地上房屋征收与补偿条例》规定对国有土地上"房屋"进行征收，征收对象是房屋所有权，被征收人为房屋所有权人。该条例未规定对用益物权、承租权等其他权利的补偿。从条例的名称看，"国有土地上房屋征收与补偿条例"昭示着该条例征收与补偿的对象是房屋，该条例第一条更加明确的规定了征收的对象是"国有土地上房屋"。然而，一般说来，城市房屋征收后往往为了对其所属土地进行再次开发，并非对土地上房屋进行再次使用。该条例第十三条表明了立法者意图："房屋被依法征收的，国有土地使用权同时收回。""房随地走、地随房走"是物权法的不

---

① 《宪法》第十条规定："城市的土地属于国家所有。农村和城市郊区的土地，除由法律规定属于国家所有的以外，属于集体所有；宅基地和自留地、自留山，也属于集体所有。"
② 《物权法》第四十三条规定："国家对耕地实行特殊保护，严格限制农用地转为建设用地，控制建设用地总量。不得违反法律规定的权限和程序征收集体所有的土地。"
③ 吴光荣. 征收制度在我国的异化与回归. 中国法学，2011（3）.

二法则，而根据这一法则产生的所谓"房屋属地主义"或者"房地一体原则"就是各国房地产法遵循的首要原则。我国《物权法》对这个原则也有明文规定："建设用地使用权人建造的建筑物、构筑物及其附属设施的所有权属于建设用地使用权人，但有相反证据证明的除外。"据此，我国的房屋所有者一般也是房屋所属地的土地使用权的权利主体。从征收的目的看，国家对房屋及其土地进行征收，其最终目的是为了获得土地上的完全所有权。在我国土地所有权并不属于房屋所有者，但这并不意味着建设用地使用权可以被任意收回。个人在购买房屋时，已经支付了相应年限的建设用地使用权的对价。开发商在开发前已经支付了建设用地使用权的对价，并转嫁到购房者的购房款中。征收实质上减少了房屋所有权人建设用地使用权的期限，应当予以补偿。《国有土地上房屋征收与补偿条例》未对土地使用权的征收及补偿进行规定是原则性的错误，从来没有独立于土地的"空中楼阁"。征收对象的错误导致了新《条例》征收补偿范围过窄。该条例第十七条规定了征收补偿的范围：被征收房屋价值的补偿；因征收房屋造成的搬迁、临时安置的补偿；因征收房屋造成的停产停业损失的补偿。补偿范围显然忽视了用益权人、承租人等的权益补偿。我国《物权法》明确规定征收需对用益物权人进行补偿，新《条例》违反了这一规定①。虽然在住房和城乡建设部颁布的《国有土地上房屋征收评估办法》（建房〔2011〕77号）中规定了被征收房屋价值包括土地使用权的价值，但是条例本身未规定对土地使用权的补偿仍是一个立法错误②。对于空置土地的征收等问题，不能通过房屋征收评估来解决，只关注房屋不关注土地使用权的逻辑错误应当予以修正。

（三）公共利益界定及相关程序仍需完善

公共利益的法定内涵及判定程序是各国征收法律制度最核心的法律问题之一。世界各国的立法经验表明，公共利益应当有一个相对确定的范围，以免公权力的泛滥及对私权利的肆意践踏。《国有土地上房屋征收与补偿条例》在第八条用折中立法的方式规定了"公共利益"的具体内容，是我国立法上的重大进步。在人们欢呼之余，我们仍应认真审视新条例确立的征收模式能否真正保护公民住宅权，能否真正实现征收的公平合理性。

1. 公共利益内涵的模糊性导致扩大解释的可能性

新《条例》在第八条确立了五种公共利益征收的类型，同时规定了公共利益的兜底性条款。与曾经的意见征求稿相比，新《条例》限缩了公共利益的范围，取消

---

① 《物权法》第一百二十一条规定："因不动产或者动产被征收、征用致使用益物权消灭或者影响用益物权行使的，用益物权人有权依照本法第四十二条、第四十四条的规定获得相应补偿。"

② 《国有土地上房屋征收评估办法》第十一条规定："被征收房屋价值是指被征收房屋及其占用范围内的土地使用权在正常交易情况下，由熟悉情况的交易双方在公平交易方式在评估时点自愿进行交易的金额，但不考虑被征收房屋租赁、抵押、查封等因素的影响。"

了国家机关办公用房建设的需要属于公共利益的规定，回避了关于旧房改造问题的规定，同时在兜底性条款中取消"国务院规定的公共利益需要"，将公共利益的类别限定在法律、行政法规规定的范围内①。客观来说，限缩后的规定更接近公共利益的本质，但在公共利益的界定上仍采取较为宽松的态度。从条文的内容看，立法者更多的将判定公共利益项目的权力赋予"政府"。除国防和外交的需要外，其他各条款规定的公共利益类别均为"由政府组织实施"项目。虽然在条文中规定"为了保障国家安全、促进国民经济和社会发展等公共利益的需要"，但是公共利益的真正内涵或者说法律要件未为在条文中得以体现，具体项目是否符合受益主体不确定性、公益性明显原则、利益衡量比例性原则等标准未在条文中体现。这使得原本不在公共利益范围内的政府项目经过政府扩大解释成为"公共利益"项目的风险性提高。

2. 征收决定主体的政绩观影响征收的公平性

公共利益的条文规定征收决定的做出主体是"市、县级人民政府"，加之公共利益的项目为"政府组织"，使得征收决定主体对于具体项目判定是否符合公共利益规定的权力过大。在当前国内发展以经济为目标的社会环境下，地方政府的考核指标与经济发展有极大关系，以GDP为核心的政绩观影响着地方政府行政行为的做出。尤其在近几年城市房地产开发如火如荼，在寸土寸金的城市，地方政府在巨大的财政及经济发展的压力下，能否真正公正合理地判定项目的公益性不得不受到人们的质疑。虽然新《条例》规定地方政府要进行社会稳定风险评估，制定具体规划要征求社会公众意见，但显然在缺乏具体程序规范的情况下，社会公众、被征收人仅有建议权，并不能影响征收行政决定的做出。

3. 公众参与机制不完善导致被征收人权利保障虚化

以政府价值判断为主导的征收决定，新《条例》是否赋予被征收人抗辩权对抗不符合公共利益的征收？从新《条例》条文来看，立法者更倾向于补偿方案的公众参与机制。新《条例》规定政府在征收决定做出前应公布征收补偿方案，征求公众意见，并对征求意见情况及修改情况进行公布。在大部分情况下，听证会的召开并非为法定前置程序，仅在旧城区改建且多数被征收人不服时，政府应当组织听证会。如前所述，关于多数被征收人的界定问题仍值得商榷。在征收决定作出后，政府应当及时公告征收补偿方案及相关权利。而根据《物权法》规定，自政府征收决定做

---

① 征求意见稿第三条规定："本条例所称公共利益的需要，包括：（一）国防设施建设的需要；（二）国家重点扶持并纳入规划的能源、交通、水利等公共事业的需要；（三）国家重点扶持并纳入规划的科技、教育、文化、卫生、体育、环境和资源保护、文物保护、社会福利、市政公用等公共事业的需要；（四）为改善低收入住房困难家庭居住条件，由政府组织实施的廉租住房、经济适用住房等建设的需要；（五）为改善城市居民居住条件，由政府组织实施的危旧房改造的需要；（六）国家机关办公用房建设的需要；（七）法律、行政法规和国务院规定的其他公共利益的需要。"

出之时，发生物权设立、变更、转让或者消灭的法律效力①。虽然被征收人可以就征收决定或补偿决定申请行政复议或依法提起行政诉讼，但物权的丧失使得被征收人权利保障虚化。这样的程序设计使得公众在大部分情况下无法参与政府征收决定做出，难以对公共利益的判定行使抗辩权。总之，判定公共利益的公众参与机制需要完善。行政复议对于公共利益的判定可能会倾向于行政机关的价值判断。即使被征收人提起行政诉讼，在当前我国司法价值导向的影响下，即使具体项目因不符合公共利益而确定违法，被征收人的诉讼成本仍较大。

（四）被征收人住宅权保障机制不足

对于征收补偿方式被征收人可以选择货币补偿，也可以选择房屋产权调换。被征收人选择房屋产权调换的，政府负有提供用于产权调换的房屋的义务。产权调换房屋的地点、面积是征收补偿协议的重要内容。新《条例》亦规定被征收人符合住房保障条件的，政府应当优先给予住房保障。然而新《条例》的规定并未解决安置房当前存在的诸多问题，征收补偿安置未能有效保障公民住宅权：①安置房规划差，地点偏远，房质量得不到保障。被征收人为房屋所有权人，但住宅权的内容不仅仅包括房屋所有权，更应当包括与住宅有关的财产权利和基本人权。而在拆迁安置中，安置房屋质量差，位置偏远，配套设施不足的情况时有发生。媒体报道中"楼脆脆"、"楼歪歪"的案例多为拆迁安置房②。新《条例》规定了被征收人有权选择房屋产权调换，但对于安置房的地点仅在旧城改造时，政府应当提供改建地段或就近地段的房屋。这就意味着被征收人多数不能选择安置房的地点。同时对于安置房的规划问题，被征收人亦不能进行选择。②补偿安置范围对贫困人群保障不力。住宅权的主体不仅包括房屋所有权人，还包括对房屋享有利益的居住主体。对城市房屋进行征收，尤其在旧城改建的情况下，被征收主体中家庭贫困群体往往居住条件差，生活贫困，完全按照市场评估价值来对被征收人进行补偿显然不利于对被征收人住宅权的保护③。③安置房与保障性住房进行混淆。我国部分地方将拆迁安置房与保障性住房进行混淆，如《宁夏回族自治区廉租住房和经济适用住房保障办法》（宁夏回族自治区人民政府令第9号）第十五条规定"对划拨经济适用住房建设用地涉及的被拆迁家庭；重点工程建设涉及的被拆迁家庭"可以优先供应经济适用住房。然而保障性住房的有限产权性与商品房的完全产权相比完全不同。同时安置房也不同与普通的商品房，不能由开发商任意开发。

---

① 《物权法》第二十八条规定："因人民法院、仲裁委员会的法律文书或者人民政府的征收决定等，导致物权设立、变更、转让或者消灭的，自法律文书或者人民政府的征收决定等生效时发生效力。"

② http://news.sina.com.cn/s/2011-07-13/034522803172.shtml.［2011-8-17］.

③ 如被征收房屋的面积过小，或年代过久，其市场评估价值无法与安置房的现有市场价值进行比较，导致被征收人安置房的问题久拖不决。

三、城市房屋征收中的住房法律保障制度的完善

房屋征收属于我国特有的制度，是县级以上地方人民政府为了公共利益的需要代表国家，对国有土地上单位、个人所有的房屋进行强制剥夺所有权的行为。房屋所有权作为一种独立的物权，理应受到宪法和法律的保护。房屋征收的同时还剥夺国有土地使用权。房屋征收决定的主要功能是剥夺房屋所有权，附带功能是剥夺国有土地使用权，兼有房屋征收与土地征收的双重功能[1]。当前城市房屋征收法律制度在《国有土地上房屋征收与补偿条例》颁布之后，更加接近各国通行的土地征收制度。新《条例》确立了公共利益原则，规范了征收补偿的法定程序，保障了被征收人的财产权。当然新《条例》仍存在诸多缺陷，如调整对象的局限性、征收补偿范围的局限性、公共利益界定的缺陷以及安置房的质量问题等。这表明在城市房屋征收中保障公民的住房权依然任重而道远。我国应根据实际国情，借鉴外国先进征收制度，进一步完善城市房屋征收中的住房法律保障制度。

（一）征收补偿范围与标准需进一步完善

1. 明确公平补偿原则的内涵

补偿原则是征收补偿制度的核心问题，不同国家和地区立法上的规定不完全相同，有"完全"、"适当"、"公平"、"公正"等各种补偿原则。"完全补偿"原则主张补偿相对人因征收征用所受的财产上的损失中全额，"适当补偿"、"相当补偿"、"正当补偿"等皆为不完全补偿原则，但从征收补偿的发展趋势看，完全的补偿原则正在逐渐为各国所接纳[2]。新《条例》在第二条确立了征收公平补偿原则，取代了旧《条例》适当补偿原则的规定。新《条例》规定房屋征收决定做出后，征收机关对被征收人即房屋所有权人进行补偿，补偿的范围主要为被征收房屋的价值[3]。而公平补偿的范围到底为何，我们可借鉴域外法的征收补偿标准的立法例。德国的公用征收补偿经历了由"完全补偿"到"相当补偿"，再到"公平补偿"的演变，但从公平补偿原则的内涵尤其是补偿实践效果来看，在某种程度上却实现了对完全补偿的回归[4]。根据联邦德国《建造法典》（Baugesetzbuch）第93条第2款规定，应当补偿因征收造成的权利损失和因征收造成的其他财产损失。该法第96条规定，"其他财产损失"主要是结果费用，是作出征收裁决是的市场价格，在提前占有的情况下仍然以决定时的市场价格为准。与不动产联系在一起的财产性或强制性权益，如扣押、

---

① 王达. 房屋征收拆迁法律制度新问题. 北京：中国法制出版社，2010：1.

② 王克稳等. 城市拆迁法律问题研究. 北京：中国法制出版社，2007：165.

③ 《国有土地上房屋征收与补偿条例》第十七条.

④ 王克稳等. 城市拆迁法律问题研究. 北京：中国法制出版社，2007：167；［德］毛雷尔. 行政法学总论. 法律出版社，2000.

公务负担、租赁法律关系等，原则上因征收而终止，同样应当予以补偿①。美国《宪法第5修正案》规定，任何人"不经正当法律程序，不得被剥夺生命、自由或财产。不给予公平补偿，私有财产不得为公共所收用。"这一规定奠定了美国征收补偿的基本原则。只有出于公共目的且必须有公平的补偿，政府及其有关机构才能行使征收权。根据美国财产法，公平补偿是指补偿所有者财产的公平市场价格，包括财产的现有价值和财产的未来盈利的折扣价格。这表明，美国的征收补偿原则名为公平补偿或合理补偿，实际上也是完全补偿②。我国征收原则经过了从"适当补偿"到"公平补偿"的转变，然而公平补偿的内涵需要立法者正视。各国的立法实践对于"公平补偿"内涵的确定有着重要的借鉴意义。如果说适当补偿与完全补偿表明立法者对于公民丧失被征收财产补偿的不同立法态度，那么对不确定的公平补偿的内涵进行确定意义更加凸显。不同国家对于公平补偿的内涵及补偿范围态度不一，同一国家的不同时期的判例对公平补偿的界定亦可能是不同的。这也就意味着我国征收公平补偿原则的内涵更需要进行界定，其内涵受到社会发展阶段、公民法制观念以及司法判例的影响。我们认为受到我国城市商品房价值的不断提升及公民财产权的意识觉醒的影响，我国公平补偿内涵的发展将不断接近完全补偿。我国1998年全面启动"房改"以后，国务院在2003年《国务院关于促进房地产市场持续健康发展的通知》中提出了房地产业是国民经济支柱产业的政策主张，并调整住房供应体系，提出"大多数家庭购买或承租商品住房"以及其他一系列具体措施③。大中城市寸土寸金的房价现状昭示着城市房屋征收应当给予被征收人完全补偿，以弥补被征收人因政府征收所遭受的巨大财产损失。房地产开发企业推进了城市化进程的加速，也推动了商品房价格的不断攀升。因此我国公平补偿原则的内涵应当接近完全补偿，而非接近适当补偿，不仅应当包括被征收人当前所遭受的损失，也包括未来潜在收益。征收补偿的主要目的是被征收人的财产利益不因征收人的行为而减少，法经济学的研究也充分表明充分的补偿能促进拆迁人对土地资源的合理使用。原因行为的合法性不构成排除充分补偿原则适用的理由④。

2. 扩大公平补偿的范围

根据新《条例》公平补偿的原则，房屋征收补偿的范围应当包括被征收人因征收所遭受的损失。新《条例》所规定的补偿范围主要集中于被征收房屋的价值，包括对房屋所有权进行补偿；房屋搬迁、临时安置的补偿；停产、停业损失的补偿。

---

① 王达. 房屋征收拆迁法律制度新问题. 北京：中国法制出版社，2010：15.
② 王克稳等. 城市拆迁法律问题研究. 北京：中国法制出版社，2007：168.
③ 张群. 住房制度改革30年：从法律史角度的考察. 法商研究，2009 (1).
④ 侯雪梅. 房屋拆迁中私人财产权利的法律保护. 法学论坛，2004 (5).

对被征收房屋价值的补偿不得低于房屋征收决定公告之日被征收房屋类似房地产的市场价格。公平补偿的范围仍过于狭窄，不符合征收公平补偿原则的规定。补偿范围应包括被拆除的房屋、房屋的附属物、期限内的临时建筑物；土地使用权；被征收人其他的利益损失和费用，包括：搬迁补助费、临时安置补助费，部分预期利益的损失、房屋的装修费用，与该房地产商誉有关的无形资产。补偿原则上以恢复被征收人被征收前的生产、生活状态为标准，消除拆迁对权利人的影响。这样才能对被征收人的利益提供有效的保护①。公平补偿的范围也应当包括收益权，即依法收取房屋所产生的自然或法定孳息。

(二) 完善公共利益内涵及认定程序

1. 完善公共利益内涵

新《条例》对公共利益的界定采取了折中式的界定方法，然而对于具体项目是否符合公共利益的要件仍需要进行限定，避免扩大解释的可能性。①公共利益并不意味着为了多数人的利益就可以牺牲少数人利益。有学者称公共利益最特别之处在于其不确定性，这种不确定性表现在其利益内容的不确定性及受益对象的不确定性②。但由此并不能得出受益对象的不确定性就是公共利益的结论，多数人无权剥夺少数人的基本人权，这是现代法治社会的基本法理。为了多数人的利益是公共利益的必要非充分条件。②公共利益也并不是在任何情况下都优于个体利益。为了公共利益目的对私人财产权进行限制并不能当然获得正当性，还应当符合比例原则，具有必要性与合理性。如将刚盖好不久的建筑物进行拆迁，因为政府规划绿地或者公园。虽然后者代表的是公共利益，但如果拆除该建筑的损失大于项目能够带给人们的利益，那么这个拆除就是不当的③。所以，对公共利益的考察更应当着眼于项目本身是否提高了社会公众的生活水平或是为了国家利益，而不是地方政府的形象工程。③禁止牟取土地非法利益的行为。在实践中打着公共利益的旗号，以土地储备为手段，倒卖土地，牟取土地非法利益情况普遍存在。为此，对公共利益的限定和排除的规定是必要的。法律在规定公共利益时应当明确规定排除条款④。

2. 完善公共利益的认定程序

公共利益的认定确立需要一个公正、中立的认定机构，而新条例规定政府既是公共利益的认定机构，也是征收项目的执行机构。公共利益的认定主体与征收主体的重合使得征收决定的作出可能背离公共利益的本质要求。政府的非公立性在公共

---

① 侯雪梅. 房屋拆迁中私人财产权利的法律保护. 法学论坛, 2004 (5).
② 陈新民. 德国公法学基础理论 (上). 济南：山东人民出版社, 2001：182.
③ 侯雪梅. 房屋拆迁中私人财产权利的法律保护. 法学论坛, 2004 (5)：48.
④ 王达. 房屋征收拆迁法律制度新问题. 北京：中国法制出版社, 2010：50.

利益的判定时可能会偏向于地方经济发展的利益，不利于对被征收人利益的保护。而各国的立法实践也规定了中立的认定机构，如日本《土地征收法》（Land Acguisition Act）规定的征收委员会是一个独立的行政委员会，其设置在都道府县知事的管辖之下，独立行使职责。征收委员会原则上以公开的方式审理裁决案件，承担准司法机关的作用①。我国台湾地区的"土地征收条例"有完整的土地征收的程序，包括由征收计划的制定公布、补偿费的支付等，都有很明确的规定，特别的在征收计划公布前，要经过公听会程序，在收前还要广泛进行协商。我国征收立法应把公共利益调查与审查程序作为征收决定做出之前的一个独立程序和前置程序。在这一程序中，课予行政机关以调查和确认公共利益的职责，并赋予被征收人以行政复议请求权和起诉权，由人民法院实施司法监督②。我国征收决定做出主体是地方政府，为了防止行政主体的肆意性，应当充分发挥各级人大及其常委会、法院、民众的作用，明确社会公众参与、监督的权利，以防由政府一方做决定的武断性和不合民意性。

3. 征收安置住房体现住房法律保障理念

新《条例》第二十五条规定："房屋征收部门与被征收人依照本条例的规定，就补偿方式、补偿金额和支付期限、用于产权调换房屋的地点和面积、搬迁费、临时安置费或者周转用房、停产停业损失、搬迁期限、过渡方式和过渡期限等事项，订立补偿协议。"征收安置实质上是征收人对被征收人进行补偿的一种非金钱的方式，通过产权置换或直接安置等途径补偿被征收人。拆迁安置应体现住宅保障的法律理念。

1）征收安置房应当选择适宜的地点，安置方式多样化

拆迁人应当对被拆迁人安置地点进行妥善选择。安置有两种方式：回迁或异迁。回迁即为原址产权调换，是指在拆迁原址或毗邻的相同区位，为被征收人建设或购买同等面积的住房产权，以此调换被拆迁的房屋产权。异迁是指将被征收人安置在非原居住地区的位置，按照一定的比例调换被征收的房屋产权。原址产权调换有一定的优势，可以最大限度地保障被拆迁人房屋产权的完整性。因此，应将原址产权置换作为拆迁补偿的首选方式，只有在由于公共利益的需要之下，不能原址产权置换时才可采取其他方式。如果只能异迁的情况下，被拆迁人可能被安置在相对于比原居住地区环境较差、商品房价格相对较低的位置，这就给被拆迁人生活带来了不便，也损害了被征收人的利益。作为弥补异迁的补偿，应增加一定比例的安置面积③。征收安置住房规划应当考虑到被征收人生活交通便利，征求被征收人的意见，符合城市规划标准。安置住房的户型、面积应考虑到适用性与被征收人的实际情况，

---

① 王达. 房屋征收拆迁法律制度新问题. 北京：中国法制出版社，2010：50.
② 房绍坤. 论征收中"公共利益"界定的程序机制. 法学家，2010（06）.
③ 潘嘉玮. 城市化进程中土地征收法律问题研究. 北京：人民出版社，2009：227-229.

以免出现面积过大与被征收人实际征收房屋价值差距大的问题。征收安置房的质量要"符合国家质量安全标准的房屋",即符合商品房交付的条件,提供质量检测报告、质量保证书等书面材料。征收安置房一旦出现质量问题,由征收人承担相应的法律责任,主要原因是安置房不同于普通商品房,安置房作为征收人与被征收人签订征收补偿协议的标的物,安置房的瑕疵担保责任由征收人承担。

2)征收安置应当适当扩大安置对象的范围

根据新《条例》第二十四条规定:"市、县级人民政府作出房屋征收决定前,应当组织有关部门依法对征收范围内未经登记的建筑进行调查、认定和处理。对认定为合法建筑和未超过批准期限的临时建筑的,应当给予补偿;对认定为违法建筑和超过批准期限的临时建筑的,不予补偿。"按照现行立法的规定,违章建筑和临时建筑在法律上不存在合法的权益,从所有权角度考虑必然不予以补偿。然而我们认为,应当区分住户情况予以补偿。长期居住在违章建筑或临时建筑中的贫困居民,应当考虑对其居住利益进行保护。所以非为被征收房屋所有人的居民,符合保障性住房条件的,应当安排保障性住房居住。但对于被征收房屋所有权人的居民一定要进行拆迁补偿安置,而不能仅提供保障性住房进行置换。总之,对于不符合征收安置条件的居民亦应当进行适当安置,提供适当的保障性住房。

3)征收安置房应当区别于保障性住房

一些地区长期以来混淆征收安置房与保障性住房的法律性质,将安置房纳入保障性住房的统筹系统。征收安置房与保障性住房存在诸多不同之处,不可混淆:首先,所有权性质不同。安置房是被征收人与征收人签订征收补偿安置协议,由征收人为了取得被征收人的房屋所有权而负担的与被征收房屋所有权产权置换的房屋。被征收人对安置房享有完全所有权。保障性住房主要包括廉租房、经济适用住房、公共租赁房,廉租房与公共租赁房的所有权人非为居住人,而经济适用住房的所有权为有限所有权,在法律规定情况下,经济适用住房所有权人不得自由转让居住房屋。其次,所体现的法律关系不同。被征收人与征收人之间是征收法律关系,征收人通过行使征收权取得被征收人的原有房屋,被征收人依法获得补偿。保障性住房是政府针对中低收入家庭提供的一种公共保障性住宅,公民依据住房权、人权对政府提出行政给付的请求。再次,规划设计不同。保障性住房为实现社会公众的住房权,须考虑到土地规划、供应的情况,根据地方法规的要求限定户型、限定面积,但需考虑到规划合理、配套齐全,要适宜居住,避免贫民窟的出现。安置房则要根据被征收人房屋的价值来计算需要建设的安置房面积,没有户型、面积限定,但亦需要考虑部分被征收人面积过小的情况。安置房的规划、配套也应当符合城市规划,考虑到被征收人的生活便利性。综上所述,安置房与保障性住房性质不同,所体现的法律关系不同,规划设计也存在差异,两者不能混淆,不能用保障性住房取代被征收人的安置房。

（三）完善公众参与机制

国家征收旨在是实现现有土地资源的合理利用，对公民私有不动产进行征收是不得已而为之的行为。正是因为公权力与私权利之间的强烈冲突，所以征收应当符合公共利益的要求、征收补偿必须公平合理、征收之后土地利用应符合原先规划。社会公众确定需要法律建立与政府机构间的利益调和机制，需要享有更多的参与权，通过正当的程序确保结果的公正性。征收公告仅起到告示作用，听证会限定条件过窄，大部分被征收人对于不符合公共利益的征收行为只能进行事后的救济，缺乏事前的参与。要建立行政机关与不动产权利人的平等协商机制。国家因"公共利益"对公民的不动产财产权进行征收时，应该充分考虑不动产权利人的主体地位，尊重他们的意志，在不动产征收程序中注重参与机制，监督机制。保证在被征收者存有争议时，可以通过多种救济途径。不动产征收本质是保护公民的财产权中实现国家的征收权，而不是为了国家的征收权而过度侵害公民的财产权。该问题的解决关乎社会的和谐与正义①。

1. 听证程序设置为法定前置程序

如上文所述，新《条例》规定听证会的条件过于苛刻，且缺乏具体的操作程序。听证程序应为征收决定前的法定前置程序。如台湾地区《土地征收条例》第10条第二款规定："需用土地人于事业计划报请目的事业主管机关许可前，应举行公听会，听取土地所有权人及利害关系人之意见。但因举办具机密性之国防事业或已举行公听会或说明会者，不在此限。"法国法强调民主商谈在公共利益界定程序中的重要性，认为公共利益调查的结论必须接受公众"公开辩论"的检验，这体现了对民意的重视②。我国征收公告前听证程序应规定为法定前置程序，取消听证程序召开的征收类别限制。我国立法应借鉴征收吸收法制发达国家的经验，设置征收决定做出之前的"公共利益决策和形成公告"，把"公共利益"的形成和决策置于广大公众的直接监督之下。同时，辅之以必要的行政与司法救济措施，真正保障公众的参与权和意见表达权③。

2. 重视利害关系人权益的保护

利害关系人这一法律概念最早出现在国外立法中，在大陆法系国家和普通法系国家都有使用。我国法律上利害关系人的范围与大陆法系国家基本相同，既包括行政相对人又包括行政相关人。"法律上利害关系"应该是实际存在的和必然产生的利

① 许中缘. 论法国的不动产征收制度——兼论我国大陆不动产征收法的制定. 欧洲经济法律评论，2006（11～12）.

② 许中缘. 论法国的不动产征收制度——兼论我国大陆不动产征收法的制定. 欧洲经济法律评论，2006（11～12）.

③ 房绍坤. 论征收中"公共利益"界定的程序机制. 法学家，2010（6）.

害关系，而非可能发生的利害关系。利害关系人应该只包括受到具体行政行为直接影响的人，而不包括受到间接影响的人，因为受到间接影响并没有成为事实或必然发生权益受影响的后果①。城市房屋征收中的利害关系人包括与被征收房屋有法律上利益关系的权利主体，也包括受征收项目影响的行政相对人或关系人。新《条例》征收与补偿过程中规定了被征收人的各项权益，对利害关系人的权益保护不足。利害关系人应当有权参加听证会，参与征收决定及补偿程序，因征收人的行政行为而遭受损失的有权要求行政救济或司法救济。

---

① 郭庆珠. 论行政规划利害关系人的权利保障和法律救济——兼从公益与私益博弈的视角分析行政规划的法律规制. 法学论坛, 2006（3）.

第九章　半城市化中农民的住房法律保障

　　党的十六大报告对全面建设小康社会的目标作了总体规划，并提出全面小康社会的基本内涵，即"经济更加发展、民主更加健全、科教更加进步、文化更加繁荣、社会更加和谐、人民生活更加殷实"。在此基础上，国家统计局根据我国农村的实际情况，提出了中国农村居民全面小康指标体系。其中，农村居民居住质量指数作为农村全面小康社会生活质量方面的四个评价标准之一，占农村全面小康社会指标体系权重的11%①。而在十七大报告中，更是指出要扎实推进社会主义新农村建设，并将"建立和完善农村社会保障制度"作为新农村建设的目标之一，而农民住宅保障是不容忽视的一环。然而，随着我国社会主义现代化建设的突飞猛进和城市化进程的不断加快，对农村资源的需求也日益紧迫。从城市化进程的显性影响来看，城市化意味着城市的扩大和农村向城镇的转变，所以大量的农村土地在这一过程中被征收或征用，转变为城市建设用地，从而产生数量巨大的失地农民群体，而由于种种原因，这些失地农民中的大部分无法通过自己努力取得适合居住的住宅；从城市化进程的隐性影响来看，城市化意味着劳动力由农业向非农业的转换，而城乡之间的收入差距也促使农民主动走出农村，向城市转移，从而迎合了城镇建设对劳动力的需要，也造成了大量的农村在外务工人员群体，而这些农村在外务工人员中的大部分由于各种主观和客观的原因，在城市里很难获得适宜居住的住宅。因此，要在城市化进程中做好农民住宅保障的工作，首要就是解决失地农民和农村在外务工人员的住宅保障问题。而且，失地农民群体与农村在外务工人员群体之间还存在着千丝万缕的关联，两者是可以相互转换的，所以我们也不能将这两个问题孤立开来，而是要以联系的眼光看待。也就是说，既要在概念界定上有所区分，也要在对策提出时整体解决，以失地农民的住宅保障和农村在外务工人员的住宅保障为两条线索，寻求建立和完善我国农民住宅法律保障机制的可行路径。

一、半城市化与失地农民群体

　　土地是生存与发展的基础。十分珍惜、合理利用土地和切实保护耕地，是我国的基本国策。根据国土资源部发布的《1997～2010年全国土地利用总体规划纲要》（以下简称《纲要》）的计划，为达到"在保护生态环境前提下，保持耕地总量动态

---

① 张根生. 中国农村全面小康标准解读. 深圳：海天出版社，2004：5.

194

平衡，土地利用方式由粗放向集约转变，土地利用结构与布局明显改善，土地产出率和综合利用效益有比较显著的提高，为国民经济持续、快速、健康发展提供土地保障"的目标，到 2010 年，耕地总面积应当保持在 12801 万公顷以上；而从 2001 年至 2010 年，新增建设用地不应超过 204.80 万公顷，合计不超过 340.80 万公顷，其中占用耕地面积不超过 196.67 万公顷。然而，2006 年第二次全国农业普查中的数据显示，全国耕地面积已经下降到了 12178 万公顷，已经超出了《纲要》中预计的最低限额，而且这一数字至 2008 年时还没有回复到应有的水平（2007 年与 2008 年中，国家加大了对耕地面积的控制力度，数据虽然有所减少，但基本与 2006 年持平）。而从 2007 年和 2008 年全国征用土地面积来看，两年之内，总征用土地面积已经达到了 2560 万公顷；与此同时，城市建成区的面积则由 35469.7 万公顷增加到了 36295.3 万公顷——大量的农村土地被征用或征收后用于城市建设，我国的城市化水平在不断提高，相应的，数量巨大的农民从土地上被剥离出来，形成庞大的失地农民群体。2005 年，全国失地农民总数估计在 4000～5000 万人左右，每年还要新增 200 多万人[1]。在民进中央向全国政协十一届二次会议提交的提案中更是预测，2020 年我国失地农民总数将超过 1 亿[2]。在失地农民群体中，完全失地农民的比例要占到大多数，而随着城市规模的不断扩张，这一比例必将继续上升。这就意味着失地农民的住房安置乃至更高水平的住宅权的实现，在失地农民的社会保障的体系中占据着相当而且愈来愈重要的地位。然而，在这些失地农民实现其住宅权的过程中，尚存在着如下的几点障碍。

第一，农村宅基地使用权制度与城镇住房保障制度的脱节。在我国，农民的住宅权是通过农村宅基地使用权制度予以保障的，即农村村民每户都拥有并只能拥有一处宅基地，宅基地使用权人依法对集体所有的土地享有占有和使用的权利，有权依法利用该土地建造住宅及其附属设施，并且享有在该住宅和附属设施上永久居住的权利。农村宅基地使用权制度的保障性与宅基地使用权的性质密切相关。首先，农民住宅权保障的身份限制。宅基地使用权是基于农民的集体经济组织成员的身份而取得的，集体土地的有限性也决定了集体经济组织之外的人员是不能够在本集体经济组织中申请宅基地的。其次，宅基地使用权是无偿、无期限赋予农民的，这一制度安排的本意是考虑到农村经济发展的落后性，为了能够确保农民的住宅权得到保障，务必使每户农民都能够"居者有其屋"而精心设计的。也就是说，农村宅基

---

① 陶建群. 谁给失地农民一颗定心丸?. 时代潮，2005（23）．［2010-01-25］．http：//www. people. com. cn/GB/parper83/16336/1442239. html.

② 民进中央：失地农民数量迅速扩大，2020 年将超 1 亿．［2010-01-25］．载中国青年报．转引自中证网. http：//www. cs. com. cn/xwzx/03/200903/t20090314_1788820. html.

地使用权制度对农民住宅权的保障是建立在农民身份的基础上的，如果失去了农民的身份，就不能够得到相应的农村住宅权的保障了。而就失地农民群体的性质而言，因为这一群体原有的土地被国家征收或征用，其农民的身份也因此不复存在，那么其当然不能继续享受宅基地使用权制度无偿兼无期限的住宅保障。而且，既然失地农民已经脱离了农民的身份，那就应该纳入到城镇住房保障的体系中来。但是在实践和理论探讨的过程中，更多的还是趋向于关注他们的就业、养老、医疗等社会保障的问题，而罕见对失地农民的住宅权保障的研究，实际上是将失地农民群体排除在城镇住房保障之外。那么一旦对失地农民群体的住房安置不能够满足他们的住宅权的需要（现实中，这种情况出现的比例大大出乎住房安置制度设计者的预料），失地农民就将处于无保障的真空状态，从而产生一系列的问题。

第二，城镇住房与农村住房的利益期待不同。在广大农村，住房之于农民，不仅仅能够满足他们的居住需要，还是重要的生活和生产资料。费孝通在《江村经济》中认为，长江流域农村的房屋既是休息、吃饭、接待客人、存放农具和农产品的地方，还可以用来做劳作的场所。广义地说，一所房屋还包括房前或房后的一块空地，这块空地既作为大家走路的通道，也用作一家人干活、堆放东西或种菜的地方。房屋附近还有饲养家畜的小屋①。而在城镇中，住房的功能更加的多元化，兼具居家、社交、工作与学习、资产以及文化等功能于一身②，但是同时也意味着房屋能够提供的直接利益在整体功能中被稀释了。因此相比较而言，农民对住房作为生产资料的期待要远远高于城镇人口，住房成本对农民的压力要远高于城镇人口，这也是为什么在农村要实行宅基地使用权制度的原因之一。然而，对失地农民群体而言，即使是获得了相应的住房安置，但是由于对城镇住房与农村住房的利益期待不同，其结果很大程度上就是会产生大量的城市新贫民或是导致严重的"城中村"问题。

第三，住房安置过程中的认识误区。对失地农民群体进行住房安置并不意味着其住宅权也同时得到实现。住房安置实践中存在的最大的认识误区就是将住房安置与住宅保障混为一谈，以住房安置的措施替代了对失地农民群体的住宅保障。事实上，住房安置仅仅是为失地农民提供了新的住房而已，并不能达到实现其住宅权的目的。住房保障应当保证失地农民群体整合现有资本，提高而不是降低其生活水平，以实现失地农民的住宅权。但在我国现阶段的失地农民住房安置的过程中，最低层次的"有居"尚且不能完全达到，遑论使失地农民群体"安居"、"乐居"了。

二、失地农民住房社会保障模式

虽然，在失地农民群体实现其住宅权的过程中，尚存在一些障碍，然而不可否

---

① 费孝通. 江村经济——中国农民的生活. 北京：商务印书馆，2005：113.
② 金俭. 中国住宅法研究. 北京：法律出版社，2004：5.

认的是，各地在处理这一问题时，并非是完全失败。从失地农民群体住宅保障的现状来看，既存在着一些缺陷，也有可取之处，可以为以后更进一步的保障失地农民群体的住宅权提供参考。

（一）失地农民住房安置的基本模式

国家社会科学基金项目《我国城市化过程中农民的社会保障与农村土地制度改革研究》的研究成果显示，现行失地农民群体住房安置的基本模式主要有统建分购型、统管代建型和统管自建型三种基本类型。其中，统建分购型指政府按城市发展规划划拨失地农民新建住房土地，集中组织住房建设，失地农民有组织地购买或分配住宅的安置模式。统管代建型指失地农民委托有相应资质的工程管理公司或具备相应工程管理能力的其他企业代理者，由政府安置部门协助组织和管理项目的建设，按优惠政策供应失地农民住宅的安置模式。统管自建型指失地农民按照政府提供的住宅套型方案和统一建筑风格自行建设住宅，由政府统一管理，失地农民自己组织材料，严格按规划施工自建的安置模式①。这三种类型的安置程序，见表9-1②所示。

三种类型的安置程序表　　　　　　　　　　　　表 9-1

类型	安置程序						
	评估	规划	设计	空间形式	房屋类型	配套设施	置换原则
统建分购	中介评估	统一在城市规划区内	委托专业设计	小多层	公寓楼	同步配套	规定面积按成本价,超过面积按低于市场价
统管代建							
统管自建	中介评估	统一在城聚居规划区内	建设部门提出设计要求	低层	独门独户	逐步完善	按法定的面积建造

从表9-1来看，统建分购型和统管代建型较之统管自建型有许多优越之处，而统管自建型的建设模式虽然在世界上许多国家盛行，但由于极易导致"城中村"问题，所以现在并不受提倡，只是作为过渡形式在某些土地资源相对宽松、土地地租相对稳定的地方存在。统管代建型由于建管分离，无法充分考虑工程建成后的管理需求，不具备环境协调职能，无法完成筹措资金、协调解决征地拆迁、失地农民安置和社会治安等项工作，尚不能成为失地农民住房安置的一种理想模式③。因此在这三种模式中，相当一部分学者认为从失地农民的可持续生计和城市的和谐与可持续发展的

① 吕维平. 失地农民住房安置模式探讨. 城市问题，2007（5）.
② 吴玉兰. 关于失地农民的住宅问题. 中国城市经济，2005（2）.
③ 李燕琼，吕维平. 我国不同地区失地农民的住房安置状况及政策实施效果评析. 农业经济问题，2007（10）.

角度来看，统建分购型是较为合理的安置模式①。

需要注意的一点是，除了以上提到的三种基本类型，有数据显示，仍有部分失地农民选择了自购商品房和其他安置办法，具体比例如图 9-1② 所示。

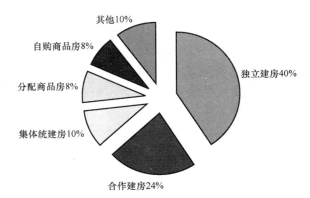

其他10%

自购商品房8%

分配商品房8%

集体统建房10%

独立建房40%

合作建房24%

图 9-1　失地农民住房安置不同模式比例图

（二）失地农民住房安置的适用性

1. 住房质量的提高

在被征地之前，失地农民的住房基本是由农民在自家宅基地上自建而成的，由于资金和劳动力的限制，大多数房屋都是平房，其中又以土木结构和砖木结构居多，只在东南沿海等少数经济较发达的地区，部分农民的房屋才以楼房甚至是别墅的形式出现。据第二次全国农业普查的数据显示，2006 年末，住宅为砖木结构的 9799 万户，占 44.3%；砖混结构的 8706 万户，占 39.4%；钢筋混凝土结构的 1335 万户，占 6%；竹草土坯结构的 2124 万户，占 9.6%；其他结构的 144 万户，占 0.7%。而且，多数农村的房屋设计简陋，质量很差，缺乏基本的卫生设施等必要的附属配件；同时许多农户会在住家附近养殖家畜，造成居住环境的更加恶劣。在征地之后，建设失地农民公寓的集中安置策略在各地比较普遍，87% 的失地农民采用了集中安置，97% 的失地农民被安置在同一居住小区③。失地农民通过住房安置不同模式在城镇获

① 国家社会科学基金项目"我国城市化过程中农民的社会保障与农村土地制度改革研究"课题组认为统建分购适合于正处在急速扩展、土地级差地租变化迅速的国家级、省级和区域中心城市。参见：吕维平. 失地农民住房安置模式探讨. 城市问题，2007（5）；李燕琼，吕维平. 我国不同地区失地农民的住房安置状况及政策实施效果评析. 农业经济问题，2007（10）. 吴玉兰认为统建分购型既有先进的一面，也有合理的一面，易为失地农民接受和认可，很可能成为今后一段时间内农村征地住房安置的主要模式。参见：吴玉兰. 关于失地农民的住宅问题. 中国城市经济，2005（2）.
② 吕维平. 失地农民住房安置模式探讨. 城市问题，2007（5）.
③ "我国城市化过程中农民的社会保障与农村土地制度改革研究"课题组. 失地农民社会保障问卷调查资料，2006. 转引自：吕维平. 失地农民住房安置模式探讨. 城市问题，2007（5）.

得了新的住房，这些住房由于基本是按照统一的规划建设而成的，设计规范而科学，住房必须的设备齐全，功能完善，房屋的质量较农民自建的住房有了较大的提高。

2. 住房环境的改善

由于住房基本自建，农村的房屋总体上体现为布局散漫，道路杂乱，既脏又乱且差，而且对外的交通条件和医疗卫生、教育等配套的公共设施严重不足。据第二次全国农业普查的数据显示，2006年末，全国仅有19.4％的镇生活污水经过集中处理，36.7％的镇有垃圾处理站，24.5％的村饮用水经过集中净化处理，15.8％的村实施垃圾集中处理，60.2％的住户炊事能源以柴草为主。而经过失地住房安置后，失地农民居住的绝大多数小区都有了良好的用水取暖设施、卫生环境和物业管理，并且教育条件和交通状况较以往有了极大的改善。对此，绝大多数的失地农民都表示认可安置后的住房环境。

3. 生活方式的变化

农村的生活方式与城镇的生活方式是截然不同的。由于城镇中交通、通讯以及娱乐等设施的发达，失地农民在得到住房安置后的生活习惯以及人际关系正在发生变化。首先，安置小区内基本都为楼房，楼上、楼下以及同一楼层的住户之间的相互影响要大于农村的独门独户的生活模式，这就要求失地农民在入住后不能够像以前那样随性生活，而要更多的考虑到他人的感受。其次，进入城镇后，失地农民获取信息的渠道和速度要远超从前，加之得到的征地补偿，他们都掌握了一定的货币资产，这就决定了他们可以通过更多的方式来进行投资和收益。

（三）失地农民住房安置的不足

正如上文所述，失地农民的住房安置与住房保障之间存在着认识上的差距，住房保障应当保证失地农民群体整合现有资本，提高而不是降低其生活水平，以实现失地农民的住宅权。因此，虽然住房安置有着相当的适应性，但还是不能够达到住房保障的标准，仅是为失地农民提供的必要的征地补偿，系属一种政策性的措施，并不具有社会保障的性质，而且不注重对失地农民群体住宅权实现的持续关注。

1. 补偿标准缺乏合理性

首先，失地农民的住房安置标准较其原有住房的面积都有所下降，尤其是采取货币安置模式时，由于补偿标准远低于土地市场价格，使失地农民不能完全的享受到城市化带来的生活水平的提高和生活方式的进步。《土地管理法》第四十七条规定："征收耕地的补偿费用包括土地补偿费、安置补助费以及地上附着物和青苗的补偿费。征收耕地的土地补偿费，为该耕地被征收前三年平均年产值的六至十倍。征收耕地的安置补助费，按照需要安置的农业人口数计算。需要安置的农业人口数，按照被征收的耕地数量除以征地前被征收单位平均每人占有耕地的数量计算。每一个需要安置的农业人口的安置补助费标准，为该耕地被征收前三年平均年产值的四至六倍。但是，每公顷被征收耕地的安置补助费，最高不得超过被征收前三年平均年产值的十五倍……依照本条第二款的规定支付土地补偿费和安置补助费，尚不能使需要安置的农民保持原有生活水平的，经省、自治区、直辖市人民政府批准，可以增加安置补助费。但是，土地补偿费和安置补助费的总和不得超过土地被征收前三年平均年产值的三十倍。"即使是按照三十倍的最高补偿标准，仍然不能保证失地农民原有的住房面积水平，使其在失地后需要自己支出大部分资金用以解决住房问题；而且许多地方对宅基地使用权不予补偿安置补助金、拖欠补偿费等，使得农民实际得到的补偿相当有限，极大的影响了失地农民住宅权的实现，甚至使其难以维持正常的城镇生活开支。其次，补偿标准的差异性对待加剧了失地农民群体的内部分化。失地农民之间存在着差距性，有的家庭比较富裕，有的则比较贫困，有的常住人口多，有的青壮劳力常年在外打工。现行的失地农民的住房补偿标准一般是按照失地农民的户籍、家庭人口数、原住房状况以及安置房的地理位置等因素来确定的。以长沙市的失地农民住房安置政策为例①，根据户籍等条件的不同，失地农民获得了面积不等、类型不同的安置住房。然而，由于失地农民中个体情况是多元化的，其需要也是多种多样的。譬如，部分失地农民家中只有老年人，基本失去劳动能力，却安置了一套较大的住宅，增加了他们的费用和经济负担。如果能够提倡和推广"1＋1"的安置模式，为其提供两套较小的房屋，一套用于居住，一套用于出租，则既解决了生计需要，也充分利用了资源，免除不必要的浪费。而有些人口众多的家庭或是有婚龄子女同居的家庭，则应针对他们的具体需求，而予以考虑。因此，如果仅是机械的按照规定处理失地农民的住房安置问题，姑且不论补偿的判断标准是否合理，仍然是会扩大失地农民群体的差异性，而使得有需要的失地农民家庭得不到相应的住房保障。

---

① 详可参见：《湖南省土地管理实施办法》、《长沙市征地补偿实施办法》以及《长沙市国营畜牧农场自建房、公寓楼安置办法操作细则》等规定。《长沙市国营畜牧农场自建房、公寓楼安置办法操作细则》第二条规定了自建房安置对象为私房已拆迁待安置的农业家庭户，但必须符合以下条件之一："（1）夫妻一方为农场农业人口且未生育子女或有未婚子女的；（2）父母均为非农人口或父母双亡且未婚子女为农业人口的；（3）离异家庭安置时像在该户原生产权房屋拆迁时双方均未再婚的，一方可自建（自建方的确定以世居农场者为主；都属世居，则以安置对象的人口多者为主；如上述条件相等，由双方协商解决；如双方协商不成，则抽签确定）。"第三条规定了公寓房安置对象："……（2）房屋已拆迁待安置的农业人口，但又达不到自建条件的；（3）符合以下条件之一的，每户均可按每平方米800元的价格购买一套80平方米的公寓房：①户口在长沙市五区内拆迁时住农场……的非农业户；②有偿使用宅基地、户籍登记在农场，且不退回原购地基款的；③非农家庭户居住的其产权房有独立的拆迁补偿协议、它处无房，世居农场且拆迁时其户籍登记在农场的。"第四条规定："……（3）有偿使用宅基地，户籍登记不在农场的，农场退还原购基款后不再另行安置；（4）房屋拆迁时的半边户离异家庭，其户口不在本场的一方，农场不再安置；（5）父母均为非农人口或父母双亡的，其农场农业未婚子女不管多少只能共享一个宅基地的自建指标……"

2. 生活成本难以维持

首先，在被征地之前，农民虽然没有良好的住房条件和环境，但是水、电、燃料方面的生活支出在总支出中占的比例很小，而且因为从事农业耕作和家畜养殖的缘故，基本的饮食需求也能够自给自足。而转换身份进入城镇生活以后，水费、电费、物业费、燃气费、食品费等消费支出都成为硬性支出，必须通过消耗货币来满足。然而，由于补偿标准的不合理，失地农民获得的房屋拆迁补偿款占新购房屋的比例较低，更是加重了他们的经济负担。其次，离开了赖以生存的土地，失地农民要维持在城镇的生活，就必须实现劳动力向第二第三产业的转换或是找到稳定的投资方向。但是由于失地农民的教育水平和劳动技能的限制，大部分失地农民缺乏在城镇中参与高层次就业竞争的能力，而主要从事诸如建筑、环卫等体力劳动，更有甚者，长期失业在家，即使有征地补偿，也还是会坐吃山空。同时，政府对失地农民群体的职业引导显著不足，通过就业安置的失地农民大多被裁减，而职业技能培训未能覆盖所有有需要的失地农民，也不能保障接受培训的农民确实掌握了谋生的技能。再次，由于城乡二元的户籍管理制度的影响，失地农民很难获得城市的失业保险、医疗保险以及住房保障等社会保障，仅有的养老保险也不足以解决老有所养的问题。这几方面的因素综合以后，使得失地农民群体在城镇的基本生活难以保持可持续的发展，往往在数年内消耗了补偿价款后，成为城市"新贫民"的一员。

3. "城中村"现象的出现

"城中村"指伴随城市郊区化、产业分散化以及乡村城市化的迅猛发展，为城建用地所包围或纳入城建用地范围的原有农村聚落，是乡村——城市转型不完全的、具有明显城乡二元结构的地域实体被城市包围的村落，是城市政府在快速城市化下急功近利式的空间拓展政策使然①。对失地农民群体而言，"城中村"现象出现的根本原因在于，失地农民的职业竞争力低下、投资渠道狭窄，导致他们的生存压力得不到缓解，在无法利用土地谋生以后，转向依靠出租房屋来获取货币。从相当程度上来说，这种由土地向房屋的投资方向的转变是政府为了解决失地农民的生存问题而有意引导的。然而，当房屋作为一种生产资料参与分配后，出于对利益的追求，失地农民就会不断的突破原有的规划体系，违法建设和搭建建筑物，从而形成畸形的建筑群落。据报道，一些"城中村"已经成为了藏污纳垢之地，成为赌博、吸毒、卖淫、抢劫等违法犯罪的沃土②。"城中村"这种畸形的建筑群落的存在，给失地农民住宅权的实现带来巨大的困难，也是对失地农民群体进行住宅法律保障必须要跨

---

① 魏立华，闫小培. "城中村"：存续前提下的转型——兼论"城中村"改造的可行性模式. 规划研究，2005，29（7）.

② 安稳"城中村". 银川晚报，2007-12-21.

越的障碍。

4. 文化融入困难

首先，住宅是一种文化的象征，不同的住宅反映了不同地区的人们的生活方式、居住习惯和居住文化特点①。从失地农民被征地、获得住房安置开始，城市化对他们而言，更重要的意义在于思想上由保守向开放的转变、文化上由农村文化向城市文化的进入。然而，由于失地农民的住房安置体现出的相对封闭的特点②，以及人们本身对习惯性行为的追求和对陌生事物的排斥，失地农民群体的文化形态总体上仍然具有农村社会的基本特征；只是因为城镇文化各种元素的强烈影响和冲击，所以在外观上体现出兼具城市社会共同体文化属性的表象。根据马克思主义哲学的"经济基础决定上层建筑"的理论，产生这一现象的根本原因还是在于失地农民的经济收入不能满足生活需要，其生活水平较之在农村时有所下降，无法享受到城市化带来的各种便利和优越。从社会认同的角度讲，由于该群体的认同系统很大部分仍停留在原来的地方，没有完成认同系统的转换，导致失地农民自我认同失调，难以实现自我认同的转换，产生了心理认同的不适应。这不利于失地农民角色转变，使他们游离于城市社会，加大他们融入城市社会的困难③。其次，政府对失地农民的住房保障的过程中，对群体固有的生活习惯或宗教信仰考虑不足。以银川市回族失地农民集中居住的安置小区为例④，由于对回族居民的宗教信仰关注不够，导致清真寺的建设数量不能满足居民的宗教需求，使得这些失地农民的固有的文化习惯被打乱，从而为他们在新的住所地传承文化带来障碍。

（四）我国失地农民住房社会保障实践

在我国，构建失地农民住宅法律保障机制的首要前提就是住宅保障立法程序的启动。然而，现阶段尚没有一部法律对住宅保障制度进行规范，住宅保障法律机制实践中也都是各自为政，分别在探索适合本地区的失地农民住房保障的有效措施。这些措施都各具独特之处，也还或多、或少的存在着不足。但是通过对各地住宅保障实践的研究分析，可以总结有益经验，克服缺陷，为我国的住宅保障立法提供素材。

1. 浙江省的失地农民住宅保障模式

浙江省是东部沿海地区进行失地农民住宅保障实践较为全面的地区。进入新世纪以来，浙江省政府先后发布了《浙江省人民政府关于加强和改进征地工作的通知》

---

① 金俭. 中国住宅法研究. 北京：法律出版社，2004：5.
② 在征地之后，建设失地农民公寓的集中安置策略在各地比较普遍，87%的失地农民采用了集中安置，97%的失地农民被安置在同一居住小区。参见：吕维平. 失地农民住房安置模式探讨. 城市问题，2007（5）.
③ 张海波. 被动城市化群体城市适应性与现代性获得中的自我认同. 社会学研究，2002（2）.
④ 国家社科基金项目"西部民族地区城市化进程中失地农民问题研究"课题成果.

（浙政发〔2002〕27号）和《浙江省人民政府关于加快建立被征地农民社会保障制度的通知》（浙政发〔2003〕26号）等文件，其中对失地农民群体的住宅保障主要有以下几种模式①。

1）留地安置

留地安置是指在被征用的土地中按一定比例，一般是10％左右，返还给被征地村集体经济组织，并免缴有关规费，用于失地农民的住宅安置和发展第二、三产业，在保障失地农民群体的住宅权的同时令其获得稳定的经济收入。例如，湖州市织里镇东湾兜村，自20世纪90年代初开始征地，全村1500亩土地已经全部被征用。几年来，该村一直实行留地安置方式，全村共划出40亩土地建造安置用房，全村所有农户每户分得一间安置房（主要是店面房）。由于全国最大的童装市场就在该镇，每间安置房出租后年租金在2.5万～3.5万元之间，基本解决了被征地农民失地后的生活来源问题。

2）"1＋1"住宅安置

"1＋1"住宅安置指农民每户获得两套农民多层公寓，一套用于自己居住，一套用来出租，获得稳定的经济来源。这种方式一般用于安置城郊结合部的被征地农民。例如，杭州市滨江区统一建造农民多层公寓以安置失地农民，从3个方面给失地农民以优惠：①购房面积给予优惠。人均可购50平方米，独生子女另加80平方米。②购房价格给予优惠。经核算，每平方米实际成本为1300多元，而农民每平方米仅支付670元，差价由政府补贴。③环境与配套设施给予优惠。

3）入股安置

入股安置是指村集体经济组织以集体建设用地通过作价入股参与建设项目，获得长期的土地收益。例如，温州市鹿城区蒲鞋市街道巽山村将16亩三产安置用地作价入股，与外商合资创办了四星级的王朝大酒店，巽山村占40％股份；该村还利用16亩三产安置用地，建立了温州首个干鲜果品市场，年租金收入100多万元。村委会给予村民生活补助每人每月600元；医疗费补助每人每年200元，住院医疗费报销80％；普高学杂费全部由村集体承担，大学生一次性奖励3000～5000元；免费为每个劳力提供一套130平方米的住房。

4）"两分两换"

"两分两换"是指将宅基地与承包地分开，搬迁与土地流转分开；以承包经营权换股、换租、换保障，推进集约经营，转换生产方式；以宅基地换钱、换房、换地

---

① 具体安置模式详参见浙江省国土资源厅办公室：浙江安置失地农民的十种办法. 国土资源通讯，2005（4～5）；深化"两分两换"，推进农房改造集聚；加快现代新市镇和城乡一体新社区建设——我市推进"两分两换"工作，实施"两新"工程建设全解析. 嘉兴日报，2010-2-11.

方，推进集中居住，转换生活方式。例如，嘉兴市姚庄镇按照"一次整体规划、分期分批建设、逐步完善功能"的总体要求，制定了"政府可承受、农户可接受、工作可持续"的置换政策，采用"整体＋零星"自愿置换的推进方式，引导农户自愿永久放弃农村住房、非住宅房屋和附属物，置换到新市区规划区内 0.98 平方公里处的城乡一体新社区居住。整个新社区分四期建设，计划置换 4800 户。预计全部建成后可节约用地 3800 亩。房屋设计为标准公寓房和复式公寓房。标准公寓房和复式公寓房以"统一规划、统一设计、统一施工、统一监管、统一结算"的方式建造。其中标准公寓房具有土地使用证（划拨）和房屋所有权证。有学者认为"两分两换"将带动社会保障一体化、户籍一体化等多个领域的改革。从目前来看，虽然它在全国农村全面实施尚不现实，但是在一部分经济较发达、具备了相当条件的地区可以推广①。

2. 湖南省长沙市的失地农民住宅保障模式

长沙市针对失地农民的住宅保障问题采取了一系列的处理办法，其中，较为突出的是咸嘉湖街道的集中安置模式、莲湖村高层安置模式以及黎托乡的"两转变一纳入"模式。

咸嘉湖模式以"留地集中安置，综合开发建设"为指导方针，其具体做法，概括起来就是"三集中、三统一"，即：①集中管理全村土地，统一进行拆迁补偿；②集中安置农民住宅，统一进行综合开发；③集中使用土地补偿安置费，统一安排农民生产生活。咸嘉综合开发小区管委会坚持农村城市化一步到位的原则，采取集中用地的形式，对留给农民的安置用地进行统一规划、统一开发、统一建设。全村共留农民生产、生活用地 670 亩，其中 200 亩作为农民生活安置用地，以集中补贴的形式兴建别墅型和多层集体公寓房 700 套，再以低于建设成本的价格出售给拆迁农民居住。余下的 470 亩地则用作生产安置用地，由村集体统建统管②。

莲湖村高层安置模式是把农民安置纳入城市规划，将生活安置同生产安置分离，农民建房和城市住宅并轨，采取由村统一建设高层住宅安置楼，集约利用生活安置用地，扩张生产安置用地，以腾出的土地建设市场，解决失地农民的长远生计问题。莲湖村共有集体土地 2433 亩，农业人口 687 户 2255 人，按政策核定共需生活安置地 196.72 亩，生产安置地 238.04 亩，原有企业用地 36.07 亩。经村民代表会议表决，在 57 亩土地上建两栋 30 层、建筑总面积达 13 万平方米的高层公寓式大楼进行安置，每个村民可分配建筑面积 60 平方米。村里成立股份制的莲湖经贸公司，经营开发节

---

① 300 平米农家院换 99 平米公寓 "两分两换" 意义大. 钱江晚报，2009-9-29. 转引自中国新闻网. [2010-02-20]. http：//www. chinanews. com. cn/estate/news/2009/09-29/1892487. shtml.

② 国家社科基金项目"城市化进程中失地农民就业安置模式研究"课题成果。

约的 140 亩生活安置用地和 238.04 亩生产安置用地，他们将其中 150 亩土地兴建莲湖汽配大市场，建成后村集体预计平均每年可获得租金 600 万元，并享有 21000 平方米商业门面的所有权。仅此一项，村民每人每年可分得利润 2700 元①。

"两转变一纳入"模式是长沙市针对留地安置模式的农民安置房建设档次低和生产留地盘不活两大问题，提出的解决方案。所谓"两转变"，一是转变土地性质，过去农民的安置地是集体建设用地，现在转变为使用国有土地；二是转变农民身份，将失地农民转变为城镇居民。所谓"一纳入"是被征地农民除享有原政策规定的土地补偿费、安置补助费、青苗补偿费、房屋和附着物补偿费外，还将失地农民纳入城镇社会保障体系，和城镇居民一样享受就业培训、基本养老保险、基本医疗保险、养老生活保障、基本生活补助等社会保障，解决了被征地农民原有生活水平不降低，长远生计有保障的问题。在住房安置上，以区政府为主，按照城市规划，建设高层公寓房进行安置，解决了农民安置房建设档次低的问题②。

3. 宁夏回族自治区银川市的失地农民住宅保障模式

银川市是西部地区少数民族聚居的城市，较之东部和中部地区，这里的经济条件略有不如，而失地农民群体的情况则更加复杂。在维持社会稳定和民族团结的大前提下，银川市对失地农民的住宅保障主要采取了以下几种措施。

1）身份置换

银川市政府在 2002 年第 182 号文件中明确规定，"征地后人均不到 0.5 亩的失地农民，一律实行农转非。征用土地拆迁农民住房，由村民委员会按照城市规划要求统一建设住宅小区予以安置。每个安置人口最多可安置建筑面积 35 平方米。"失地农民转为城市户口后，其子女就学、就业、参军等与城市居民享受同等待遇，农村剩余土地仍维持原土地承包合同不变，符合城市低保条件的失地农民一律纳入城市低保范围。而且，凡补偿一套住房且家庭困难的失地农民从事个体经营的，3 年内可免征营业税、城市维护建设税、教育附加和个人所得税；自谋职业、自主创业或合伙经营资金不足的，可向银行申请小额贷款；失地农民享受国有企业下岗职工再就业扶持政策，凡从事个体经营涉及的管理、登记和证照等各类行政性收费一律免收，对各种服务性收费，一律按最低标准收取；对于解决失地农民就业的建设项目，免收相关建设配套费用。另外，土地被征用的农民可按家庭常住人口每人以成本价购

① 曾令亮. 坚持走节约集约用地之路，促进经济社会快速协调可持续发展. 载湖南新闻网. [2010-02-20]. http: //www. hnxw. cn/hnjjdy/gzyj/2008/0917/118. html；陈许芳. 长沙"莲湖开发模式"确保农民失地不失利. 湖南新闻网. [2010-02-20]. http: //jjdy. hnxw. cn/gzyj/2007-7-4/200774154011. htm.
② 解放思想改革创新努力提高国土资源部门服务发展的能力. 长沙市国土资源网 [2010-02-20]. http: //www. csgtzy. gov. cn/articleRead. aspx?id=1661.

买 20 平方米住宅用于出租，有商业地段的小区每人可以按成本价购买 5 平方米营业房①。

2）就业保障

2005 年银川市委、政府出台了《关于进一步促进失地农民就业的实施意见》（银党发〔2005〕39 号），其中规定："各区县（市）劳动就业管理部门对失地农民劳动力基本情况及就业意愿、就业情况进行登记建档，建立劳务输出资源库。"失地农民在区内参加各种职业技能培训，通过职业技能鉴定，取得《国家职业资格证书》的，经劳动保障部门认定，给予 60％ 的培训费补贴；对参加短期技能培训且取得劳动就业部门认可的技能结业证书的，酌情补贴培训费。同时，银川市对承担失地农民定向技能培训的学校、中介组织和企业，由各级政府按其承担的培训任务量和失地农民就业情况给予一定的资金支持②。

以上关于失地农民住宅保障的基本模式，就本质而言，都属于住房安置和生活保障相结合的方式，即首先通过征地后的住房安置来确保失地农民最低层次的住宅权，然后以分红、劳动技能培训、就业安置等手段为失地农民提供相应的生活保障，维持和稳步提高失地农民的生活水平，逐渐实现多层次的住宅权保障。需要注意的一点是，地区经济实力和发展潜力在失地农民住宅保障实践的过程中也起到了重要作用。例如，浙江省作为东部沿海地区经济较发达的省份，地方政府强大的经济实力是其进行失地农民住宅保障实践过程中最为坚实的支撑；长沙市是中部地区中发展潜力较大的城市，失地农民的生产安置用地转化为生活保障的可行性很大，少部分失地后贫困的农民还可以依靠城镇社会保障；而银川市作为西部地区少数民族聚居的城市，民族团结和社会稳定的硬性标准较为严格，但是由于经济环境的限制，失地农民在住宅权上的需求也相对较小。总的说来，各地对失地农民住宅保障的措施仍然局限在原集体经济组织内部，即使是赋予了失地农民以城镇的户籍，也没有在城市住宅保障政策中对这一群体予以考虑，实际上还是延续了宅基地使用权制度对农民的住宅保障模式，体现了明显的城乡二元的色彩。

三、农民工的住房保障实践及制度障碍

（一）农民工的住房特点

农村在外务工人员即农民工，指的是户籍在农村，但是长期居住在城市，从事非农业生产工作的劳动者及其家属。"推拉理论"认为，在市场经济、人口自由流动

---

① 孙国瑞，税玉海. 这里征地静悄悄——银川市万户失地农民"良性安置"的调查. 中国国土资源网. 〔2010-02-20〕. http://www.clr.cn/front/read/read.asp? ID＝24124.

② 银川破解失地农民就业培训困境. 中国青年报，2006-6-5.

的情况下，人口之所以迁移、移民之所以搬迁，是因为人们通过搬迁可以改善生活条件。于是，在流入地的那些使移民改善生活条件的因素就成为流动人口的拉力，而流出地的那些不利的社会经济条件就成为流动人口的推力。人口迁移就是在流出地的推力和流入地的拉力两种力量共同作用下完成的[①]。在传统农业型社会向现代工业型社会转型的过程中，城市的建设需要大量的劳动力，而农村比较利益的下降和城乡之间的收入差距则会促使农民主动走出农村，向城市转移，从而迎合了城镇建设对劳动力的需要，同时造成数量巨大的农村在外务工人员群体。据国家统计局农村司《2009 年农民工监测调查报告》的数据显示，2009 年度全国农民工总量[②]为22978 万人，其中外出农民工 14533 万人，与 2008 年相比，农民工总量增加 436 万人，增长 1.9%。在外出农民工中，住户中外出农民工 11567 万人，比 2008 年增加385 万人，增长 3.4%；举家外出农民工 2966 万人，增加 107 万人，增长 3.7%。在本乡镇以内从业 6 个月以上的本地农民工 8445 万人，减少 56 万，下降 0.7%。而从总体上来看，农村在外务工人员的住房情况主要体现为以下几个方面。

1）职业性因素影响明显

农村在外务工人员的文化程度普遍不高，其中文盲占 1.1%，小学文化程度占10.6%，初中文化程度占 64.8%，高中文化程度占 13.1%，中专及以上文化程度占10.4%。从外出农民工接受技能培训的情况看，51.1% 的外出农民工没有接受过任何形式的技能培训。因此，农村在外务工人员从事的职业基本是体力劳动型的，而以从事制造业、建筑业和服务业为主。就这三个主要行业而言，从业的农民工的住房情况因职业的不同而有显著区别。从事制造业的农民工流动性小，工作相对稳定，主要居住在由雇主或单位提供的集体宿舍里；从事建筑业的农民工流动性大，往往随着工程的需要在不同的城市间劳动，因此主要集中居住在工地或临时搭建的工棚里；从事服务业的农民工获得住房的途径呈多元化态势，居住分散。从外出农民工住所类型的总体情况看，由雇主或单位提供宿舍的占 33.9%，在工地或工棚居住的占 10.3%，在生产经营场所居住的占 7.6%，与人合租住房的占 17.5%，独立租赁住房的占 17.1%，有 9.3% 的外出农民工在乡镇以外从业但每天回家居住，仅有0.8% 的外出农民工在务工地自购房。

2）租房是农民工自主选择住房时的首选

从外出农民工的居住成本看，50.5% 的农民工由雇主或单位提供免费住宿；7.4% 的农民工雇主或单位不提供住宿，但有住房补贴；42.1% 的农民工雇主或单位

---

① 李强. 影响我国城乡流动人口的推力与拉力因素分析. 中国社会科学, 2003 (1).

② 年度农民工数量包括年内外出从业 6 个月以上的外出农民工和本地非农从业 6 个月以上的本地农民工两部分。

不提供住宿也没有住房补贴。雇主或单位不提供免费住宿的农民工每人月均居住支出 245 元。以农村在外务工人员群体的月平均居住支出而言，租赁住房以其低廉的成本无疑是首选，而且租赁的房屋大多位于城郊结合部或城中村，房租更加便宜。而对于农民工来说，虽然城郊结合部或城中村的房屋的内部条件和外围环境相对较差，但在他们能够控制的有限资源条件下，已经可以满足其生存与社交的需求，为他们提供了一个低成本的进入城市的切入点①。

3）住房需求潜力大

近年来对农村在外务工人员群体的调查显示，农民工的存量规模已然非常巨大，并在逐年上升。要保障农民工群体住宅权的实现，首先就需要大量的住房空间；而且，由于举家外出打工的农民工的增长率超过农民工的年增长率，所以适合家庭居住的房屋而非工棚或集体宿舍的需求在日益增加。另外从年龄看，外出农民工以青壮年为主。其中，16～25 岁占 41.6％，26～30 岁占 20％，31～40 岁占 22.3％，40～50 岁占 11.9％，50 岁以上的农民工占 4.2％。从婚姻状况看，已婚的外出农民工占 56％，未婚的占 41.5％，其他占 2.5％。而年轻打工者和未婚打工者中的相当比例在城市组建家庭，家庭居住和子女教育的需要也使得他们更多的选择租赁适合家庭居住的房屋，而不是雇主或工厂提供的拥挤的临时住所。

4）住房条件较差，设施不完善

由于收入水平、居住成本预算以及城市社会环境融入等因素的制约，农村在外务工人员在长期工作和居住的城市中往往居住在面积狭小，卫生、采光、通风、环境条件普遍较差的房屋里。以宁波市为例，农民工人均住房面积只有城市居民的 1/3，居住设施不完善，住房内无厨房的占了近 50％，厕所能使用抽水式的仅为 20％，无洗澡设备是很普遍的现象②。

（二）农民工的居住问题

为了能够长期在城市生活和工作，农村在外务工人员在城市中基本都有一个安身之所，但也仅限于此。事实上，这个安身之所只是农民工工作之余的休息场所，远远谈不上是在其中居住，更遑论是适合居住了。同时，农村在外务工人员在实现住宅权过程中，也为城市的发展带来了一系列的问题。结合以上两者论之，主要可以归结到以下几点。

1.“城中村”现象的出现

农村在外务工人员大量涌入城市是“城中村”得以发展的主要外在原因。“城中村”为农民工群体提供了廉价住房，是农村剩余劳动力向城市转移的重要媒介。但

---

① 刘子操. 城市化进程中的社会保障问题. 北京：人民出版社，2006：119.
② 王启富，俞建文，谢磊. 外来务工人员居住方式考察——以宁波市为例. 三江论坛，2009（5）.

是，由于缺乏合理的规划管理和政策引导，"城中村"内的建筑物数量随着农民工对住房需求的加大而愈来愈多，其中相当大的一部分是违规加盖的。以北京市为例，仅朝阳、海淀、丰台、石景山四个区，包括规划城区外的地区就有"城中村"311处，居住人口 71.5 万人，占地面积 9.5 万公顷，违章建筑 11.9 万间，建筑面积 193.6 万平方米，违章建筑涉及常住人口 3.8 万户①。而在朝阳区的"西坝河村"，每家都被来自安徽、河南、河北的农民工租住，村里垃圾乱堆乱丢，村前的一条明渠几乎被垃圾塞满，村里的房东们只管按时收取房租，根本不去理会租住人员。东城区的"北香河园"虽然距离北京东二环繁华地区直线距离不过三四百米，但在周围高档住宅的包围下，这个破烂的平房区满眼都是私搭乱建的违章建筑，也几乎全部出租给外来务工人员②。"城中村"的混乱布局，以及其与外围城市的形象和功能的巨大反差不仅严重影响了所在城市的工业化进度和整体的社区建设，而且也使得租住在其中的农村在外务工人员的住宅权实现缺乏相应的硬件支撑。同时，虽然对"城中村"的治理已然成为中央和各地方政府的工作重点之一，但是"城中村"的特殊区位和农民工群体的特性却让外围的城市管理机构和"城中村"本地的农村管理机构难以介入。租住在"城中村"的农村在外务工群体虽然居住在村中，但是基本在薪酬水平更高的外围城市地区工作，从而造成了城市政府无法直接对住房困难的农民工实施保障，而"城中村"的集体经济组织由于力量有限也不愿对农民工进行帮助的现状。而从广州市"城中村"的运作来看，政府从未在资金上对"城中村"的公共服务做出补贴③。这就意味着，农村在外务工人员在"城中村"中获得政府住房保障的可能性几乎为零。除此之外，农民工所遭受的差别性待遇和"城中村"本身犯罪成本的低廉共同造就了"城中村"内部恶劣的治安环境和严重的社会犯罪问题。农村在外务工人员多从事低收入和非固定的工作，其居住的"城中村"的人员构成复杂，而农民工文化程度的低下也使其易受不和谐的人生观念的熏陶，在犯罪成本低廉的环境中，成为具有高犯罪率的群体。这就极大的影响了农村在外务工群体的稳定生活，同时也使得其住宅权的实现成为泡影。

2. 农村在外务工群体在城市的被"边缘化"和发展受限问题

首先，农民工群体出于利益的考虑，虽然能够对城市住所的居住条件远逊于农村自有房屋的事实有所容忍，但是其在城市工作和生活过程中感受到的城市户籍人

---

① 农村改革关键词：城中村. 载凤凰网. ［2010-03-02］. http：//book. ifeng. com/special/farmers/200810/1029_4916_851365. shtml.

② "城中村"：农民工的"生活空间". 载中国农业信息网. ［2010-03-02］. http：//www. agri. gov. cn/llzy/t20060330_582355. html.

③ 魏立华，闫小培. "城中村"：存续前提下的转型——兼论"城中村"改造的可行性模式. 规划研究，2005，29（7）.

口对农村以及农民本身的歧视和不信任却会极大的降低他们有限的忍受力；然而，仅依靠自身在城市中相对较低的收入不能满足其在流入地提高居住和生活水平的需要，城市也并非农民工群体最终选择的安居乐业之所。事实上，绝大多数的农民工在城市获得一定的货币积累后，还是选择回到农村翻盖原住房或家乡所在的中小城镇购买商品房，以达到在住宅权实现上的最大水平。既不被接受，又不愿融入，是故农村在外务工人员在城市的社会构成中往往一直处于底层，也很难获得与城市中高收入人群交流的机会以及表达群体政治意愿的途径，从而使得农民工在城镇的住宅权无法得到实现。其次，农民工群体之所以能够忍受城市中恶劣的居住环境而坚持留在城市，一个重要原因就是城市中群体和个人的未来发展潜力要优于农村。对农村在外务工群体来说，子女的发展就是父母的未来。然而，绝大多数城镇对适龄儿童上学都是按户籍所在地划分学区，非本地户口入托、入学均须缴费，农民工为此不得不支付高昂的借读费、赞助费，月均教育支出高于城市居民平均水平 1.5 倍以上，即使缴费、公办学校也难以顺利进入①。除此之外，农村在外务工群体的居住环境也限制了其子女与城市学龄人口的正常交流，而易导致农民工子弟的心理弱势，对未成年人的正常成长产生障碍。

（三）农民工住房法律保障的实践

我国现阶段对农村在外务工人员的住宅法律保障总体上体现为缺乏统一的、全局性的法律支撑，各地方具体实践不一且多与现行制度冲突。但是，随着城市化进程的加速，国家的经济建设对农村剩余劳动力向城市转移的需求也愈来愈大，尤其是当全球金融危机中出现的"民工荒"现象严重影响第二、第三产业发展时，如何通过保障农民工在城市的生活水平，以促进农村劳动力彻底的转化为城市劳动力，从而稳定工业经济的发展，就成为了政府必须要解决的问题。而农村在外务工人员住宅权的实现问题则是其中的重中之重。

1. 国家规定

2005 年，建设部已将解决进城务工农民工住房问题列入该年的工作重点。2006年《国务院关于解决农民工问题的若干意见》公布，提出要多渠道改善农民工居住条件。2007 年《国务院关于解决城市低收入家庭住房困难的若干意见》中再次明文提出要多渠道改善农民工居住条件，即"用工单位要向农民工提供符合基本卫生和安全条件的居住场所。农民工集中的开发区和工业园区，应按照集约用地的原则，集中建设向农民工出租的集体宿舍，但不得按商品住房出售。城中村改造时，要考虑农民工的居住需要，在符合城市规划和土地利用总体规划的前提下，集中建设向农民工出租的集体宿舍。有条件的地方，可比照经济适用住房建设的相关优惠政策，

---

① 唐凯娥，李忠云. 农民工进城就业安居法治环境研究. 行政与法，2008（3）.

政府引导，市场运作，建设符合农民工特点的住房，以农民工可承受的合理租金向农民工出租。"2008 年住房和城乡建设部等五部委印发了《关于改善农民工居住条件的指导意见》，首次提出要将长期在城市就业与生活的农民工居住问题，纳入城市住房建设规划。2010 年中央 1 号文件中更是强调，要深化户籍制度改革，加快落实放宽中小城市、小城镇特别是县城和中心镇落户条件的政策，促进符合条件的农业转移人口在城镇落户并享有与当地城镇居民同等的权益；还要多渠道多形式改善农民工居住条件，鼓励有条件的城市将有稳定职业并在城市居住一定年限的农民工逐步纳入城镇住房保障体系。

由此可见，为了实现对农村在外务工人员住宅权的保障，中央政府已经采取了逐步深入的政策和措施。但是在法律层面，不仅缺少权威的法律文件对农民工的住宅问题予以规定，现行的许多法律制度，尤其是户籍制度、土地制度和社会保障制度，或多或少的阻碍着农民工在城市的住宅权的实现。即使是正在讨论中的《住宅保障法》草案中，是否将农民工纳入保障对象还存在争议，全民保障还是仅局限于城镇居民的保障①。

2. 部分地区的具体实践

1）浙江省农民工住宅保障的具体实践

浙江省主要是通过兴建农民工公寓的形式来保障农村在外务工人员的住宅权的，即对于外来农民工数量较多的城市、开发区和工业园区，规划建设时充分考虑农民工的生活配套设施用房需要。浙江省政府在 2009 年政府主导性重大建设项目计划中已提出新建农民工公寓 100 万平方米，实现"促民生、保增长"战略，吸引更多更高素质的农民工为浙江省实施经济强省战略而奋斗。而以杭州市为例，2006 年杭州市在《中共杭州市委、杭州市人民政府关于做好外来务工人员就业生活工作的若干意见》中提出了一系列改善农民工居住条件的措施。2007 年在杭州市人民代表大会和政协委员会议上，有代表提出《关于进一步推进我市农民工享受"同城待遇"的议案》（第 52 号议案），其中比较迫切的一条就是如何完善农民工住房保障问题。同年，杭州市政府出台《杭州市人民政府办公厅转发市建委关于杭州市区外来务工人员公寓建设和租赁管理暂行规定的通知》，其中对农民工公寓的建设和租赁行为予以规范②。

2）江苏省吴江市农民工住宅保障的具体实践

① 《住宅保障法》或在 2013 年两会前颁布实施. 厦门商报，2010-2-8. 搜狐网. ［2010-03-10］. http：// house. focus. cn/news/2010-02-08/857054. html.
② 马万里，陈玮. 建立健全面向农民工的城市住房保障体系研究——杭州农民工基本住房状况调查与政策建议. 城市规划，2008，32（5）.

　　吴江市对农民工的住房问题主要是进行集宿化的管理。其一是企业内部的"员工之家"管理模式,主要适用于农民工 20 人以上的企业,即在厂区宿舍集中居住,依靠企业的保卫组织对其进行日常管理,住宿人员名册、人员外出、外面来访等都有详细记录。目前,吴江市共有 15 万农民工居住在"员工之家",约占农民工总数的 1/3。其二是"社会性民工公寓"管理模式,即在农民工散居集中的地方,由公安部门牵头,对闲置的厂房、办公楼等进行重新规划,建立"社会性民工公寓",低标准收取住宿费。在公寓周围开设杂货店、浴室、阅览室、娱乐休闲等辅助设施,吸引农民工入住。2004 年以来,吴江市已建立"员工之家"315 个、"社会性民工公寓"9 个,入住人员占农民工总数的 70％左右。盛泽镇建成了较大规模的农民工集宿区 11 个,小规模的集宿区 46 个,共进驻农民工 5.3 万人①。

　　3)广州市农民工住宅保障的具体实践

　　广州市开发区集中规划建设农民工公寓,将大量散居在"城中村"出租屋的农民工集中起来实行统一的服务管理,较好地解决了农民工的居住、教育、管理和服务等问题。广州开发区的集中建设、集中管理的农民工住房保障模式主要有以下四种:①政府投资建设管理模式。1995 年和 1998 年,广州开发区先后投资 1.3 亿多元,建成 2 个农民工公寓,总建筑面积 6.9 万平方米,共 1088 个房间,建有完善的生活、学习、娱乐设施,并成立了以区总工会为主体的管理机构,以每平方米 13～18 元的价格出租给企业。目前入住率达 100％,居住农民工 13000 多人。2007 年,又投资 4.3 亿元建设科技人员公寓,为科技人员提供高质量的居住服务,为农民工公寓建设和管理形成了示范,产生了较好的社会效应。②民营资本建设管理模式。在科学规划、政策扶持的基础上,引入市场竞争机制,挑选实力雄厚、信誉良好的民营企业进行农民工公寓建设。③村(居)集体经济组织建设管理模式。在开发区政府的引导下,由村(居)集体经济组织利用征地补偿款和集体经济收入,在自留地上建设村(居)农民工公寓,既增加集体经济收益,又能改善社区生活环境,大大减轻社会治安管理的压力。④企业自建自管模式。在企业筹建初期,就将企业员工楼纳入整体规划,由企业根据需求自行投资建设管理。目前,共有 55 家企业建立了员工楼,建筑面积近 20 万平方米②。

　　(四)农民工住房权实现的制度障碍

　　我国现阶段农民工住宅法律保障实践的列举中可以发现,各地对农村在外务工

---

①　陈丰. 集宿化管理:农民工居住管理的模式选择——以江苏吴江市小城镇为个案的实证分析. 农村经济, 2007 (3).

②　广州开发区农民工生活居住公寓式服务管理效果好. 穗府信息专报, 2008 (62). 广州市出租屋管理网. 〔2010-03-10〕. http://www.gz.gov.cn/vfs/subsite/3XD8AYH7-GPG3-W6RD-62KT-X79Z7FGBXAF0/content. jsp? contentId=574204&catId=5598.

人员的居住问题主要是通过集中建设和统一管理的模式来处理的，但是这种解决方案既与许多现行的法律制度存在冲突，也没有考虑到农民工个体的具体情况，因此无法在根本上达到保障全体农民工住宅权的目的。因此，要构建农村在外务工人员住宅法律保障制度体系，就必须对我国现行的对农民工住房保障产生阻碍的各种法律制度进行深入的分析，在此基础上修改已有的法律制度，制定新的法律制度，并在这些法律制度执行的过程中加大监管力度，为农民工进城就业和安居创造良好的法治环境。只有这样，才是真正的"治本之策"。

1. 户籍制度对农村在外务工人员住宅权实现的制约

户籍制度是我国城乡二元体制最直接也是最主要的制度体现。1958年1月，《中华人民共和国户口登记条例》开始对人口自由流动实行严格限制和政府管制，第一次明确将城乡居民区分为"农业户口"和"非农业户口"两种不同的户籍。而自我国推行"家庭联产承包责任制"以后，农村开始出现大量的剩余劳动力。为了更好的将剩余劳动力投入到社会主义现代化建设中来，国家出台了相关的政策和法规。1984年10月，国务院发布《国务院关于农民进入集镇落户问题的通知》，提出农村工业可适当集中于集镇，并允许农民自理口粮进集镇落户。1997年6月，国务院批转了公安部《小城镇户籍管理制度改革试点方案和关于完善农村户籍管理制度的意见》，其中明确规定："从农村到小城镇务工或者兴办第二、三产业的人员，小城镇的机关、团体、企业和事业单位聘用的管理人员、专业技术人员，在小城镇购买了商品房或者有合法自建房的居民，以及其共同居住的直系亲属，可以办理城镇常住户口。"2001年3月，国务院批转了公安部《关于推进小城镇户籍管理制度改革的意见》，对办理小城镇常住户口的人员，不再实行计划指标管理。由此可见，我国改革开放以来户籍制度的发展路线就是：严守中等以上城市户籍壁垒的同时逐步放开小城镇的户籍。

我国户籍制度的意义并非存在于字面意思的理解上，即农业户口和非农业户口两种不同户籍的分野；最为重要的是，不同户口背后所隐藏着的公民利益的巨大分化——农业户口与非农业户口、小城镇户口和大中城市户口的不同，将直接导致同样具有中华人民共和国公民资格的人在选举、分配、税赋、住房、就业、医疗、教育、养老等方面利益的天壤之别；同时，在长期根深蒂固的户籍壁垒的影响下，获得优势利益的一方将会产生对另一方的优势心理，即使这种优势心理并非根源于其自身的能力优势，而是取决于某些先天的因素。因此，户籍制度成为影响中国劳动力流动的首要因素。按照一般推拉理论分析，如果有如此巨大的户籍障碍，中国农民工的流动比率会很低。对此，有学者认为，在户籍制度的作用下，有些推力和拉力会出现"功能失效"的问题，即此种因素虽然还存在，但它却失去效用。如城市中对农民工的限制因素，显然是一种迫使农民工返乡的推力。但年轻的农民工并不因此退却，而是在奋勇地拼搏，因为他们正处在生命周期的外出阶段，再大的阻力也难以阻止他们外出①。

农村在外务工人员在城市中本来就处于相对弱势的地位，其依靠自身能力获得的住所基本位于城乡结合部或"城中村"等欠发达地区。而当农民工进入城市居住和工作以后，其在住房、就业、医疗、子女教育等方面不能获得城市户籍居民相同的待遇，还要经常受到城市居民的精神压迫，于是在农民工群体身上就产生了物质与精神的双重枷锁。这种既得不到相应的保障和承认，还要遭受群体歧视的处境，使得农村在外务工群体失去了改善其在城市中的居住和生活水平的愿望。所以说，户籍制度所代表的城乡二元体制对农村在外务工人员住宅权实现的制约是两方面的：从制度本身的直接效用来说，不赋予农民工群体获得与城市户籍居民平等的住房保障；从农民工群体对户籍制度的反馈来说，农村在外务工人员不会再将货币积累投入到提升居住和生活水平中去。

2. 土地制度对农村在外务工人员住宅权实现的制约

在我国《土地管理法》、《城市房地产管理法》、《经济适用住房管理办法》以及《城镇廉租住房租金管理办法》等法律文件中都没有对农村在外务工人员的住宅保障作出规定。相反，现行的土地制度立法确立了农民与土地的依存关系，将农民束缚在农村的土地上，令农民工即使在城市中找到了稳定的工作，也不能脱离土地，而且还要缴纳农村土地上的税费。另外，农民工住房解决的方式与土地政策之间也存在着很大的矛盾。这些因素都对农村在外务工人员住宅权的实现产生了阻碍。

首先，我国集体土地使用权流转的法律制度尚不完全，农村在外务工人员不能也不愿脱离土地这一农民最重要的生产资料和最后的保障。我国现有的集体土地使用权流转的专门法律规定主要是农业部 2005 年颁布的《中华人民共和国农村土地承包经营权流转管理办法》（中华人民共和国农业部令第 47 号），其中第三条规定："农村土地承包经营权流转不得改变承包土地的农业用途，流转期限不得超过承包期的剩余期限，不得损害利害关系人和农村集体经济组织的合法权益。"并没有对集体建设用地的流转作出规定。各地关于集体建设用地流转规定的对象也相当有限，不能起到割裂农民与土地关系的作用。而将农村在外务工群体束缚在土地上的结果就是，农民工在城市工作的同时还必须兼顾家乡的农业生产，一旦出现劳动力和时间上的脱节，就会造成农业的粗放式经营、农村土地资源的浪费和城市工作的不稳定。另外，农民工进入城市居住和工作后，面临的是陌生的生活环境和人际关系，而由于其在城市中不能获得相应的住房、就业、医疗、教育、养老等社会保障，所以虽

---

① 李强. 影响我国城乡流动人口的推力与拉力因素分析. 中国社会科学，2003（1）；杜鹰，白南生. 走出乡村：中国农村劳动力流动实证研究. 北京：经济科学出版社，1997：286-290.

然收入较务农时有所增长，但同时经济稳定和文化融入方面的风险也极大的增加了。为了规避这种风险，农村在外务工人员不得不将土地作为生活的最后保障。事实上，近几年全球金融危机引发的沿海经济发达地区制造业的不景气，也验证了农民工将土地作为保障的重要性和正确性。

其次，现阶段各地对农村在外务工人员住房问题的解决方案与土地制度之间存在冲突，既限制了农民工保障性住房的建设，也使得已经建成的农民工保障性住房成为违法建筑。从各地农民工住宅保障实践中可以发现，建设农民工保障性住房的用地主要有以下几种来源：①利用城乡结合部农民集体土地兴建农民工宿舍。②利用工厂闲置土地兴建农民工宿舍。③利用出让工业用地兴建农民工宿舍。④利用划拨土地兴建农民工宿舍①。而以上4种来源都或多或少的与现行的土地政策之间存在冲突。原因主要在于，兴建农民工宿舍和保障农民工的住宅权并不能直接带来经济的增长，反而会占有大量的建设用地；而且由于法律没有对农民工住房保障作出明确规定，因此农民工保障性住房的性质也不能够确定。在这种前提下，无论是政府还是企业，建设农民工住房时只是考虑到短期的需要，也会对违反土地制度的明文规定存在顾虑。

四、农民住宅保障的法律制度设计

（一）失地农民住房法律保障制度的构建

1. 构建失地农民住房法律保障体系的指导思想

从失地农民群体住宅权实现的基本问题和具体实践看来，各地针对失地农民住宅保障的措施基本是被动而为之，即"头痛医头，脚痛医脚"，其原因就在于，缺乏统一的保障失地农民住宅权的指导思想和在指导思想指引下的具有绝对权威的法律性文件。因此，失地农民住宅权实现的第一步，就是要确立失地农民住宅法律保障的指导思想。

1）在建立失地农民住宅法律保障机制的过程中坚持社会公平的理论

社会公平是法律的根本价值之一，而在保障性法律中，应当践行的是加权的社会公平理论，即基于失地农民的不同情况，而以有差别的措施来保障失地农民住宅权的实现，最终使所有失地农民都能够达到相同或类似层次的居住水平。失地农民群体从失地情况上可以分为完全失地农民和部分失地农民，从与城市距离上可以分为城郊农民和远离城市的农民。一般而言，城郊农民大多为完全失地农民，而远离城市的农民基本上还能够保有一部分土地或在未征地地区就近安置。就完全失地农民来说，应当为其办理农转非的手续，在城镇中予以安置，并且赋予城市户籍上附

---

① 吕萍，周滔，高仁航. 农民工住房解决方式与现行土地政策之冲突. 住房保障，2007（3）.

带的一系列社会保障的利益；如果已经征收了集体土地的大部，但剩余部分仍然超出失地农民农转非要求的限制时，应当继续征收这部分土地，不能为了节省安置资金而人为的造成"城中村"。就部分失地农民来说，应当在原地就近补偿和安置，重新分给承包地或宅基地，保证农民失地后的生活水平不下降。

2）以科学发展和可持续发展的理论为指导

对失地农民群体的住房法律保障不能仅停留在原居住水平上，应当以长远的眼光来看待。土地被征收以后，失地农民群体的居住水平首先会经过一段时间的适应期，得到房屋置换的农民的起点会比较高，而货币安置模式下的农民由于可能需要自己额外出资取得住房，起点相对较低；但是在适应期内，几乎所有的失地农民的生活水平都有所下降。然后失地农民面临的是转型期，A类农民通过劳动力向第二、第三产业的转换或寻求新的投资渠道（如出租房屋、入股集体经济组织等）找到了新的家庭经济的增长点，维持和逐步提高了居住水平和生活条件；而B类农民由于不能及时转换角色，适应新的环境，其居住水平仍在下降，此时失地农民手中的补偿款项尚有结余，故下降的幅度比较缓慢。当几年后，B类农民的征地补偿消耗殆尽时，如果还是不能够从转型期中摆脱出来，则B类农民的生活水平将直线下降，进入贫困期。为了避免失地农民最终进入贫困期，国家在进行住宅保障立法时，不能仅关注失地农民住房安置的情形，认为只要做好住房安置工作就一劳永逸了；而是应该将目光更多的放在失地农民转型期和贫困期的住房保障上，既要在转型期积极引导失地农民实现劳动力向第二、第三产业的转换或寻求新的投资渠道，还要在贫困期实施多种措施保障失地农民的住宅权。

2. 失地农民住宅法律保障制度设计的建议

首先，修改和制定住房保障法律，将农转非的失地农民纳入城镇住房社会保障体系中。我国的城镇住房社会保障具有多层次性保障和多元化手段的特点，是一个包括限价普通商品住房、普通二手房、经济适用住房、廉租屋等多层次的城镇保障住房供应体系。允许农转非的失地农民获得城镇住房社会保障的重大意义在于，失地农民通过征地补偿获得的安置用房真正成为可以货币化的资产，即便失地农民消灭了安置住房上的所有权，还有能够获得城镇住房社会保障的可能性。正如上文所论，我国农村宅基地使用权制度与城镇住房保障制度之间存在着脱节的现象。而当失地农民农转非以后，获得的仅仅是户籍上的改变，而户籍制度上附随的种种城镇居民才能享受的住房保障措施和其他利益却都没有赋予已经办理了农转非手续的失地农民。要扭转这种不公平的趋势，一个直接的做法就是对所有具有城镇户籍的居民一视同仁，都纳入到城镇住房社会保障体系中来。

其次，修改《土地管理法》等集体土地征收的法律规定，提高征地补偿标准，完善征地程序。国务院自2006年起出台了一系列政策文件，明确要求"社会保障费用不落实不得批准征地"和"先保后征"。但目前的落实情况不够平衡，有些地方的社保资金筹措不能完全到位，一些被征地农民还未纳入基本生活或养老保障制度，新的被征地农民与老的被征地农民在利益补偿上也出现一些新的不平衡等①。而现行《土地管理法》中规定的集体土地征收的补偿标准不能保证失地农民原有的住房面积水平，使其在失地后需要自己支出大部分资金用以解决住房问题；而且许多地方对宅基地使用权不予补偿安置补助金、拖欠补偿费等作为使得农民实际得到的补偿相当有限，极大的影响了失地农民住宅权的实现，甚至使其难以维持正常的城镇生活开支。对此，应当在权威性法律文件中将被征土地的出让金中的相当比例作为失地农民的补偿金和专门用于失地农民的住宅权保障。

最后，制定促进失地农民平等就业和劳动权利保障的法律规定及其实施细则，为失地农民劳动力的转换和资本投资提供引导和帮助，失地农民对改善自身的居住水平和生活条件是抱有深切希望的，但是由于知识架构和信息渠道的限制，其无法彻底的实现劳动力向第二、第三产业的转换或寻求新的投资渠道。在这种情况下，政府必须担负起积极引导的责任，否则，一旦失地农民进入贫困期，再对其进行住宅保障的成本就会是相当高昂的，而且也不能够在短期内扭转失地农民贫困的局面。

（二）住宅法律保障制度的构建

1. 半城市化中农村在外务工人员住宅法律保障制度构建的必要性

在我国城市化的进程中，随着传统农业型社会向现代工业型社会的逐步转型，需要大量的农村剩余劳动力转向第二、第三产业。然而，由于农村在外务工人员在城市中不能获得适合居住的住宅和生活环境，劳动力的彻底转变最终并不能实现。更为关键的一点是，农民工在没有获得适合居住的住宅和生活环境的情况下，难以融入城市的社区文化。从社会认同的角度讲，由于该群体的认同系统很大部分仍停留在原来的地方，没有完成认同系统的转换，导致农村在外务工群体的自我认同失调，难以实现自我认同的转换，产生了心理认同的不适应。这不利于农民工由农民向工人或服务业人员的角色转变，使他们游离于城市社会，加大他们融入城市社会的困难②。已有研究表明，多数农民工形成的生存策略是："对于城市社区完全没有认同感，完全脱离城市主体社会"③，并在获得一定的货币积累以后，选择回到农村翻盖原住房或家乡所在的中小城镇购买商品房，以达到在住宅权实现和生活改善上的最大水平。因此，为了将农民工转变为市民，实现劳动力的彻底转向，就必须完

---

① 全国人大农委会建议提高农村征地补偿标准. 载中国新闻网. ［2010-03-01］http：//www. chinanews. com. cn/gn/news/2009/12-24/2037297. shtml.

② 张海波. 被动城市化群体城市适应性与现代性获得中的自我认同. 社会学研究，2002（2）.

③ 李强. 影响我国城乡流动人口的推力与拉力因素分析. 中国社会科学，2003（1）.

成对农村在外务工人员的住宅权保障的重任。

另外，对农民工群体的住宅权进行法律保障也是追求社会和谐的必然需要。"三农"问题是我国进行中国特色的社会主义建设所必须要解决的问题，而农村在外务工人员群体是农民的重要组成部分，其在城市的居住和生活水平应当得到保障。而且，农民工群体在社会主义建设中是做出了卓越贡献的，他们的劳动为我国的工业建设和城市发展创造了必须的原始积累，为社会的和谐发展打下了坚实的基础。

2. 农村在外务工人员住宅法律保障制度设计的建议

1）改革现有土地制度，加快建立和健全集体土地使用权流转机制

对已经在城市中获得稳定工作的农村在外务工人员，应允许和鼓励其将土地使用权进行转让、入股或出租经营，并明确规定土地使用权流转的范围、形式、程序和价格等要素，以提高土地使用权流转的效率，形成农村土地的集约式发展。同时，确立农村土地使用权与城市社会保障置换的标准，为达到该标准的农民工办理城市户籍，并为其提供城市最低生活保障，最大限度地降低农民工群体在城市居住和生活的风险。

2）改革户籍制度，实行城乡一体的户籍政策，消除城乡隔阂

对户籍制度的改革，应采取渐进的方式，减少户籍与各种福利之间的联系，最终使户籍回归其原始的功能。同时，根据我国城市化进程的需要和工业社会发展的水平，逐步放开城市户籍的准入条件，取消文化程度的限制，最终制定以城乡一体为原则的《户籍法》。

3）制定住宅保障法案，惠及农民工群体

首先，针对农民工群体高流动性、低收入和多受雇于非公企业的特点，建立覆盖全国的统一的住房公积金网络，解决农民工流动与公积金缴纳各自为政之间的矛盾；并从农民工的缴费能力和实际需要出发，因地制宜的制定住房公积金缴存的标准和规定，提高将农民工纳入住房公积金体系的可行性；另外，还要加大宣传力度，转变农民工群体、企业以及政府对农村在外务工人员参与缴纳住房公积金的认识。其次，将农民工公寓的建设与管理纳入到廉租住房保障制度中来，明确各地已建、在建的农民工集体公寓的性质，促进农民工住房公积金制度的推行。最后，允许符合一定条件的农村在外务工人员通过个人住房贷款的方式申请购买城市的经济适用房。

4）加强房屋出租市场的管理，为农村在外务工人员提供租房补贴

首先，地方政府应当加大对房屋出租市场的管理力度，规范租赁市场中的各种违法行为，为农民工群体租赁房屋提供良好的环境。其次，各地应当根据本地区的具体情况，对符合一定条件的农民工提供相应的租房补贴，保障农村在外务工人员住宅权的实现。

5）制定有关农民工权益保护的专门法律文件，加大对农村在外务工人员权利救济的力度

基于农民工群体处于弱势的基本情况，制定法律对其进行全面的特别保护，倡导司法、工会和其他社会团体主动对农村在外务工人员进行法律援助和宣传，既要降低农民工住宅权和其他权利遭受侵犯时的维权成本，又要保证农民工权利得到及时有效的救济。

第十章　灾民的住房社会保障

灾害是指自然现象和人类行为对人和动植物以及生存环境造成的一定规模的祸害。无论是自然原因引起的灾害，如地震、水灾、雪灾等等，还是人为因素导致的灾害，如战争、爆炸、失火等都会导致住房的毁损，从而使灾民丧失基本的居住生活条件。与平时的住房保障相比，灾难发生后对灾民的住房保障显得更为紧迫，也更易引起社会的广泛关注。在现代灾害救助体系中，对灾民的住房保障已经成为十分重要的课题。

一、灾民住房保障的历史与现状

我国是自然灾害频发的国度。大规模的自然灾害往往会导致房屋倾毁，大量灾民陷入无家可归的困境。早在我国封建社会，国家和社会就已经十分重视灾民的救助和保障，搜检有关历史文献，在清代以前的文献中虽然不乏关于灾民住房保障措施的记载，但大多是政府官员的自发行为。清康乾以后，灾民住房保障逐渐制度化，成为封建国家的法律责任。清末以后，随着封建国家的没落，对灾民的住房保障名存实亡。

（一）清以前文献中有关灾民住房保障的实践和论述

汉代官民献田宅安置流民。《汉书·平帝纪》记载："元始二年郡国大旱蝗，青州尤甚，民流亡，三公卿大夫吏民为百姓困乏献其田宅者二百三十人。以口赋贫民。（师古曰：计口而给其田宅。）遣使者捕蝗，民捕蝗诣吏，以石豆受钱。天下民赀不满二万及被灾之郡不满十万，勿租税。民疾疫者，舍空邸第，为置医药。重赐死者一家六尸以上葬钱五千，四尸以上三千，二尸以上二千。罢安定呼池苑以为安民县。起官寺市里，募徙贫民县次给食至徙所，赐田宅什器，假与犁牛种食。又起五里于长安城中，宅二百区以居贫民。"[1] 可见，早在汉代就有为流离失所的灾民提供住房的记录，其措施主要有：一是利用社会捐助的空置田宅安置流亡灾民；二是注重对罹染疾病的灾民给以特别安置；三是利用皇家宫苑建立灾民异地安置点；四是国家专门拨款建设公共住房安置贫民。

唐代王方翼起舍居流民。唐仪凤间，王方翼为肃州刺史。"河西蝗，独不至方翼境，而它郡民或馁死，皆重茧走方翼治下。乃出私钱作水碾，薄其赢，以济饥瘵，

---

[1]　班固. 汉书·平帝纪. 卷十二.

构舍数十百楹居之，全活甚众，芝产其地。"①

宋代富弼擘画屋舍安泊流民。"庆历八年，河北、京东西大水，大饥，人相食。诏出二司钱帛振之。流民入京东者不可胜数，知青州富弼择所部丰稔者五州劝民出粟，得十五万斛，益以官廪，随所在贮之。择公私庐舍十馀万区，散处其人，以便薪水。"②

腾达道劝赈为席屋以待流民。"（腾达道）召城中富民，与约曰：流民且无以处之，则疾疫起，并及汝矣。吾得城外废营田，欲为席屋以待之。民曰：诺。为屋二千五百间，一夕而成。流民至，以次授地，井灶器用皆具，以兵法部勒。少者炊，壮者樵，妇女汲，民至如归。上遣工部侍郎王古按视，庐舍道巷，引绳棋布，肃然如营阵……所活着凡五万人。"③

彭思永助贫民营葺私舍："彭思永通判睦州，会海水夜败台州城郭，人多死。其使至也，城无完舍。思永周行相视，为之规画，朝夕暴露，未尝憩息。民贫不能营葺者，命工伐木以助之。数月而公私舍毕，人富安其居。"④

吕公著寓流民以官舍。"元祐三年冬，频雪。民苦寒多有冻死者。吕公著为相，日于同列议所以救御之术……流移在道者，所过州县存恤，寓以官舍，续其食。"⑤

法皓立屋分处男女。"宣和六年，皓为秀州录事。秋大水，田不没者十一……立屋于西南两废寺，十人一室，男女异处，防其淆伪。"⑥

晁补之为流民治舍次。"晁补之知齐州，岁饥，河北流民道齐境不绝。补之请粟于朝，得万斛，乃为流民治舍次，聚器用。"⑦

其中，富弼的做法不仅有史书记载，其安置流民的公文也完整的保存下来，在历史上被称为"富公安流法"。其中，对于住房安置的主要措施可见其所发公文"擘画屋舍安泊流民事"中，其要点可归纳为：①征用民间空置房屋对城镇和乡村的居民，按照富裕程度分等，分别要求腾出一定数量房屋供安置灾民使用。"一州县城郭人户虽有房屋，又缘出赁与人居住，难得空闲房屋。今逐等合那趱房屋间数开后：第一等五间，第二等三间，第三等两间，第四等一间。一乡村等人户、小可屋舍逐等合那趱房屋间数开后，第一等七间，第二等五间，第三等三间，第四等第五等两间。急将前项那趱房屋间数报官……若有下等人户，委的贫虚，别无房屋那应，不

① 欧阳修，宋祁等. 新唐书. 卷一百一十一. 列传第三十六.
② ［宋元］马端临. 文献通考. 卷二十六·国用考四·振恤.
③ 苏轼. 故龙图阁学士滕公墓志铭. 东坡集. 卷八十九.
④ 董煟. 救荒活民书. 李文海，夏明方. 中国荒政全书（第一辑）. 北京：北京古籍出版社，2003：54.
⑤ 董煟. 救荒活民书. 李文海，夏明方. 中国荒政全书（第一辑）. 北京：北京古籍出版社，2003：54.
⑥ 董煟. 救荒活民书. 李文海，夏明方. 中国荒政全书（第一辑）. 北京：北京古籍出版社，2003：75.
⑦ ［明］俞森. 荒政要览. 李文海，夏明方. 中国荒政全书（第一辑）. 北京：北京古籍出版社，2003：451.

得一例施行"①。②要求民间建设临时住房。"如内有现在房数少者，亦令收拾小可材料，权与盖造应之。"③开放宗教设施和公共设施。"如更有安泊不尽老小，寺院庵观门楼廊庑，亦无不可，务令安居，不致暴露失所。"④要求沿途旅店免费为灾民提供临时住宿。在名为"支散流民斛斗画一指挥"的公文中，规定"示青淄等州须晓示道店，不得要流民房宿钱。"⑤在管理方面确立了属地责任制。明确各级官员分别对所辖区域内灾民的住房保障负责。"灾伤流民老小，在州者州官著人，在县者县官著人，在镇者监务著人，引至钞点下房屋间数内计口安泊"，"本县及当职官员躬亲劝诱，量其口数，各与桑土或贷种救济，种植度日。"⑥确立了分散保障的原则。将灾民分散在州、县、镇以及乡村安置，分别保障。封建社会物流水平较低，且缺乏先进防疫措施。分散安置灾民不仅可"便薪水"，节约物资运输费用，还可以防止在城内集中安置灾民带来的瘟疫流行的隐患。

腾达道的做法亦有值得借鉴之处。五万人，即便在今天也是一个小城镇的规模。苏轼说为屋二千五百间，一夕而成，不免有夸饰的成分。但其措施确有可取之处：①灾民住房安置中注意防止灾后疾病的流行。利用城外废弃军营安置灾民，避免了在城市内安置大量灾民可能带来的爆发瘟疫的风险。②在建造灾民临时住房时已经初步具有了规划理念，不仅能做到"庐舍道巷，引绳棋布，肃然如营阵"，还注意到水源等生活基础设施的配套完善。

富弼等官员重视灾民住房保障的做法受到了许多有识封建官僚的赞扬，但上述做法在其所处时代大多仍是地方官员个别化的行为。从现有资料看，在我国封建社会的大部分时期，灾民的住房保障并未成为政府的责任。包括富弼在内的一些官员主要是通过民间力量，甚至是向居民摊派来解决灾民住房保障的问题。政府所起的作用仅限于引导和动员，在财政方面不负直接责任。

宋代曾巩在《救灾议》中对重视灾后住房保障的政策进行了论证，认为政府应当承担更大的责任。他提出灾民"患于暴露，非钱不可以立屋庐；患于乏食，非粟不可以饱。二者不易之理也。"他认为封建国家在赈济灾民时往往只注重使其得食，而忽视了住房保障。虽然对灾民而言口粮救济非常重要，但"此不过能使之得旦暮之食耳，其馀屋庐构筑之费，将安取哉？"②他指出对灾民住房保障的不足是导致灾后流民问题丛生的一个重要原因。"屋庐构筑之费既无所取，而就食于州县，必相率而去其故居，虽有颓墙坏屋之尚可完者，故材旧瓦之尚可因者，什器众物之尚可赖者，必弃之而不暇顾，甚则杀牛马而去者有之，伐桑枣而去者有之，其害可谓甚也。今秋气已半，霜露方始，而民露处，不知所蔽，盖流亡者亦已众矣，如是不可止，

① ［清］汪志伊. 荒政辑要. 卷八·安流民.
② ［宋元］马端临. 文献通考. 卷二十六·国用考四·振恤.

则将空近塞之地。空近塞之地，失战斗之民，此众士大夫之所虑而不可谓无患者也。"[1] 因此，他主张在灾后赈济中应充分注重灾民的住房保障。具体而言，他认为国家在保障灾民饮食所需的同时，应当承担直接的财政责任，帮助灾民修缮重建毁损住房："然则为今之策，下方纸之诏，赐之以钱五十万贯，贷之以粟一百万石，而事足矣。何则？今被灾之州为十万户，如一户得粟十石，得钱五千，下户常产之贵，平日未有及此者也。彼得钱以完其居，得粟以给其食，则农修其畎亩，商得治其货贿，工得利其器用，民得转移执事，一切得复其业，而不失其常生之计，与专意以待二升之廪於上，而势不暇乎他为，岂不远哉？此可谓深思远虑为百姓长计者也。"[2]

明代钟化民在《赈豫纪略》中也谈到住房保障在灾民救助中的重要性。他认为"夫流移之未复也，招抚之难；流移之既复也，安宅之难"。诗曰鸿雁于飞，集于中泽。又曰：虽则劬力劳，其究安宅。彼室庐尽坏，鸿雁难栖，所谓其究安宅者竟何如耶？必引养引恬，置之衽席之上，而后即安也[3]。

明代陈龙正在其撰写的《救荒策会》中对于民间自发集资修建丐房对灾后救助的作用大加褒扬，提出"建丐房议"。他认为"荒年，贫民多死于饿，不知其更死于寒也。圣人上栋下宇，以蔽风雨，暖活之用，实与粒食并重"，即灾后住房保障应当与粮食赈济得到同等重视[4]。陈龙正指出在春季发生的流民大量倒毙的原因恰恰是冬季露宿受风寒所致。据他记载"观我邑流丐，去冬终五六百人，自二月至五月掩埋亦逾五百。"灾后仅一县之境，因住房无着而暴露致死者就达千人，可见灾后住房保障问题并不是一个很小的问题。

钟化民和陈龙正都是明代以施行荒政著称的地方官员，虽然他们认识到灾后住房保障的重要性，但在为灾民提供住房保障的问题仍然只是停留在理论论述和建议阶段，这从反面证明了在他们所处的年代为灾民提供住房保障尚未成为国家赈济政策的主要内容，也没有形成正式的制度。

（二）清代我国灾民住房保障的制度化

到了清代，我国封建社会进入鼎盛时期，灾后住房保障体系也逐渐完善。在各地的赈灾实践中，政府开始将灾民的住房救助纳入赈济责任范围。方观承《赈纪》记载乾隆时赈灾廷议抚恤事宜二条："外来贫民栖宿处所亦应筹及。请于饭厂附近搭

① ［宋元］马端临. 文献通考，卷二十六·国用考四·振恤.
② ［宋元］马端临. 文献通考. 卷二十六·国用考四·振恤.
③ ［明］钟化民. 赈豫纪略//李文海，夏明方. 中国荒政全书（第一辑）. 北京：北京古籍出版社，2003：279.
④ ［明］陈龙正. 救荒策会//李文海，夏明方. 中国荒政全书（第一辑）. 北京：北京古籍出版社，2003：733.

盖席棚，或收拾空闲庙宇，听其投宿，应交五城御史饬令司坊官酌动平粜银两办理。"① 可见，对流民的住房临时安置已经成为官员们在赈灾中考虑的一个重要问题，不仅指定有关官员专司其责，还明确经费来源从平粜银中支取。安置房屋的来源主要是临时搭建的席棚或利用宗教场所的闲置房屋。而据《清世宗实录》记载，为灾民提供应急保障住房已经成为惯例："地方遇灾，便传谕督抚饬令各州县妥为收留外来流民，赈给口粮粥食，并为搭棚置屋居住。"② 另据嘉庆《大清会典事例》，除对流民予以临时住房安置外，还向灾民发放住房补助："被灾之家，果系房屋冲塌无力修整，并房屋虽存实系饥寒切身者，均酌量赈恤安顿。"③

乾隆四十一年总结各地灾后住房补助的做法，对于各地水灾冲塌房屋，规定由政府拨修费银用于修缮与重建，并分省详细确定了补助标准，以法律的形式确立了国家对灾民住房保障的直接财政义务④。这些规定被称为"坍房修费"制度，载于同治四年《户部则例》卷八十四。与曾巩"户得钱五千"的建议相比，清代的制度已经较为完备，对于补助的标准有着非常细致的划分。除去旗房（满族居民住房）、民房带有民族歧视色彩的划分外，许多划分标准具有一定的合理性，对于现代社会灾民住房补助标准的确定仍有借鉴价值。

第一，各省补助银额度不同。各地区经济发展与物价水平不同，在确定补助标准时考虑地区差异无疑是合理的。

第二，大部分省根据坍塌房屋的不同种类补助额度也不相同。大致以楼房高于平房，房屋又高于批间，瓦房高于土房，土房又高于草房。也有许多省份将房屋受灾毁损的程度作为确定补助的标准。其中以直隶省标准最为细致，区分了"全冲、尚有木料、稍有坍塌、应移建"四种情形。多数省份综合两者确定补助标准。区分房屋种类和受损情形都属于按照灾民遭受的实际损失多寡确定补助标准的做法。

第三，有些地区，如山东省以灾民经济困难程度作为确定补助的标准，将灾民分为极贫、次贫和又次贫，规定"极贫每户一两五钱，次贫每户一两，又次贫每户五钱"。

第四，还有些地区，如安徽省结合灾民遭受的实际损失和经济困难程度两种标准来确定补助额度，规定"极贫之户，瓦房每间四钱，草房每间三钱；次贫之户，瓦房每间三钱，草房每间二钱"。

---

① ［清］方观承. 赈纪//李文海，夏明方. 中国荒政全书（第二辑第一册）. 北京：北京古籍出版社，2004：567.

② 清世宗实录. 卷108.

③ 嘉庆. 大清会典事例. 卷217.

④ ［清］杨景仁. 筹济编//李文海，夏明方. 中国荒政全书（第二辑第四册）. 北京：北京古籍出版社，2004：27-29.

第五，有些地方还区别了灾后救助的不同阶段采取不同的救助措施，如山东省规定"水冲民房，露宿之时，不论极贫次贫又次贫，按户先给搭棚银五钱，水退后分别验给修费银两"。这一做法已经区分了灾难发生初期的应急住房保障与灾后重建保障的不同需要。在应急住房保障阶段实行无差别全覆盖的保障政策，待进入灾后重建阶段后再行根据灾民具体情况确定差别化的补助标准。

《户部则例》（以下简称《则例》）对修费银的规定主要是针对水灾，除此之外《则例》中还简单提及了火灾中房屋保障的问题，规定"民间失火延烧房屋，地方官确勘情形，酌加抚恤，所需银两于存公项下支销"。虽然《则例》中没有明确规定其他灾害中的住房保障问题，但从清代灾害救助的实践看，补贴灾民房屋修费银已经成为惯常做法。《大清会典事例》规定"如遇冰雹飓风等灾，其间果有极贫之民，亦准其一例赈恤"。此外，对于地震灾害导致的房屋毁损也给予相应的抚恤和修费银。乾隆二十六年云南地震，对坍倒房屋政府按照瓦房每间五钱，草房每间三钱给予赈助①。1830 年河北磁州发生了 7.5 级大地震，震后地方官员沈旺生"即同本州学正张、训导马、吏目宋，分赴城乡查勘压毙人口及倒塌房屋。又分别倒房有力无力之家，造册查对，苇篷秉烛达旦不休……倒塌房屋二十余万间，内除有力之家不计外，其无力贫民查明应给修费者，共瓦房九千九百五十间、土房六万六千五百五十三间……每瓦房一间给修费银一两，土房五钱，共给修费银四万三十一百八十一两五钱。"②

（三）我国封建社会时期灾民住房保障的效果及其评价

我国清代以前封建社会时期对灾民住房的保障大多是出于官员的自发行为，并且主要依赖民间力量，政府的作用十分有限。到了清代，国家开始在制度层面注重灾民的住房保障，在历次赈灾实践中逐渐确立了以修费银为主要措施的灾民住房保障制度，承担起对灾民住房保障的财政义务。

那么，清政府采取修费银等措施效果怎样呢？我们只能从为数不多的官方文献记载中加以推断。乾隆二十二年直隶省大名、广平、河间、天津遭受水灾，根据官员奏报反映的情况："各乡村房屋蒙恩给价，俱已渐次搭盖修理，惟魏县城中贫民仍多栖止于附城大堤之上，而堤上市卖丛积（集），烟火栉比，并无失所之状。"③ 可见，清代灾民住房补助措施在实践中取得的效果是较为显著的。这些文献的可信度究竟如何？法国学者魏丕信在研究清代赈济官方文献时认为从文献中数据的准确性

---

① 档案. 乾隆二十六年五月四日爱必达等奏. 转引自：李向军. 清代荒政研究. 北京：中国农业出版社，1995：41.
② ［清］沈旺生. 磁州地震大灾纪略.
③ 李向军. 清代荒政研究. 北京：中国农业出版社，1995：106.

以及措施的可行性等角度判断，这些记载并非为炫耀式的空语，而"是符合现实的"①。从清代住房维修与重建补助标准来看，以奉天省对旗民的补助标准最高，全损的补助达到瓦房每间3两，而安徽省瓦房最高补助为每间4钱，各省补助标准的中数大致在瓦房1～1.5两之间。清代社会以1840年为基数，人均实现商品购买力为2.1两②。也就是说清代灾民住房的补助标准相当于清代居民年均支出的50%～71%，对于灾民，特别是经济贫困的灾民而言应该是一笔不小的数额。那么这样的补助能否帮助灾民完成住房重建呢？在古代经济史的资料中，房价的信息是最难获得的。正式的历史文献中很少有对房屋价格的记载。所幸，我们可以从民间留存的房屋买卖契约中获得古代房屋价格的信息。根据《中国历代契约会编考释》中收录的清顺治到光绪年间直隶和安徽两省的房屋买卖契约的记载，清代房价水平大致为瓦房10两一间③。以直隶省瓦房连同地基的补助标准2.1两计算，补助额占到房屋市场价格的21%。而以安徽省极贫之户每间4钱的标准，补助额只占房屋市场价格的4%。而这是以《户部则例》中水灾修费银的标准计算的结果。从上文所述清代地震赈济的实践看，实际发放修费银往往少于则例中规定的标准。再考虑到灾后灾区物资缺乏，经常会出现建筑材料的价格上涨，补助的效果又要打不小的折扣。然而

---

① [法]魏丕信. 18世纪中国的官僚制度与荒政. 徐建青译. 南京：江苏人民出版社，2003：前言1.
② 吴慧. 中国经济史若干问题的计量研究. 福州：福建人民出版社，2009：388.
③ 张传玺. 中国历代契约会编考释. 北京：北京大学出版社，1995：1144-1450. 除去不具参考意义的大型宅院的买卖契约，记录有房屋或地基价格的清代契约计有17件：①清顺治十一年（1654年）直隶顺天府大兴县王家栋将瓦房两间出卖，价银为20两整。房价为瓦房每间10两。②清康熙十六年（1677年）根据直隶顺天府费福盛补税官房契记载，费福盛在明末自置房基地和空地上自行修建瓦房8间，用砖瓦木工价银100两整。房屋造价为每间瓦房12.5两。③清康熙五十七年（1718年）大兴县李门陈氏卖房官契，出卖楼房一所，门面两间、二层两间，后有厢房一间，共计房五间，价银为210两整。房价为每间42.5两。④清雍正四年（1726年）大兴县刘门王氏卖空地白契，出售空地，地宽一丈，长六丈二尺，价银8两。⑤清雍正五年（1727年）大兴县成奇卖房并出租官地契，出卖灰瓦房四间，价银35两。房价为每间8.75两。⑥清雍正七年（1729年）宛平县汤起雯卖地基白契，出卖基地两间，价银2两5钱。⑦清雍正十一年（1733年）徽州休宁县吴文宰卖屋地红契，出卖基地及其上平屋三间，前后两进，价银33两。房价为每间11两。⑧清雍正十三年（1735年）徽州休宁县王德培卖屋地红契，出卖基地四十八步三分，并地上屋三间，价银7两6钱整。房价为每间2两5钱。⑨清乾隆元年（1736年）大兴县尹瑄卖房官契，出售瓦房一所，门面两间，两层瓦房二间，东跨灰棚二间，三层瓦房四间，共计房棚十间，房价150两整。⑩清乾隆十六年（1751年）天津县江通叔侄卖房地基契，灰草房14间，价银180两。⑪清乾隆十九年（1751年）天津县江通叔侄卖房地基契，灰草房14间，价银180两。⑫清乾隆四十七年（1782年）大兴县苗德补税房官契，门面瓦房贰间，两层房两间，后有落地一块，共计房四间，原价银45两。⑬清嘉庆二十一年（1816年）天津县刘义圃卖房官契南灰房三间、东灰房贰间，正灰房四间，价1140文。⑭清咸丰七年（1857年）山阴县高可德绝卖屋官契地基一亩，屋三间，价60000文。⑮清同治十一年（1872年）宛平县全昌氏补税房红契住房一所，包括南房二间，北房二间，西平台二间，后院灰棚一间，共计房七间，价银70两整。⑯清光绪七年（1881年）萧山县高声甫杜绝卖屋文契平屋一间，间壁半间，价银7两。⑰清光绪十一年（1885年）北京镶蓝旗松桂买房投契字据，南灰房三间，北灰房三间，共计房六间，价银50两整。

无论如何，住房补助的发放即使不足以帮助灾民在短期内完成住房重建，至少也可以帮助灾民建设临时住所，不至于暴露失所。清代官员对于灾后乡村居民在政府补助下已完成住房重建，而许多城镇的贫困居民虽然还无法完成重建，但也有临时栖身之所的报告应该是真实情况的反映。

但我们也不能因此夸大封建国家灾后住房保障的成效，毕竟同食物保障相比，住房保障在我国古代灾后赈济中只是处于从属地位。封建社会的大部分时期，政府财政对灾后赈济的投入尚不足以充分保障灾民饮食所需，也就根本谈不上重视对灾民的住房保障。清代灾后赈济对灾民住房保障较为完善的制度化应对，是建立在政府对赈济大规模投入的基础上的。清代康乾时期，社会安定，封建国家积累了较为充裕的财力和物力，据统计，清代平均每州县赈济用银约近 4 万两，全国年平均支出 220～230 万两，在嘉庆《大清会典》记载的财政支出常项中仅次于饷乾、公廉之款而居第三①。而明代赈济最好的洪武年间"三十余年，赐予布纱数百万，米百余万"，就数量而言于清代赈灾投入差距甚远，明以前历代也难于清代相比②。清代封建社会的重赈体现了我国传统文化对民生的重视，也有吸取明亡于流民之弊借以缓和社会矛盾维护封建统治的意图。而清代灾民住房保障措施的法制化，表征着我国封建国家社会治理达到较高的水平。然而，随着封建国家的衰落，腐败的吏治制约了法律规定的落实。封建国家日渐窘塞的财政状况也逐渐让法律所规定的国家对灾民住房保障的义务沦为具文③。

（四）当代我国灾民住房社会保障概述

进入现代社会后，随着人权理论的兴起，人们逐渐认识到灾后应对措施所涉及的人权影响。联合国经济、社会和文化权利委员会在其关于适足住宅权的第 4 号一般性意见中明确将自然灾害的灾民和生活在多灾地区的人包括在"应在住宅方面确保得到一定程度的优先考虑"的弱势权利的名单之中④。在突发危机和灾难中为灾民创造重新获取住宅等生活资源的机会，并在必要时直接向灾民提供赖以满足基本生存需要的住宅资源，已经成为国家在国际人权法上的重要义务⑤。

随着我国社会和经济的发展，国家应对自然灾害能力提高，社会管理经验也愈发丰富，我国对灾民住房保障的措施日趋完善，并通过《中华人民共和国突发事件

① 李向军. 清代荒政研究. 北京：中国农业出版社，1995：63.
② 李向军. 清代荒政研究. 北京：中国农业出版社，1995：103.
③ 张艳丽. 从辛酉灾赈看嘉庆中衰. 赤峰学院学报，2009（5）：6～8；安北平. 无力与无奈——从《大公报》看清政府对 1906 年江南北大水灾采取的赈济措施及态度. 开封大学学报，2009（4）：10-13.
④ CESCR, General Comment No. 4 (1991) on the Right to Adequate Housing (Art. 11 (1) of the Covenant), UN Doc. E/1992/23. 全文可参阅联合国文献 UN Doc. HRI/GEN/1 以及 OHCHR 网站.
⑤ ［瑞典］格德门德尔·阿尔弗雷德松，［挪］阿斯布佐恩·艾德.《世界人权宣言》：努力实现的共同标准. 中国人权研究会组织译. 成都：四川人民出版社，1999：548.

应对法》、《中华人民共和国防震减灾法》以及《汶川地震灾后恢复重建条例》等法律、法规将灾民住房保障的经验固定下来，形成了较为完善的灾民住房保障制度体系。我国政府在应对汶川地震、玉树地震等重大自然灾害中的卓越表现向世界证明了我国灾民住房保障制度在体制层面的巨大优势，充分、及时地满足了灾民的住房需求，有效保障了灾民的住宅权和其他基本权利。当然，在实践中也暴露出在具体制度层面存在着一些不足，仍有进一步检讨改进的空间。

根据国内外灾民住房保障的实践，重大灾害发生后对灾民居住条件的保障通常要经过4个步骤：提供应急避难所、提供临时庇护所、修建临时住房和重建永久性住房①。我国《突发事件应对法》、《防震减灾法》以及《汶川地震灾后恢复重建条例》等相关立法则将灾民的住房保障分为紧急救援、过渡性安置和恢复重建三个阶段。大体而言，紧急救援阶段包括了上述应急避难所和临时庇护所两个步骤，过渡性安置阶段以提供临时住房为主。永久性住房重建则是灾区恢复重建阶段的核心内容。应注意的是，我国目前关于灾民住房救助和保障的立法主要集中在地震灾害方面，对于其他类型灾害的灾后住房保障则缺乏系统、明确和具体的规定。事实上，除了地震灾害外，其他类型的自然或人为灾害也会遇到类似问题，法律同样应详加规定。而现有立法对于地震灾后住房保障的规定对于其他类型的灾害也具有一定的适用性。

二、灾民应急避难、临时庇护与过渡性安置

（一）灾民应急避难和临时庇护

我国《突发事件应对法》第四十九条规定："自然灾害、事故灾难或者公共卫生事件发生后，履行统一领导职责的人民政府可以采取措施向受到危害的人员提供避难场所和生活必需品，实施医疗救护和卫生防疫以及其他保障措施。"《防震减灾法》第五十条规定："地震灾害发生后，抗震救灾指挥机构应当采取措施启用应急避难场所或者设置临时避难场所，设置救济物资供应点，提供救济物品、简易住所和临时住所，及时转移和安置受灾群众，确保饮用水消毒和水质安全，积极开展卫生防疫，妥善安排受灾群众生活。"《汶川地震灾后恢复重建条例》第九条规定："安排临时住所确实存在困难的，可以将学校操场和经安全鉴定的体育场馆等作为临时避难场所。"上述法律、法规并没有明确区分应急避难所和临时庇护所，《防震减灾法》中的临时避难场所实际上指的是临时的应急避难场所，实践中这两个阶段也往往出现混同。然而，根据国际灾民保障理论和实践，对于灾民的住房保障而言，应急避难所与临时庇护所有着不同的功能和意义。

---

① E. L. Quarantelli. Sheltering and housing after major community disasters: Case studies and general conclusions. Columbus, OH: Disaster Research Center, Ohio State University.

1. 应急避难所

应急避难所是指在灾害发生后，个人或家庭自发地利用周围环境作为紧急避难的场所。其功能是为遭遇灾害的居民暂时提供一个安全的处所，防止其受到正在进行中或可能再次发生的灾害的威胁，并获得生理和心理上的休养生息。根据各国灾害应对的经验，在灾害发生时能否在第一时间寻觅到适当的场所作为应急避难所对于灾民而言具有攸关性命的重要性。传统上人们将应急避难所的寻获看作是灾民自发的行为。然而，随着人类的居住环境日益受到城乡规划和建筑规划的影响，应急避难所已经成为需要国家提供的重要公共基础设施。特别是在寸土寸金的城市，自然的空地已经几乎不复存在。在灾害发生时，人们只能利用靠近住房区的广场、公园、绿化带等公共开放性空间作为紧急避难的场所。而这些空间的合理布局取决于政府是否注重应对灾害的预防性规划。在这方面，日本的神户地震既为我们提供了可资借鉴的经验，也暴露出应当引以为戒的教训。在神户地震中，商业开发的商品住房的损毁率达到公共住房的 2 倍以上，其原因就在于由开发商在建设商品房时为了追求最大的土地利用率，不断蚕食空地，导致住房建筑密度超大。另一方面，作为日本人均公园面积处于前列的城市，神户城市内各处分布的公园、广场和绿化带在灾害发生后不仅为市民提供了就近避难的场所，还成为遏制地震后建筑物火灾蔓延的隔离带①。

因此，就近、方便、安全和即时可获得的紧急避难场所应当成为现代社会公民住房安全保障的重要内容。政府在城市规划和住房开发建设中，应当事先规划建设公园、广场、运动场、绿化带等设施作为灾害发生时的紧急避难场所。对此，我国《防震减灾法》第四十一条明确要求："城乡规划应当根据地震应急避难的需要，合理确定应急疏散通道和应急避难场所，统筹安排地震应急避难所必需的交通、供水、供电、排污等基础设施建设。"《突发事件应对法》第十九条也规定："城乡规划应当符合预防、处置突发事件的需要，统筹安排应对突发事件所必需的设备和基础设施建设，合理确定应急避难场所。"但该些规定能否真正落到实处，还有赖于地方政府和有关部门在城乡规划和建设中切实履行法律规定的责任。

2. 临时庇护所

临时庇护所是指在灾后暂时为灾民提供短时间栖身之处的场所。可以是灾民亲友的住房。对于无法投亲靠友的灾民，政府通常会开放学校、医院、体育场馆等公共设施作为临时庇护所。区分临时庇护所和应急避难所的意义在于明确政府在灾后不同阶段对灾民居住的保障义务。应急避难所一般只需考虑安全因素，并不考虑灾民居住生活的需要。一块安全的空地就可以成为理想的应急避难所。而临时庇护所

---

① ［日］早川和男. 居住福利论——居住环境在社会福利和人类幸福中的意义. 李桓译. 北京：中国建筑工业出版社，2005：25-27.

在保障灾民生命安全的前提下，还需要满足居民遮风避雨的最为基本的居住需求，防止出现灾民露宿的情况。也可以说真正意义上的灾民住房保障是从提供临时庇护所开始的。实践中，具备了基本居住条件的应急避难所即可成为临时的庇护所。灾害发生后公园的空地可以为附近居民提供应急避难所，而在空地上搭设可供居住的帐篷等设施应急避难所就可以升级为临时庇护所。在灾难发生后，政府在第一时间为灾民提供应急避难所的同时，应当在条件满足时尽快为灾民提供临时庇护所。

（二）过渡性安置

我国《防震减灾法》第五十九条至第六十二条规定了对地震灾区灾民的过渡性安置。《汶川地震灾后恢复重建条例》第二章专章规定了过渡性安置措施。

在过渡性安置阶段灾民的住房保障主要通过临时住房来实现。联合国住宅权特别报告员在其报告中提出在灾后政府应"立即向因灾害而流离失所的人提供具有过得去的适足生活条件的临时住房"[①]。所谓临时住房是指完成住房重建前为保障灾民基本居住的生活条件而提供的过渡性的非永久性住所。国际经验表明可以利用当地或附近地区的空置住房作为安置灾民的临时住房。随着建筑材料和技术的进步，各国开始越来越多地利用移动房屋作为安置灾民的过渡住房，如帐篷和活动板房等。我国《防震减灾法》第五十九条规定："在需要时，政府应当根据地震灾区的实际情况，在确保安全的前提下，采取灵活多样的方式对灾民进行安置。"《汶川地震灾后恢复重建条例》第七条规定："对地震灾区的受灾群众进行过渡性安置，应当根据地震灾区的实际情况，采取就地安置与异地安置，集中安置与分散安置，政府安置与投亲靠友、自行安置相结合的方式。对投亲靠友和采取其他方式自行安置的受灾群众政府应当给予适当补助。"第九条规定："地震灾区的各级人民政府根据实际条件，因地制宜，为灾区群众安排临时住所。临时住所可以采用帐篷、篷布房，有条件的也可以采用简易住房、活动板房。安排临时住所确实存在困难的，可以将学校操场和经安全鉴定的体育场馆等作为临时避难场所。"国家鼓励地震灾区农村居民自行筹建符合安全要求的临时住所，并予以补助。

落实过渡性安置阶段对灾民的住房保障在灾民住房保障的各环节中具有十分重要的作用。在过渡性安置阶段，灾害的紧急情况已经过去，无论是政府和社会对于灾民的关切可能会出现一个心理上的懈怠期，政府预算的编列和社会捐助可以在短期内达到较大的规模，但永久性住房的重建却无法一蹴而就。需要等待的时间视重建的速度而定，从各国经验来看从一两年到近十年不等。台湾地区"九二一"大地

---

① 拉克尔·罗尔尼克. 适足生活水准所含适足住房权以及在这方面不受歧视的权利问题特别报告员拉克尔·罗尔尼克的报告. 联合国文件编号 A/HRC/16/42，第 60 段.

震发生后的四年内集合住房重建率只达到 6%。直到今日美国新奥尔良海啸后的重建尚未完成。我国汶川大地震的灾后重建取得了举世瞩目的成绩，然而即便如此，过渡安置阶段也历时了 2 年之久。在如此长的等待期间内，灾民的生活以及灾后的生产和重建都需要能够满足其自身生理、心理和社会多方面需求的居住处所和环境。临时住房的功能就是满足灾民的上述需求，它不仅要为灾民提供容身处所，还要为灾民重新开始生产、生活等社会性的功能活动提供必要的环境和条件。对此，《防震减灾法》以及《汶川地震灾后恢复重建条例》规定在确保安全的前提下，过渡性安置点应当选在交通条件便利、方便受灾群众恢复生产和生活的区域，安置点的设置还应当配套建设水、电、道路等基础设施，并按比例配备学校、医疗点、集中供水点、公共卫生间、垃圾收集点、日常用品供应点、少数民族特需品供应点以及必要的文化宣传设施等配套公共服务设施，确保受灾群众的基本生活需要。过渡性安置地点的规模应当适度，并安装必要的防雷设施和预留必要的消防应急通道，配备相应的消防设施，防范火灾和雷击灾害发生。临时住所应当具备防火、防风、防雨等功能。

三、灾民永久性住房重建及其制度设计

永久性住房的重建是灾后住房保障的最后一个阶段，也是最为重要的阶段。在原址或异地重建的住房将构成灾民今后生活的家园。虽然临时避难所和临时住房对于灾民在住房重建完成前的生活保障不可谓不重要，但总体而言大多数灾民自身对前三个阶段的期望值并不高，真正关注的是永久性住房的重建。就工作的社会影响和复杂程度而言，永久性住房重建不仅涉及面广、而且工作更细、任务更重，影响也更加的宽泛而深远[1]。由于住房本身承载着丰富的社会功能，是个人及其家庭进行生活、生产、学习、工作以及社会交往的基础。联合国住宅权问题特别报告员建议："在为重建和发展做准备时，所有相关各方和行为者应认识到，住房具有对社会稳定、扶贫和发展至关重要意义的内在的社会价值。一切关于冲突或灾害对适足住房权造成的影响的应对措施应不只是关注住房和基础设施的损坏、损失和破坏情况，而同时要寻求，除其他外，处理以下问题：

① 社会、经济联系和网络被破坏的问题；

② 以家庭为中心的生计被破坏的问题；

③ 妇女和其他特别容易受到歧视的群体的特定权利的问题；

④ 进入设施、舒适环境和获得生计的机会减少的问题；

⑤ 尤其是那些在灾害或冲突前一直在习惯的、或非正式的土地使用权制度下生

---

① 田淼，任平，王丽娟. 震区灾民的住房问题与住房保障路径探讨. 经济体制改革，2008（4）：159.

活的人们的土地使用权保障的丧失问题。"①

　　由此可见，住房的重建并不是单纯的建筑和基础设施设施的重建，而是与灾民生活、生产、学习、工作条件的恢复紧密地结合在一起。整个灾区的恢复重建工作都应当并且在事实上也是围绕着住房重建展开。因此，也有学者将永久住房的重建称为生活重建、社区重构等。应急或临时避难所在灾难发生时为灾民提供了保证安全的容身之所，临时住房在永久性住房重建完成前为灾民提供了基本的居住条件，永久住房的重建则旨在让灾民恢复到正常的生活状态。既快又好地完成永久住房的重建对于灾民住房保障以及生活、生产的全面恢复具有决定性的意义。联合国机构间常设委员会（IASC）在其编写的《人权与自然灾害：自然灾害下人权保护操作指南与实地工作手册》（Operational Guideline and Field Manual on Human Rights Protection in Situations of Natural Disaster）中指出："经验表明，流离失所拖得越久，人权受侵犯的风险就越大。尤其是，歧视和侵犯经济、社会和文化权利的情况往往随着时间的推移而变得越来越系统化。"世界银行2010年颁布的《自然灾害后重建参考手册》关于灾后重建的指南原则也指出："一个好的重建政策有助于重新激活社区和增强人们重建家园、生活和生计的能力；重建始于受灾之日。"

　　根据西方学者的研究，住房重建的速度和质量取决于诸多因素：当地未损坏住房的数量、当地经济发展水平、灾害管理体系、地方土地利用和建筑实践，而最为重要的因素是住房重建资金。减少自然灾害对灾民生活的影响与受灾国家或地区筹集重建资金的能力直接相关，在灾后重建的早期阶段获得必要的重建资金尤其关键。恢复重建资金的来源十分多样化，包括保险、储蓄、商业性的贷款，也包括国内援助、双边和多边的国际援助、慈善机构和非政府组织的捐助等。由于灾民中有很大一部分原本就缺少储蓄、保险或获取贷款信息的能力，灾害的发生更会使所有灾民的财政状况大大恶化，因此无论是在发达国家或发展中国家，震后住房重建都无法仅仅凭借市场的力量完成，政府的财政支持对于重建资金的筹集十分重要。一旦获得了资金，如何分配和使用也至关重要，资金的分配需要政府整合各方面的利益诉求，作出具有全局性和前瞻性的安排。如果资金分配安排得当，灾害造成的危机尽管有各种消极影响，也会变成改善灾民住宅权状况的机遇。

　　除筹集和分配重建资金外，政府的作用还体现在其他一些同样重要的方面，包括：评估灾害损失、征用民间设施、拆除与清理灾害废墟、重新规划分区、恢复基础设施、规定灾民债务的延期支付、加速行政许可程序等。这些措施构成了重建住房的前提性条件，它们实施状况会影响到灾民住房保障的效率和水平。其中，土地

---

①　拉克尔·罗尔尼克. 适足生活水准所含适足住房权以及在这方面不受歧视的权利问题特别报告员拉克尔·罗尔尼克的报告. 联合国文件编号 A/HRC/16/42，第 61 段.

和资金无疑是影响重建的最为重要的两大因素。

（一）灾民住房重建中的土地问题

住房重建必须获得合法的基地使用权。如果灾害只是单纯地造成建筑物的毁损，并未影响基地的物理状态，也不存在权属争议，灾民完全可以依据规划和建筑法律、法规在原有基地上完成重建。然而，地震等重大自然灾害发生后，往往会导致土地自然状况发生较大改变，从而引发土地权属的复杂变化。例如原有土地消失，或者成为限制建设土地，土地使用权随之消灭或受到限制。有时建筑物的损毁后基地虽未发生改变，但有关权利人之间却在重建的问题上存在或产生争议。又如相邻土地权属争议导致毁损建筑重建受阻，或者区分所有建筑物业主无法就改建、重建建筑物达成一致等。

我国法律对于地震灾后过渡性安置阶段土地的临时使用有较为明确的规定。《物权法》第四十四条授权政府因抢险、救灾等紧急需要，依照法律规定的权限和程序可以征用单位、个人的不动产或者动产。但被征用的不动产或者动产使用后，应当返还被征用人，单位、个人的不动产或者动产被征用或者征用后毁损、灭失的，应当给予补偿。《防震减灾法》以及《汶川地震灾后恢复重建条例》第十五条规定："过渡性安置用地按照临时用地安排，可以先行使用，事后依法办理有关用地手续；到期未转为永久性用地的，应当复垦后交还原土地使用者。"对于永久性住房重建的土地使用问题，相关法律并未具体规定，而是宏观地规定地震灾后恢复重建应当按照政府编制的地震灾后恢复重建规划实施。地震灾后恢复重建规划应当包括地震灾后恢复重建总体规划和城镇体系规划、农村建设规划、城乡住房建设规划、基础设施建设规划、公共服务设施建设规划、生产力布局和产业调整规划、市场服务体系规划、防灾减灾和生态修复规划、土地利用规划等专项规划。编制地震灾后恢复重建规划，应当遵守法律、法规和国家有关标准。在国务院出台《国务院关于支持汶川地震灾后恢复重建政策措施的意见》（国发［2008］21号）中规定："对受灾地区为安置灾民新建各类安置住房以及非地震受灾地区为安置灾民新建各类安置住房实行免收新增建设用地土地有偿使用费和土地出让收入的政策，对于利用政府投资、社会捐助以及自筹资金为受灾居民建设非商品住用地，村庄异地重建用地的实行划拨土地"[①]。实践中，以政府规划主导的重建被证明是十分有效的，但在微观的层面，从尊重灾民财产权的角度出发，如何妥善处理土地产权问题，特别是应对可能出现的权属冲突仍然是值得研讨的问题。

在原有土地物理状态没有发生变化，也不存在其他权属争议的情况下，永久性住房重建依据灾后恢复重建规划即可顺利实施，此点并不存在太大争议。但是，在

---

① 《国务院关于支持汶川地震灾后恢复重建政策措施的意见》（国发［2008］21号）.

原有土地灭失或者被划入限制建设地区，又或者相关权利人争执不下的情况下，应当如何处理，现有法律似乎未能提供充足的依据。

1. 原有土地及其权利灭失的情形

我国土地所有权分别为国家和集体组织享有。对于集体所有土地，我国《物权法》第一百五十四条规定："宅基地因自然灾害等原因灭失的，宅基地使用权消灭，对失去宅基地的村民，应当重新分配宅基地。"该条规定保证了因灾丧失宅基地村民住房重建的土地需要。但是如果出现集体土地全部灭失或者大部灭失不敷分配的情形就无法依据该条处理。此外，对于原宅基地使用权范围内的土地并未灭失，但被划为禁建或限建区域的，根据该条的立法意旨，我们认为也应当属于可以要求重新分配宅基地的情形，立法应予明确。对于国有土地，法律没有特别规定，从传统的物权理论出发，土地灭失自然导致土地所有权和土地使用权同时消灭。原住房用地的所有人应当依法另行取得国有土地使用权，才能实施住房的重建。从保障灾民住房权实现的角度，政府应当担负起为灾民提供重建用地的责任。但是现有的免费提供土地的政策亦有可榷之处。灾民因自然灾害而丧失土地使用权固然值得同情，但政府在全面提供紧急救助的同时，并无一般性承担灾民财产损失的义务，否则对于负担能力不同的灾民以及其他地区的公众会造成不公，政府也会不堪重负，也会造成地方政府为灾民提供重建用地的动力不足，政策的执行也大打折扣。在市场经济体制下，灾民的住房财产损失应通过巨灾保险等市场机制得到社会化的补偿。然而我国的现实情况是商业巨灾保险尚未普及。考虑到，在我国国家是国有土地的所有人，一种可行的方案是国家作在国有土地出让金中统一提取固定比例用于设立巨灾土地保险基金。在出现土地灭失或其他损失的情况下，可以用该笔基金补偿土地使用权人的损失。基金收益还可用于灾后土地的整理、恢复之用。

2. 原有基地划为禁限建区的情形

与土地灭失一样，原有基地被划为禁限建区域同样导致灾民无法利用原有基地完成住房重建。所不同的是，原有土地使用权并未消灭，只是受到规划和建筑的限制。同样，为了确保灾民住房权的实现，政府有责任重新为灾民提供重建用的土地。但此处存在两个问题，都与征收有关。一是政府的禁限建规定是否构成准征收而应给灾民以行政补偿。对此，我们认为如果政府禁、限建决定是基于基地本身状况已经不适于建筑并不构成准征收，因为政府的决定首先是出于对灾民生命安全的考量，灾民并未承受特别的牺牲，自然不应因此得到补偿。但如果政府的禁、限建决定并不是因为基地本身不适于建筑，而是从灾后恢复重建的环境整治等公共利益出发，那么，特定灾民为了公共利益的实现承受了损失，理应得到相应的补偿。二是灾民在原有基地被禁、限建的情况下能否主张政府予以征收，即所谓的"逆向征收"的问题。对这一问题，我们认为从帮助灾民筹集住房重建资金的角度，无论政府的禁、限建决定是否直接出于对灾民生命安全的考量，只要禁、限建的决定实际上能够产生环境效益等公共利益政府都应当作出征收的决定并予以补偿。但在补偿的标准上，对于物理状态仍适于建设而从公共利益出发作出禁、限建决定的地块，政府补偿时应当以住房建设用地的标准计算补偿额，对于物理状态本身不适合建筑的土地似以非建设用地标准予以补偿较为合理。在具体操作中可以采取以地易地的方式，在灾民提出申请后，由国家将禁、限建区域的土地使用权收回，同时在重建规划区内选择价值相当的土地将使用权出让给灾民。

3. 有关权利人无法就重建事项达成一致的情形

农村住房重建时往往会遇到共有人对重建方案执不同意见而无法实施的情况，这种情况在城镇更为突出。区分建筑物已经成为我国城市住房的主要形态。对于其重建根据《物权法》第七十六条之规定："应当经专有部分占建筑物总面积三分之二以上的业主且占总人数三分之二以上的业主同意。如果不能及时达成决议，就会延滞重建的实施。"我国台湾地区九二一地震重建实践表明，在各种形态的住房中，集合住房（即区分所有住房）的重建最为艰难，其原因就在于重建决议的达成和实施十分困难。对此，我们认为灾后重建不同于平时的重建决议，因为平时重建决议无法达成，至少暂时并不会影响居民住房权的实现，而在大灾之后，如果因为少数业主意见相左而无法实施重建，势必将严重影响多数业主的住房权利。因此，我们建议对于灾后住房重建决议的达成和实施应当规定特别程序。结合现有法律，可以以旧城改造为手段，由政府主导共有或区分所有建筑的重建。我国《城乡规划法》第三十一条规定："旧城区的改建，应当保护历史文化遗产和传统风貌，合理确定拆迁和建设规模，有计划地对危房集中、基础设施落后等地段进行改建。"地震中受到损毁的建筑可以作为危房，由政府通过强制拆迁再行重建，但在此过程中应以原地重建为原则。对于不同意重建的共有人和业主所享有的权利可以由政府根据法律规定的条件和程序予以征收，并由政府负担相应重建经费。重建完成后，由政府所有的部分可以用于其他灾民的住房安置，具体实施方式也应立法明文规定。

（二）灾民住房重建的资金来源问题

解决了重建所需的土地问题后，资金就成为影响重建最为重要的因素。《防震减灾法》第70条规定乡村地震灾后恢复重建资金来源的原则是"以群众自建为主，政府补助、社会帮扶、对口支援，因地制宜"。第72条规定地震灾后恢复重建应当"坚持政府主导、社会参与和市场运作相结合"的原则。《汶川地震灾后恢复重建条例》第六章专门规定了灾后恢复重建的资金筹集和政策扶持，其中第五十三条对资金来源的原则作了规定："县级以上人民政府应当通过政府投入、对口支援、社会募集、市场运作等方式筹集地震灾后恢复重建资金。"结合国内外实践，灾后住房重建的资金来源主要由以下几方面构成。

1. 自备资金

无论在何时何地，灾民的自有资金永远是住房重建资金的主要来源。但经历灾难之后，灾民的经济状况往往会陷入困境，无法独立筹集住房重建的资金，因而迫切需要国家和社会予以物质上和政策上的扶助。

2. 政府财政投入

政府投入最为传统的方式是通过财政拨款直接对灾民进行住房重建补助。现代社会政府对灾后重建的投入方式已经日趋灵活和多样化。我国《防震减灾法》以及《汶川地震灾后恢复重建条例》规定国家对地震灾后恢复重建给予财政支持、税收优惠和金融扶持，并提供物资、技术和人力等支持。

1）设立重建基金

《汶川地震灾后恢复重建条例》第五十四条规定："国家根据地震的强度和损失的实际情况等因素建立地震灾后恢复重建基金，专项用于地震灾后恢复重建。地震灾后恢复重建基金由预算资金以及其他财政资金构成。"具体而言中央财政建立的震后恢复重建基金所需资金以中央一般预算收入安排为主，中央国有资本经营预算收入、车购税专项收入、中央彩票公益金、中央分成的新增建设用地有偿使用费用用于灾后重建的资金也列入基金。灾区地方政府也比照中央财政做法，相应建立地震灾后恢复重建基金[①]。

设立重建基金是现代各国灾后重建资金的主要来源方式。与我国不同的是，在日本和我国台湾地区，重建基金往往由独立于政府的社团法人进行运作，其资金来源亦趋多样化。例如，日本兵库县阪神地震后重建事业的总费用为 16 兆 3000 亿日元，其中的 2% 即 3600 亿日元系中央政府以特殊方式建立的震灾复兴基金。这个基金按照财团法人设立并以民间方式进行经营管理和运作，重建任务完成后宣告结束。台湾"九二一"大地震后成立的"九二一"震灾重建基金会也是独立于政府的财团法人。基金会的运作和资金的使用更为灵活和富于弹性，比政府直接管理更有效率。相较而言，我国对于重建基金的定位和运行模式仍有进一步明确规定的必要。

2）补助与奖励

我国汶川地震后，中央政府对于房屋倒塌或者严重损坏无房可住的农户住房建设，原则上按平均每户 1 万元的标准给予补助，对其他房屋遭受损失的农户给予适当补助。对房屋倒塌或严重损坏的城镇居民和其他城市无法可住居民的住房建设，中央财政采取对项目投资补助，居民个人补助等方式给予支持。对于灾民购买各类住房或其他方式自行解决住房，每户按一定标准给予补助。对于住房经鉴定可以加固修复的，给予适当补助。灾区所在的省、市、地方政府也对住房重建或修复给予

---

① 《国务院关于支持汶川地震灾后恢复重建政策措施的意见》（国发［2008］21 号）.

相应的补助。

值得注意的是，在传统的住房重建补助的基础上，一些发达国家和我国台湾地区在灾后重建中逐渐注重发挥政府补助的引导功能，对在住房重建中符合政府政策要求或者响应政府号召参与重建的灾民或其他社会主体予以奖励性的补助。与单纯的财政补助相比，这种带有政策指导性补助能够最大限度发挥政府投入的导向性功能。以我国台湾地区为例，"九二一"地震后政府部门设立了规划设计费补助、原住民聚落重建计划住房与兴建补助，对符合规划和建筑要求的重建住房予以奖励。一些地方还配合社会主体捐助设立了灾后重建民间捐款个别建筑物重建奖励。这些经验值得我们借鉴。

3）税收优惠和行政事业性收费减免

《汶川地震灾后恢复重建条例》第五十七条规定："国家对地震灾后恢复重建依法实行税收优惠。具体办法由国务院财政部门、国务院税务部门制定。地震灾区灾后恢复重建期间，县级以上地方人民政府依法实施地方税收优惠措施。"第五十八条规定："地震灾区的各项行政事业性收费可以适当减免。"具体而言，对由政府为灾民组织建设的安居房免征城镇土地使用税、转让时免征土地增值税；对地震中住房倒塌的农户重建住房，在规定标准内的部分免征耕地占用税；由政府组织建设的安居房，所签订的建筑安装、销售、租赁合同免征印花税；对地震中损毁的应缴而未缴契税的居民住房，不再征收契税；对受灾居民购买安居房按法定税率减半征收契税；经省级人民政府批准，在2008年年底前免征毁损房产、土地的房产税、城市房地产税和城镇土地使用税。此外，对于社会捐助主体也给予一定的税收减免。

4）贷款贴息

贷款贴息是一种具有杠杆效果的财政支持措施，可以带动银行商业性信贷资金的投入。《汶川地震灾后恢复重建条例》第五十九条规定："国家向地震灾区的房屋贷款等提供财政贴息。"

5）向灾民提供保障性公共住房

作为国家保障公民住房权的主要手段，保障性公共住房在灾民的住房保障中也应当发挥应有作用。一方面，政府应当及时对灾害中损毁的保障性公共住房进行评估，积极采取措施优先进行公共住房的修复或重建，保障原有公共住房住户的居住需要。另一方面，政府应当根据灾情，在灾后恢复重建规划中适时列入新的公共住房建设计划，为符合条件的灾民提供廉租房、公租房或经济适用房。此外，灾区政府根据实际情况，可组织建设安居房租售给符合条件的灾民家庭。

6）对口支援

对口支援是一种具有中国特色的灾后重建资金措施，它充分发挥了我国现有体制下一方有难八方支援的优势。我国《突发事件应对法》第六十条规定："受突发事件影响地区的人民政府开展恢复重建工作需要上一级人民政府支持的，可以向上一级人民政府提出请求。上一级人民政府应当根据受影响地区遭受的损失和实际情况，提供资金、物资支持和技术指导，组织其他地区提供资金、物资和人力支援。"《地震灾后恢复重建条例》第六十三条明确规定："非地震灾区的县级以上地方人民政府及其有关部门应当按照国家和当地人民政府的安排，采取对口支援等多种形式支持地震灾区恢复重建。"汶川在汶川地震灾后重建中其他未受灾省市与灾区各地结对对口支援的做法起到了良好的效果。

3. 社会捐助

《汶川地震灾后恢复重建条例》第五十五条规定："国家鼓励公民、法人和其他组织为地震灾后恢复重建捐赠款物。捐赠款物的使用应当尊重捐赠人的意愿，并纳入地震灾后恢复重建规划。"

4. 社会投资

《汶川地震灾后恢复重建条例》第五十六条规定："国家鼓励公民、法人和其他组织依法投资地震灾区基础设施和公共服务设施的恢复重建。"住房的重建也应包括在内。引入社会投资可以缓解公共财政的压力，并使得住房重建的实施和管理更加灵活和有效率。

5. 金融贷款

国家鼓励银行业金融机构加大对灾区住房建设和开发的信贷投放。通过向商业银行提供信贷支持，鼓励银行向灾民提供条件优惠的贷款。具体而言可以采取以下措施：①延长已经发放的贷款的还款期限。汶川地震中，国务院规定对灾前已经发放、灾后不能按期偿还的各项贷款延长还款期限 6 个月，在 2008 年底前不催收催缴、不罚息，不作为不良记录，不影响继续获得其他信贷支持。②实行住房信贷优惠政策。商业银行对政府组织的住房恢复重建项目优先给予贷款支持；对国家确定的重灾区的普通商品住房和经济适用住房开放建设项目，鼓励银行给予贷款条件的优惠；鼓励商业银行发放农民自建住房贷款，用于重建和修复因灾损毁住房；对灾民购置自住房执行优惠利率并下调首付比例，下限放宽到贷款基准利率的 60% 和总房款的 10%。③合理运用公积金贷款，采取优惠的贷款利率。个人住房公积金贷款利率各档次均优惠 1 个百分点。

6. 巨灾住房保险

保险是现代社会风险管理的重要手段。由于唐山大地震的影响，我国于 1979 年恢复保险业务，第二年就开办了地震保险。然而 1986 年 7 月 1 日起，中国人民银行决定将地震保险列为财产保险的除外责任，不予承保，事实上中止了地震保险。《防震减灾法》第二十五条规定："国家鼓励单位和个人参加地震灾害保险。"但实践中，由于地震等巨灾保险承保风险大，商业保险公司不愿承保，即使将地震险列为附加险其保费标准也较高，投保人也不愿投保。特别是针对普通居民的个人住房险、个人商品房抵押贷款险等险种，保险公司仍然将地震风险及其引发的次生灾害列为除外责任。2006 年 6 月，在九江地震发生后，江西出现了首个居民住房"地震险"。被保险人每年按房屋价格的 1％缴纳保费，发生保险事故后最高可获得房屋价格 80％的赔付。但是由于保费标准偏高，投保率非常低①。

　　2008 年的汶川地震和 2010 年的玉树地震再次让人们意识到巨灾住房保险对灾民住房保障的重要性。国际经验表明，由于巨灾保险具有高风险的特征，如果完全依赖市场机制，商业保险公司风险承担能力有限，无法在提供公众能够负担的费率的同时，建立高覆盖率的保险市场。反过来，低参与率又进一步减弱了保险公司的风险承担能力。要打破这一循环就需要政府发挥应有的作用。但是如果采取完全由政府直接承担的模式，又无法发挥保险公司在风险管理方面的优势，导致政府不堪重负②。因此，我国应当采取政府与商业保险公司共同合作的机制建立适合中国国情的巨灾住房保险体系。

---

① 张宗军. 我国地震保险的商业化困境与选择. 广西金融研究，2008 (8)：37.
② 周明祥. 中国住房地震保险制度体系建设与方案选择. 中国城市经济，2009 (12)：77.

第十一章　住房保障中的房屋交易规制

因住房本身具有商品和社会保障品之二重属性，中国房屋交易市场呈现出显著的二元结构特征——依交易标的性质不同区分为商品房市场和保障性住房市场，住房保障实现方式也因之形成市场化与社会化二元格局。其中，保障性住房由国家依社会管理职责公共分配和体系内置换[①]；而商品房作为房屋交易的基本类型，通过市场价格机制自由流通。然而，因市场内在的区域性、政策性、非均衡性、周期性等因素，商品房需求方在房屋交易过程中往往因信息不对称而处于显著弱势地位，难以通过一般市场化途径有效解决自身居住需求，而高房价同时也对社会化住房保障制度构成巨大的压力和困扰。因此，完善现有市场规范、对商品房买卖进行全面法律规制就显得尤为必要——这不仅是保护房屋交易购买方合法权益的内在要求，也是促进商品房市场健康持续发展、协调国民经济平稳运行、辅助社会化住房保障实现的必要措施。

一、房价的社会问题

当前，商品房价格大幅上涨、畸高不下、久调不力的问题，已成为中国社会普遍关注的焦点问题。自 2003 年国务院出台《国务院关于促进房地产市场持续健康发展的通知》（国发〔2003〕18 号）实行全面货币化住房分配制度以来，中国大多数家庭不得不单一依赖市场化途径取得必要的安居之所，加之房地产业被定位于"国民经济支柱产业"，巨大利润空间的驱动下，住房价格一路突飞猛进、且调且涨，成为民生"不能承受之重"的矛盾焦点。

居高不下的房价造成了民众对政府经济管理职能的质疑，也进而引发一系列的深层次社会问题：贫富差距继续扩大，财富过于集中动摇了社会稳定性；虚假购买力透支了中国未来消费；作为社会稳定中间层的中产阶级始终未能确立；实体经济资本大量流转向房地产业，降低了制造业的发展动能和国际竞争力；境外游资持续炒作中国房地产并通过国际金融体系虚化中国国民财富。而这些问题的核心，就在于商品房价格的过快上涨和严重泡沫化，以致密集的资本、旺盛的投机需求扭曲了住房市场正常的供需结构，商品房价格不断偏离其价值本身，货币流向与财富分配

[①]　因本书第六章对廉租房、经济适用房等保障性住房制度已进行了详细论述，故本章的房屋交易内容将主要集中于商品房范围，对非典型意义的保障性住房不作过多讨论。

的社会问题由此显现。

究其本意，所谓价格"泡沫"，是指因虚拟需求或投机需求过剩导致实际价格水平相对理论价格的过分上涨；经济学也将"泡沫"抽象定义为资产价格相对基本价值的持续性偏离现象。对于目前中国的商品房价格泡沫及其程度问题，因利益导向、研究路径的不同，学者们分别得出多方面的有益结论，以不同的数据分析方法反映出我国住房市场泡沫存在以及泡沫化程度不断扩大的问题现状。

（一）商品房价格"泡沫"的数据表现

目前，学界关于住房价格"泡沫"测定比较通行也相对科学的方法是：空置率、租售比、房价收入比三组主要数据的比照、印证法。依据这些方法，中国商品房市场均呈现出较高的价格"泡沫"指向。

1. 空置率过高

空置率的概念一直是住房市场的热点话题。依通常理解，"空置率"是指一定时期空置物业面积与已有存量物业、新增物业之和的比例，但各部门对其定义并未统一，至今也无权威性空置率统计数据发布。理论上的空置率有两种算法，一种算法是开发商的算法，主要以未售出的商品房数总量为基准，这种空置率称为行业空置率；还有一种是社会算法，即把无人居住的住房一概称为空置房，并据此算出空置率（也称市场空置率）。后者的结论更接近公众的普遍认知，也更为常见和多用，故目前所言"空置率"实际就是指社会空置率。一般而言，空置率在5％以下为空置不足区，5％～14％为合理空置区，14％～20％为空置危险区，20％以上即产生空置积压。空置率指数处于危险区和积压区都反映了在住房市场供求关系中，商品房供给已过分超出了市场需求，当超过部分扩大到一定程度，泡沫自然破裂，住房市场就会出现房价急降、开发商遭受巨大损失甚或破产、购房者资产严重缩水以及金融危机爆发的市场动荡局面。

从现实情况看，我国商品房空置率已严重超过正常标准，进入到危险区和积压区的指数高位。如在我国上海、北京和深圳这样的一线城市，商品房空置率达到40％。这一推论源自国家电网的数据支撑。根据国家电网利用智能网络近期在全国660个城市普查得出的数据，总共有6540万套房屋电表读数连续6个月为零[①]。也就是说，此类住房闲置而无人居住，实际情况是其中绝大多数房屋都掌握在市场投机者手中。惊人的空置率也足以证明，中国的住房市场已经成为投机者的聚集地带。一个不争的事实是，过去几年我国住房市场的投机色彩愈来愈浓：先有温州炒房团，后有山西炒房团、内蒙古炒房团，在这些集团投机者的作用下，其资本所到之处即迅速拉高当地住房价格，造成地方住房市场的剧烈波动。这种旨在投机、持

---

① 中国住房空置率之谜．［2010-04-16］．http：//news．dichan．sina．com．cn．

屋待炒的行为，既造成社会资源的极大浪费，也给银行带来了潜在的巨大金融风险。

2. 租价比不合理

房屋的租价比（也称租售比）是该房屋一年的出租价格与不含装修、税费的房屋售价之间的比值，当比值低于 4.5％即说明该地区的房价存在泡沫。来自国土资源部的数据显示，我国商品房租价比已连续 5 年逐年下降，显示了市场泡沫膨胀的现状。在 2010 年 3 月 29 日，国土资源部公布的《2009 年全国主要城市地价状况分析报告》包含的一系列数据报告中，首次提到了"租价比"概念。分析报告认为，过去 5 年来我国热点城市房地产价格增长过快，住房长期投资者的租金回报收益"非常不理想"，明显偏离理性投资者的正常投资回报率。这一研究结论是以从 2005 年开始的国土资源部全国城市地价动态监测系统为基础，监测工作持续跟踪了北京、上海、深圳、天津、杭州、青岛等典型城市各类物业租价比的变化趋势。数据显示，从 2005 年到 2009 年，北京居住物业租价比分别为 6.42％、6.11％、4.83％、4.59％、3.81％，呈现持续下降的基本走势；另外 5 个典型城市居住物业租价比走势大体相同，到 2009 年均低于 4％。如以租价比 4.5％的临界值来衡量，在 2009 年之后，重点监控城市租价比已经全面低于 4.5％①。租价比的不断下降，直接反映出我国房屋交易市场泡沫化程度不断扩大的问题现状。

3. 房价收入比严重偏离

房价收入比实际等于住房市场平均房价与居民户均年收入之比。房地产经济学的研究成果表明，合理的房价收入比（住房价格与城市居民家庭年收入之比）应当在 3～6 倍的范围，6 倍以上则表明居民购房能力不足②。然而在我国，近年来住房价格上涨速度已远远超过居民收入增长幅度，如北京 2009 年商品房均价上涨幅度已经超过 60％，深圳市、上海市也分别超过了 50％，三地房价的涨幅都超过了居民 GDP 的 5 倍。根据中国社科院发布的 2010 年《经济蓝皮书》显示，2009 年城镇居民房价收入比达到 8.31 倍，农民工的房价收入比为 22.08 倍，而农民的城镇房价收入比则为 29.44 倍，这一比值都大大超出合理的居民可承受范围（具体数据见图 11-1、表 11-1）。文中最终得出结论：目前在中国，85％的家庭没有购买住宅的能力。以上数据清晰地表明：中国城镇居民房价收入之比已严重偏离合理指标，住房市场存在明显的价格泡沫。

---

① 堆积泡沫：住房租价比连续 5 年向下．[2010-04-16]．http：//www. 21cbh. com/HTML/2010-4-8/.
② 1992 年 3 月世界银行《城镇住房改革的问题与方案》曾提到"根据世界银行掌握的数据显示，在发达国家，平均每套住宅的价格总额与平均家庭收入的比例为（1.8：1）～（5.5：1）之间；在发展中国家，该项比例一般在（4：1）～（6：1）之间"。

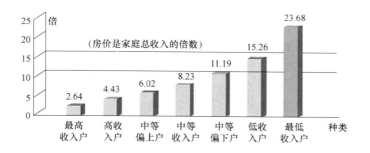

图 11-1　近年全国不同收入阶层房价收入比①

中国 1990 年以来的房价收入比变动趋势②　（单位：元）　　　　表 11-1

年份	城镇住宅套房价值	城镇人均年可支配收入	房款为城镇三口人年收入的倍数	农民人均年纯收入	房款为农民三口人年收入的倍数
1990	25302	1510.2	5.58	686.3	12.29
1995	76951	4283.0	5.99	1577.7	16.26
2000	128596	6280.0	6.83	2253.4	19.02
2005	237893	10493.0	7.56	3254.9	24.36
2006	262017	11759.5	7.43	3587.0	24.35
2007	317130	13785.8	7.67	4140.4	25.53
2008	348930	15780.8	7.37	4760.6	24.43
2009	441564	17712.2	8.31	5000.0	29.44

（二）商品房价格"泡沫"的社会危害

　　如前所述，商品房价格的快速攀升、价格"泡沫"的不断扩大，导致了我国经济发展过程中资本流向和经济结构的严重恶化，进而引发一系列潜在社会问题的产生与凸显。对于整个社会而言，这不仅使"居者有其屋"的公众理想无法实现，也成为社会平衡、和谐发展的重要阻碍。

　　1. 过高的房价对住房保障制度形成挤压效应

　　就目前政府对住房市场施行一系列调控措施的主旨而言，对市场房价的法律规制终极目标也是为了全面实现住房保障。虽然市场不能解决城市低收入阶层的住房问题——解决其住房问题不应该、也不可能通过市场解决，但商品房价格的居高不下，客观上对住房社会化保障的分流带来了更多的障碍；同时，高房价迫使城市中等收入阶层者同样缺乏住房实际购买力，从而将他们（城市中低收入阶层）一并推

---

① 、②　全国不同收入阶层房价收入比与变动趋势情况（上海易居房地产研究院），数据来源：国家统计局网站。

向社会化住房保障的单一解决模式。因此，过高的房价实则对住房保障制度产生了强烈的挤压效应，对保障性住房的供应造成了巨大的压力与困扰。

2. 房价"泡沫"加剧了房地产金融风险

目前，住房价格上涨过快和泡沫化严重，虽然仅为我国住房市场的局部性和结构性问题，但如果不能及时控制和适当处理，则有可能因金融危机爆发演变为全局性问题——前车之鉴如日本、中国香港及东南亚国家都曾有过的房地产"泡沫"破灭事件。因此，必须充分认识住房价格上涨过快导致市场泡沫化的危害性，采取有效措施加强和改善宏观调控，抑制房价的过快上涨。

3. 房价"泡沫"抑制了国内消费需求，损害了实体经济发展

房价的过快、持续上涨消耗了国民的消费购买能力，造成内需严重不足。高房价背景下，中国经济内在动力不足的问题已相当突出。当务之急，是改变房地产业"国民经济支柱产业"的性质定位，消除该行业的单一逐利性，还原其消费品属性和基本民生要素的本质定位，同时，开拓公共资源增加保障性住房的供应数量，解决中等以下收入家庭的住房困难，从而充分释放国民的消费购买能力、拉动内需，改善中国产业结构。只有这样，房地产业才能带动中国整体经济保持长期、稳定、可持续的平衡协调发展。

4. 过高的房价阻碍了城市中产阶级的形成

从西方社会的发展经验看，中产阶级的形成，是一国家经济平稳发展的重要社会基础，失去这一基础，国家经济将缺乏最坚实的中间力量而失去发展的可持续性。目前，在我国北京、上海等一线大城市，不符合经济适用房购买条件又无力购买商品房的中等收入阶层——未来的中产阶级，在高房价的压迫下不得不面对住房贷款消费的巨大压力，这不仅损耗了其创新动力，也阻碍了人才资源的自由流动性。居高不下的房价正严重侵蚀着作为社会发展中坚动力层的年轻一代的精神空间，压缩了其生活方式的实际选择能力。住房日益成为大多数人的唯一人生追求，青年人的理想、责任和信仰也因高房价的压迫而变得日益狭隘、贫乏和缺乏想象力。这最终将是中国未来社会经济、文化发展的巨大损失，也必然影响到民族创新精神和稳定的社会经济环境的形成。

（三）商品房价格"泡沫"的成因分析

事实上，要厘清房屋交易中高房价形成的主要责任，并无需过分关注与对质具体数据的真伪，而应首先认识定价行为的内在逻辑和价格生成机理，依此探究价格暴利的始因。考察房屋交易价格的变动过程，不难发现，房价构成深受土地、金融、税收等政策以及国家宏观经济发展的影响，房价的快速上涨主要基于以下三个关键因素。

1. 土地垄断的制度性因素

目前，我国城市土地市场完全处于国家（地方政府为代理人）垄断的制度形态，

获得土地是企业进行房地产开发的实质性条件，但在现有制度框架下，土地由政府垄断供给，只有通过地方政府出让才能获得开发用地。而在"招、拍、挂"的土地竞争模式下，"价高者得"成为获取土地的基本法则。虽然土地是在规范、公开、透明的市场化方式下出让，中央政府也在积极通过调整土地供应量进而调节住房的市场供应链，但由于过热的市场预期与投资需求，土地市场也在持续升温，土地炒作频繁，地王迭出①。另一方面，地方政府实际垄断着商品房的土地供应，出于自身经济发展冲动和财政需求而对房价上涨多持支持、放任甚至推波助澜的态度，力图拉长房价的上涨周期。在此情形下，市场各方对房地产市场更多盲目乐观预期，促使开发商竭尽所能争购土地、地价飞涨成为常态，这种高地价必然会再次传导至商品房市场，表现为住宅建设成本的不断增加，导致短期内区域房价继续升高。由此，市场各方共同推动着房价、地价持续上涨。

2. 非理性的市场预期

在集中竞价的市场条件下，住房价格既非完全由生产成本决定，也不完全是供需关系作用，还受到交易双方关于市场情势预期判断的重大影响。过度乐观的市场预期往往使得购房投资演化为投机行为，进而导致房价构成因素发生突变、畸形上涨。

在非理性心理预期下，房地产投机过热也直接造成房屋交易价格"泡沫"的生成和膨胀。在一般均衡理论框架下，商品房的长期均衡价格为供给函数与需求函数的连接点。而现今商品房价格持续快速上涨的现象，已明显打破了这种均衡状态。脱离供求关系的房价上涨源于供求双方过度乐观的心理预期，但只有价格持续上涨的判断才能维持住房市场的运转和上升空间。造成市场心理预期的原因是多方面的：有宏观经济高速增长的因素，也有城市化推进、社会发展的背景，有国际资本的推波助澜，还有企业利润驱动下混淆视听的虚假经营行为。在这些因素的共同推动下，便形成了市场非理性的心理预期，开发企业通过商品房预售制度和个人按揭信贷制度来维持企业运转资金链的循环，购房人则追求价格投机、谋求利差而非正常的消费性购房，二者彼此作用，共同推动了住房市场价格"泡沫"的不断升级。

2009 年中国房地产市场的剧烈动荡过程有助于我们理解这一经济学原理。2009年初，我国住房市场在经历了半年萧条后恢复繁荣，房价开始回升。开发商购买土

---

① 有数据显示，仅 2010 年 3 月 15 日一天，北京就卖出 6 块土地，土地出让金高达 143.5 亿元之后。3 月 17 日，北京市土地出让金再获大丰收。当天，7 块挂牌出让的土地共获得土地出让金 76.25 亿元，该周的土地出让收入超过 220 亿元，而相比之下，2009 年全年北京土地仅成交 928 亿元。参见：北京房价"涨情"大爆发，最高涨幅达 130%. [2010-04-01]. 中国新闻网. http://www. 21cbh. com/HTML/2010-4-8/.

地的积极性大大提高，土地价格一路攀升，各地不断出现"地王"。由此可见，是高房价拉动了高地价，反之，高地价又释放出明确的住房价格上涨信号，于是准备售房的开发商继续提高住宅售价，消费者、投机者也纷纷入市甚至形成抢购的局面，开发商因此获得高额利润，购房者最终无奈接受。就此意义而言，开发商、购房者、地方政府共同牵动，形成了房价、地价相互作用、轮番上涨的市场格局。

3. 宽松的货币政策

住房市场的一个重要特征就是与金融信贷市场紧密相关，房地产开发企业经营所需资金大部分依赖银行贷款取得。在宽松的货币政策下，融资便利程度大大提高，国际资本也大规模进入，使得开发商和投资者金融资源增加、货币流动性加强，推动房价持续进入上涨通道，形成了房地产市场的非理性繁荣。宽松的货币政策也推动了购房需求的过度膨胀。住房市场需求对个人名义贷款利率非常敏感，名义贷款利率每下降1%，房地产需求增长率则上升0.97%。而1996年以来银行历经8次降息，在此刺激下，住房的供给增长无法同步于需求增长，加剧了开发企业高负债经营（资产负债率达到平均75%）的状况，金融风险大大增加。

4. 房屋交易实际供应量不足

房屋交易实际供应量不足也是房价"泡沫"产生的一个重要原因。开发商囤积房源、"捂盘惜售"的违规销售行为直接造成了住房市场中住房的实际供应量明显不足，导致供求关系失衡、商品房价格不断攀升。实践中，部分开发商为了追求利润最大化，通过多种方式"捂盘惜售"，控制住房的实际上市量，进而制造市场泡沫，具体表现为：建设过程中的捂盘、售前捂盘和少量多批的销售方式。对于开发商捂盘惜售的违规行为，各地方政府也在积极制定法规进行遏制，但由于监管被动滞后，实际效果并不尽如人意。如上海市房管局为防止开发商"少量多批"销售曾明文规定，要求开发商一次推盘量不得低于3万平方米，凡预售面积不足3万平方米或者是"尾盘"等情况，则须经房管部门审核后，视实际情况才能允许销售。但对于此，开发商采取了多种手段力图规避这一条文，使得这一规定形同虚设、流于空谈。以上海市2009年住房销售价格快速上涨的第二季度销售数据为例，涨幅居于前十的楼盘中，没有一个楼盘的新增供应量达到上海市房管局规定的3万平方米，甚至仅有两个楼盘有新增供应量，其余8个楼盘无新房源供应。而从全市预售总体情况统计，达不到3万平方米的楼盘已超过90%[①]。由此看来，房地产业整体捂盘惜售严控上市量的迹象尽显，法规失效的痼疾暴露无遗，也使得住房市场泡沫化的现象继续扩大。

① 田新杰．应对调查，开发商捂盘有术．21世纪经济报道，2009-7-30．第12版．

二、房价规制与市场交易

事实上，商品房价格问题是商品房交易法律规制的核心，也是保证消费者在正常条件下取得所需住房的关键所在。近几年来，我国城市住房价格持续攀升，北京、上海、深圳、南京等大城市、特大城市中房价一路飙升居高不下，引发了公众的强烈不满。在此背景下，中央政府意识到房屋交易市场存在的诸多结构性问题，开始了"以抑制房价过快增长为核心"的调控之路，先后密集出台了一系列宏观调控政策和立法①。然而，住房市场的价格乱象似乎并未由此明显改观，尽管政府为抑制房价过快增长密集出台了诸多调控政策及立法，涉及土地、信贷、税收等多个方面，但从实践来看效果甚微，商品房价格依然在如此调控政策下且调且涨、持续攀升，价格规制实效显著弱化。总体而言，市场交易中房价规制失效的主要有三个原因。

（一）房地产开发企业的市场支配地位与垄断定价

从市场竞争度和产品差异度来看，住房市场属于一个典型的非完全竞争市场（相对垄断市场），竞争过程的不平衡造成了市场集中度低、规模经济不显著、缺乏有效竞争以及开发企业构造价格同盟联手推高房价等不良现象的发生。其原因主要在于住房产品竞争区域不充分②，同时，市场的环形竞争格局（competition on the circle）③ 也造成了部分开发商实质"寡占"的市场结构。因为住房产品主要是在特定区域内部生产和消费，外部需求和流出相对较少，加之区位环境、配套设施的不同，决定了不同区域住宅价格的巨大差异。这在一定程度上限制了住房产品供求双方的范围，使得市场竞争表现出鲜明的区域性特征。根据环形竞争理论，尽管目前中国住房市场存在 3 万余家开发商，但真正构成实质性竞争的只有区域内或特定地段周围的少数几家开发商。环形竞争格局造成了开发企业实质性的市场支配地位，也决定了特定开发企业在支配市场结构下的独家定价权。就此意义而言，住房市场

---

① 比较重要的有：2005 年 3 月国务院办公厅《关于切实稳定住房价格的通知》；2005 年 5 月建设部、发展和改革委员会、财政部、国土资源部、人民银行、税务总局、银监会七部委《关于做好稳定住房价格工作的意见》；2006 年 5 月国务院常务会议提出《促进房地产业健康发展的六项措施》；2006 年 5 月 29 日国务院办公厅《关于调整住房供应结构稳定住房价格的意见》；2006 年 7 月 11 日，建设部联合其他 5 部委下发《关于规范房　地产市场外资准入和管理的意见》；2007 年 1 月 16 日，国家税务总局下发《中华人民共和国土地增值税暂行条例》；2007 年 11 月建设部颁布的《廉租住房保障办法》和《经济适用住房管理办法》；2008 年相继出台了收紧二套房贷政策、货币、土地、税收政策等以严控市场投机行为，同时加强银行体系流动性管理，引导货币信贷资金流向；2010 年 4 月，国务院办公厅下发《国务院关于坚决遏制部分城市房价过快上涨的通知》。
② 就商品竞争的区域广度而言，市场范围一般可划分为三个层次：区域性市场、全国性市场和国际性市场，不同商品在不同层级的市场上进行销售和竞争。住宅市场属于其中典型的区域性市场。
③ 住宅作为不动产的特性，决定了开发商之间的竞争为位置固定的相邻空间竞争。空间经济学将这种相邻企业之间的竞争称为环形竞争（competition on the circle）。

区域性寡头垄断的竞争格局之下，如果政府在宏观调控住宅市场价格时仅单一关注开发商的成本核算或价格违法行为而忽视市场结构本身，就难免规制失效、政策落空。近几年来，中央以及地方政府相关部门陆续出台了的一系列房价调控措施，但均未对此市场结构性问题足够关注和相应调整，以致房价仍在不同程度的持续攀升；同时，一些地方在调控政策下出现了房屋交易成交量大幅度缩水而房价持续走高的"矛盾"现象。这种量价相悖的异常现象，也正是住房市场开发商垄断定价、控制市场的一个明显例证。

（二）立法原则化造成执法实效弱化

从历年房地产市场宏观调控立法及政策的执行效果来看，因政策法规偏重于抽象的原则性规定，在实践层面大多缺乏具体细则而难以操作，也无相应的责任机制加以约束，使得一部分调控措施效果落空或明显滞后，不能尽如人意。例如 2005 年 3 月 26 日，国务院办公厅下发《国务院办公厅关于切实稳定住房价格的通知》（以下简称《通知》），从土地、金融、信贷等八个方面要求各地方政府重视和解决房价上涨过快的问题。4 月 27 日，国务院再次出台了《加强房地产市场引导和调控的八项措施》（以下简称《八条措施》），旨在解决房价涨幅过快的矛盾。但无论之前的《通知》还是之后的《八条措施》，都是以渊源效力层级较低的办公厅规范性文件的形式发出，这些规范性文件中涉及的问题繁杂，尽管宗旨明确，但缺乏具体的指导规定而多为倡导性条款，内容流于表面，对于有如顽症的房价增长过快问题抑制作用并不明显。

（三）"一房一价"等制度遭遇规避

在政府频繁出台的住宅价格宏观调控政策及法规面前，开发商往往不遗余力、千方百计进行规避，以实现自身利润最大化。如 2007 年 5 月 11 日，南京市物价局联合房管局、工商、国税、地税等部门共同发布的"一房一价"制度，一经出台就招致开发商的一致不满，集体采取了一系列手段规避该制度，致使政策效果基本落空。①增加装修价格。如笔者所在的南京市，2007 年部分普通商品房装修标准竟然高达 4000～5000/平方米，开发商力图用装修中的价格"水分"弥补其执行"一房一价"政策的房价"损失"。②通过内部虚假交易将新房转为二手房从而规避"一房一价"制度的约束。但增加的交易费用实际最终转嫁到消费者身上。开发商对"一房一价"制度的强烈抵制还引发了"万科价格门"事件①。根据规定，万科光明三期项目若以之前的销售均价出售，将超出物价局限定楼盘销售总价约 8760 万元，万科应向广大

---

① 2007 年 6 月 26 日，南京物价局对万科"光明三期"基准价格核定为 7360 元/平方米，加上 5% 的浮动率，不得超过 7728 元/平方米。但是到那时为止，该项目 10 幢楼的前 8 幢平均销售价格达到 8450 元/平方米，这意味着，最后 2 幢楼只有按 3960 元/平方米销售，才能符合"一房一价"的规定。

业主赔偿5000余万元，但这一事件最终因争议较大而不了了之，直至"一房一价"制度取消。再如前文述及的上海市7月17日针对开发商惯常使用的"捂盘惜售"行为出台的《上海市商品房销售方案备案管理暂行规定》。虽然政府打击力度很大，但仍然无法避免一些开发商私下以低于开盘价5%左右的折扣大批转给职业投机者"锁仓"，而这些职业投机者在期房交房后，再以高于开盘价10%～20%的价格卖出，由此形成的楼盘"炒新"利益链并未被完全打破，政策实施效果并不理想，对遏制"捂盘惜售"的实际作用也很有限。

（四）政策微调效果滞后

从目前住房市场宏观调控政策的内容看，大多是围绕阶段性供求矛盾采取的临时性、随意性、表面性应急措施，并未涉及到影响住房价格的深层体制（如土地、财政制度）问题，也没有涉及到相关制度层面的配套改革，基本上属于政策微调。而笔者认为，要解决住房价格畸高问题，就必然要涉及我国分税体制下的土地出让制度，逐步改变地方"土地财政"的发展模式，进而解决中央财政和地方财政的税收资源配置问题——由此才可涉及住房税种的创新以影响住宅交易价格。而这些，都要进行相关的深层次配套体制改革和立法确认，不研究和解决这些方面，房价问题就会始终处于政策"放松"与"收紧"的轮回之中，难以实现市场机制诱导下的长期稳定发展。

三、房价规制与法律约束

在我国房地产市场飞速发展的过程中，中央和地方政府先后出台了一系列宏观调控政策和相关立法，通过规范价格调整、土地出让、外资购房、房地产金融以及房屋交易税收立法来调控市场、规制房价，取得了一定实效。

（一）《价格法》的有关规定

《价格法》是我国规范商品定价行为的基本法律，对房价制定也有一定的指导意义。其中，第三条和第六条列举了商品的基本定价方式，指出国家实行并逐步完善宏观经济调控下主要由市场形成的价格机制，价格制定应当符合价值规律，大多数商品和服务价格实行市场调节价由经营者依法自主制定，极少数商品和服务价格实行政府指导价或者政府定价。依此，在我国住房市场中，对于商品房，开发企业拥有独立的企业自主定价权，在价值规律作用下依市场机制生成价格，属于市场调节价商品；而保障性住房（经济适用房）依规定只能在成本之上再加3%以内的利润确定其价格，属于政府规定一定价格范围的政府指导价商品。

《价格法》的第七条和第八条是对经营者定价行为作出的规范，指明经营者定价应当遵循公平、合法和诚实信用的原则，定价的基本依据是生产经营成本和市场供求状况；经营者应当努力改进生产经营管理，降低生产经营成本，为消费者提供价格合理的商品和服务，并在市场竞争中获取合法利润。以上内容，成为房地产开发企业制定商品房价格的基本依据，即在公平、合法、诚实信用原则指导下，依据住房市场实际供求状况在住房成本基础上确定合理的商品房价格。对于经营者在竞争过程中禁止从事的不正当价格行为，《价格法》第十四条采用列举方式加以列明。依此，在企业经营中开发商受到法律约束的不正当住房价格行为主要有以下情形：相互串通，操纵市场价格，损害其他经营者或者消费者的合法权益；捏造、散布涨价信息，哄抬价格，推动商品价格过高上涨；违反法律、法规的规定牟取暴利。若开发企业出现以上行为，则可由工商行政、物价部门依法追究其法律责任。

（二）规制房价的中央其他立法及主要政策

除《价格法》关于商品定价及违法责任的相关规定对住房价格作出基本规制外，从中央到地方，许多政府相关部门为了抑制房价过快增长先后制定了一系列单行法规及政策。其中，中央立法及主要政策包含了以下内容。

1. 综合调控商品房价格的立法及政策

因商品房属于市场调节价类商品不能直接限定其价格，故实践中政府主要根据住宅市场发展的整体经济状况，采用土地、金融、税收等宏观调控手段对住宅价格进行间接调整，促使其平稳发展。尤其在 2003 年房价飙升引起全社会关注后，之后的几年住房市场立法和政策重点都集中指向了抑制房价过快增长。其中，较为重要且产生了一定成效的有：

2003 年，中国人民银行下发《中国人民银行关于进一步加强房地产信贷业务管理的通知》（银发［2003］121 号），规定对购买高档商品房、别墅或第二套以上（含第二套）商品房的借款人，适当提高首付款比例，加强房地产信贷管理，不再执行以往优惠利率规定。

2004 年，加强土地市场的调控力度，提高拿地"门槛"，严禁地方非法压低地价招商引资，并开始征收房产税以及上调存款准备金率。

2005 年 3 月 26 日，国务院办公厅针对房价上涨过快的现象下发《关于切实稳定住房价格的通知》。紧接着在 4 月 27 日，政府提出加强房地产市场引导和调控的八项硬性措施，把解决房地产投资规模和价格上升幅度过大的问题作为加强宏观调控的一个突出任务，从土地、税收、金融、供应结构、消费需求、市场监管等方面调整涨幅过快的房价。5 月 11 日，国务院办公厅发出通知并转发建设部、国家发展和改革委员会、财政部、国土资源部等七部委《关于做好稳定住房价格工作的意见》，要求各地方政府为抑制住房价格过快上涨，高度重视房价上涨过快这一现象，稳定住房价格工作，切实担负起稳定住房价格的责任，大力调整和改善住房供应结构、严格控制被动性（拆迁）住房需求、正确引导居民合理消费预期、全面监测房地产市场运行、积极贯彻调控住房供求的各项政策措施、认真组织对稳定住房价格工作的督促检查。这些政策为后续具体措施的出台指明了方向。

2006年5月17日，国务院总理温家宝主持召开国务院常务会议。会上提出了《促进房地产业健康发展的六项措施》（简称"国六条"），调控内容包括住房供应结构、税收、信贷、土地、廉租房和经济适用房建设等方面，拉开了2006年住宅市场调控的序幕。5月29日，国务院办公厅出台《国务院办公厅转发建设部等部门关于调整住房供应结构稳定住房价格的意见》（国办发〔2006〕37号），对"国六条"进一步细化，而且在套型面积、小户型所占比率、新房首付比例等方面作出了量化规定，提出"90平方米以下、双70％"的标准。7月11日，建设部联合其他5部委下发171号文件《关于规范房地产市场外资准入和管理的意见》（建住房〔2006〕171号）（被业内称为"外资限炒令"），加强了对外商投资企业房地产开发经营和境外机构、个人购房的管理。8月1日，国土资源局制定的《招标拍卖挂牌出让国有土地使用权规范》（中华人民共和国国土资源部令第11号）和《协议出让国有土地使用权规范（试行）》（国土资发〔2006〕第114号）正式施行，对招标、拍卖、挂牌或协议出让国有土地使用权的范围作出细化，试图通过规范土地交易行为加强房地产企业之间自由竞争以促进房价自然回落。

2007年的住宅市场政策主要以改善住宅供应结构、调整需求、大力建设住房保障体系为主。抑制房价方面，2007年1月16日，国家税务总局下发《关于房地产开发企业土地增值税清算管理有关问题的通知》（国税发〔2006〕187号）。依此，转让国有土地使用权、地上的建筑物及附着物（即转让房地产）并取得收入的单位和个人，应当缴纳土地增值税，税率为30％～60％不等。9月27日，央行、银监会共同发布通知严格住房消费贷款管理。对已利用贷款购买住房、又申请购买第二套（含以上）住房的居民，要求贷款首付款比例不得低于40％，贷款利率不得低于中国人民银行公布的同期同档次基准利率的1.1倍。

2008年抑制房价的综合调控整治中，为了抑制住宅价格的过快上涨趋势，除了落实已有房地产宏观调控政策外，继续施行从紧的货币信贷政策，收紧二套房贷，强化银行体系流动性管理；同时，加强土地和税收调控以严控市场投机行为，引导货币信贷资金流向。①严格土地转让管理，对不符合法律规定条件的房地产开发项目用地，严禁转让，依法查处"炒买炒卖"土地行为，加大对闲置土地的清理力度，对超过出让合同约定的动工开发日期满1年未动工开发的，征收土地闲置费；满2年未动工开发的，无偿收回土地使用权。加强房地产开发用地供后监管，对违反土地出让合同约定或有关规定的，依法追究违约违规责任。②国家税务总局发出通知，要求将房地产企业税收作为监管重点，要求各地税务机关加强房地产业领域的税收征管，将房地产项目开发经营过程中所有涉税行为，都纳入控管范围，重点审核房地产开发成本费用，并严格监管二手房交易。③2008年8月5日，央行发布《中国货币政策执行报告（2009年第二季度）》，提出对宽松的货币政策进行"动态微调"，对市场资金面保持"适度紧缩"。同时，加大对商业银行房地产贷款的检查力度，切实纠正违规发放贷款的行为，并对市场结构不合理、投机炒作现象突出的地区加强了风险提示，督促商业银行调整贷款结构和客户结构，严格控制不合理的房地产贷款需求，防范房地产金融风险。

2010年到2011年，国务院常务会议研究部署进一步做好房地产市场调控工作，先后发布《国务院关于坚决遏制部分城市房价过快上涨的通知》（国十条）和《进一步做好房地产市场调控工作》（国八条），其中的核心内容是授权房价上涨过快的城市发布"限购令"、提高二套房首付比例（从50%提高至60%），以及调整完善了相关税收政策（对个人购买住房不足5年转手交易者统一按照销售收入全额征税），并进一步明确了房价工作政府约谈问责机制，将之深化至政治任务，因而被称为"史上最严厉的房地产调控措施"。此后，各地方（以北京市为代表）纷纷出台地方性实施细则以强化限购实施效果。根据各地方公布的信息统计，目前，国内一线城市、省会城市以及计划单列市等大部分地区均已纳入限购范围，而随着二三线城市房价的上涨，二三线城市也已成为第三批限购的主要对象。各地方城市住房"限购令"政策明确规定了本地户籍、外地户籍以及境外人士的对应可购房数量，旨在限制各种名目的炒房和投机性购房，抑制不合理的住房需求。从政策施行的短期效果来看，确已在部分城市取得了一定成效。若能延续施行，购房需求主力必然回归刚性需求层，限购城市的房价也会基本稳定于现有水平。

2. 经济适用房定价及销售规定

经济适用房属于市场指导价的特殊商品。关于经济适用房的价格确定方式，在《经济适用住房管理办法》（建住房〔2007〕258号）和《经济适用房价格管理办法》（计价格〔2002〕2503号）中作出了明确规定。确定经济适用房的价格应当以保本微利为原则，其销售基准价格和浮动幅度按照《经济适用房价格管理办法》的规定确定，由价格主管部门会同经济适用房主管部门在综合考虑建设、管理成本和不高于3%利润的基础上确定。为了实现经济适用房定价的透明化，规定经济适用房在建设过程中实行收费卡制度。各有关部门收取费用时，必须填写价格主管部门核发的交费登记卡。任何单位不得以押金、保证金等名义，变相向经济适用房建设单位收取费用。

在销售过程中，经济适用房通过价格公示制度和明码标价制度以确保其价格公正透明。经济适用房价格确定后应当向社会公示并实行明码标价，销售价格不得超过公示的基准价格和浮动幅度，也不得在标价之外收取任何未予标明的费用。对此，价格主管部门可依法进行监督管理。

3. 直接限定廉租住房的租金标准

廉租住房属于《价格法》中政府直接定价的商品。依《城镇廉租住房租金管理办法》（发改价格［2005］405号）（以下简称《办法》）第五条规定："廉租住房租金实行政府定价，具体定价权限按照地方定价目录的规定执行。"依该《办法》，廉租住房租金标准原则上由房屋维修费和管理费两项因素合计构成，与城镇最低收入家庭的经济承受能力相适应。其中，维修费是维持廉租住房在预定使用期限内正常使用所必须的修理、养护等费用，管理费是指实施廉租住房管理所需的人员、办公等正常开支费用。制定和调整廉租住房租金标准，应遵循公正、公开的原则，充分听取社会各有关方面的意见。为保证其公正性，要求在制定或调整廉租住房租金标准之后，在媒体上广泛公布，并通过政府公报、政府网站和信息公告栏等方式进行公示。对于实践中常见的使用过程中，居住者收入水平提高、不再符合租住廉租房条件而继续租住的，依《办法》第十条，应当按照商品住房的市场租金标准补交租金差额。

（三）商品房价格的地方立法约束

近年来，地方政府关于商品房定价方面的立法及政策，呈现出以下两方面特点。

1. 从限制到自由的定价模式

以江苏省为例。2009年1月1日之前，江苏省商品房价格管理分为两种不同情形：144平方米以下的普通商品住房和经济适用房统一实行价格审批制度；高档住宅商品房和非住宅商品房实行市场调节价。在2008年全球性经济危机的影响下，中国住宅产业也持续低迷，为刺激住宅产业走出低谷，江苏省省物价局公布的《贯彻落实省政府〈关于促进房地产市场健康发展的意见〉的通知》（苏价服［2008］133号）中规定，从2009年1月1日起，只有经济适用房等保障性住房的价格需经政府审批，其余的商品房价格管理全面放宽，交由企业自行定价。即开放了普通商品住房销售前的价格审批，将定价权"交还"于企业，而且对于曾经核过价但尚未销售的普通住宅，企业也有权重新自主定价。这表明，政府价格主管部门积极探索从限制到自由的住宅价格定价模式，只保留保障性住房的价格监管作为房价管理重点，而对于商品房，旨在引导和调节开发企业的规范定价行为，促进其合理制定价格水平，保障基本民生，实现住房市场稳定、有序和可持续发展。

2. 灵活多样的控价手段

在应对商品房价格快速攀升的回应性立法中，地方政府也在配合中央积极进行调整。如在2003年之后房价上涨幅度较大的南京市，为控制房价的过快增长，2007年5月11日，由南京市物价局联合房管局、工商、税务等部门共同推出了"一房一价"制度，规定普通商品房要通过价格部门核价，确定一个基准价，在此基础上允许开发企业根据市场行情浮动房价，浮动幅度不超过5%。之外，还实行了"一价清"和"一套一标"制度——监督房地产企业必须将各类收费纳入商品房销售价格，严禁在房价外收取各种费用。企业必须在交易场所醒目位置按"一套一标"公示商品房销售价格，增强商品房销售价格的透明度，维护公正、公开的交易方式。同时，要求物价部门加大监督检查力度，依法进行查处。再如上海市，2009 年 7 月 17 日出台的《上海市商品房销售方案备案管理暂行规定》（沪房管市〔2009〕213 号）中，要求商品房的销售方案须经备案并在售楼场所予以公示。开发商在项目建成之后，应尽快申请预售，房管部门也应尽快审批，以此遏制开发商"少量多批"、"捂盘惜售"的推高价格行为。与此同时，北京市住房和城乡建设委员会也召集了开发商集中查处捂盘现象，一经查实即公示名单并严厉查处。与之配合，还对其他涉房行业进行相应的价格监管，按保本微利原则制定供电、供水、管道燃气、有线电视、有线通信等垄断行业的涉房工程建设收费指导标准，并清理规范各类涉房收费项目，努力降低开发成本以使房价保持在合理水平，促进住房市场稳定发展。

（四）关于住房价格法律规制转型路径的思考

从上述关于住房价格法律规制的基本内容来看，还存在规制目标不稳定、规制范围不完善、规制技术不科学、立法层级低以及系统性差等一系列问题。在新一轮调控房价的立法和政策制定过程中，笔者认为应从以下主要方面思考房价规制的转型路径。

1. 规制目标的确定：促进市场自由，保障基本民生

就立法目标而言，政府对房价的法律规制应着力于两个方面：一方面，对商品房的价格规制应避免行政计划色彩的直接干预，而代之以土地、税收、金融等调控手段对市场供求关系、消费取向和投资方向进行调节，以市场机制、私人自治为基础实施间接调控，并进一步完善市场准入和土地取得制度，以抑制房价过快增长、促进自由竞争有序进行。就此而言，目前正在执行的限购政策也并非长久之计——近年来住房市场剧烈运行的短周期背后实质是直接的利益博弈，是土地收益在中国财政体系内的畸形发展。而"限购令"并未触及地方土地财政的痼疾，也延缓了中国市场经济改革亟需的税制改革进程，限制了形成全国统一市场所必须的资金、人力资源要素的自由流动，一定程度上阻碍了市场发展活力，势必造成房价之外其他经济问题的产生。故长久来看，唯有以更稳定、持续的税收调节手段（扩围后的房产税）替代"限购令"调节房屋交易市场，逐步把地方政府从土地收益中剥离出来，使其在法定税收原则下依靠税收收益正常运转，才能促使财税体制更加完善、房价趋于稳定以及住房市场长期健康发展。

另一方面，对房价进行法律规制还应兼顾考虑面向城市中低收入阶层制定完善、周密的住房保障立法和政策，以保证充足的公共住宅供应量、降低商品房需求和缓解商品房价格上涨压力，并积极运用补贴方式支持中低收入家庭购房或租房，弥补市场因过分追求效率而失去社会公平性的一般缺陷，保障实现基本民生。

2. 规制范围的优化：强调住房保障与宏观调控

尽管自 20 世纪 60 年代以来，对房地产市场放松乃至取消规制的呼声在世界范围内此起彼伏，然而至今，规制非但没有被取消，在某些方面还在得到加强。对于致力建立社会主义市场经济体制的中国而言，在 20 世纪 80 年代计划体制向市场体制过渡之后，行政垄断与自然垄断相互交错支撑，形成了独特的政府对市场行为的规制特征：在一些方面放松强制控制而存在垄断，在另一些方面则以对市场规制为名行强制交易之实①。这也体现了政府对规制范围的认识不清与标准混乱。当今许多经济领域的问题，就是政府权力缺乏合理限制、市场被权力扭曲的结果。因而，能否积极推进法治，加强合理规制，是中国市场化转型能否成功的关键所在②。而对正处于发育、发展阶段的我国住房市场而言，法律规制能否取得实效，关键也在于合理确定法律规制的范围和限度。

从住房市场本身的特点来看，鉴于其一定的民生保障功能，法律规制的重点应首先置于加强住房保障、促进保障性住房充分供应与公正分配方面，形成商品房与保障性住房平衡发展的格局；此外，市场内在的信息不对称、外部性、经济周期波动等因素，也决定了政府干预市场的必要性（包含宏观调控和微观规制两个方面）。市场经济条件下，商品房市场基本已形成顺畅的价格运行机制，故政府对其干预应主要作用于宏观调控层面，通过综合运用多种宏观调控手段释放经济信号对开发行为和交易行为进行引导，以达到市场整体调控的政策目标。在此结论的基础上，笔者再次对 2010 年 3 月扬州市物价局出台《关于市区新建普通商品住房实行价格备案制度的通知》，实施"房价备案"、规定半年内不得涨价的做法提出质疑③。这一做法，显然已经超出了政府在房价问题上的间接作用范围，不恰当地直接侵害了企业自主经营决策权。

3. 规制技术的科学：与金融市场协作联动

住房市场与金融市场之间，存在着彼此依存、相互促进、共同发展的互补关系。住房建设开发过程，也是资本运行的过程，需要现代金融手段的强有力支持，而房地产金融风险也因此积聚，其潜在风险一旦爆发势必引起整个住房市场的剧烈波动。2009 年美国次贷危机引发的全球经济危机也证实了这一结论。在我国，如前文所述，一度宽松的货币政策进一步加剧了房地产市场的金融风险危机，当风险达到一定程

① 王廷惠. 微观规制理论研究. 北京：中国社会科学出版社，2005：575-676.
② 秋风. 市场二十讲. 天津：天津人民出版社，2008：9.
③ 扬州市物价局出台《市区新建普通商品住房实行价格备案制度》并从 2010 年 3 月 25 日起正式实施，要求市区内所有普通商品房必须先备案再销售，原则上半年内不得涨价，此前已经在卖的也必须到物价局补办备案手续. 参见：扬州实施"房价备案制度"，半年内不得涨价. ［2010-05-03］. http：//news. qq. com/a/20100326/000182. htm.

度、中央金融体系上调基本利率时，市场需求下降速度便会快于供给速度而下降，进而对住房价格构成显著的向下压力，房价大幅回落，房地产开发企业资金链断裂，引发银行的大面积坏账和宏观经济波动，金融风险大量集中于供给方并传导至银行部门①，从而对国家整体金融秩序构成严重威胁。因而，对房屋交易以及房价进行法律规制的同时，必须同步考虑相关房地产金融市场的可能影响与后果。从我国房地产业的发展现状来看，部分城市的房价"泡沫"已经相当显著，泡沫一旦破裂，不仅威及国民经济的健康发展，也会在一定程度上引发脆弱金融体系的危机②。因此，对房屋交易进行法律规制和政策调控时（尤其是信贷政策），应将相关金融立法一并纳入考虑，从国家宏观经济层面进行整体把握、权衡和制度安排，以避免可能造成的金融损失，增强房屋交易立法的科学性和实效性。

---

① 杨帆，李宏谨，李勇. 泡沫经济理论与中国房地产市场. 管理世界，2005（6）.
② 易宪容. 当前我国楼市利益主体的博弈分析. 中央党校学报，2009（4）.

第十二章 住房保障中的租赁制度

从住房体制改革以来，我国以往的住宅政策在住宅保障的理念上存在着两个较为明显的误区。一是重自有而轻租赁，在住宅改革中片面强调"居者有其屋"，忽视了租赁住宅在现代社会住宅保障中的功能和作用。二是固执于政府和市场分界，认为住宅保障完全是属于社会保障领域的问题，忽视了市场主体对住宅保障的义务。两种错误认识结合在一起，一个必然的后果就是对私有住房租赁市场保障功能的忽视。反观西方发达国家，从 20 世纪初开始通过对私有住房租赁市场的干预来保障承租人的住宅需求就已经成为政府住宅保障政策的重要环节，有效地补充了公共保障住宅项目的不足。

一、西方住房租赁制度的立法体系

（一）租赁在满足居民住宅需求中的重要作用

通常，人们主要可以通过两种法律承认的形式获得住宅，即购买和租赁。虽然"居者有其屋"历来是仁人志士们的理想，但不论在经济发展的程度如何，社会中都会有相当部分的人群依赖租赁满足自己的居住需要。其中不仅包括无力购置自有住宅的中低收入阶层，还包括流动性较强或对租赁住宅有特别需要的群体，如外出求学或务工的人员，尚未组成家庭的青年等等。而普通民众在储蓄以购置自有住宅的过渡阶段也会有租赁住宅居住的需要。从发达国家的经验来看，租赁住宅在住宅构成中一直占有较重要的份额。20 世纪 90 年代以来，在德国存量住宅中，租赁住宅的份额都保持在 60% 左右，即使在住宅自有率较高的英美等国，租赁住宅的比例也保持在不低于 30% 的水平（表 12-1）。在大城市住房租赁的地位更为重要。在日本和法国，中心城市租赁住宅占住宅总量的比例均显著高于全国平均值（表 12-2）。可见，在西方各国住房租赁制度承载着十分重要的社会功能。

发达国家中自有住宅与租赁住宅的比例（单位:%）　　　　表 12-1

	日　本[a]	美　国[a]	英　国[b]	法　国[b]	德　国[b]
自有住宅	59.8	58.3	66	54.3	38.4
租赁住宅	38.5	30.3	34	38	62

（数据来源：a. 海外住宅 Dada-Now 2001、住宅金融公库；b. P. Balchin. Housing Policy in Europe, London & New York：Routledge, 1996. ）

国外大城市中自有住宅与租赁住宅的比例（单位：%）　　表 12-2

	日 本	东京(1998 年)	法 国	巴 黎(1998 年)
自有住宅	60	42	54	28
租赁住宅	38	55	38	54

（数据来源：住宅金融公库、"法国民间租房"、日本住宅综合中心。）

　　而租赁住宅中，私有住宅占有十分重要的份额。在福利国家兴起之前，私有住房租赁市场一度是各国城市居民满足居住需求的最主要途径。以英国为例，1914 年英国住宅存量中私有租赁住宅占到 90％。随着住宅自有化程度的逐步提高以及福利国家公共租赁住宅政策的实行，私有租赁住宅的所占份额大幅下降。但即使是在公共福利水平较高的欧洲，私有租赁住宅仍然占有重要地位。欧盟平均数据表明在住宅存量中私有租赁住宅的比例超过公共租赁住宅 3 个百分点。在私有住房租赁市场最为发达的瑞士私有租赁住宅所占比例达到 60％，公共租赁住宅比例只有 3％。法国私有租赁住宅占住宅总存量的 21％，公共租赁住宅比例为 17％。德国两者比例分别为 36％和 26％。英国由于经历了战后"从摇篮到坟墓"的公共福利改革，又经历了"撒切尔时代"大规模的公共住宅自有化的浪潮，因此，在住宅存量结构中私有租赁住宅的份额相对偏低，但也占到住宅存量的 10％（表 12-3）。

欧盟及主要成员国租赁住宅结构（占住宅总存量的比例%）　　表 12-3

	欧盟平均	瑞　士	英　国	法　国	德　国
私有租赁住宅	21	60	10	21	36
公共租赁住宅	18	3	24	17	26

（数据来源：P. Balchin. Housing Policy in Europe, London & New York：Routledge, 1996.）

　　由于私有租赁住宅在住宅存量中占有重要的地位，在西方各国普遍将对私有住房租赁市场的干预作为国家住宅保障政策的重要工具。住房租赁法律制度作为一个相对独立的法律领域已经经历了一个多世纪的发展，形成了完整的立法体系。

（二）西方各国住房租赁立法体系的基本模式和功能定位

1. 基本模式

　　根据西方各国住房租赁立法体系在形式上的特点可以概括为以下三种典型的基本模式：①以大陆法系为代表的民法典——特别法模式。以日本为例，为弥补民法典对住宅承租人保障的不足，日本先后颁布实施了以借地借家法为代表的一系列特别法。在形式上这些特别法属于补充民法典的民法特别法。②以英美法系为代表的住宅法模式。例如英国、加拿大、澳大利亚等国政府制定专门的住宅法对所有类型住宅的所有、租赁等法律关系进行专门调整。③以美国为代表的联邦——地方双重模式。住宅问题具有较强的地域性，作为地域广大的联邦制国家，美国的住房租赁制度主要以各州和各城市立法为主。各地立法根据本地住房租赁市场情况的差异并不完全相同。

2. 功能定位

各国立法体系虽然形式不一，但无论在形式上被归入民法体系还是社会法体系，从这些立法的功能看，各国的住房租赁立法都不同程度地体现出以下性质。

1) 自治法

各国住房租赁立法的核心均为契约法。如大陆法系民法典中的债编和合同法，英美法系中普通法上的契约规则。在各国立法中租赁契约是住房租赁法律关系的基础，住房租赁关系本质上仍然属于自由市场中的契约关系，是当事人意思自治的产物。住房租赁立法最初和最基本的属性是自治法。在大陆法系各国住房租赁的特别立法属于民法体系之一部分，而英美法系住房租赁法律关系的基本方面由普通法上契约及财产法规则确定。

2) 管理法

随着资本主义发展进入到垄断阶段，社会经济不平等的矛盾日益加剧。住房租赁关系反映了资本所有人在社会、政治和经济各个方面对无产者拥有至高无上的支配性权利，成为阶层分化对立的社会结构的缩影①。各国开始通过社会性立法深入地干预住房租赁关系。然而早期各国的政策和立法主要目的在于矫正不平等的租赁关系给社会治安、公共卫生等方面带来的负外部效应，追求社会的稳定与秩序。例如英国在 19 世纪后半叶从增进公共卫生和健康的角度出发颁布的《劳动阶级租住公寓法》②（Housing of the Working Classes Act 1885）。美国国会为遏制租赁住宅中频发的毒品犯罪而颁布的 1990 与毒品相关住宅驱逐修正法案。这些立法带有鲜明的社会管理色彩，以干预租赁关系为手段达到政府的社会管理目标。其保护的主要利益并不直接体现在租赁关系之中，而多为抽象的公共利益，对承租人居住利益的关注反而退居其次。我们可以将它们归入社会管理法的一部分。

3) 保障法

随着各国对人权问题的日益关注，国际社会在人人都应当享有适足住宅权这一点上逐渐形成共识。采取措施介入住房租赁关系缓和租赁双方不对称的社会力量对比，或者由国家直接为承租人提供物质上的帮助，以保障承租人生存和人格利益的实现不再只是国家的道义责任，更成为国际法明确规定的国家的法律义务。越来越多的国家开始将住宅保障确立为住房租赁立法的基点和主要目标，住房租赁法成为

---

① David Englander. Landlord and Tenant in Urban Britain 1838—1918. Oxford：Clarendon Press，1983.
② 陈伯庚等. 城镇住房制度改革的理论与实践. 上海：上海人民出版社，2003：84.

带有社会保障法性质的住宅法体系的重要组成部分。

二、我国住房租赁制度的立法体系与制度调整

（一）我国住房租赁及立法体系现状

在我国，住宅在建国后相当长的一段时期一直作为一种生活资料由国家通过行政手段分配。市场化的私有住房租赁的大量涌现乃是 20 世纪 80 年代体制改革后出现的新现象。随着我国居民住宅需求的不断增长，城市化和人口迁移的快速增长，租赁在满足居民住宅需求中的作用不断凸显。根据统计，在我国主要城市中，一半以上的住宅需求需要通过租赁实现（表 12-4）。然而，我国至今尚未形成统一完善的住房租赁的立法。现有法律远不足以因应社会的需要，特别是无法为承租人住宅权的实现提供充分的物质和制度保障。完善相应立法已经成为急迫的任务。

2001～2010 年中国部分城市住宅需求增量与结构　　　表 12-4

城市	住宅需求增加总量(万户)	其中自有住宅		其中租赁住宅	
		数量(万户)	所占比例(%)	数量(万户)	所占比例(%)
上海	176.4	82.6	46.8	93.8	53.2
成都	84.8	29.1	34.3	55.7	65.7
武汉	84.2	57.7	68.5	26.5	31.5

注：武汉市对租赁住宅需求比例相对较低的原因是目前其租赁住宅存量在三个城市中是最高的。
（数据来源：JICA 调查团，转引自《中国住宅金融报告》。表为笔者自制。）

在我国现行立法体系中，住房租赁立法主要由以下六个层次构成：①宪法的有关条款。②全国人大及其常委会制定的法律，主要包括：《民法通则》、《物权法》、《合同法》、《土地管理法》和《城市房地产管理法》等。③国务院制定的有关行政法规，如《城市私有房屋管理条例》、《土地管理法实施条例》等。④国土资源部、住房和城乡建设部等相关部委颁布的部门规章，如《商品房屋租赁管理办法》、《城镇最低收入家庭廉租住房管理办法》等。⑤各省、自治区、直辖市以及较大地市的人民代表大会及其常务委员会制定的地方性法规，如《上海市房屋租赁条例》和《深圳经济特区房屋租赁条例》等。⑥各地方人民政府颁布的行政规章，如《天津市房屋租赁管理规定》、《广州市房屋租赁管理规定》和《上海市居住房屋租赁管理实施办法》等。

总体观之，我国现阶段房地产租赁的立法体系的不足主要表现在以下几方面。

第一，行政本位色彩浓厚，重管理而轻自治和保障。我国现行房地产租赁立法是从计划经济向市场经济转型期的产物。迄今为止绝大多数的住房租赁立法，都是从管理的角度，从行政规范和监督的角度制订的。立法偏于强调管理，以行政法规

和部门规章为主导，导致对当事人的合同自由干预过多。同时，在行政干预中，又过分强调国家利益和公共政策的实现，忽视了对租赁关系权利人，特别是承租人利益的保障。

除了《合同法》外，调整住房租赁的主要立法如《城市房地产管理法》、《城市房屋租赁管理办法》及其他相关或配套的法规、规章，几乎都冠以"管理"二字，突出行政管理的特性。在我国现有的户籍制度下，由于租赁是城市外来人员满足居住需要的主要手段，许多地方将住房租赁立法看做是维护"社会秩序"的手段，如原《北京市外地来京人员租赁房屋管理规定》第一条明确规定其立法目的是"为了维护首都社会秩序"，而《天津市房屋租赁管理规定》第四十一条规定承租人是外来人员时，租赁双方"还应当遵守国家和本市治安管理的有关规定"。

第二，多层次、多部门立法，立法体系不协调、不统一。住房租赁立法的层次多，存在法律、行政法规、部门规章、地方法规和规章等不同的层次。由于法律、法规对许多重要的问题，如国有土地租赁，没有做出明确规定，实践中只能依据部门规章和地方规章加以调整，立法层次偏低。几乎每一部法律、法规的颁布都会导致各部门、各地方相应法规、规章的出台。由于住房租赁涉及到土地、房屋、城市规划，乃至社会治安等各个部门，导致住房租赁立法的主体多元化。对一个问题常常是各部门都各自从其职能管辖范围出发，从不同的角度做出规范，导致许多制度难以协调统一。同时，我国住房租赁立法在短时期内经历了由计划体制向市场体制的转化，但在很多立法中两者在理念上的巨大差异却远未融合。新出台的立法与旧体制下的规范之间不可避免地存在冲突，而住房租赁的实践又不断地突破原有法律的疆界。如国务院《城市私有房屋管理条例》第十六条第2款规定："出租人除收取租金外，不得收取押租或者其他额外费用。"但是各地的地方性法规或规章中却规定出租人可以在法定限额之内依约定收取保证金。这种立法体系上的不协调、不统一，导致法律规范适用上的混乱，制约了对承租人保障的充分展开。因此，建立统一住房租赁立法体系已经成为健全我国住房租赁法律制度的首要任务。

第三，以城市为单位的地方立法活跃，但全国性立法滞后，且各地发展不平衡。自从1992年12月《深圳经济特区房屋租赁条例》出台后，全国各大城市纷纷制定了相关的地方性法规或政府规章。尤其是近年来，随着各地住房租赁市场的飞速成长，北京、上海和天津等重要城市都陆续新颁布了住房租赁的专门立法，还有许多地区的立法正处在酝酿之中。然而，目前我国还没有专为房地产租赁而设的全国性的单行法律或法规。原有规章，如1995年建设部颁布的《城市住房租赁管理办法》等，也已经落后于社会现实，不仅无法为各地立法提供规范的指引，还在很大程度上制约了地方性立法的发展。此外，由于各地房地产租赁市场发展程度不一，造成各地区之间在立法上的不平衡。在一些经济发达地区的地方超前性地制定地方法规和规章的同时，很多省、市地方性住房租赁立法尚付阙如，甚至有些地区仍在适用原计划经济体制下的陈旧规定。

（二）我国住房租赁立法体系调整的建议

1. 明确住房租赁立法的功能和性质

如上所述，相对于西方各国的住房租赁立法体系，我国住房租赁功能中体现的最为鲜明的是经济和社会管理功能，主要是管理法。长期以来，无论是契约自由、出租人的私有财产权利还是承租人生产和生活的利益，都不得不让位于社会和经济秩序的需要。住房租赁立法的自治法功能和保障法功能没有得到完全的展开。在《合同法》出台后应当说住房租赁关系的自治性受到了一定的重视，但对承租人住宅权的保障却被置于契约自治与行政强制的夹缝中，没有得到应有的重视。因此，完善我国住房租赁法律体系，首先应对住房租赁立法的性质和功能进行准确的定位。住房租赁本质上属于平等主体之间的合同法律关系，维持私法关系的自治性应当成为立法的首要目标。与此同时，在承租人的生活、生产对租赁房地产存在依赖关系的情况下，为保障承租人的权利，法律应毫不犹豫地对契约自由和出租人的财产权利加以必要的限制，以实现立法的保障功能。至于房地产租赁法的经济和社会管理功能，固然也十分重要，但应限制在合理的范围内，不应与上述两者发生冲突。

2. 建立以民法典和住宅法为核心的立法体系

为充分实现住房租赁立法的自治法和保障法功能，我们认为未来住房租赁法律体系不宜再以行政管理立法为核心，而应当以制定中的《民法典》和《住宅法》为双核心。其自治法功能主要由《民法典》和针对住房租赁的民事特别法实现，其保障功能主要由制定中的《住宅法》实现。《住宅法》应规定对住宅承租人的特别保护措施以及廉租房等住宅保障制度，对于非住宅的其他房地产租赁则应由债法的一般规则加以调整。而在现行住房租赁立法中占主要地位的行政管理性立法，则应退居次要位置。

3. 制定住房租赁示范法，统一各地方性立法

针对我国各地住房租赁立法发展不平衡的现状，我们认为对于住房租赁中一些主要问题，宜通过《住宅法》加以统一。对于带有地方差异性的具体问题，则无须统一加以规定。可以借鉴美国的做法，制定住房租赁的统一示范法，供各地立法参照。从而使各地方立法在保留因地制宜的灵活性的同时，能够保持适度的平衡和统一。

三、各国住房租赁制度中的保障性措施

从各国立法实践中可以发现现代住房租赁立法发展中矛盾的焦点和对承租人住宅权的保障集中体现在住房租赁的对抗力、房东租赁终止权的限制、租金水平的合

理化、租赁住宅的适住性等方面。这些问题可以说是住房租赁立法中的保障性措施。

（一）提高住房租赁的对抗力

住房租赁对抗力主要体现为两个方面：一是承租人能否对抗以买受人为代表的第三人，即通常所说的"买卖不破租赁问题"。二是承租人能否对抗出租人，即能否转让租约或转租的问题。赋予租赁以对抗力，特别是对抗第三人的效力是对承租人获得稳定的法律地位最基本的保障。

1. 各国立法之规定

近代大陆法系民法最初采用罗马法中"买卖得破租赁"的主张，住房租赁非经登记不得对抗第三人。这种做法使得承租人处于非常脆弱的地位。以日本为例《民法典》（Civil Code）第 605 条虽然规定了不动产租赁登记制度，规定经登记后承租人能够对抗第三人，但法律规定登记需要出租人同意，却未规定出租人的协助义务。由于登记对出租人而言实为有害无利，因此实践中登记并不普及，租户无法得到相应保护①。出租人意图收回房屋或提高租金遭到承租人反对时，可以通过虚假的土地交易来达到目的。以至于在日本历史上的明治时期一度出现"地震买卖"的社会问题②。为此，日本通过 1909 年《建筑物保护法》（Building Protection Act）赋予租赁权无须登记即可对抗第三人的效力，在其后的历次修正中这种对抗力又得到不断地增强，只要住宅已经交付即具有对抗力。

由于租赁在大陆法系的传统理论中被认为是债权，根据近代民法的规定除非出租人同意，租赁权不得转租或转让，否则出租人有权解除租约。仍以日本为例，《民法典》第 612 条规定了出租人在承租人擅自转租时的解约权。然而，由于灾害战争及其引发的普遍性住宅紧缺，转租和转让租赁权的情况时有发生，甚至成为普遍现象。如果一概否认这些转租和转让，社会上相当多数的民众的居住和生活就得不到法律的保障。因此，日本法院通过民法解释学的运用，作出有利于承租人的判决，限制了《民法典》第 612 条解约权的行使，从而部分认可了未经出租人同意之转租的效力。例如，1953 年日本最高法院在判决中宣称："《民法典》第 612 条解除权的行使，在有特别事由不足以认定转租行为构成背信的场合不予承认。"③ 1966 年修订的《借地法》（The Act of Land Leasing）明确了在土地租赁中无须经出租人同意，在

---

① 我妻荣．债法各论（中卷一）．言波书店．昭和 49 年：419．转引自：温丰文．论租赁物权化之范围．东海大学法学研究．19：204．
② 当时日本住房租赁主要以宅地租赁为主，承租人租地后自建住宅，多为木结构房屋。出租人收回土地时需要将承租人住宅强行拆除，对承租人而言就如同遭遇地震一般。转引自：段匡．日本民法百年中的债法总论和契约法．环球法律评论，2001 秋季号：304．
③ 最判昭和 28 年 9 月 25 日民集七卷九号 99 页。转引自：菅野耕毅．诚实信用原则与禁止权利滥用法理的功能．傅静坤译．外国法译评，1995（2）：43．

一定条件下只需法院许可土地租赁权即可转租或转让。

英美法系各国财产法源于日耳曼法。因为租赁对物的直接支配关系，传统上就将租赁权列入对物权的范畴。以英国法为例，英国 1925 年《财产法》（Property Law）规定经过正式程序，即通过出租人出具盖印的权利转让契据设立的租约被确立为租赁地产权①。如果租期在三年以下，即使未经正式程序也可有效成立租赁地产权②。租赁地产权属于法定地产权，具有对世效力，在自由地产回复权转让时，可以对抗受让人。如果租约中没有相反规定，承租人可以以自己享有的利益为限为租约之转让或转租。

2. 我国的立法现状

我国《合同法》第二百二十九条规定："租赁物在租赁期间发生所有权变动的，不影响租赁合同的效力。"该条系对"买卖不破租赁原则"的概括性规定，并未区分合同的效力、履行和转移。《最高人民法院关于贯彻执行〈中华人民共和国民法通则〉若干问题的意见（试行）》第一百一十九条第 2 款明确规定："私有房屋在租赁期间，因买卖、赠与或者继承发生房屋产权转移的，原租赁合同对承租人和新房主继续有效。"《合同法》的规定可以依次解释为在租赁期间，住宅的所有权发生转移，原租赁合同确立的租赁关系在承租人与新所有人间仍然有效。法律没有规定这种对抗力的取得需要以登记、公证或者其他条件为前提。

然而各地颁行的地方性法规和规章中却规定住房租赁如果未经登记备案不具备对抗第三人的效力。如《上海市房屋租赁条例》第十五条第 2 款规定："房屋租赁合同未经登记备案的，不得对抗第三人。"《广州市房屋租赁管理办法》第六条规定："房屋租赁实行登记制度，未经租赁管理机构登记的租赁行为不受法律保护。"这些规定的目的主要是着眼于加强对租赁市场的管理，维护交易的安全，突出地体现了我国现行住房租赁立法"管理法"的功能定位。但却忽视了对处于弱势的承租人的保护。在许多情况下，外来人员在租赁房屋时可能由于不熟悉当地法规或规章而未要求登记。而即使承租人提出登记要求，在住宅短缺的情形下，是否登记的决定权操之于房东。房东完全可以规避登记而取得有利地位。这不免让人忧虑是否会产生类似日本明治年间发生的"地震买卖"的社会问题。

3. 分析与建议

我国《合同法》对住房租赁无需登记即可具备对抗力的规定符合现代民法"从所有到利用"的社会化趋势，对承租人的保障较为充分。与之相反，一些地方性立法仅仅为了配合强制登记备案制度而限制租赁对抗力的做法则存在不妥。如此不仅

---

① s52. Law of Property Act，1925.
② s54(2). Law of Property Act，1925.

忽视了对弱势承租人的保障，与《合同法》及司法解释的规定也不无相背之处。有关政府应当转换观念，树立承租人住宅保障优先的理念，以此为出发点，再行考量维护城市管理秩序和交易安全的配套措施，不宜反向而行。

（二）限制房东的租赁终止权

对住房租赁终止权的限制包括两个方面：①对定期租赁租期内以及不定期租赁中房东解约权的限制。②对租期届满后房东拒绝续约权的限制。对租赁终止权的限制使得房东不得任意地驱逐承租人，保证了租赁关系的稳定，降低了非自愿搬迁发生的可能性。这是现代住房租赁法对传统租赁法最重要的突破之一。

1. 各国立法之规定

日本。日本《民法典》将租赁分为定期与不定期两类。对于未定期限的租赁关系，《民法典》第 617 条规定无论出租人或承租人均可随时提出解除。对于定期租赁之房屋，《民法典》第 604 条规定在租约期限未满之前不得收回，但其最长期限不得超过 20 年，且出租人可以在契约中特别约定解除权，从而可以随时终止租赁。为了保护承租人，日本法院在裁判中引用"权利滥用"和"诚实信用"两大原则限制了《民法典》中房东任意解除租约的权利。在法院判例的基础上，昭和 16 年（1941 年）《借家法（修正）》（The Act of Housing Leasing）对出租人解约权和拒绝更新权作出了限制，规定出租人"非有自用之必要或其他正当理由，不得拒绝契约之更新或终止契约。"同年《借地法》（The Act of Land Leasing）也经修正，对土地所有人的拒绝更新权作出了同样的限制。对于正当理由的内容除自用之必要外法律并未明确规定，而是列举了一些须加以参酌的因素，其能否成立必须由法院衡量各种利益后作出判断。1991 年 10 月通过了《借地借家法》（The Land and Housing Leasing Act）区分了普通借地权与定期借地权。对于普通借地权，该法第 6 条吸收了判例中所确立的原则，明确规定了拒绝更新租约的正当理由的考量事项，除考虑借地人（即出租人）自用之必要外还须考虑"借地权人（包括转借地权人，该条中下同）使用之必要性、有关土地租赁之经过、土地之利用状况、借地人就返回土地所提出之条件或就土地之返还对借地权人所提出之财产给付。"定期借地权包括长期借地权、附建筑物转让特约的借地权以及短期借地权三种形式。法律解除或弱化了对定期租赁的解除权限制和法定更新要求。对于借家权，该法第 28 条明确规定要判定拒绝更新或解约的正当理由成立，除了考虑建筑物的出租人及承租人（包括转租人，该条中下同）使用之必要外，有关建筑租赁之经过、建筑物之利用状况及现状、出租人向承租人就返还建筑物所提出的交换条件或财产给付都须加以衡量。

英国。在英国，根据普通法的规则定期租赁期满后租赁保有权即告消灭，逐期租赁中房东只需提前通知租户便可解除租赁。政府通过社会化立法对房东的解约权加以限制。根据 1977 年《租金法》（Rent Act）凡适用该法的租赁在租约期限内是

"受保护的租赁"（protected tenancy）①，除非租户丧失（forfeiture）② 或放弃（surrender）租赁权，否则其占有受到法律严格的保护。而在租期届满后，原租赁关系虽然终了，但此时在房东和租户之间自动成立"法定租赁"（statutory tenancy）③。受保护的租赁和法定租赁合在一起便是所谓的"规制租赁"（regulated tenancy）。法律赋予了规制租赁的租户稳定的地位。不论在定期租赁还是逐期租赁中，房东除非经过法庭的正式判决不得终止租赁关系。为了得到法庭许可收回房屋房东必须证明其具有法律规定的正当及充分的理由。这就使租户得以免遭房东的任意驱逐，保护了居住的稳定和安全。租户可以得到合适的替代住所是一个可以成立的理由④，或者房东能够表明存在"占有的理由"（a established ground for possession）。但只有具备法律规定的"强制性占有理由"（a mandatory ground for possession），房东才能在租约届满时自动回复对其财产占有。要构成强制性理由，一般而言房东必须曾经在该处住宅中居住过（as his or her residence），并且在订立租约前曾经通知租户其有可能需要收回房屋使用，而现在因为某种原因产生使用的需要⑤，或者双方事前约定房东退休后会收回房屋供自己居住，或存在法律规定的其他特定事由⑥。而如果仅仅依据租户违约如拖欠租金等理由，只能构成"自由裁量的占有理由"⑦。和存在可替代居所的理由一样，此时必须经过法院裁量，在法院判定这些理由合理成立后房东才能享有回复占有的权利。

在 1977 年《租金法》的保护下，租金水平以及房东收回房屋的权利作为租赁关系的两大核心内容受到法律严格的规制。正如上诉法院法官纳斯（Nourse LJ）所指出的那样："租赁关系需要经由契约产生，但并不需要经由契约继续。"⑧

1988 年《住宅法》规定了两种新的租赁形式："受保证的短期租赁"以及"受保证的租赁"。1996 年《住宅法》继续保留了这两种租赁形式，只是略有修订。根据

---

① s1. Rent Act，1977.

② 租约中往往约定租户不按约定交纳房租或有其他违约行为，房东有权解除租赁。房东的这种违约解除权就是 forfeiture，此时租户"丧失"其租赁权。这种违约解除权必须在租约中明确规定，并且依据 1925 年《财产法》第 146 条的规定："以未交纳租金以外的违约事由提出解约必须履行通知程序，使得租户能有合理的时间矫正自己的违约行为，从而得到充分的救济。"

③ s2. Rent Act，1977。这种法定租赁权类似大陆法系民法中租约的法定更新。

④ s98（1）（a）. Rent Act，1977.

⑤ 这些原因包括：房东自己或其亲属居住的需要；房东死亡其家人需要使用房屋；已故房东的法定继承人居住或其他使用的需要；抵押权人行使空屋抵押权出售房屋；房东因欲购买适合自己的其他住宅而出售该房产。

⑥ Part Ⅱ，Sch 15，s98（1）（b）. Rent Act，1977.

⑦ Part Ⅰ，Sch 15，s98（1）（b）. Rent Act，1977.

⑧ Paul Jackson & David C. Willde. The Reform of Property Law. Aldershot：Ashgate Dartmouth，1997：73.

1988年《住宅法》，同以往一样，除非租户自己放弃权利，房东如要解除租赁必须经过法庭许可，取得占有令①。在定期租赁的租期届满后，如果租户仍然居住在住宅中，而双方又没有达成新的租约，则自动成立法定的逐期租赁关系。法定租赁的条件与原租赁相同，但在第一年内，双方可以通知对方提出变更包括租金在内的租约内容②。通知程序与上述变更租金的程序相同，如有争议亦可提交租金评估委员会解决。

虽然仍保留了法定租赁的规定，但依据新法取得法庭的占有令对于房东来说不再是遥不可及的事情。同受保护的租赁一样，必须具备充分的理由才能获得法庭的占有令，这些法定理由同样分为强制性理由和自由裁量的理由两种。同租金法相比，受保证租赁中房东强制性回复占有的理由有所扩大。新增的理由包括：①房东意图拆除住宅之全部或主要部分而为重建，或欲在住宅或住宅的某些部分开展主要工作，而需要恢复占有。双方可以就此进行磋商，但即使未达成协议，房东亦可取得占有令。②租赁因原租户死亡而被转移，但并非通过法律规定的继承程序。在该租户死亡后的一年内，房东可以启动回复占有的程序，获得占有令。③根据1996年《住宅法》的规定，租户拖欠房租累计超过一定数额房东即可获得法院的占有令，而在《租金法》中拖欠租金属于由法院裁量的理由。只要具备合理的理由，房东就可以通知租户展开回复占有的程序，从法院获得占有令收回房屋。

当然如果在定期租赁的租期内，即使构成合理的理由房东也无权依据上述程序回复占有，而因违约主张租户"丧失权利"（forfeiture）的解约请求亦受到法律的严格限制。但房东可以在租约中规定收回房屋的权利（recovery）③，如果房东依据约定收回房屋，租户不能得到上述程序中的救济。

美国。在美国联邦公共住宅、接受联邦补贴的私有出租住宅以及各地受管制的私有出租住宅的租户受到正当理由驱逐的保护，没有正当理由房东不得解除或者拒绝更新租约。法律对正当理由内容的规定较为详细。在正当理由驱逐的保护下，租户可以要求更新租约，房东除非向法院证明存在正当理由，否则不得拒绝租约更新，而租户对房东提出的理由拥有辩论和反驳的权利。可以说，租户在一定程度上享有了默示的续约选择权。在某些场合，法院对这种默示续约权的保护已经上升到财产权的高度，也就是说租户续租的愿望得到了社会的认可，成为租户享有的一种法定权利。

在联邦住宅项目中，租户在正当理由驱逐的保护下拥有的续租权最初并不是由政府规章授予的，而是由法院通过一个个判例逐渐确立起来的，其中宪法中的正当

---

① s5（5）. Housing Act，1988.

② s6. Housing Act，1988.

③ s7（6）. Housing Act，1988。这是普通法中规定的程序，承租人在必要时可不经诉讼程序强制驱逐承租人。

程序保护①发挥了重要作用。

在地方公共住宅管理局（PHAs）作为公共住宅的房东设立之初，它们与租户之间的关系和私有住房租赁关系一样适用各州的不动产租赁法②。直到 20 世纪 60 年代，公共住宅管理局驱逐租户的权利几乎不受任何限制③。基于普通法和各州立法，法院允许公共住宅管理局以任何理由驱逐租户，不需要经过行政听证程序也不必书面陈述理由④。然而，由于公共住宅管理局的政府背景，它用来驱逐租户的理由中有许多因牵涉到敏感的政治和社会问题而引起了广泛的争议。这些理由包括：租户带有非婚生子女⑤，租户的性取向问题⑥，租户为罪犯的家属⑦等等。同时，公共住宅管理局还以驱逐作为威胁要求租户们遵守一些并不十分合理的规章，例如每月接受入室检查，限制孩子们的活动⑧。租户不得不容忍这些规定对其生活的扰乱。

同样是在进入 20 世纪 70 年代之后，发生在最高法院的"程序性革命"终结了各地公共住宅管理局对租户任意驱逐的权利。在 1970 年格德伯格诉凯利案以及随后的贝尔诉伯森案中，最高法院基于福利社会中"新财产"的概念，将财产权的范围扩大到社会福利、政府职位以及经营许可等一些原本被视作是政府馈赠（Government Largess）的个人权利，认为对这些权利也应当适用正当程序保护⑨。

格德伯格案判决的同一年，在伊斯卡勒拉诉纽约市住宅管理局案中，第二巡回

---

① 《宪法》第 5 修正案规定"任何人非经正当法律程序，不得被剥夺生命、自由和财产"，第 14 修正案规定"各州非经正当法律程序不得剥夺任何人的生命、自由和财产"。法院在依据上述规定保护公民权利的过程中逐步发展出正当程序保护原则（Due Process）. 参见：张千帆. 西方宪政体系（上册·美国宪法）. 北京：中国政法大学出版社，2000.

② Walton v. City Of Phoenix，69 Ariz 26，208 P2d 309，310-11（1949）. 该案判决中认定地方住宅管理局在驱逐租户的问题上同私有住宅房东享有相同的权利和救济。

③ Marc Jolin. Good Cause Eviction and the Low Income Housing Tax Credit. 67：521 The University of Chicago L. Rev. 530（2000）.

④ Smalls v. White Plains Housing Authority. 34 Misc 2d 949，230 NYS2d 106，108（Sup Ct 1962）.

⑤ McDougal v. Tamsberg. 308 F Supp 1212，1216（D SC 1970）. 转引自：Marc Jolin. Good Cause Eviction and the Low Income Housing Tax Credit. The University of Chicago L. Rev. 530（2000），at 530.

⑥ Johnson v. New Rochelle Municipal Housing Authority. 39 Misc 2d 138，253 NYS2d 39，40（Sup Ct 1964）. 该案中法院许可 PHA 以租户为同性恋为由将其驱逐。

⑦ New York City Housing Authority v. Watson. 27 Misc 2d 618，207 NYS2d 920，922-23（Sup Ct 1960）. 该案中租户的丈夫入狱，纽约市住宅管理局因此以宣称租户及其子女为"不受欢迎的租户"（undesirable tenants）将其驱逐。

⑧ Marc Jolin. Good Cause Eviction and the Low Income Housing Tax Credit. The University of Chicago L. Rev. 530（2000），at 531.

⑨ Goldberg v. Kelly. 397 US 254（1970）. 最高法院在该案判决中指出，宪法前言要求政府促进"普遍福利"，因而对公民至关重要的社会福利，不能再视为随时都可以取消的馈赠，而是类似于财产的个人权利，政府在剥夺这项权利前必须经过某种公正程序。参见：张千帆. 西方宪政体系. 北京：中国政法大学出版社，2000：224.

法院就将最高法院确立的规则引入了公共住房租赁。巡回法官们判定："尽管公共住宅被看作是一种特殊待遇，如果没有向租户提供充分的程序保障，政府不得剥夺公民个人继续租赁公共住宅的权利。①"但该案只是要求驱逐必须经过一定程序，对驱逐的理由没有作出特别要求。在 1973 年乔伊诉丹尼尔案中，法院判定正当程序保护不仅要求对驱逐加以程序上的限制，还要求驱逐必须具备合法的理由。而仅仅以租赁到期为由是不充分的②。

此后，正当理由驱逐保护被明确写入了联邦法规，例如有条文规定："除非租户严重或屡次违反租约的实质性条款，例如未按约定交纳租金，或有其他正当理由，地方住宅管理局不得终止租赁或拒绝租约更新。"③ 并逐渐扩展到其他接受政府补贴的项目，包括接受补贴的私有出租住宅。其中最主要的是所谓的"第 8 节　住宅"和 LIHTC 项目。

在"第 8 节"项目中，联邦向租户提供补贴，由租户自行寻找住宅，可以是公共住宅也可以是私有住宅。虽然住宅为私有财产，但只要房东与接受补贴的租户订立租约即为加入了该项目，其拒绝续约的权利也将受到限制。不仅如此，房东自由退出"第 8 节"住宅项目的要求也遭到一些法院的拒绝。在坦普利顿·阿姆斯诉菲因斯案中，房东以要退出政府资助项目为理由驱逐受"第 8 节"住宅补贴的租户。法院认为"必须将房东不再继续参加'第 8 节'项目的权利和租户不受任意驱逐的权利相互权衡"，判定法律禁止房东退出该项目以及无正当理由驱逐租户④。这已经突破了正当程序保护的范围（限制联邦和州对公民个人的权利），事实上构成了对私有财产权的限制⑤。租户生存权相对于天平另一端的房东财产权又一次得到了法律的优先考虑。

对于正当驱逐是否适用于 LIHTC 项目，各州的做法并不一致，有学者认为从对相关法律条款的分析看，应当为 LIHTC 项目下的租户提供正当驱逐的保护⑥。虽然住宅和城市发展部（HUD）以及各级法院对正当理由驱逐在联邦住宅项目中适用的范围不断有所调整，但总体而言，公共住宅或接受联邦补贴的租户依旧享有非成立

---

① Escalera v. New York City Housing Authority. 425 F2d 853 (2d Cir. 1970).

② Joy v. Daniels. 479 F2d 1236 (4th Cir. 1973).

③ 24 CFR § 966 4 (1) (2) (i).

④ Templeton Arms v. Feins. 531 A. 2d 361，370 (N. J. Super. Ct. App. Div. 1987). 转引自：Joseph William Singer (1997). Property Law. 2nd ed. Aspen Law & Business：804 below.

⑤ 波斯顿．美国财产法的当前发展趋势．张礼洪译．外国法译评，1994（3）：67.

⑥ 向租户提供此类保护的州包括亚利桑那州、加利福尼亚州、特拉华州、堪萨斯州等。参见：Marc jolin. Good Cause Eviction and the law Inome Housing Tax Credit. 67：521 The Unitersity of Chicago L. Rev. 530 (2000).

正当理由不受驱逐的法律地位①。对于私有住房租赁中的正当理由驱逐。在州一级的辖区，只有新泽西州和哥伦比亚特区（即首都华盛顿特区）有反驱逐的明文立法。但在一些实行租金管制政策的自治地方，如纽约市，作为配套措施也都给予受管制住宅的租户正当理由驱逐的保护。

新泽西州1974年立法通过了《反驱逐法》（Anti-Deportation Act）②，规定了对房东终止租赁或拒绝更新租约的限制，同时也规定了租金管制立法③。其适用对象为特定豁免住宅外的全部出租住宅④，包括机动住宅（mobile home）以及机动住宅的基地⑤。该法列举了13条收回房屋的正当理由⑥，可以将其分为两大类叙述。首先，租户包括违约在内的不当行为可以成为被驱逐的正当理由。例如："（a）拖欠租金，包括（f）经房东有效合理增加的部分，或（j）经书面警告仍多次无合法理由拖欠租金的情况；以及在被书面通知警告后，（b）仍然持续扰乱居住者、其他租户或邻居的安宁；或（d）违反房东制定的合法规则；或（e）违反双方之合法协议；以及（c）因故意或重大疏忽致使房屋损坏、财产损失及人身伤害；以及（i）拒绝契约更新时合理的条件变更。其次，虽然租户没有上述不当行为，法律为保护房东基本权利并避免强制履约或更新对房东造成严重的不利后果，在某些场合仍允许房东收回房屋。例如，（g）因该房屋违反住宅条例或分区规划的要求，房东欲搁置、拆除、改善该处房屋，或因该处房屋位于政府规划的旧城改造区域之内不得不永久退出租赁市场；又或（h）因其他原因房东意图将该住宅永久性退出租赁市场；以及（k）转换为多套式公寓、合作公寓或自由所有权建筑；（l）被转换的公寓的所有人将该住宅出售给欲自己居住的买主而合同约定在履约时必须空出房屋，或该所有人欲自己居住；（m）房东因租户为其工作而租赁住宅给租户，现工作关系已经结束。"

该州1981年制定的《老人及残疾人士受保护租赁关系法》（Senior Cifizen and Disabled Protected Teuaney Act）⑦ 对上述（k）、（l）两项中规定的公寓转换进行了

---

① 在全球性缓和规制的潮流中，对租户的这种保护不断经受着考验，最近十年来反对者先后提出1995年公共住宅改革和授权法案以及1997年住宅机会和责任法案，要求在第8节等项目中将正当理由驱逐限定在租赁期间之内。这些法案直到本世纪初尚未获得通过。

② New Jersey Anti-Eviction Act. N. J. Stat. Ann. § 2A：18-61. 1 to 61. 12 (1987 & Supp. 1992). 法条原文可参见：Joseph William Singer, Property Law. 2nd ed. Aspen Law & Business. 1997：739-741.

③ 租金管制问题将在本文下部分专门讨论。

④ 其豁免对象为：①所有人自住的不超过两个以上出租单位的住宅；②旅馆；③汽车旅馆（motel）；④除②、③以外其他种类的旅客住房（guest house）；⑤部分出租给短期旅客或季节性租户的住宅。N. J. Stat. Ann. § 2A：18-61. 1.

⑤ 虽然称之为机动住宅，但事实上这些住宅很少移动，通常都固定地停在基地上，因为现代社会所有土地都是有归属的，要取得对基地的权利并不是容易的事情。

⑥ N. J. Stat. Ann. § 2A：18-61. 1 (a)～(m).

⑦ Senior Citizen and Disabled Protected Tenancy Act，N. J. Stat. Ann. § 2A：18-61. 2 to 61. 36.

限制。该法保障的对象为老龄及残疾人士，在公寓转换发生后，这两类租户被该法赋予"受保护的租赁期间"，在此期间内房东不得以公寓转换为理由收回住宅。该期间最长可达 40 年，而如果房东无法替租户寻找到合适的替代住宅，租户还有 3~8 年的交付期（lead time）。

1989 年该州修正了《反驱逐法》，增加了 3 个收回住宅的正当理由：租户因毒品而获罪、租户攻击房东以及房东以前述理由诉请租户承担赔偿责任①。

哥伦比亚特区与纽约市等自治地方的法规所规定的正当理由根据各地情形并不完全相同，例如为防止无处搬迁的租户受冻街头，哥伦比亚特区特别规定即使具备法律规定的合理理由，房东亦不得在天气预报未来 24 小时温度低于华氏 25°的情况下驱逐租户②。但主要理由大体一致，都包括租户不当行为以及房东收回房屋的必要性两方面。前者如租户严重违约，尤其是拖欠租金或损害房屋的行为，后者如房东或其亲近家人自住需要以及对某些重大的财产处分权利的行使③。

除了要求具备正当的实体理由，各地还都对驱逐的程序加以严格限制。除诉讼仍为必经程序外，又添设了一些行政性程序要求，例如在哥伦比亚特区，规定如果房东基于拖欠租金以外的其他正当理由驱逐租户，在履行通知义务时，除了按通常要求提前通知该租户外，还应当通知租赁管理部门，并且必须在通知中具体表明所主张的正当理由④。纽约市的法律规定在某些特定情况下，房东要行使驱逐权必须从租赁管理部门取得驱逐许可证。该市租赁管理部门有权制定相关规章，规定在发现房东有不合法的行为时可以拒绝房东的申请或撤销已经签发的许可。而要取得该许可，房东必须将其申请许可的事宜先行通知租户，并承诺遵守许可证上的条件。这些条件是依据房东提出的正当理由而依法附加的，例如，以自己和家人居住需要为由收回房屋，必须在 30 日内入住该处住宅，并保证在驱逐后 1 年之内不再出租或借给第三人居住；以退出租赁市场为理由驱逐租户，在收回房屋 1 年之内，不得出租或出售该住宅或以与驱逐许可证明之规定相悖的方式使用该处住宅；以改善房屋为由收回住宅，必须在驱逐后 90 日内开始改造工程，并以保证工程以合理的进度进行；等等。如果房东违反了许可证上的条件，租赁管理部门可以撤销许可，而被驱

① 谢哲胜．房租管制法律与政策．台北：五南图书出版公司，1997：22.
② District of Columbia Code Annotate § 45-2551（k）（1981 & Supp. 1995）。法条原文可参见：谢哲胜．房租管制法律与政策．台北：五南图书出版公司，1997：257.
③ 房东及其家人的居住需求与租户的居住需求是同质的权利；而对重大财产权利，如处分权行使的限制则将构成对财产权的实质性侵犯，构成准征收。有关实质性侵犯理论或准征收的概念可参见：陈新民．宪法财产权保障之体系与公益征收之概念．德国公法学基础理论（下册）．济南：山东人民出版社，2001：447；谢哲胜．准征收之研究——以美国法之研究为中心．中兴法学（40）.
④ District of Columbia Code Annotate § 45-2551（a）.

逐的租户可以要求原房东给予 3 倍的损害赔偿①。

由于种族问题在美国的特殊性，联邦立法明确规定房东不得以歧视的理由驱逐租户。此外，旨在保护与租赁相关的租户其他宪法权利的禁止报复性驱逐的规则也限制房东任意地终止租赁，当然其效果只是临时性的。

德国。为了维护住房租赁的稳定，德国法律对订立定期租赁合同设定了条件。根据德国《民法典》（Civil Code）第 575 条规定："在签订定期的住房租赁合同时，出租人必须书面告知承租人限制租赁期限的理由。"法律认可的理由包括：①租期届满后，租赁房屋将被用于自用、供亲属或同居人使用。②基于合法的原因和方式，租赁房屋需要拆除、大修或者处于其他不解除合同就会严重影响其进展的状态。③将租赁房屋提供给服务提供人（如房东的雇员等）居住。在租赁合同到期前，承租人有权询问该理由是否仍然存在。出租人有义务再次以书面形式作出充分具体的说明，例如，如果房东要将房屋供亲属使用，必须在通知中说明亲属的姓名及必要信息，以便承租人事后核实。如果房东没有履行上述告知或通知义务，或其限制租期的理由有违法律的规定，或有关理由不复存在，则承租人仍可主张有关租赁合同为不定期合同，在该期限届满后继续使用有关房屋。

对于不定期住房租赁合同，法律规定了房东解约的条件。首先，德国《民法典》第 573 条规定房东要解除合同必须具有"正当利益"（ein berechtigtes Interesse）。法定的"正当利益"包括：①承租人存在过失，严重违约。②房东有自用需要或要将租赁房屋提供给亲属或同居人使用。③租赁关系的继续存在将影响租赁房屋的价值实现，但是房屋可以更高价格出租或出售给第三人不能成为"正当利益"。此外，根据《民法典》第 575 条规定，房东不得以提高租金为目的解约。为了更大限度地保障承租人的居住生活，德国《民法典》第 574 条还规定，如果承租人在租赁合同中的利益大于出租人，解约对于承租人、承租人的家庭或其他亲属而言过于严苛，此时即使房东有正当理由也不得解除合同，比如，承租人经过合理努力后仍无法找到适当的替代住宅。

2. 我国的立法现状

依据我国《合同法》第二百一十五条，我国住房租赁可以分为定期租赁和不定期租赁两种。对于不定期租赁，根据《最高人民法院关于贯彻执行〈民法通则〉若干问题的意见》（试行）第一百一十九条第 3 款的规定，房东可以以自住为理由收回房屋。而根据《合同法》当事人可以随时解除合同，房东只需在合理期限之前通知承租人即可，无需具备任何理由。有些地方，如上海市在地方法规中规定公有居住房屋的出租人不得任意终止租赁关系。对于定期租赁，租期届满后租赁关系即告解

---

① 谢哲胜．房租管制法律与政策．台北：五南图书出版公司，1997：42-43.

除，出租人有权收回房屋。在定期租赁的租期内，出租人要求解除合同必须具备法律规定的正当理由。综合我国相关相关立法，这些理由主要包括：①将承租的房屋擅自转租、转让、转借他人或擅自调换使用的。②擅自为改建的。③擅自改变使用用途的。④拖欠租金累计超过法定期间以上或连续拖欠租金的。⑤利用承租房屋进行违法活动的。⑥故意损坏房屋或造成房屋主体结构损坏的。⑦公有住宅无正当理由闲置超过法定期间的。上述情况下，出租人有权驱逐承租人，法律对承租人的保护仅限于在承租人一时搬迁有困难时给其一个合理的腾房期限。

值得注意的是，西方国家几乎都将有自用之必要列为出租人收回房屋的首要的正当理由。而在我国依据有关法规除非具备上述法定理由"出租人在租赁期限内，确需提前收回房屋时，应当事先商得承租人同意。"因此，自用之必要在我国反而不是法律规定的正当理由。这从另一个角度说明了我国在立法时并未充分考虑双方生活的现实需要，忽视了隐藏在财产关系后的住宅保障。

对于租赁的法定更新（法定续约权）我国立法并未认可。根据契约自由的原则，出租人享有当然的拒绝续约的权利。在现有立法中，该项自由只是受到微弱的限制：①拒绝续约必须以明示的方式作出。根据《合同法》第二百三十六条的规定，租赁期间届满后，如果承租人继续使用房屋，而出租人没有提出异议，此时原租赁合同继续有效，成为不定期租赁关系。但出租人仍可经提前通知随时提出解除合同，并不需要具有正当理由。②赋予承租人优先承租权。在一些地方立法中规定租赁期间届满后，如果出租人继续出租该住宅，承租人在同等情况下有优先承租的权利。然而，出租人拒绝续约的原因常常是出于对更高租金的追逐，因此这种措施对承租人的保障作用是有限的。此外，在各地立法中还有规定要求承租人在法定期限内提出续约要求。这种规定的目的仍然在于加强对租赁的管理，但无形中加大了承租人续约的难度。

3. 分析与建议

可见，我国现行法律对于出租人终止租赁权利的限制十分有限。对于承租人的保障并无特别偏重。虽然一些发达国家，例如，英国在 20 世纪末亦呈现出同样的发展趋势。但应当看到，英国等发达国家在住房租赁立法社会化后出现的缓和规制，或者说自由化倾向的背景是这些国家城市化的进程已经完成，城市住宅问题基本得到缓解，住宅承租人的构成也发生了变化。例如，英国 20 世纪初，城市人口中 90% 租房居住，而到了 20 世纪 70 年代以后，私有租赁住宅在住房租赁总量中仅占到 7% 的份额。覆盖面较广的公共住宅保障了大部分中、低收入群体的住宅需求。可以说保障性的住房租赁立法已经完成了大部分历史任务。因此，撒切尔夫人的自由化改革并没有带来严重的住宅问题。

我国在今后 10 年左右的时期仍将处在城市化的波峰，私有住房租赁部门仍将承担为大量涌入城市的外来人口解决居住问题的任务。而我国廉租住宅等公共保障住宅制度尚不完善，在大部分地方尚未向外来人员开放。对比西方各国，租赁的法定更新等制度正是这些国家在处于城市化进程的高峰期，为解决城市住宅短缺引发的社会矛盾而制定的措施。在社会结构和发展进程如此相似的情况下，很难说我国就不存在类似的制度需求。

（三）控租保障住房可负担性

1. 各国的规定

控租，又称租金管制，即对租金水平的限制。这是最能代表现代住房租赁立法保障法性质的措施。西方各国在第二次世界大战中都曾经直接对住宅租金进行管制，一些国家战后废止了控租立法，但也有许多国家将控租措施长期化，作为应对和平时期住宅危机的重要举措。

日本。第二次世界大战中日本战败，经济遭受重创，许多城市建筑毁于战火，致使住宅短缺严重，租金飞涨。日本在战时和战后初期颁布《物价统制令》（Price Control Act），严格控制租金的增长。进入经济高速发展时期后，日本地价以惊人的速度膨胀，若依据地价涨幅调整租金无疑将严重危及人民的居住状况，激化社会矛盾，因此虽然《物价统制令》作为特殊时期的非常措施，效力已经丧失，但为了保持社会秩序，对租金的增加必须进行限制的观念却延续下来。对于承租人提出的增加租金的请求，法院普遍持较为谨慎的态度[①]。

英国。1915 年，为规制住房租赁关系，稳定社会局面，英国政府颁布了《租金及抵押贷款利率（临时限制）法》（Rent and Mortgage（Temporary Restrictions）Act）。这是英国法制史上第一部《租金法》（Rents Act 1915），其目的在于控制租金增长，并且在租赁关系结束后保护承租人免遭逐出住所，从而保证了承租人能够享有负担得起的住所。该法规定除少数高档住宅外，所有住房的房租都以 1914 年 8 月的价格为标准。这种确定租金标准，并控制其增长幅度的立法技术不仅被以后的几部《租金法》沿用，还影响到美国等其他国家的住房租赁立法。第一次世界大战结束后英国于 1919 年颁布《住房与城镇规划法》，对《租金法》中作为临时限制措施的私房租金控制政策加以肯定。在 20 世纪 20～30 年代，政府继续采用一战时的租金管制政策，同时也采取一些措施放宽 1915 年《租金法》的管制，以使得租金的增长能够同房屋的维护成本相适应。第二次世界大战的爆发又引发了新的立法管制。1938 年的《租金法》规定房东要增加房租必须履行通知程序。"二战"后，1957 年《租金法》解除了对部分高价值住宅的租金管制，但其他住宅仍然处于管制之下。而 1965 年《租金法》将租金管制由直接以建筑物总体价格为基准确定租金限额的统制（con-

---

① 水本浩. 地代·家赁//契约法大系Ⅲ赁贷借·消费贷借. 东京：有斐阁，1962：115.

trol）方式，转变为采用公平租金（fair rent）为基础的规制方式（regulate），并设立了专门的租金评估委员会（RAC），由该委员会确定公平合理的租金水平。所谓"公平租金"是指不考虑住宅短缺的情况而完全根据房屋的不同状况可能达成的租金。这几部法案的内容后来大部分被合并到1968年《租金法》中，其适用范围仅限于小规模住宅，而附有家具的住宅最初不在其管制之列。到了20世纪70年代，房东纷纷为出租住宅配上十分简陋的家具，以此规避法律的适用。因此1974年《租金法》将租金管制的适用范围扩大到有家具的租赁住宅，但房东本人也居住在同一住宅内的情况则被排除在外，这部分是为了鼓励私人将自用住宅的空房出租，以缓和住宅紧缺的需要。而对房东本人住宅权的考虑也是原因之一。

1977年《租金法》是上述法案的集大成者，在1988年《住宅法》（Housing Act 1988）生效前（1989年1月15日以前）成立的私有住宅租约至今仍然适用该法。该法适用于"作为独立住所出租的住宅"①。凡适用该法的租赁在租约期限内是"受保护的租赁"（protected tenancy）②，除非租户丧失（forfeiture）③ 或放弃（surrender）租赁权，否则其占有受到法律严格的保护。而在租期届满后，原租赁关系虽然终了，但此时在房东和租户之间自动成立"法定租赁"（statutory tenancy）④。受保护的租赁和法定租赁合在一起便是所谓的"规制租赁"（regulated tenancy），它在确定租金标准的方式上区别于受更早的《租金法》保护的"统制租赁"（controlled tenancy）。1977年《租金法》承袭了1965年《租金法》创立的"公平租金"体系，力图排除市场供求关系对租金价格的不当影响，使租金成为房屋自身真实价值的体现。租赁双方可以申请登记公平租金⑤。经过登记后房东在2年内一般不得要求提高租金水平，只能在2年之后提请复审（reviewing）。除非租户同意增加租金，或者租金已经无法反映该住宅和住宅所在地区改良后的水平⑥，又或者房屋及租赁关系发生了本质的变化⑦。登记机构为租金审核员（rent officer），对已经登记的租金标准存有异议可以向租金评估委员会申请复议，该委员会由一名律师和包括建筑估价师在内的另外2名

---

① 1985年和1988年《住宅法》中也采用了同样的措辞界定住房租赁的适用对象。原文是："dwelling house let as a separate dwelling"。See：s1，Rent Act 1977；s79 Housing Act；s1（1），Housing Act，1988.

② s1. Rent Act，1977 .

③ 租约中往往约定租户不按约定交纳房租或有其他违约行为房东有权解除租赁。房东的这种违约解除权就是forfeiture，此时租户"丧失"其租赁权。这种违约解除权必须在租约中明确规定，并且依据1925年《财产法》第146条的规定以未交纳租金以外的违约事由提出解约必须履行通知程序，使得租户能有合理的时间矫正自己的违约行为，从而得到充分的救济。

④ s2. Rent Act，1977。这种法定租赁权类似大陆法系民法中租约的法定更新。

⑤ IV. Rent Act 1977.

⑥ London Housing and Commercial Properties Ltd. v. Cowan（1976）QB 148.

⑦ Cheniston Investment v. Waddock（1988）46 EG 88. 此时登记丧失效力。

专业人士构成，这在相当程度上保证了其工作效率①。由于不考虑供求关系，公平租金的水平一般远远低于市场价格。但随着住宅短缺状况的好转，公平租金在一定程度上已经逐渐接近了市场租金水平。

虽然受到公平租金标准的限制，只要住宅仍然存在短缺，房东就可以运用其优势地位通过其他方式要求租户给以利益补偿，包括在签约、续约或转租时要求租户支付酬金。这种做法显然会使租金管制的立法目的落空，因此1977年《租金法》明确禁止将酬金作为租赁、续租和转租的条件。在提供家具及其他附带设施或服务的租赁中，向租户收取不合理的费用或强迫租户以不合理的高价购买所提供的家具或附带设施的做法也受到限制②。此外，在住房租赁中房东往往会要求租户交纳一定数额的保证金（rent deposit），这种保证金往往必须一次交纳，对于中低收入的租户来说也是一笔不小的负担，甚至会阻碍其成功租到满意的住宅。作为租金管制的配套措施，《租金法》规定规制租赁中房东要求的保证金不得高于年租金的1/6，即不超过2个月租金的数额，并且实际支付的数额应当和租户可能承担的责任有合理的联系③。

1988年《住宅法》在立法宗旨上发生了巨大转变。该法案对1980年《住宅法》中"受保护的短期租赁"以及"受保证的租赁"进行了修改，将前者更名为"受保证的短期租赁"，扩大了两者的适用范围，并使它们成为该法认可的仅有的2种私有住房租赁的形式，从而在整个私有住房租赁领域取消了实行逾70年的租金管制政策。此后，新成立的租赁关系不再受到管制。但法律提供了一套程序由租金评估委员会在双方没有约定又无法达成协议的情况下对偏离正常水平的租金进行调整。主要目的在于使得双方能够依照市场水平的变化重新确定合理的租金数额。需要调整租金时，房东应提前通知租户，如果是逐年租赁，通知必须提前6个月作出，其他逐期租赁中，通知期间即为单位租期，如逐月租赁中为1个月。如果租赁新成立尚未满1年或先前已经调整过租金，则必须等租期满1年后，或距上次通知调整租金满1年后才能作出调整租金的通知。如果租户没有异议，则通知期间届满后新的租金标准即告生效。如果租户存有争议，可以提交租金评估委员会解决。租金评估委员会依据"市场租金"的标准确定房租，所谓市场租金是指在公开市场上房东出于自愿以同样的条件在同一时间出租该住宅所能合理接受的价格。在确定租金时假设该处住宅中没有租户居住。同时由裁决前21年内该处住宅的受保证的租户（包括现租

---

① 租金审核员和租金评估委员会的工作方式比较灵活，一般他们会先查看住宅然后进行听证，而在伦敦程序正好相反。同前注17引书，第162页。

② s128 and ss119 120 123 124 125，Rent Act，1977.

③ s128（1）（c）. Rent Act，1977；s79. Housing Act，1980.

户）对该处住宅所做改善所导致的价值增加不在考虑之列，而由于现租户（不包括其前任）的疏忽损坏住宅导致的价值减损亦不予考虑。如果租约中包含服务项目，服务费不包含在委员会确定的租金之内。而家具的使用费以及不动产税（rates）则被包含在租金之内。

新的租金标准确定后，于房东通知中规定的日期生效。但是，如果适用新的标准会使租户陷入生活困难，委员会有权酌情给予一定的宽限期。此外该法还授权租金评估委员会在裁决变更租金请求的程序中同时审理有关变更其他契约条款的争议。对于酬金的限制也相应取消。作为房东转租或续约的对价，法律允许房东要求承租人支付"可以接受的酬金"（acceptable premiums）[1]。此外，法律还放宽了对保证金收取的限制。

美国。美国的租金管制制度同样是源于战时立法。战后联邦政府于 1947 年颁布法令授权各地方政府自行决定租金管制的存废。纽约市是唯一保留租金管制的城市，也是租金管制最为广泛的地区。到 20 世纪 90 年代，纽约市处于租金管制下的住房占到全美国受管制租赁住房的 39%。直到 20 世纪 70 年代后，由于租金上涨带来的社会压力，租金管制立法在许多地方重新出现，包括哥伦比亚特区、波士顿、洛杉矶、奥尔巴尼、伯克利和圣莫尼卡等城市，另有许多城市也面临着要求租金管制的呼声[2]。根据美国住宅与城市发展部的报告，到 1991 年已经有 200 多个地区实行租金管制立法，全国有 10% 以上的私人出租住宅受到租金管制。各地的租金管制立法所采取的技术都包括规定租金标准，确定租金上限，以及租金调整等方面的内容。而为防止房东规避租金管制，通常与正当理由驱逐、禁止公寓转换、禁止退出租赁市场、反骚扰等其他立法措施结合使用。纽约市是唯一持续实施租金管制立法的地区，经过四十多年的变迁形成了十分复杂的体系，在租金调整上十分复杂和琐碎[3]。而哥伦比亚特区的立法则相对较为简洁，是新采行房租政策的各地区立法的典型代表。

1）豁免管制的范围

租金管制立法带有明确的政策性，属于典型的财富再分配措施，其目的是保护

---

[1] s15（4）. Housing Act，1988.

[2] Paul L. Niebanck. "The Politics and Economics of Rent Control". The Rent Control Debate, in Paul L. Niebanck Chapel Hill：The University of North Carolina Press，1985：3-5.

[3] 先后实施的不同制度主要包括租金管制（rent control）和租金稳定措施（rent stabilization）。前者始于 1943 年，适用于建于 1947 年以前且自从 1971 年后由同一租户持续承租的住宅；后者于 1969 年通过属于较温和的第二代管制措施，其管制对象包括：（a）1947～1974 年之间新建住宅；（b）建于 1947 年前因租户变更而撤销租金管制的住宅；（c）建于 1974 年之后根据市住宅补贴项目享受税收减免而接受管制的住宅。具体内容可以参见：Michael A. Stegman. The Model：Rent Control in New York City. in The Rent Control Debate. The University of North Carolina Press，1985.

那些可能无力负担不断飙升的租金的租户，保障其居住需求得到满足。因此并非所有住宅都在管制之列，以哥伦比亚特区 1985 年 7 月 17 日生效的租金稳定计划（the rent stabilization program）为例，其豁免范围主要包括：①公共住宅，包括公共补贴住宅。②新建住宅或新出租住宅。③小业主；对于小业主的标准各地并不相同，哥伦比亚特区规定为不超过 4 个出租单位可以豁免，而新泽西州规定房东自住不超过 2 个以上出租单位的住宅可豁免管制。④临时性住所或特殊用途住所，如宿舍、旅馆、医院、疗养院、收容所等。⑤外交住宅①。各地立法中较为重要的豁免对象还包括豪华住宅、高收入的租户，以及第二住宅的租户。

　　2）基本租金和租金上限

　　除豁免管制的住宅外，哥伦比亚特区所有租赁住宅必须在限定期限内依法向租赁管理官申请注册②，在注册时必须登记包含相关服务和附属设施收费在内的基本租金。基本租金有两种设置方式。以时间为基准确定的基本租金一旦确定，适用于其后该住宅的所有租户；而以人为基准设置的基本租金，在租户变更时可以协议调整③。登记的基本租金加上依据法律或法院授权调整增加的租金便为最高租金。房东的收取租金不得超过这一上限，承租人转租所收租金不得高于他支付给房东的租金④。

　　3）租金的一般性年度调整

　　房东可以调整租金，但必须经过管理部门同意，租金调整的幅度也受到限制。在哥伦比亚特区每年由租赁住宅委员会根据上年度本地物价指数决定该年度租金增加的最大幅度。此最大幅度应与物价指数的上涨幅度大体相当，但最多不得超过 10%。在每一年度房东都可以在此幅度内申请增加租金，但在 12 个月内不得连续申请租金调整⑤。租户可以对房东增加租金的要求有争议的，可以按法定程序向租赁管理官诉请其要求，但必须在租金调整生效之日起 3 年内作出⑥。

　　4）租金上限的调整

　　如果租赁双方对租金上限存有争议，可以依据法定程序提出申请调整租金上限。根据哥伦比亚特区 1985 年租金稳定计划可以提出申请的情形包括：①改良成本投入，为鼓励房东对住宅进行改善，租赁管理官依房东申请可以对租金进行适当调整

---

① District of Columbia Code Annotate § 45-2515.
② Ibid. § 45-2515 (f).
③ Ibid. § 45-2515 (f) (3).
④ District of Columbia Code Annotate § 45-2516 (a).
⑤ Ibid. § 45-2516 (b).
⑥ Ibid. § 45-2516 (e).

以补偿房东投入的资本①，但幅度不得超过原租金上限的 15％或 20％②。调整仅以补偿资本投入为限，一旦房东收回投入资本应恢复原有租金上限③。此外，除非法律特别规定，对于老年或残疾租户不得就资本改良要求增加租金上限④。②服务或设施的增减⑤。③困难呈情。如果租金上限偏离了公平合理的水平，房东可以通过困难呈情申请特别调整⑥。租赁管理官如认为困难呈情属实，可以允许房东对租金调整超出限定幅度，以保证房东获得公平合理的回报。但调整后的住宅投资回报率不得高于12％⑦。除此之外对于住宅的空置损失，按要求为租户利益所做的实质性修复，以及双方自愿达成协议等情况，法律也允许对租金上限加以调整。

5）行政听证及复议程序

房东或租户欲调整租金，应依法提出申请。租赁管理官接受申请后应告知申请人及相对人有要求召开听证会的权利。双方在听证时有权委任律师出席。在听证中，由管理官员审查理由是否成立⑧。有些地区如圣何塞市的租金管制条例要求听证官员在作出决定时，还必须考虑到租户的经济困难⑨。如果双方对于租赁管理官所做决定不服，还可以向租赁住宅委员会申请复议。该委员会有权对管理官的决定进行审查。对由被申请复议的决定核准的租金调整，在复议期间不得实施。

其他各地的立法基本结构大体相同。通过确定基本租金，控制租金增长幅度将租金控制在合理水平之内，双方尤其是房东意图调整租金必须先经过严格的行政程序，并得到管理部门的许可。这些措施在一定程度上保证了广大低收入的租户得以享有他们负担得起的住宅。

德国。德国在战争期间也曾经颁布过租金统制立法。战后统制性立法废除，原则上缔约双方可自由确定租金数额。但租金的水平同样受到限制。首先，德国一般民法规则中有"暴利无效"的规定，根据《民法典》第 138 条的规定了如果租金过高会被认为构成暴利而被判定无效。根据联邦最高法院的判决，如果租金水平高于当地平均水平的 50％，还可能构成德国《刑法》第 291 条规定的暴利罪。其次，和日本法相似，德国法律规定了租金调整的程序。如果缔约双方在订立合同时对租金调整有约定，则适用该约定。如果双方没有约定则应当根据租赁住宅所在地租金的可

---

① Ibid. §45-2520 (a).

② Ibid. §45-2520 (1) & (2).

③ Ibid. §45-2520 (3).

④ Ibid. §45-2516 (f).

⑤ Ibid. §45-2521.

⑥ Ibid. §45-2516 (c).

⑦ Ibid. §45-2522 (a).

⑧ Ibid. §45-2526.

⑨ Pennell v. San Jose. 485 U. S. 1 (1988).

比价格进行调整。德国《民法典》第 558 条规定了确定可比租金的三种方法：①根据地方行政机构或房东协会与租户协会共同发布的地区租金指数计算。②在没有发布租金指数的地区通过抽样调查、专家咨询等方式确定租金的可比价格。③通过对一段时期内租金统计形成的数据库确定。最后，德国法律还规定了租金调整的上限，从而为租金水平设定了"天花板"。根据《民法典》第 558 条第 3 款的规定："租金上涨的幅度在 3 年内不得高于 20％，即使初始租金水平偏低且已经长时间未经调整也不例外。"①

2. 我国立法现状

在计划体制下，对租金水平加以管制是我国住房租赁管理的一贯做法。市场经济体制改革后，依据《城市房地产管理法》第五十四条以及《城市房屋租赁管理办法》的规定，对生产经营用房屋的租金不再实行管制而是由租赁双方协商议定，对于住房租赁仍规定按照国家和房屋所在地城市人民政府制定的租赁政策处理。

对于公有租赁住宅，通常按照各地区规定的租金标准执行。由于长期以来我国实行的福利租金政策，公有住宅的租金水平远远低于市场标准，因此在这一领域的改革方向是逐步提高租金价格，保证租金不低于成本水平，并不存在租金管制的问题。同样在廉租房中也不存在类似问题。

私有住宅的租金依据国务院《城市私有房屋管理条例》第十六条第 1 款规定："由租赁双方按照房屋所在地人民政府规定的私有房屋租赁标准协商确定；没有规定标准的，有租赁双方根据公平合理原则，参照房屋所在地租金的实际水平协商议定，不得任意抬高。"各地立法中对租金的规定基本相同，大都规定对于本地区房屋租赁新立法或政策出台后出租的私有租赁住宅，其租金不再执行政府规定的租金标准，而由当事人依据政府颁布的指导价协商确定。这实际上是废止了计划体制下的租金管制政策。

对于租金以外的其他费用。国务院《城市私有房屋管理条例》第十六条第 2 款规定："出租人除收取租金外，不得收取押租或者其他额外费用。"但是各地的地方性法规或规章中规定出租人可以在法定限额之内依约定收取保证金。

3. 分析与建议

21 世纪初以来，相对于日益高企的房价，租金水平并没有成为人们关注的焦点。然而 2010 年以来，我国一些城市的房价—租金比开始变化，在房价趋于稳定时，租金价格的上涨就凸显出来。一些大城市租金价格已经占到承租人收入的 30％以上。根据国际标准，租金负担超过收入的 25％就将影响承租人的生活质量。而在我国由于恩格尔系数高于发达国家，这一百分比可能会更低。实际上，一直以来住宅租金

---

① 许德风. 住房租赁合同的社会控制. 中国社会科学，2009（3）：129.

价格相对于我国城镇居民收入水平，特别是中低收入阶层的收入水平并不算低。许多低收入承租人是以牺牲自己的居住水平，以合租，甚至群租的方式维持着较低水准的居住需求。随着市场环境的变化，租金飙升的情况也并非绝对不会出现。实行温和的租金管制可以使租金客观化，保证承租人的租金负担处于公平合理的水平，防止房东利用市场优势获得剥削性的租金。因此，租金管制仍然是我国政府可以选择的有效手段。一些地区，如深圳市在立法中明确授权市政府在必要时可批准有关主管机关颁布标准租金，实行租金管制。

至于在什么情况下可以实施租金管制制度，参考外国立法和实践，租金管制已经不再是单纯的战时措施，并不以战争、大规模自然灾害等紧急状态或类似情况为条件。但其适用必须基于住房租赁市场的实际情况。政府应当加强对住房租赁市场的监控，在租赁住宅出现短缺，租金收入比超过特定比例时就应当适时干预市场，采取租金管制措施，在市场环境发生变化后，政府同样应当及时退出，以免租金管制措施扰乱市场正常运行，产生负面影响。以美国纽约州的立法为例，纽约市以租赁市场房屋的空置率作为实施租金管制的指标。若空置率小于5％，表明租赁市场供求关系非常紧张，存在住宅短缺，应实施租金管制。若空置率大于5％则意味着市场供求关系趋于缓和，租金管制可以解除。在实施租金管制时，纽约州还规定了管制的期限。期限届满后有关机关应当进行复审，决定是否延期①。

然而，租金管制政策涉及对出租人财产权的限制。《城市房地产管理法》将制定此类政策的权力授予了各地政府，这种做法让政府获得了很大的行政裁量权，不利于对公民私有财产权的保护。我们认为依照国外经验将此权限划归各地人民代表大会更符合法治的精神。

此外，目前我国的租金管制的具体制度没有明确规定。原有的计划体制下由物价部门确定租金标准的制度已经不再适合新的市场经济的情况，对于租金的调整也没有规定可操作性的程序。在这些方面，我们同样可以借鉴国外立法的成熟经验。

（四）要求房东担保租赁住房的适住性

在现代立法和法院要求房东承担的众多义务中，最重要的当属适住性担保义务：房东必须保证租户拥有一个安全、舒适、健康的生活环境，当然无须奢华，但必须满足作为"家"的最低标准。

1. 各国立法之规定

美国。为了保证国民的居住条件，美国各州、城市、市镇、镇区和教区通常都制定有地方性的建筑条例（Building Act）或住宅条例（Housing Act）以及卫生条例（Sanitary Act），规定了住宅的居住标准。早在1867年美国颁布的《租赁住宅法》中

---

① 许德风．住房租赁合同的社会控制．中国社会科学，2009（3）：127-128.

就有租赁房屋适住性的规定。1954 年，随着联邦《住宅法》的修订，各州纷纷制定《住宅条例》，要求房东保证租赁房屋处于适于居住的良好状态。《住宅条例》对于房屋的主要结构，如墙、房顶天花板、窗户、楼梯的建筑标准；房屋的附属设施，如卫浴设备、下水管道、供热和照明设备的要求；以及居住人数等房屋居住条件进行了明确和详细的规定。对租赁房屋适住性强制性立法的普及使得法院逐渐改变了对普通法中"买方自负原则"的坚持。根据这一原则，一旦承租人入住，房东对于租赁房屋的适住性不再承担保证责任。在 20 世纪 70 年代，著名的杰文思案中，赖特法官指出："今天，当美国的城市租户，无论贫富，寻找'遮风避雨的处所'时，他们寻找的是所谓的一整套的商品与服务——不仅只包括墙和屋顶，还包括充足的暖气、照明，良好的通风，耐用的管道设施，安全的窗户和门，适当的卫生设施以及适当的维护。"① 在该案的多数意见中，他判定租赁中暗含了《建筑条例》（Building Act）所确定的可居住性担保："如果出租人违反了这一默示条款，承租人可以拒付租金并继续占有房屋。"该案所确立的可居住性担保原则得到了广泛的遵从。随后的一些判决进一步扩展了担保的范围，即使没有建筑条例等立法的规定，只要住宅存在严重的缺陷，在有理智的人看来已不适合居住，就构成对适住性担保的违反②。

这种担保的效力并不仅限于租赁开始的时候，在租赁过程中房东仍然有义务担保房屋处于适合居住的状态。因此它既是担保，同时也是契约中的条款。这是一种默示担保，租户放弃适住性担保利益的条款在程序上受到严格的限制③，还会因与法律或公共政策相悖而无效。实际上这种担保责任强制房东承担了绝大部分维修义务，甚至包括部分清洁义务。根据《统一住房租赁关系法》（Residential Tenancies Act）房东必须：①遵守《建筑条例》（Building Act）或《住宅条例》（Aousing Act）中有关健康和安全的实质性规定。②负担为保持房屋处于合适及可居住的状态的全部维修义务并采取一切必要行为。③维持住宅中的所有共用部分的清洁和安全。④维护电力、管道、卫厕、暖气、通风、空调以及其他由他提供或要求他提供的设备和用具，包括电梯在内，使之处于良好和安全的工作状态。⑤提供适当的插座和便利设施用以清除灰尘、厨房剩渣、生活废物或其他因居住产生的垃圾并安排它们的处理。⑥全天候提供自来水和合理数量的热水，并在各州规定的季节提供合理的暖气，除非该租赁住宅所在建筑未被要求安装此类装置或者由于建筑结构此类装置处于租户排他性的占有之下。如果《建筑条例》的规定比②～⑥各项的规定严格，则优先适用

---

① Javins v. First National Realty Corp. ，428 F 2d 1071 （D. C. Cir. 1970）.
② Glasoe v. Trinkle，107 Ⅲ. 2d 1，479 NE2d 915 （Ⅲ. 1985）.
③ 例如《统一住房租赁关系法》规定，双方可以自行约定由租户代替房东承担某些义务，但必须是出于诚信，并且在某些情况下必须订立正式的具备约因的一式两份的契约。该法还明确规定房东不得将免责条款作为缔结租约的条件。

《建筑条例》的规定。为了防止房东转嫁维修义务，在美国各地的租金管制立法中也对房东的维修义务加以明确规定。如纽约市立法规定承租人可以根据法定的房屋适住性标准要求出租人对房屋进行必要的维护，出租人无正当理由不得拒绝，否则，承租人可以向有关管理部门申请垫资维修。维修后管理部门可以行使追偿权，极端情况下，还可以接管房屋①。如果出租人维修不符合要求，承租人可以要求降低租金甚至可以主张免除租金义务。处于租金管制下的出租人如果不履行维修职责将丧失申请上调租金的权利。

房东对房屋质量的担保和维修责任还体现在美国法院对房东侵权责任的认定中。由于房东开始负有适住性担保义务，在纽约、新泽西和密歇根等州，法院判定房东对于租户或其家人由于房东疏忽未尽维修义务而造成的人身伤害负有责任。例如，在纽约州，房东对于租户被掉落的天花板砸伤或由于房东维修浴室地板上的破洞而受伤，以及租户的孩子因存在缺陷的暖气管阀门爆炸而受到的伤害都必须承担侵权责任。甚至在法规和条例并未明确地设定房东对租户的义务的情况下，法院也会要求房东承担责任。比如仅仅规定如果房东没有保证住宅通道的 24 小时照明会被处以罚款。而法院认定这一法令为租户创设了一项默示的权利，使他们可以起诉房东要求其为意外导致的人身伤害承担责任。

在绝大多数判例中房东的侵权责任以都以房东存在过错为前提，但许多法院开始将产品责任法领域的质量瑕疵担保责任引入住房租赁领域，要求房东对由出租财产造成的损害承担严格责任。尤其是拥有成批出租公寓的机构房东，他们相对于承租人更有能力保证出租财产处于良好状态而避免租户的损失与伤害②。在贝克诉 IRM 公司案中，原告是被告拥有的一幢公寓楼中的租户，由于被告所安装的浴室玻璃门存在瑕疵，租户在意外滑倒后撞穿了玻璃因此受伤，法院判定 IRM 公司应承担责任③。在判决中加州法院指出："保护租户安全的费用是企业合理的经营成本"，"'在这些情况下'对出租时存在的隐藏瑕疵应当适用侵权法中的严格责任，以保证缺陷造成的损失由销售其产品的房东而非没有能力自我保护的租户承担。"④ 虽然在 1995 年的彼得森诉最高法院案中，加州法院否定了该院 10 年前的判决，但当代的房东承担责任的可能性较之以往任何时候都已经大大增加。

通常承担侵权责任的方式是支付赔偿金，赔偿金不仅仅是补偿租户的人身和财产损失，还具有惩罚性的功能。在消费者保护法中常见的多倍赔偿（multiple dam-

---

① Housing Maintenance Code (Title 27, Chapter 2 N. Y. C. Admin. Code).
② 马新彦. 美国财产法与判例研究. 北京：法律出版社，2001：182.
③ Becker v. IRM Corp. , 38 Cal. 3d 454, 213 Cal. Rptr. 213, 698 P2d 116 (Cal. 1985).
④ ibid. at 122-124.

age）也被引入住房租赁领域。在最近的一个案例中，由于房东没有能够保证暖气的供应，而租户因贫困无力自行负担额外的取暖设备，租户的小孩在夜间自行打开煤气炉烤火取暖，不慎烧伤双手。法院判定房东应对此承担责任，不仅必须支付 200 多万美元的人身伤害赔偿，还被要求追加 300 多万美元的惩罚性赔偿。高额的赔偿金促使房东不得不谨慎地履行其应承担的义务，以保证租户生活的安全。房东可能承担的责任还不仅限于此，在某些州如果房东出租不符合法定居住标准的住宅甚至要承担刑事责任①。

由此可见，可居住性担保不仅要求房东保证住宅建筑结构的坚固与安全，还要求房东提供一系列的服务使住宅保持适当的物理状况。比如房东有义务在冬天供暖，夏天提供空调使住宅内的温度维持在适于居住的水平。从而保证租户生活的舒适与健康。现在已经有超过 40 个州通过立法或判例确认了不同程度的可居住性担保。房东违反可居住性担保不仅可以作为租户对抗房东支付租金等请求的抗辩理由，还可以成为租户要求返还已付租金并要求赔偿的依据。

英国。英国私有住宅的可居住性标准主要在《公共卫生法》（Public Health Act 1961，1967）、《防火法》（The Fire Act）、《建筑法》（Building Act）、1985 年《住宅法》（Housing Act）、1996 年《住宅法》以及《地方政府及住宅法》（Local Government and Housing Act 1989）等法律法规中。法律对住宅的可居住性规定了强制性标准，任何住宅如果不符合这些标准即被认为违反了适合人类居住住宅应提供的最低限度的基本需求，地方政府有义务采取相应的措施。这些标准包括：①建筑安全标准：房屋没有严重失修的情况；房屋的结构稳定。②居住环境标准：有足够的照明、供暖及通风系统；环境不可过于潮湿、以免损害居住者健康。③基本生活设施标准：在适当的地方设有专供居住者使用的洗手间；设有浴缸、淋浴间及洗手盆并有冷、热水供应；配备适当的厨房设施，包括有冷、热水供应的洗涤池，有管道供应的清洁饮用水；配备污水排放和垃圾处理设施。④空间标准：住宅中用于居住的房间不得少于一定的面积，每间房间居住的人数也有限制（见表 12-5）。如果超出法律规定的标准即属于住宅拥挤②。

	英国住宅空间标准		表 12-5
房间数目	人数（人）	房间的楼面面积（平方米）	人数（人）
1	2	房间的楼面面积≥33.54	2.0
2	3	27.44≤房间的楼面面积<33.54	1.5
3	5	21.34≤房间的楼面面积<27.44	1.0
4	7.5	15.24≤房间的楼面面积<21.34	0.5
>5	每间 2 人	房间的楼面面积<15.24	0.0

① City of St. Louis v. Brune. 515 S. W. 2d 471 (1974).

② 周运清. 中国城镇居民住房居住质量. 北京：社会科学文献出版社，2008：28～29.

2. 我国立法现状

我国法律中对于出租人的可居住性担保责任和维修义务均有较明确的规定。《合同法》第二百一十六条规定："出租人应当按照约定将租赁物交付承租人，并在租赁期间保持租赁物符合约定的用途。"根据该条规定住宅出租人应在租赁关系存续期间保持租赁房屋处于适当状态，确保承租人可正常居住生活。

《合同法》第二百二十条规定："除当事人另有约定外，出租人应履行租赁物的维修义务。"对于房屋租赁，《城市房屋租赁管理办法》（以下简称《管理办法》）第二十一条规定："出租住宅用房的自然损坏或合同约定由出租人修缮的，由出租人负责修复。不及时修复，致使房屋发生破坏性事故，造成承租人财产损失或者人身伤害的，应当承担赔偿责任。"《城市私有房屋管理条例》第十九条规定："修缮出租房屋是出租人的责任。房屋出租人对出租房屋确实无力修缮的，可以和承租人合修，承租人付出的修缮费用可以折抵租金或由出租人分期偿还。"

出租人承担修缮义务的，应及时履行。《合同法》第二百二十一条规定："租赁物需要维修时，承租人可以催告出租人在合理期限内维修。"实践中出租人虽负有维修义务，但若其拒绝或拖延履行的，会影响承租人的使用收益，甚至造成更严重的损失，因此第二百二十一条规定："出租人未履行维修义务的，承租人可自行维修，维修费用由出租人负担。"《城市私有房屋管理条例》第十九条规定，房屋出租人对出租房屋确实无力修缮的，可以和承租人合修。承租人付出的修缮费用可以折抵租金或由出租人分期偿还。此外，根据《合同法》第二百二十一条和第二百三十一条规定了出租人不履行维修义务承租人还可请求减免租金或解除合同。此外，承租人人身和财产造成损害的，亦可请求损害赔偿。但由于房地产租赁合同中租赁物为特定物，具有不可代替性。因此，一般不会准用买卖合同中，交付替代物的救济方式。此外，根据《合同法》第二百三十三条的规定："租赁物危及承租人的安全或者健康的，即使承租人订立合同时明知该租赁物不合格，出租人仍应承担担保责任。此时，承租人可依法随时解除合同。"

3. 分析与建议

虽然我国法律中一般性地规定了出租人的维修义务和瑕疵担保义务。但法律、法规缺少对房屋使用条件的明确具体的强制性规定，制约了上述法律对承租人的保护。合同法本质上属于任意性的规定，以尊重当事人契约自由为原则。在法律、法规对房屋使用条件的内容缺少详细的强制性规定的情况下，无法避免房东利用自己的优势地位强迫承租人接受较差的居住环境或将法律规定的义务转嫁给承租人。实践中，将不符合住宅建筑标准的车库、阁楼、地下室作为房屋出租；将三居室隔断成八居室出租给几十人的群租现象；将不具备居住生活使用条件的毛坯房直接出租等情况层出不穷。不仅损害了承租人享有适足住宅的权利，也带来严重的治安、卫生、消防等安全隐患。为此一些地区，如北京市正在研究修改住房租赁立法，增加有关租赁住宅适住性条件的强制性规定。北京市政府法制办《关于修改〈北京市房屋租赁管理若干规定〉的决定》中规定了最低人均租住面积，租住成套住宅的，人均建筑面积不得少于10平方米，或者人均使用面积不得少于7.5平方米；租住平房的，人均使用面积不得少于4平方米，并针对私自打隔断、拆改建筑结构等问题规定，规定不得擅自改变房屋建筑主体和承重结构，厨房、卫生间、阳台不得用于租住人员。这些做法是值得肯定的。但是，同美国《住房租赁关系法》（Housing Rent Act）、《住宅条例》（Housing Act）等立法相比，我国立法对于承租人的保障仍然是十分有限的。建议在《住宅法》中具体详细规定租赁房屋使用条件的强制性规定，满足承租人对安全、舒适、健康和有尊严的人类生活条件的最起码的要求。

第十三章　住宅金融与住宅保障法律制度

　　住宅问题是城市化与工业化的产物。随着工业化与城市化进程的加速，城市工业与人口日益集中，产生了对城市土地和住宅的巨大需求，居民对住宅的刚性需求和土地的有限供给，导致了住房供给的绝对短缺，拉动了房价的过速飞涨。改革开放以来，我国居民整体收入水平虽有明显提高，但是，伴随着社会两极分化，高收入群体与中低收入群体之间的收入差距日益增大，加之大幅上涨的房价，造成了广大中低收入居民住房支付能力与适宜的住房获得之间的巨大落差，住宅权难以得到有效保障。世界各国为了解决居民住宅权问题，都在不同程度上为居民尤其是中低收入居民解决住房问题提供积极的政策支持和制度保障。住宅金融①保障制度便是其中之一。住房消费需要大量而且长期的资金投入，单靠居民个人积累的资本来一次性付清显然是非常困难的，在市场经济条件下，持续稳定的住宅融资政策是住宅商品化改革制度顺利推进的关键。能否获得有效的融资是提高居民住宅消费能力，有效实现住宅权的条件保障。住房金融的产生与发展，在改善居民住房条件与提高居民生存条件方面发挥了重要的保障功能。

一、国外住宅金融的演变及模式借鉴

（一）住房抵押贷款的历史生成与发展

　　住宅金融主要是指"围绕住房消费而发生的不同经济主体之间进行货币流通、信用活动以及交易行为的融资总括。"② 其显著的特征在于普遍采用抵押贷款的融资方式，正是基于此，美国学者 Randall Johnston Pozdena 认为住宅市场和抵押市场是紧密联系的，并在一定程度上将抵押贷款比作住宅金融③。住房抵押贷款，俗称"按揭"，"按揭"一词起源于英国的一种物的担保制度，它是英语"mortgage"的音译与意译的混合体，在中国大陆，"按揭"一词移植于香港，流行于 20 世纪 90 年代④。

---

① 　关于住宅金融，中外学者虽有不同的定义，但对其核心内容的理解却是一致的。住宅金融有广义与狭义之分，广义的住宅金融是指围绕住房建设、流通、消费而发生的不同经济主体进行货币流通、信用活动以及交易行为的融资总括。而狭义的住宅金融主要是围绕住宅消费而发生的融资总括。此处的住宅金融取其狭义。参见：应红．中国住房金融制度研究．北京：中国财政经济出版社，2007：3～6.

② 　应红．中国住房金融制度研究．北京：中国财政经济出版社，2007：6.

③ 　Randall Johnston Pozdena．The Modern Economics of Housing．Quorum Books，1998：115.

④ 　孔德军．有关按揭的法律制度探讨．金融理论与实践，2003（3）.

住宅抵押贷款是指借款人将所购住房抵押给银行而获得购房资金并承诺按期偿还贷款本息的行为。作为消费信贷的一种，住房消费信贷的快速发展是与理论的深化与金融环境的变化密不可分的。现代商业银行从 1694 年的英格兰银行算起，已有 300 多年的发展史。但最初的商业银行在"商品性贷款理论"的指导下，一般不发放长期贷款和消费贷款。第二次世界大战后，经济的发展带来了多样化的资金需求。由于生产过剩的矛盾日益突出，出现了过剩经济与买方市场，在此种情境下，人们开始注意给消费者提供资助，消费者也逐渐接受了举债消费的观念。从现实因素看，住房消费信贷的发展是金融业竞争日趋激烈的结果。为了在残酷和激烈的竞争中立于不败之地，商业银行亦需要拓展新的业务领域，消费信贷特别是住房消费信贷就是一种现实的选择。个人住房抵押贷款最初起源于 19 世纪的英国，到 20 世纪初，已作为一种主要的住房金融工具在美国和欧洲其他国家得到广泛运用和发展[1]。发展个人住房消费信贷具有多重效应：①能够有效刺激住房消费，拉动经济持续增长。②有利于完善我国货币政策的传导机制，加大金融宏观调控的力度。③有利于提高国民生活水平，推动消费结构和产业结构的调整与升级。④有利于调整银行信贷结构，分散和降低金融风险[2]。应当注意到的是，住房消费信贷的产生和发展，在发挥多重功能的同时，亦在中低收入者改善住房质量和现有的生存状况方面发挥了重要的保障功能。如何改善中低收入住户的居住条件，是世界城市化发展快速的国家共同面临的难题。为此各国纷纷采取包括住房金融政策在内的各种政策和措施，以期保障中低收入者的住宅权得以实现。住房抵押贷款作为住房金融政策之一，在保障中低收入者"居者有其屋"方面发挥了功不可没的作用。

第二次世界大战之后，尤其是 20 世纪 60～70 年代以来，受经济发展状况、金融发展水平、住房制度的演进发展等因素的综合影响，世界各国在住宅金融方面都得到了比以往时期更快的发展。并且，受各自经济体制和业务发展模式的影响，在传统的住房抵押贷款模式的基础上，形成了诸多的各具特色的住宅金融模式。这些不同的模式对推动公民住宅权的实现起到了重要的意义。

（二）国外住宅金融模式借鉴

1. 美国：以市场调节为主、政府调控为辅的抵押贷款模式

自 1831 年第一笔住房抵押贷款诞生后，美国的住房抵押贷款制度便得到了飞速的发展，并成为各国学习的楷模。美国住房抵押贷款的基本特征是以市场调节为主，政府调控为辅。常见的住房抵押贷款形式有固定偿还抵押贷款、累进偿还抵押贷款、固定利率住房抵押贷款以及可调整利率住房抵押贷款等。为保障住房抵押贷款市场

---

① 王福林. 国外个人住房抵押贷款风险研究新进展及对我国的启示. 中国房地产金融，2003（8）.
② 常永胜. 中国房地产金融体系研究. 北京：经济科学出版社，2001：18.

的正常运行以及中低收入者的购房能力，美国联邦政府在住房抵押贷款市场上采取了必要的参与措施。在住房抵押贷款一级市场上对个人住房抵押贷款提供政府担保和保险。如，美国于 1934 年通过并颁布《国家住房法案》（NHA），成立了联邦住房管理局（FHA）为住房抵押贷款提供保险。美国政府不仅积极参与住房抵押贷款一级市场，而且在政府的积极推动下，美国住房抵押贷款的二级市场萌生并蓬勃发展。如美国政府先后创建了联邦国民抵押贷款协会、政府国民抵押贷款协会和住宅贷款抵押公司三家机构从事二级抵押市场的操作。除此之外，美国住房抵押贷款的飞速发展，还得益于其完备的法律体系，如为满足居民日益提高的消费信贷需求，联邦政府于 1968 年颁布了《消费信用保护法》（Consumer Credit Protection Act），为了降低金融机构的消费信贷风险，预防贷款申请人虚假填写申请条件，联邦政府又于 1968 年颁布了《诚实贷款法》（Truth in Lending Act），为了禁止金融机构在提供信贷时歧视行为的发生，1974 年的《信贷平等机会法》（Equal Credit Opportunity Act）的生效再次体现了联邦政府对住房抵押贷款市场的合理的调控与参与。在美国住房抵押贷款市场还建立起了比较发达的个人征信体系，为此美国先后成立了三家专门的信用报告机构，联合公司、Experian 信息服务公司和 Equifax 公司，这三家公司之间签订了信息资料的长期共享协议，并对商业银行、保险公司、财务公司等其他授信机构提供申请贷款或其他信用的消费者个人信用状况的信用报告。美国政府通过颁布《公平信贷报告法》（Fair Credit Reporting Act）来监管信用报告机构所提供的信用报告，以确保信用报告的准确性和信息使用的保密性。

2. 德国：以集体互助为主、政府补贴为辅的契约性住房储蓄模式

住房储蓄模式实质上是一种互助合作的融资机制。在德国，住房储蓄制度适合那些想要实现拥有自己住房的梦想，而单靠个人储蓄又无能为力的人。该模式是以居民为中心，按互助合作、合同约束、先存后贷、封闭进行的原理构筑的①。住房储蓄制度的特点体现在以下几个方面：①以存定贷。希望得到贷款的储户首先需要与住房储蓄银行签订住房储蓄合同，该合同的签订是储户从住房储蓄银行获得贷款权利的必要条件，即只有参加储蓄，才能从专门的住房储蓄银行得到贷款。住房储蓄合同签订后，储户按月有规律地在该住房储蓄银行进行储蓄，存款本息达到储蓄合同金额②的 50％并满足其他必备的条件后，住房储蓄银行将把各占 50％的累计存款与住房贷款付给储户，帮助储户实现购房愿望，储户按月分期、分批偿还这笔贷款。住房储蓄银行将根据对各个储蓄合同评估值排序的先后来确定配贷发放的顺序。储蓄越多、越快，评估值将越高，获贷就越早。②存贷款利率低于市场利率且固定不

---

① 陶令伟. 住房抵押贷款法律制度研究. 郑州大学硕士研究生学位论文，2006.
② 住房储蓄合同额由存款额（存款＋利息＋政府奖励）和贷款额（合同额—存款额）两部分组成。

变，风险易控制，并有利于减轻购房者的经济负担。住房储蓄融资体系内的存款、贷款的利率都是固定不变的，不容易受资本市场利率波动的影响，避免了资本市场利率波动可能给银行和储户带来的风险。③政府对住房储蓄实行奖励。奖励政策分三大项：第一，政府对住房储蓄者的奖励。如国家对首次签订住房储蓄的储户实行奖励，凡家庭年储蓄在 1600 德国马克以上的，财政给予 10％的奖金。第二，雇员资金积累款。这是雇主对雇员自愿支付的补贴，每月最多 40 欧元。第三，雇员储蓄奖励。纳税年收入不超过 17900 欧元的雇员，可以向政府申请每年最多 48 欧元雇员资金积累奖的奖励①。德国的实践证明，住房储蓄制度能把个人资金积累与对个人提供贷款结合起来，帮助中低收入者解决住房问题，刺激个人对住房进行投资，从而大大减轻国家建房方面的负担。

3. 新加坡：凭借政府权威和信用发展的住房公积金模式

新加坡是世界公认的住房问题解决得较好的国家。新加坡的中央公积金制度建立于 1955 年，当时的殖民地政府面临众多失业人口、丧失工作能力的人员缺乏必要的社会保障的状况，为应对危机，殖民地政府制定《中央公积金法》，建立了中央公积金制度向老年居民提供养老保险，并根据《中央公积金法》成立了中央公积金局。1965 年独立后，新加坡继续实行该制度并将其从养老保险扩大到购买住房等方面。1968 年修订后的《中央公积金法》规定，任何一个受薪职员每月必须扣除一定比例的工资，雇主也应拿出相同数目的款项统一存入中央公积金局的公积金账户。公积金由中央公积金局进行统一管理，公积金会员可以提前支取公积金存款，支付购房首付款和偿还银行贷款本息。这样就保障了大部分居民通过公积金制度提升购房能力。中央公积金局除支付会员的正常提款外，其余公积金存款全部用于购买政府债券。新加坡的中央公积金取之于会员用之于会员，在会员的购房融资中形成良性循环。公积金通过国家债务方式专由国家控制，再由国家向建屋发展局提供建房贷款或向个人发放购房贷款。通过几十年的运作，该制度在新加坡取得了极大的成功。总之，有政府参与的新加坡住房消费金融模式是世界上以政府为主组织建房、成功解决公民住房问题的范例，其成功之处在于雄厚的公积金实力使政府能够顺利实施"居者有其屋"的计划。

二、住房抵押贷款的政策、法律制度与模式选择

我国的住房抵押贷款与其他国家相比，起步较晚。从 1989 年中国建设银行颁布《住宅储蓄存款和住宅借款暂行办法》，由此在全国开展个人住房信贷业务起，仅有 20 多年的时间，虽然已初步具有较完备的有特色的住房抵押贷款体系，但随着贷款

① 应红. 中国住房金融制度研究. 北京：中国财政经济出版社，2007：212.

规模的不断扩大，个人住房抵押贷款中存在的问题也日益暴露出来。现阶段，在我国城市化进程中，为完善我国住房抵押贷款制度，充分发挥住房抵押贷款制度的住房保障功能，需要对住房抵押贷款制度进行一些研究与探讨。

（一）我国住房抵押贷款制度的政策法规

我国政府向来十分重视公民的住房问题，我国《宪法》、《民法通则》与《城市房地产管理法》都从不同的角度对公民的住宅权利予以法律上的保护。而随着我国住宅制度改革攻坚阶段的来临，完善我国住宅保障制度体系已迫在眉睫。近些年来，城市化发展导致城市人口高度集中，产生了对城市土地与住房的巨大需求，形成了住房供应的绝对短缺，导致房价大幅上涨，于是广大居民尤其是中低收入居民的购房支付能力大幅下降。通常认为，房价收入比①是考察居民购房能力的一个通行指标。2006 年，我国平均房价收入比只有 6.7，并不是很高，而且与国际平均水平接近。但我国房价收入比的社会差距很大，这是由居民收入差距扩大引起的。这要求我国政府应针对不同收入群体实施不同的住房政策，保障居民的基本居住权利。据相关数据资料分析，2000～2005 年，我国中等收入户的房价收入比接近全国平均水平，中等以下收入户的房价收入比都高于全国平均水平，而中等以上收入户的房价收入比都低于全国平均水平。我国最低收入户的房价收入比很大，2005 年达到了22.69，是全国平均水平的 3.35 倍。低收入户的房价收入比也较大，2005 年达到14.74，是全国平均水平的 2.18 倍。我国最高收入户的房价收入比很小，2005 年只有 2.45，是全国平均水平的 36％。高收入户的房价收入比也很小，2005 年只有 4.1，是全国平均水平的 60.5％。二者 2006 年的水平与 2005 年接近。我国最高收入户和最低收入户的房价收入比差距很大，2005 年二者的差距达到了 20.24，最低收入户房价收入比是最高收入户的 9.3 倍。2006 年，这一差距名义上有所缩小，但仍然达到 9倍②。不同收入群体房价收入比之间的较大差距，客观上反映了我国居民购房能力的社会差距，该种差距亦呈现出越来越大的趋势。其中，中等收入以下家庭的房价收入比呈现出不断上升的趋势③。笔者认为，居民收入差距过大是导致房价收入比差距

---

① 房价收入比是指居民购房总价与家庭年全部收入的比值。由于房价收入比是家庭购房支出与收入的相对比，能消除不同地区房价、不同收入水平对居民购房成本的影响，相对真实地反映居民购房能力，而且计算也比较简便，因而成为考察居民购房能力的一个国际通行指标。
② 金三林. 住房政策应有利于提升我国居民购买能力. ［2009-11-25］. 国务院发展研究中心信息网.
③ 其中，中等收入户的房价收入比从 2000 年的 6.67 上升到 2006 年的 7.70，增幅为 15.4％；低收入户的房价收入比从 2000 年的 10.81 上升到 2006 年的 14.32，增幅为 32.5％；最低收入户的房价收入比上升速度更快，从 2000 年的 14.76 上升到 2006 年的 22，增幅接近 50％。数据来源：金三林. 住房政策应有利于提升我国居民购买能力. 国务院发展研究中心信息网，2009-11-25.

扩大主要原因。据统计资料①显示，2000～2006 年期间，只有高收入以上家庭的收入增速才高于房价上涨的速度，中低收入家庭的收入增长速度都明显低于房价上涨速度，至于低收入家庭收入增速与房价增速的差距就尤为显著了。以上分析告诉我们，在市场经济条件下，中低收入尤其是低收入家庭不太可能通过提高家庭收入来显著提高其住房消费支付能力。而住房抵押贷款制度则为有住房需求但又缺乏现实支付能力的中低收入者提供了资金的保障。我国住房抵押贷款业务经过了 20 多年的发展，虽已经初具体系，但与国外住房抵押贷款制度成功模式相比，还存在诸多问题，使其难以满足人们日益提高的住房需求，因此，有必要借鉴国外先进经验，不断完善我国住房抵押贷款制度，这对于解决居民住房消费融资问题、提高人民生活水平、构建社会主义和谐社会具有十分重要意义。

考察发达国家住房抵押贷款制度发展的历史，不难发现政府在住房抵押贷款方面主导作用的发挥，尤其是各国政府对住房抵押贷款制度立法方面的重视。完善的消费信贷法律体系是住房抵押贷款制度得以充分有效发展的基本前提，而我国有关消费信贷的法律法规十分匮乏，并且现有的少数有关住房消费信贷方面的政策法规也存在诸多问题。

第一，早期的住房抵押贷款制度政策性强，立法层次低。为规范个人住房抵押贷款市场，中国人民银行 1994 年 12 月颁布了《政策性住房贷款业务管理暂行规定》，1997 年 4 月颁布了《个人住房担保贷款管理试行办法》（工银办［1996］21 号），1998 年 5 月，中国人民银行联合建设部颁布了《住房置业担保管理试行办法》（建住房［2000］108 号），与此同时，中国人民银行单独下发了《个人住房贷款管理办法》（银发［1998］190 号）。以上办法规定虽对住房抵押贷款的发展奠定了一定的制度基础，但其较为浓厚的政策观念、较低的立法层次严重削弱了制度的权威性与严肃性，从而会影响到该制度的进一步发展与实效的发挥。

第二，21 世纪以来，上述问题犹未改观，政策调控频繁且效果甚微。进入 21 世纪后，为了防范房地产市场隐性泡沫的出现，确保金融安全，2003 年 6 月 3 日，中国人民银行公布了《关于进一步加强房地产信贷业务管理的通知》（银发［2003］121 号）。进入 21 世纪后，我国政府频频运用利率（表 13-1）杠杆对房地产市场价格进行调控。2006 年 5 月 24 日，国务院办公厅发布了《国务院办公厅转发建设部等部

---

① 2000～2006 年，我国每户住房平均总价增长了 2.03 倍，年均增长 12.5%。相比而言，最低收入户家庭收入年均增长 5.2%，比住房总价增速低 7.3 个百分点；中等收入户家庭收入年均增长 9.8%，比住房总价增速低 2.7 个百分点；中等偏上户家庭收入年均增长 11.2%，比住房总价增速低 1.3 个百分点；高收入户家庭收入年均增长 12.7%，比住房总价增速高 0.2 个百分点；最高收入户家庭收入年均增长 16%，比住房总价增速高 3.5 个百分点。数据来源：金三林. 住房政策应有利于提升我国居民购买能力. 国务院发展研究中心信息网，2009-11-25。

门关于调整住房结构稳定住房价格意见的通知》（名称中建设部现改为住房和城乡建设部），通知中明确规定，自 2006 年 6 月 1 日起，个人住房按揭贷款首付款比例不得低于 30％，但对购买自住住房且套型建筑面积在 90 平方米以下的仍执行首付款比例 20％的规定。尤其是 2007 年，金融机构人民币贷款基准利率调整更为频繁，银行贷款利率一路上涨。为了应对美国次贷危机所引发的全球性经济危机，从 2008 年 9 月起，中央银行开始实施宽松的货币政策，连续多次下调金融机构贷款利率，根据央行文件，为应对国际金融危机对我国产生的影响，支持扩大内需，提高居民购买普通住房的消费能力，保障和改善民生，人民银行决定自 2008 年 10 月 27 日起，将商业性个人住房贷款利率的下限扩大为贷款基准利率的 0.7 倍；最低首付款比例调整为 20％。

2008 年 12 月的中央经济工作会议提出，"要增加保障性住房供给，减轻居民合理购房负担，发挥房地产在扩大内需中的作用"。国务院常务会议确定三条措施，"加快保障性住房建设，鼓励住房消费，保持合理房地产开发投资规模"。对已贷款购买一套住房但人均面积低于当地平均水平，再申请购买第二套普通自住房的居民，比照执行首次贷款购买普通自住房的优惠政策①。政府在房价严重超出普通居民所能负担的能力的情况下，为了实现"居者有其屋"的政策目标，积极参与对楼市的调控。为了依法加强监管，切实落实房地产土地管理的各项规定，提高土地供应和开发利用效率，促进房地产市场健康平稳有序运行，国务院办公厅印发了《国务院办公厅关于促进房地产市场平稳健康发展的通知》（国办发〔2010〕4 号）（简称国十一条），全国房地产市场整体上出现了一些积极的变化，但其效果昙花一现：部分城市房价、地价不久又出现过快上涨的势头，投机性购房再度活跃。2010 年 4 月 17 日，为了坚决遏制部分城市房价过快上涨，切实解决城镇居民住房问题，国务院颁发了《国务院关于坚决遏制部分城市房价过快上涨的通知》（国发〔2010〕10 号），坚决抑制不合理的住房需求，实行更为严格的差别化住房信贷政策：对购买首套自住且套型建筑面积在 90 平方米以上的家庭，贷款首付比例不得低于 30％，对贷款购买第二套住房的家庭，贷款首付比例不得低于 50％，贷款利率不得低于基准利率的 1.1 倍；对贷款购买第三套及以上住房的，贷款首付比例和贷款利率应大幅度提高，具体由商业银行根据风险管理原则自主确定。商品住房价格过高、上涨过快、供应紧张的地区，商业银行可根据风险状况，暂停发放购买第三套及以上住房贷款。

上述诸多住房抵押贷款利率调控政策在解决当前居民住房问题方面是否发挥作

---

① 国务院适当放宽二套房贷限制政策．〔2010-04-08〕．http：//news．sina．com．cn/c/2008-12-18/015816868278．shtml．

用，我们可借助表 13-1、图 13-1、图 13-2① 来进行分析并得出相应的结论。从图 13-1、图 13-2 利率和房地产价格的时间序列图表可以看出，当实际利率处于下行通道时房地产价格随利率下降而上升，这种变化的趋势很明显。反之，当实际利率处于上行通道时，房地产价格随利率上升而呈下降趋势，但这种趋势并非异常明显，并存在波动的情况。依此可得出大概的结论，我国房地产市场价格与利率变化存在不对称的特点，利率的调整对房地产市场价格存在一定的影响，但效果不佳。因此在现阶段，要解决居民尤其是中低收入居民住房问题，抑制居高不下的房价，单从住房抵押贷款利率的调整方面来入手是远远不够的，其他方面的配套举措有待政府的思考与抉择。

金融机构人民币贷款基准利率② （单位：年利率%）　　　　　　　　表 13-1

调整时间	6个月以内 （含6个月）	6个月~1年 （含1年）	1~3年 （含3年）	3~5年 （含5年）	5年以上
1999.06.10	5.58	5.85	5.94	6.03	6.21
2002.02.21	5.04	5.31	5.49	5.58	5.76
2004.10.29	5.22	5.58	5.76	5.85	6.12
2006.04.28	5.40	5.85	6.03	6.12	6.39
2006.08.19	5.58	6.12	6.30	6.48	6.84
2007.03.18	5.67	6.39	6.57	6.75	7.11
2007.05.19	5.85	6.57	6.75	6.93	7.20
2007.07.21	6.03	6.84	7.02	7.20	7.38
2007.08.22	6.21	7.02	7.20	7.38	7.56
2007.09.15	6.48	7.29	7.47	7.65	7.83
2007.12.21	6.57	7.47	7.56	7.74	7.83
2008.09.16	6.21	7.20	7.29	7.56	7.74
2008.10.09	6.12	6.93	7.02	7.29	7.47
2008.10.30	6.03	6.66	6.75	7.02	7.20
2008.11.27	5.04	5.58	5.67	5.94	6.12
2008.12.23	4.86	5.31	5.40	5.76	5.94

综上可知，我国住房抵押贷款制度具有很强的政策性，缺乏相对稳定的法律规范，从以上通过利率对房地产市场进行调控的结果来看，其政策效果并非明显。可见，对房地产市场的有效调控与引导并非一朝一夕之事，从长远之计考虑，为避免

---

① 张丽．我国利率政策房地产价格传导的有效性研究．学术论坛，2010（4）.
② 资料来源：中国人民银行网，2010-4-14.

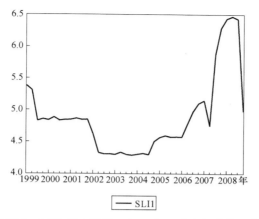

图 13-1　1999 年 1 季度～2008 年 4 季度年贷款利率图

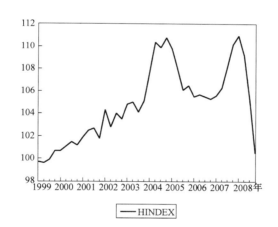

图 13-2　1999 年 1 季度～2008 年 4 季度房地产同比价格指数图

政策所带来的随意性和非稳定性缺陷，应当尽早着手住房抵押贷款方面的立法建设。同时，配套政策的制定既要随客观情况的变化而变化，但又要保持在一定条件下的相对稳定性。如首套房贷利率 7 折优惠，首付不低于 20% 的政策初衷是为了保障自住购房者的住房需求，因此不论房地产市场处于峰顶抑或峰谷，此项调控措施都应当作为一项长久不变的方针，而不应当有所改变，否则会背离政府调控房地产市场、保障居民获得自住性住房的政策初衷。另外，考虑到政府通过利率政策调控房地产市场的效果的不明显，为了抑制房地产市场日益增长的泡沫，应当调整与获得住房有关的其他优惠政策，如收紧二套房贷政策（政府已采取相关措施），取消营业税减免，开征物业税等，以便遏制投机性需求，整顿房地产秩序，稳定房价，刺破房地产市场泡沫。

（二）我国住宅抵押贷款的模式选择

1. 我国住房抵押贷款模式的现状及存在的问题[①]

我国住房抵押贷款模式兼容了上述国外模式，是一种混合型的住房抵押贷款模式。该种模式虽然在解决居民住房问题方面发挥了一定的功效，但是仍存在诸多的问题。

1）我国住房抵押贷款整体上的不公平问题

这主要体现在住房公积金贷款和商业性住房抵押贷款服务对象不明晰。目前相当部分的中低收入者被排除在住房公积金制度外，他们因为没有进入公积金制度只能采用还贷率较高的商业性住房抵押贷款来分期获得其所购买的经济适用房，或者根本没有能力进行贷款。而一些高收入者却得以利用住房公积金制度，将获得的低息贷款用于购买高档商品房、大面积商品房，甚至用于投资。住房抵押贷款制度的确立是为了更好的解决居民住房问题，尤其是中低收入阶层的住房问题，提高其购房能力。而目前我国的住房抵押贷款模式却不仅不能有效解决中低收入者的住房问题，还加剧了高收入者对低收入者利益的挤占，存在着严重的不公平。

2）我国住房金融模式整体上的证券化程度低问题

证券化是住房金融与资本市场联系的主要方式，是国际住房金融的发展趋势。随着我国房地产业的发展和住房抵押贷款余额规模的不断扩大，经济和金融的市场化程度不断提高，住房抵押贷款证券化的制度化也已进入实质性阶段。我国从2005年才拉开个人住房抵押贷款证券化的序幕。而西方发达国家早就已经建立起了抵押贷款证券化所需的制度环境，住房抵押贷款证券化已经在这些国家得到了广泛应用。美国的住房抵押贷款模式成功[②]的关键，很大程度上应该归功于其所拥有的发达的住房抵押贷款二级市场。

2. 完善我国住宅抵押贷款模式的整体构思

1）不断推进我国住房金融模式层次化

鉴于我国目前住房抵押贷款模式存在的不公平问题，我国应该逐步建立分层次的住房金融模式。根据贷款服务对象的收入标准及其所购住房的性质、面积、档次等因素，来判断是对其实行商业性住房抵押贷款，或公积金贷款，或组合贷款。其中，组合贷款是由公积金贷款和商业性住房抵押贷款相结合，向同一借款人发放用于购买自用普通住宅的贷款。目前我国凡符合公积金个人住宅贷款条件的职工，因购买自用普通住宅使用自由资金和公积金贷款额度不足，均可向住宅基金管理中心指定的贷款银行申请组合贷款。由于现有公积金制度存在难以实现其设计之初保障

---

① 陈婷婷，马建华．完善我国住房金融模式整体探析．金融与经济，2009（7）.
② 由美国次贷危机所引发的全球性的经济危机，根源并不在于住房抵押贷款证券化这种金融创新工具本身，而在于美国政府所奉行的金融自由以及由此而引发的金融监管的不利。我们不能因美国次贷危机的爆发而质疑该种金融创新工具的先进性和可发展性。

居民住宅权的目标，应当加以完善（具体内容见公积金部分）。

2）大力发展住房抵押贷款一级市场

第一是发展住房抵押贷款一级市场的规模，因为住房抵押贷款的规模是证券化的基础。但是，我国开办个人住房抵押贷款业务的时间较短，住房抵押贷款的规模较小。由于没有相当规模的住房抵押贷款的积累，难以形成有相似条件的抵押贷款群，体现不出抵押贷款证券化的经济效益，由此会制约我国住房抵押贷款证券化的发展。第二是丰富住房抵押贷款市场上的贷款品种以满足不同投资者的需要，特别是为中低收入者量身定做一些住房抵押贷款金融产品，这样，既解决了中低收入者的住房购买力问题，又在一定程度上增加了住房抵押贷款一级市场的规模。

最后，积极推进我国住房抵押贷款证券化，有利于住房市场的健康发展，促进经济发展，有利于分散和转移金融机构的信贷风险；有利于加快特殊机构的建立。这就要求我们要大力培育机构投资者，加快发展信用评级机构，选择合适的担保、保险方式，健全抵押贷款证券化法律法规体系。

三、住房公积金的困境与出路

（一）住房公积金制度的历史生成

中国的住房公积金制度，是 20 世纪 90 年代初中国住房制度由计划体制向市场体制主导的演变过程中，在借鉴新加坡中央公积金制度基础上，所产生的有中国特色的住房金融保障制度创新。1978 年，十一届三中全会的召开拉开了我国全面的经济体制改革的序幕。住房体制改革乃是中国经济体制改革的应有之意。但其改革思路最早可追溯到 1978 年邓小平同志的讲话。1978 年 9 月 14 日，时任中共中央副主席的邓小平同志到大庆油田进行第三次视察，面对大庆工人艰苦的住房条件，他指示说："大庆房子要盖得好一些，要盖楼房……要把大庆油田建成美丽的大油田！"同年 10 月 20 日，邓小平同志到北京前三门新建的公寓住宅楼视察时提出，解决住房问题的路子要宽一些，比如"允许私人建房或者私建公助，分期付款，把个人手中的钱动员出来，国家解决材料，这方面潜力不小。"1980 年，邓小平与中央负责同志谈到住房问题时作了重要讲话："关于住宅问题，要考虑城市建筑住宅，分配房屋和一系列政策。城镇居民个人可以购买住房，也可以自己盖。不但新房子可以出售，老房子也可以出售。可以一次付款，也可以分期付款。要联系房价调整房租，使人们考虑到买房子合算，因此要研究逐步提高房租……将来房租提高了，对低工资的职工要给予补贴……"① 不难看出，邓小平同志的讲话为我们的住房体制改革提供了总体的思路和改革的目标，此后，住宅商品化成为我国住房体制改革的基本方向。难

---

① 中国房地产市场年鉴 1996. 北京：中国计划出版社，1997：457.

怪住房和城乡建设部住房保障司前司长侯淅珉在接受《中国经济周刊》记者采访时，意味深长地说"1980 年小平谈话是对 1978 年讲话的深化，已经形成系统化改革设想，中国住房制度改革真正的源头可以追溯到 1978 年小平讲话。"亦言之，邓小平同志 1978 年、1980 年关于住房问题的讲话开启了有中国特色的住房制度改革的步伐。在邓小平同志讲话精神的指导下，起步阶段的改革主要是试点售房（1979～1985 年）和提租补贴（1986～1988 年）。

1979 年，南京、西安、柳州、梧州四个试点城市率先开始尝试以土建成本价向个人出售公有住房，1980 年，中共中央、国务院在批转《全国基本建设工作会议汇报提纲》中第一次正式提出住房商品化政策，在此之后，试点售房迅速推广到 60 多个城市。但由于售价远远高于居民的工资收入水平，加之房款需一次性付清，又缺乏相应的金融支持与政府直接补贴，最终因难度太大而难以推进①。1984 年，在总结了前段时期房改售房的经验和教训的基础上，国家提出了"三三制"的售房模式。所谓"三三制"，主要是指，由国家、职工所在单位、职工个人各负担购房款的 1/3，继续推行以成本价向居民出售公房的住房出售改革方案。"三三制"虽然减轻了居民的住房消费支付负担，极大地推动了居民的购房热情，但这样的改革是以牺牲地方政府和企业的利益为代价获得的，因而，遭到了地方政府和企业的强烈抵制。同时，因没有配套的租金制度改革方案实施，公房低租对居民的诱惑远远大于对私有住房的购买与拥有。因此，在"三三制"的推行受阻之后，在艰难的住房制度探索中，"提租补贴"这盏路灯的出现仿佛又为我们摸黑前行的探索者们指明了前进的方向。提租补贴的理论支撑乃是国内理论研究者们所提出的二次分配理论，即我国原有的职工工资构成中，国家统一扣除了职工住房消费部分，扣除部分通过建设公房以实物分房的形式再补发给职工，正常货币工资的发放是一次分配，实物分房是二次分配。在一次分配中扣除了住房消费部分，那么要提高租金，就必须发放补贴以提高职工的住房消费能力。这一理论对后来住房公积金的出现有一定的直接影响②。在二次分配理论基础上，国务院住房租金改革小组正式提出了提租补贴的基本改革思路。1988 年初，国务院第一次召开全国住房制度改革工作会议，印发了《关于全国城镇分期分批推行住房制度改革实施方案》（国发［1988］11 号），提出了全国房改的两

---

① 平均每套住房价格为人们 10～20 年的工资总和，全国累计只售出 2418 套住房，其中新房只有 1184 套，出售房屋总价为 12787 万元。数据来源：于思远. 房地产、住房改革运作全书. 北京：中国建材工业出版社，1998：252.

② 陈杰. 城市居民住房解决方案——理论与国际经验. 上海：上海财经大学出版社，2009：69.

步骤实施方案（提租补贴）①。客观地评价，提租补贴在一定时期并在一定程度上确实推进了住房商品化、社会化的进程，但好景不长，随后的一系列问题的发生折断了刚刚放飞的第一次全国性房改的羽翼②。

接连受挫之后，1989～1990年，我国的全国住房改革几乎处于停滞的状态。中央政府不再主动提出住房改革的创新方案，而是鼓励地方政府发挥主观能动性来寻求创造性的制度创新。作为国际知名城市的上海，为了解决城镇居民的住房状况与经济发展极为不协调的矛盾，将有关房改部门的人员派往新加坡考察其中央公积金制度的理论基础与实践经验。1991年，上海率先建立了公积金制度。这一制度很快在全国推广开来，并被中央政府所吸纳，成为一种全国性的住房保障政策。公积金制度在上海的诞生具有一定的偶然性，但在中国兴起并上升为国家层面的住房金融保障制度，则具有一定的历史必然性③。当时，国际上市场经济国家有效解决住房消费的主要方式有美国的住房抵押贷款制度、德国的住房储蓄制度和新加坡的中央住房公积金制度。就住房抵押制度而言，金融机构用于住房抵押贷款的资金主要来源于其对居民、企业的短期负债，而住房抵押贷款所形成的是长期债权，这种资产负债期限的不匹配会导致金融机构的流动性风险加大。受整个经济发展水平的限制，我国居民当时的年收入水平有限，这就制约了金融机构贷款资金的归集，阻碍了住房抵押贷款规模的发展，增加了金融机构的流动性风险。加之我国居民在住房消费观念上受传统思想的束缚，很难接受负债消费的新观念。因此，住房抵押贷款一时难以启动。德国的住房储蓄制度要求居民必须先与该住房储蓄银行签订住房储蓄合同，按月有规律地在该银行存款，方可得到住房储蓄银行的住房贷款。这样，就为住房贷款找到了长期的、稳定的、大量的储蓄资金来源，提高了金融机构的住房贷款能力，在一定程度上化解了流动性不足的风险。但是由于我国长期实行福利分房制度，受福利思想的束缚，居民缺乏住房消费的习惯，加之较低的收入水平，导致居民普遍缺乏存钱备用于购房的意识与能力。而新加坡的中央公积金制度恰恰满足了中国居民的消费习惯与传统观念，更加符合中国的国情，因而，才有了其在上海的偶然出现与在全国推行的必然结果。

纵观住房公积金制度的生成背景，可以得出以下结论：住房公积金制度是我国

① 第一步改革是提租，即在全国范围内，按公房的成本租金计租，成本租金的构成包括：折旧费、维修费、管理费、房产税、投资利息等5项因素。第二步改革是补贴，即提高职工的工资水平，逐步把二次分配部分纳入工资，并由职工所在企业的成本费用负担。
② 政府财政和单位难以承受补贴的沉重负担，改革在各地受到很大的阻力。许多地方为了减轻财政负担，将公房折价抛售，导致国有资产大量流失，遭到中央的严厉禁止，加之1989年前后的社会秩序不稳，导致第一次全国性房改无果而终。
③ 陈杰.城市居民住房解决方案——理论与国际经验.上海：上海财经大学出版社，2009：71.

政府在推行住房体制改革的进程中所探索到的解决我国居民住房问题的一种住宅保障制度。"住宅保障是为解决住宅问题和住宅权而进行的一系列活动。"① 住房公积金制度的产生是我国政府解决居民住宅保障问题所进行的一系列制度尝试之一，而住宅保障问题亦是包括我国政府在内的各国政府所不可推卸的责任。马克思认为，住宅是人类生存的第一需要，满足人的需要是社会主义的生产目的。美国著名的心理学家亚伯拉罕·马斯洛在其《人类动机理论》中指出，包括住宅在内的生理需求是人类最低层次的需求，是人类最原始最基本的需求。现代社会保障的先驱者贝弗利奇在其研究报告《社会保险和有关福利问题》中体现了两个观点：①社会保障以保障居民拥有维持生存必须的生活资料为最低限度。②社会保障是全民的全面保障，应顾及全体居民及各种不同的社会阶层，包括那些社会中的收入群体住宅的意外丧失②。因此政府应当最大程度地满足不同社会阶层的最低层次的住宅需求，以便维护社会的稳定，促进社会的全面发展。公积金制度的域外借鉴与全国推行不能不让我们为政府履行职责的魄力所折服。

（二）住房公积金的现实运行

1. 住房公积金的缴存与提取

根据《住房公积金管理条例》的规定，住房公积金管理中心应当在受委托银行设立住房公积金专户。单位应当到住房公积金管理中心办理住房公积金缴存登记，经住房公积金管理中心审核后，到受委托银行为本单位职工办理住房公积金账户设立手续。每个职工只能有一个住房公积金账户。住房公积金管理中心应当建立职工住房公积金明细账，记载职工个人住房公积金的缴存、提取等情况。新设立的单位应当自设立之日起 30 日内到住房公积金管理中心办理住房公积金缴存登记，并自登记之日起 20 日内持住房公积金管理中心的审核文件，到受委托银行为本单位职工办理住房公积金账户设立手续。单位合并、分立、撤销、解散或者破产的，应当自发生上述情况之日起 30 日内由原单位或者清算组织到住房公积金管理中心办理变更登记或者注销登记，并自办妥变更登记或者注销登记之日起 20 日内持住房公积金管理中心的审核文件，到受委托银行为本单位职工办理住房公积金账户转移或者封存手续。单位录用职工的，应当自录用之日起 30 日内到住房公积金管理中心办理缴存登记，并持住房公积金管理中心的审核文件，到受委托银行办理职工住房公积金账户的设立或者转移手续。单位与职工终止劳动关系的，单位应当自劳动关系终止之日起 30 日内到住房公积金管理中心办理变更登记，并持住房公积金管理中心的审核文件，到受委托银行办理职工住房公积金账户转移或者封存手续。

---

① 周珂．住宅立法研究．北京：法律出版社，2008：22.
② 丁建定，杨凤娟．英国社会保障制度的发展．北京：中国劳动社会保障出版社，2004：28.

职工住房公积金的月缴存额为职工本人上一年度月平均工资乘以职工住房公积金缴存比例。单位为职工缴存的住房公积金的月缴存额为职工本人上一年度月平均工资乘以单位住房公积金缴存比例。新参加工作的职工从参加工作的第二个月开始缴存住房公积金，月缴存额为职工本人当月工资乘以职工住房公积金缴存比例。单位新调入的职工从调入单位发放工资之日起缴存住房公积金，月缴存额为职工本人当月工资乘以职工住房公积金缴存比例。

职工和单位住房公积金的缴存比例均不得低于职工上一年度月平均工资的5%；有条件的城市，可以适当提高缴存比例。具体缴存比例由住房公积金管理委员会拟订，经本级人民政府审核后，报省、自治区、直辖市人民政府批准。职工个人缴存的住房公积金，由所在单位每月从其工资中代扣代缴。

单位应当于每月发放职工工资之日起5日内将单位缴存的和为职工代缴的住房公积金汇缴到住房公积金专户内，由受委托银行计入职工住房公积金账户。单位应当按时、足额缴存住房公积金，不得逾期缴存或者少缴。对缴存住房公积金确有困难的单位，经本单位职工代表大会或者工会讨论通过，并经住房公积金管理中心审核，报住房公积金管理委员会批准后，可以降低缴存比例或者缓缴；待单位经济效益好转后，再提高缴存比例或者补缴缓缴。住房公积金自存入职工住房公积金账户之日起按照国家规定的利率计息。

职工有下列情形之一的，可以提取职工住房公积金账户内的存储余额：①购买、建造、翻建、大修自住住房的。②离休、退休的。③完全丧失劳动能力，并与单位终止劳动关系的。④出境定居的。⑤偿还购房贷款本息的。⑥房租超出家庭工资收入的规定比例的。职工应当持提取证明向住房公积金管理中心申请提取住房公积金。住房公积金管理中心应当自受理申请之日起3日内作出准予提取或者不准提取的决定，并通知申请人；准予提取的，由受委托银行办理支付手续。

2. 住房公积金管理模式

我国公积金管理实行住房公积金管理委员会决策，住房公积金管理中心运作，银行专户存储、财政监督的运行模式。

住房公积金管理委员会。根据我国《住房公积金管理条例》第八条规定，直辖市和省、自治区人民政府所在地的市以及其他设区的市（地、州、盟），应当设立住房公积金管理委员会，作为住房公积金管理的决策机构。住房公积金管理委员会的成员中，人民政府负责人和建设、财政、人民银行等有关部门负责人以及有关专家占1/3，工会代表和职工代表占1/3，单位代表占1/3。住房公积金管理委员会主任应当由具有社会公信力的人士担任。第九条规定，住房公积金管理委员会在住房公积金管理方面履行下列职责：①依据有关法律、法规和政策，制定和调整住房公积金的具体管理措施，并监督实施。②根据本条例第十八条的规定，拟定住房公积金的具体缴存比例。③确定住房公积金的最高贷款额度。④审批住房公积金归集、使用计划。⑤审议住房公积金增值收益分配方案。⑥审批住房公积金归集、使用计划执行情况的报告。

住房公积金管理中心。住房公积金管理中心是住房公积金管理决策的执行机构。根据《住房公积金管理条例》的规定，直辖市和省、自治区人民政府所在地的市以及其他设区的市（地、州、盟）应当按照精简、效能的原则，设立一个住房公积金管理中心，负责住房公积金的管理运作。县（市）不设立住房公积金管理中心。住房公积金管理中心可以在有条件的县（市）设立分支机构。住房公积金管理中心与其分支机构应当实行统一的规章制度，进行统一核算。住房公积金管理中心是直属城市人民政府的不以营利为目的的独立的事业单位。住房公积金管理中心履行下列职责：①编制、执行住房公积金的归集、使用计划。②负责记载职工住房公积金的缴存、提取、使用等情况。③负责住房公积金的核算。④审批住房公积金的提取、使用。⑤负责住房公积金的保值和归还。⑥编制住房公积金归集、使用计划执行情况的报告。⑦承办住房公积金管理委员会决定的其他事项。

公积金的存储机构（银行）。各商业银行作为公积金的专户存储机构，应当按照住房公积金管理中心与其签订的委托合同，办理住房公积金贷款、结算等金融业务和住房公积金账户的设立、缴存、归还等手续。住房公积金管理中心应当督促受托银行及时办理委托合同约定的业务。受托银行应当按照委托合同的约定，定期向住房公积金管理中心提供有关的业务资料。

监督机构。作为住房公积金的监督部门，地方有关人民政府财政部门应当加强对本行政区域内住房公积金归集、提取和使用情况的监督，并向本级人民政府的住房公积金管理委员会通报。住房公积金管理中心在编制住房公积金归集、使用计划时，应当征求财政部门的意见。住房公积金管理委员会在审批住房公积金归集、使用计划和计划执行情况的报告时，必须有财政部门参加。住房公积金管理中心编制的住房公积金年度预算、决算，应当经财政部门审核后，提交住房公积金管理委员会审议。住房公积金管理中心应当每年定期向财政部门和住房公积金管理委员会报送财务报告，并将财务报告向社会公布。住房公积金管理中心应当依法接受审计部门的审计监督，审计部门则有权依法对公积金管理中心进行审计监督。同时，住房公积金管理中心和职工有权督促单位按时履行下列义务：①住房公积金的缴存登记或者变更、注销登记。②住房公积金账户的设立、转移或者封存。③足额缴存住房公积金。职工、单位有权查询本人、本单位住房公积金的缴存、提取情况，住房公积金管理中心、受委托银行不得拒绝。职工、单位对住房公积金账户内的存储余额有异议的，可以申请受委托银行复核；对复核结果有异议的，可以申请住房公积金管理中心重新复核。受委托银行、住房公积金管理中心应当自收到申请之日起5日内给予书面答复。职工有权揭发、检举、控告挪用住房公积金的行为。

（三）住房公积金制度实现住宅权保障的现实困境

对于低收入群体而言，仅靠自身的力量难以获得适宜的住宅，国家有义务采取一系列的措施来保障公民住宅权的实现。"所有那些负有与该项权利相关的国家都不能，用法律术语来说，逃避其创造有利条件以促成、帮助住宅权实现的责任。"① 因此，这就要求各国政府履行义务，采取切实措施帮助中低收入者解决住房问题。各国政府在实践中不断摸索、总结经验，形成了一系列的解决居民住房问题的行之有效的制度模式，我国的住房公积金制度便是诸多国际经验中的一种，该制度借鉴之初，确实在解决我国居民的住房问题，实现住房体制改革，推进经济体制改革方面发挥了重大作用，但是随着社会化、城市化进程的推进，现有的住房公积金制度已很难适应新时期收入分配结构和住房形势的需求，其固有的缺陷逐渐暴露出来，有关公积金制度的争议亦逐步进入人们的视野。

2006 年 11 月，世界银行发布的《中国经济报告》（Report on China's Economic）对我国的公积金制度进行了严厉的评论，该报告认为，我国的公积金制度存在三大问题：①使用效率低。报告中指出：截至 2005 年底，只有 45％的住房公积金被用于发放住房贷款，而且，只有 17％的公积金缴纳者获得了公积金贷款。②受益者主要是高收入者。由于房价过高，中低收入者没有能力进行贷款，高收入者占有较多的社会财富，具有较高的购房能力，通过公积金贷款使政府贴息完全实惠于高收入群体。③风险管理和运营上存在诸多问题。一石激起千层浪，世界银行的该份报告将本已存在争议的公积金问题变成了一个社会焦点问题。报告中所指出的公积金的第二个缺点简直是对公积金制度的一个致命的打击，是对公积金制度的根本性的否定。在此点上，世界银行的报告分析，是否言过其实呢？这需要分析我国公积金制度设计与实际运行中所存在的现实问题方可得出结论。

1. 制度设计的初衷与现实之间的落差

研究公积金制度的生成路径可以发现，公积金制度建立的初衷是通过长期的稳定的住房储蓄金的建立与积累，发挥资金的互助性功能，解决广大中低收入者的住房问题。当前我国住房消费市场所面临的主要矛盾是中低收入者的收入相对于市场可供给的商品住房价格之间差距过大。伴随着社会两极分化，高收入群体与中低收入群体之间的收入差距越来越大，城市化的进程导致房价大幅上涨，于是，广大居民尤其是中低收入者的购房支付能力大幅下降。这一点可以通过前述有关房价收入比的一组数据来佐证。而公积金制度并没有考虑到居民的购房能力的悬殊，对所有

---

① Rajindar Sachar. The Right to Adequate Housing. UN New York and Geneva, 1996。转引自金俭. 中国住宅法研究. 北京：法律出版社，2004：62.

的参加该制度的群体都给予贷款补贴，在居高不下的高房价面前，只有有能力贷款的高收入者才能享受到其中的补贴利益，成为少数的公积金制度的真正受益者。据调查，北京、合肥的公积金借款者中高收入者占40%，中等偏上收入者占34%，中等偏下和低收入者占26%。在上海公积金借款者中，高收入者占20%，中等偏上收入者占58%，中等偏下和低收入者占22%①。

另外，我国住房公积金的覆盖率较低，一些需要制度支持的中低收入群体恰恰被排除在该制度之外，使该制度的住房保障功能严重受阻。我国《住房公积金管理条例》第二条明确规定：本条例所称住房公积金，是指国家机关、国有企业、城镇集体企业，外商投资企业、城镇私营企业及其他城镇企业、事业单位、民办非企业单位、社会团体及其在职职工缴存的长期住房储金。该条款既为我们设定了缴纳公积金的义务主体，同时又明确了公积金制度的权利与受益主体。分析条例所限定的权利义务主体，我们发现，一些确实需要住房保障支持的中低收入户恰恰被拒之门外。如，曾经为我国经济发展做出贡献的相当一部分的下岗职工，没有单位的城市居民、个体工商户、随着城市化的进程大量涌入城市的农民工等。因此，2005年，中国人民银行在《2004年中国房地产金融报告》中指出："公积金对支持中低收入职工购房的效果不明显。"

2. 制度的运行对住宅权保障目标的弱化

住房公积金在实际运行中亦逐渐偏离了制度目标，弱化了其住房保障功能。第一是住房公积金使用率低。截至2006年末，全国公积金缴存总额为12687.37亿元，缴存余额为7870.96亿元，住房公积金使用率为72.05%（包括公积金管理中心用于投资国债的使用），累计为695.24万户职工发放个人住房贷款6364.33亿元（即使按每户都是双职工，最多也只有约20%的人使用过公积金贷款）②。由此一系列的数据可见，我国公积金使用率低的问题是存在的，但原因何在呢？笔者认为，应从多方面进行分析，最主要的根源应归结为公积金贷款额度的限制。根据建设部、财政部、中国人民银行《关于住房公积金管理若干具体问题的指导意见》（建金管［2005］5号）：各地要根据当地经济适用住房或普通商品住房平均价格和居民家庭平均住房水平，拟定住房公积金贷款最高额度。职工个人贷款具体额度的确定，要综合考虑构建住房价格、借款人还款能力及住房公积金存储余额等因素。根据此规定，住房公积金贷款金额要根据借款人及其配偶住房公积金个人月缴存额和可贷款年限计算。简言之，住房公积金贷款以个人账户余额为基础来确定贷款额度，而账户多寡又须依《住房公积金管理条例》十六、十八条规定："职工住房公积金的月缴存额为职工

---

① 李勇辉，修泽睿. 我国城镇住房制度改革对收入分配影响分析. 当代经济研究，2005（5）.
② 陈杰. 城市居民住房解决方案——理论与国际经验. 上海：上海财经大学出版社，2009：77.

本人上一年度月平均工资乘以职工住房公积金缴存比例。职工和单位住房公积金的缴存比例均不得低于职工上一年度月平均工资的5％；有条件的城市可以适当提高缴存比例。"对不同收入者依同一比例提取住房公积金，这就必然导致收入高、缴存比例大的社会成员的公积金账户有较高的余额，其就有条件获得较大的贷款数额，而最需得到公积金贷款帮助的低收入阶层只能得到较低的资助。虽然由于整体房价的提高，原有的公积金贷款额度难以满足购房户的需求，各地纷纷提高公积金贷款最高额度。如笔者所居住的扬州市，2006年3月21日起将住房公积金贷款最高额度由25万元提高至35万元，但对于飞速上涨的房价而言，贷款额度的提高对于低收入者而言，只不过是杯水车薪。更有甚者，有些低收入阶层凭借手中的积蓄无法逾越购房首付的门槛，这样的额度提高对这部分人更是形同虚设。第二是缴存比例的非科学性与运行的失范开设公积金账户的个人对住房公积金享有完全的个人所有权，是住房公积金的最终受益人，按照"个人缴多少，单位补多少"的原则，一些效益好的行业通过变相福利，违规多缴多贴，而效益不好的单位往往还会出现欠缴、少缴和不缴情形，更有甚者，一些居民由于下岗等原因尚未被纳入缴纳对象，这就导致收入高者获得更高的补贴收益，收入低者获得的补贴更低，甚至没有，社会贫富差距进一步拉大，低收入者的购房支付能力在高收入者更加强势的社会背景下进一步弱化。同一单位收入不同者所缴纳的公积金也存在较大的差距。由于地区之间经济发展不平衡，中西部和东部经济发达地区的居民所缴纳的公积金亦有所悬殊，这些都会造成新的分配不公，形成水涨船高效应（部分人群收益提高，拉动房价的提升），进一步降低低收入者的购房支付能力。

　　3. 风险防范、运营监管的体系性问题对制度保障功能的再弱化

　　根据我国现行《住房公积金管理条例》第四条的规定："住房公积金管理实行住房公积金管理委员会决策、住房公积金管理中心运作、银行专户储蓄、财政监督的原则。"住房公积金管理委员会决策是指住房公积金管理委员会或领导小组是住房公积金的最高决策机构，对有关住房公积金管理的重大问题行使决策权；住房公积金管理中心运作是指在各城市成立住房公积金管理中心，在住房公积金管理委员会的领导下，住房公积金管理中心负责住房公积金的具体的管理运作；银行专户储蓄是指住房公积金管理中心在住房公积金管理委员会制定的受托银行设立住房公积金专用账户，专项存储住房公积金；财政监督是指财政部门对住房公积金的运作管理进行检查监督[1]。

　　看似完美的公积金管理原则却因公积金管理机构设置的缺陷而难以发挥实效。

---

[1] 文林锋. 城镇住房保障. 北京：中国发展出版社，2007：15.

公积金管理委员会不按行政区划设置，上下不对口，先天缺乏上级领导和机构的重视，下级政府又无暇顾及已全面推向市场的住房问题，导致公积金管理委员会的呼声得不到应有的回应。公积金管理中心的境况又如何呢？根据《公积金管理条例》（以下简称《条例》）第二十六条规定："住房公积金贷款的风险，由住房公积金管理中心承担。"而中国人民银行的《贷款通则》（中国人民银行令［1996］第2号）亦明确规定，银行作为受托人只收取手续费而不承担住房公积金贷款的风险。但是上述《条例》第十条却规定："住房公积金管理中心是直属城市人民政府的不以盈利为目的的事业单位。住房公积金管理中心的一切资产来源于居民的公积金存款，其地位不同享受财政支持的政府机构，也不是具有独立资产的金融机构。"这就决定了住房公积金管理中心承担经营风险和独立承担民事责任的虚设性。《条例》规定财政部门负责对公积金进行监督，但在没有具体权利赋予与责任约束的情形下，这种监督只是依法流于形式的审核，在财政监督既不到位又缺乏利益相关的公积金储户监督机制的现状下，公积金被大量非法挪用，占用的情况就不足为奇了①。由此可见各地住房公积金所暴露出来的风险防范、运营监管问题，都来自于住房公积金机构设置的缺陷和职责的不当分配，尤其是住房公积金管理中心的性质定位。而由于缺乏有效的风险防范和运营监管机制导致住房公积金的大量流失又削减了可供贷款的公积金数额，这就不可避免地影响到贷款需求者的贷款数额，从而削弱了该制度的保障功能，使公积金制度从中低收入者的"安居钱"沦为腐败者眼中的"唐僧肉"。

（四）住房公积金制度的最终出路

面对居高不下，不断攀升的房价，住房公积金制度难负重任——保障中低收入者"居者有其屋"。面对种种责难，公积金制度应该何去何从？当社会现实发生巨大变化，居民收入差距不断持续扩大，而住房公积金制度依然停留在原有的框架不变时，我们如何来看待住房公积金的最终归属？笔者认为，针对制度初建时的社会状况设计的住房公积金制度没有区分不同收入群体的需求做出及时调整，也没有明确现阶段自己的主体服务对象，引起社会上的一些批评和质疑是正常的，但我们并不能因为住房公积金制度存在的一些缺陷而否认该制度本身。居民住宅权保障的首要问题是解决居民对住房的可获得性，居民住房保障的实质就是由政府承担住房市场价格与居民有限的住房消费支付能力之间的差额，以期解决居民住房消费能力不足的问题，从而使人权得到维护，社会秩序得到稳定，人类社会得以全面发展。现实社会中，住宅保障对象的住房支付能力又是千差万别的，因此在住房保障政策的制

---

① 被称为"住房公积金第一案"的原郴州市住房公积金管理中心主任贪污、挪用上亿元公积金，犹如挪用自家存款；湖南衡阳2.53亿元公积金"神秘蒸发"；河北保定、广东佛山相继发生数亿元公积金被挪用。

定与实施上应当是多元化的，唯有如此才能灵活地适应不同保障对象的具体需求。考虑到住房公积金制度确实可以在很大程度上解决"夹心层"，即"收入水平高于各地低收入认定线而无望被当地廉租房、经济适用房等住房保障体系所接纳，但同时又离自己独立承受该地市面商品房价格还相差甚远的那部分人群"① 的住房问题，因此，我们应当在明确该制度的住房保障功能的基础上，以"夹心层"为主要服务对象，围绕这个目标进行制度体系的重构，住房公积金制度在解决我国城镇居民住房保障问题方面一定能够大展宏图。

1. 提高公积金制度的立法层次，完善配套法律法规

目前，对于住房公积金制度，我国只有《住房公积金管理条例》，缺乏法律层次的立法，仅限于低层次的立法导致《住房公积金管理条例》的权威性不高，缺乏刚性制约措施的条例难以受到普遍遵从，从而导致不佳的实施效果。市场经济是法制经济，在市场经济体制运行中，各项制度能够得到良好运行效果的坚实基础就是法律，公积金制度作为一种强制储蓄制度，其运行关系到绝大多数社会群体的切身利益，因此，为保障该制度的有效运行，切实保障社会最大多数居民的住房需求，必须以《中华人民共和国住房公积金法》的形式明确规定相关各方的权利与义务；公积金的运行、管理、监督程序；同时明确规定住房公积金的法律性质：住房公积金是采用强制储蓄的方式汇集的住房保障资金，其目的是保障居民解决住房资金问题，实现政府"居者有其屋"计划。唯有如此，才能强化政府的责任感，管理者的使命感与居民对该制度的信任感。

2. 重新界定公积金管理机构的法律地位

在《中华人民共和国住房公积金法》中应明确规定公积金管理机构的法律地位，将住房公积金管理中心从事业单位定性、非规范行政单位运行的尴尬境遇中解放出来，转化为服务于政府住房政策的政策性金融机构②——住房公积金银行。并以行政区划为依据，在全国设立住房公积金银行总行，在各行政区划范围内设立住房公积金分行。明确住房公积金银行的职权。如制定公积金的归集和管理方案、公积金账户的负责与管理、公积金的投资使用与保值增值、政策性的货币补贴和政策性保险等等。由各级银监会负责对住房公积金银行的住房公积金运作情况进行监督管理，住房公积金银行定期公告其运作情况，银监会定期向社会公告其监督报告。住房公积金银行接受社会审计，政府审计部门对银监会的工作实施审计。这样就解决了住房公积金管理中心职权与责任不相一致的矛盾，促进国家住房公积金政策的有效运

---

① 陈杰. 城市居民住房解决方案——理论与国际经验. 上海：上海财经大学出版社，2009：79.
② 从国外经验来看，大部分国家都设立了专门的住房金融机构来解决住房融资问题和政府的住房融资政策。如：新加坡的公积金局，法国的住房信贷局，德国的住房储蓄银行和日本的住房金融公库等。

行，有效防止公积金的贪污、非法挪用，达到住房公积金制度设计的目的初衷。

3. 合理确定公积金的缴交率，提高公积金的利用率

科学合理的公积金缴交率的设计直接影响到公积金制度设计的初衷。为了使公积金肩负的住房保障使命得以完成，在公积金制度推行的过程中，我们必须充分认清国情，合理确定公积金的缴交率。我国现阶段正处于工资改革的摸索前进阶段，不同行业、不同单位之间工资差别过大，同一单位内部不同岗位、不同级别工资水平有极大落差，由于经济发展水平不同，不同地区之间也存在着巨大的工资分配差异，这些都是现阶段我国的基本国情，因此在设计公积金的缴交率时，必须在遵循国情的基础上，充分考虑职工现实收入水平的非一致性，差别设计缴交率。笔者建议，以缴存公积金主体收入不同来确定公积金的缴交率。缴交率的确定要以惠及低收入者为检验目标。考虑到低收入者具有的较高的恩格尔系数特性，为了能够保障扣除其公积金之后的收入能满足日常基本生活水平之需，应当为这部分人群设定一个较低的公积金缴存率。考虑到较低的缴存率在现有制度下必然会导致制度对这部分人群的虚设性，我们又必须在制度重建时，在兼顾国家财政和单位经济效益的基础上，最大限度地提高单位的补贴数额。这充分体现了我们对最小受惠者的关心，对最小受惠者的关心就是关心自己，因为生活在当代社会中的每一个人都有可能成为某个领域的最小受惠者。相对于在住房消费领域中的低收入弱势群体，社会中的一部分高收入者凭借收入分配中的经济资源占有的不平等而位居强势一方，从而具有足够的经济实力在住房消费领域中享有充分的自主权，因此，对少部分的高收入群体，只需给予较低的缴交率与较低的单位补贴，以便体现住房公积金制度的普惠性。针对占社会绝大比例的中间收入层，住房公积金制度亦采取高缴存率和高补贴率的双高标准。据统计，在住房需求实现的过程中，这部分人对住房公积金的依存度非常高，通过双高标准的确定，可以在不影响其基本物质生活需求的基础上，为其提供充足的住房消费资金，满足舒适的住房需求。合理的缴交率的确定，可以将公积金的缴存者全部纳入公积金的实受惠者行列，进而得以提高公积金的利用率，彰显该制度的住房保障价值与生命力。

4. 扩大公积金的覆盖面

如前所述，我国住房公积金制度的受益群体主要是中高收入者，这一点是与该制度的住房保障宗旨相违背的。要使住房公积金制度在住房保障方面大有作为，就必须重新确定该制度的使用群体，扩大住房公积金的缴交和受益范围，使其惠及更需住房补贴的广大的低收入群体。笔者认为，无论是他雇人员还是自雇人员，国有企业还是非国有企业，中资企业还是外资企业，城镇居民还是农村户口，都应该纳入住房公积金的范畴，此乃社会和谐发展的需求，也是国家和社会应尽的责任和义务。制度的覆盖面的拓宽并不必然导致缴交公积金者住房需求的满足与实现，因为

低收入者账户中的积累金额往往难以支付购房首付的门槛，因此，这就需要相关配套法规中根据收入者的收入稳定情况和还贷能力降低对低收入者的贷款限额，延长低收入者的还款期限。

5. 拓宽公积金的投资途径

为了满足更多的住房资金需求，切实体现住房公积金制度的服务宗旨，需要在防范居民和单位所缴存的公积金安全隐患基础上，积极拓宽公积金的投资途径。根据1999年《住房公积金管理条例》和2005年《中国人民银行关于住房公积金有关利率政策调整的通知》（银发〔2005〕61号）可知，目前我国公积金的投资方式主要有：公积金个人住房贷款获取低息，购买国债，沉淀资金转为受托银行定期存款获取利息收入等。体系重构后的住房公积金银行应当担负起公积金保值增值的职责，彻底改变现行公积金管理机构重管理轻经营的理念，积极探寻公积金的有效投资方式，获取最大限度的投资回报，惠及广大中低收入者，充分满足公积金参与人员的住房需求。为达此目的，在《住房公积金银行法》中应明确规定这一政策性银行的资金来源、资金运用、内部经营管理体制。合理、充足的资金来源是资金运用的前提和基础，有效地内部经营管理体制是资金安全与获取收益的保障。在这一点可以借鉴新加坡的成功做法，如：投资定期人寿保单、单位信托基金、企业债券等。在不久的将来，时机成熟时，我们也不能排除公积金资产证券化的出现。

第十四章　住宅权可诉性与公民住宅的司法保障

所谓可诉性（Justiciability），也有学者译为可审判性、可裁判性或可司法性[①]，是指某一事项可以经由带有司法性质的程序通过裁判得以解决的属性。公民住宅权利能否实现，在很大程度上取决于在这些权利受到侵害时是否能得到司法救济。而住宅权的可诉性又是启动保障公民住宅权利的司法救济程序的逻辑前提。住宅权是一种受到普遍承认的基本权利。《世界人权宣言》第8条规定："任何人当宪法和法律所赋予他的基本权利遭受侵害时，有权由一个合格的国家法庭对这种侵害行为作有效的补救。"本章对住宅权可诉性理论与实践的梳理和回溯的目的正在于深化人们对这一问题的认识，从而促进对我国公民住宅权的司法保障。

一、住宅权可诉性的界定

在现代社会中，随着社会权等新的权利理论的兴起，住宅保障已经不再被认为是政府通过政策给予人民的馈赠，而是日益被视作现代社会公民应当享有的法定权利。住宅权的提出及其在国际法和国内法各个层面的展开意味着为公民提供住宅保障已经逐步从政府的道义责任、政治责任逐步发展为一种明确的法律责任。

然而，尽管住宅权在国际法、宪法以及各项具体法律制度中已经受到广泛的承认，并成为现代住宅保障立法和政策的基石，但住宅权的可诉性（Justiciability）问题却一直受到强烈的质疑。许多学者不认为住宅权可以通过司法程序得到救济，并因此否认住宅权作为一项实定权利的存在。

虽然现代人权理论一度对"没有救济就没有权利"的古老格言提出了质疑，认为即使没有正式的制度性救济也并不妨碍权利的存在[②]。但救济，特别是司法救济对权利实现的重要性却是不容否认的。对公民住宅的法律保障能否最终实现在根本上取决于住宅权利在受到公私侵害时是否可以得到有效地救济。而通过诉讼实施的司

[①]　有学者认为与"可诉性"相比，"可审判性"的概念更为准确。因为可诉性概念包含了程序上的可"起诉"性和针对实体问题的可"审判"性。问题的关键不是权利人能否提起诉讼，而在于提起诉讼以后司法机关能否对其审理、裁决并有效执行。参见：王宏哲.适足住房权研究.北京：中国政法大学博士论文，2007：99。但我们认为无论是起诉还是审判都是司法程序的组成部分，不宜将它们割裂开来。因此仍然使用可诉性这一传统概念。

[②]　L·亨金.权利的时代.北京：知识出版社，1997：46-52.

法救济是权利救济的最后关口①。虽然住宅权已经写入国际公约和各国宪法及相关法律，但徒法不足以自行，仅仅规定在法律文本中的权利不可能自动实现，必须通过法律关系的主体，即权利人和义务人的行为来促使其实现。这一过程应当是双向度的，它既包含国家自上而下地推动住宅保障立法和政策的实施，也离不开公民对权利的运用和行使。如果一项权利不能在诉讼或争端解决程序中被援引为抗辩的依据，权利人就无法通过积极地主张权利来充分彻底地实现自己的合法利益，那么法律对这一权利的承认就是不完全的。如果享有权利的公民只能被动地期望和等待国家履行尊重、保护和促进其自身权利的义务，而国家履行义务的意愿和实际履行的程度完全出于政府的自由裁量，那么最终这种所谓的权利将重又沦为政府可以予取予夺的恩赐。正基于此，有学者指出可诉性是法律和其他社会规范最为明显的区别，是现代法治国家的法律应有的重要特征②。可以说，包括住宅权在内的社会经济文化权利是否具备可诉性直接影响到它们能否成为具有实定性的权利。

如果住宅权的可诉性无法得到真正落实，那么即便国际公约、各国宪法和法律明文规定了住宅权，住宅权仍将面临着无法证成的重大身份危机。相当一部分学者据此否认住宅权作为一种实体性基本人权的存在，而将其仅仅视为是宣示国家住宅政策的理念和目标的纲领性权利③。这种对住宅权可诉性的保守观点会对司法实践产生消极影响。而受此影响的法院拒绝适用住宅权的消极姿态反过来又成为否认住宅权可诉性的理由。在这一循环论证的怪圈中，政府提供住宅保障的法律责任被弱化甚至虚化了，结果造成原本可以预期的公民住宅权利的实现被严重延滞。

住宅权真的不具有可诉性吗？追根溯源，对住宅权等社会权可诉性的质疑最初源自传统人权理论中自由权和社会权的两分法。以美国为首的一些西方国家一直以来试图通过强调社会权与公民政治自由的区别来否认或者弱化住宅权等经济、社会和文化权利④。然而，这并没有阻止社会权在国际人权法领域被确认下来。在广大发

---

① 经济、社会和文化权利委员会在第9号一般性意见中提到了可诉性的重要性。尽管委员会认为权利得到有效救济无需解释为一定需要司法救济，在许多情况下行政救济就足够了，但同时委员会也指出"每当没有司法机构的作用便不能充分实施《公约》所载权利时，司法救济措施就是必要的"。参见：UN Compilation of General Comments, p. 60, para. 9.

② 王晨光. 法律的可诉性：现代法治国家中法律的特征之一. 法学，1998（8）：19.

③ 关于这一论点，一些日本宪法学者的论述颇具代表性。如阪本昌成认为宪法中的自由权是法院保障型的权利，在其受到侵害的场合，个人可以通过具体收益权的行使，向法院请求救济。而生存权、受教育权、工作权等社会经济权利则是抽象的受益权，虽然也写入宪法典中，但其意义只在于政治目标的宣示，不一定由法院强制实现，属于宣示保障型的权利。参见：阿部照哉等. 宪法（下）. 周宗宪译. 台北：元照出版有限公司，2001：36-37.

④ 关于美国主导的反对住宅权的论争可以参见：Philip Alston. The U. S. and the Right to Housing: A Funny Thing Happened on the Way to the Forum. European Human Rights Law Review, vol. 1: 120-133.

展中国家的努力下，权利同等重要与不可分理论已经成为国际人权法领域的共识。人们日益认识到"一切人权都是普遍的、不可分割的、相互依存的并相互联系。国际社会也必须以同样的地位，用同样的眼光，以公平、平等的态度来全面看待人权①。"既然社会权和自由权是不可分割和平等的，当然同样可以得到司法救济。在国内法领域，美国等发达国家的司法实践也在悄悄地发生着变化。在具有里程碑意义的格德伯格诉凯利案②中，美国最高法院基于福利社会中"新财产"的概念，认为社会福利等原本被视作是"政府馈赠"的利益，同样是类似财产的个人权利，非经正当程序不得剥夺。这标志着原本属于社会权的福利权在美国法院可以通过对财产权的扩张解释在事实上成为可以司法救济的权利。如果我们将比较法的视野进一步放宽，放眼于以印度、南非为代表的众多发展中国家国内与住宅权有关的司法实践，更会让持保守观点的学者发出轻舟已过万重山的感慨。在国际法领域，虽然国际社会对经济社会权利的实施主要依赖国家自觉履行以及国别报告等机制实现，但也出现了欧洲社会权利委员会、欧洲人权法院等为包括住宅权在内的人权提供司法救济的区域性实践。

可见，住宅权的可诉性问题已经不是简单的是否可诉的问题。可以预见，在大多数国家，公民向法院要求判决政府直接提供一套住房的主张在短期内也许并不会成为现实。但是，当公民的住宅权利受到来自公私权的不法侵害，当公民在住宅保障问题上受到不公平对待，当公民的基本住宅需求无法得到满足以至于危及其生存乃至生命，作为社会正义的最后守护者，法院的大门应当是敞开的。真正的问题在于国家如何在特定社会经济发展条件的约束下，通过司法程序为公民住宅权的实现提供充分的救济，以弥补立法权和行政权的不足。同时，承认住宅权的可诉性，将为人们理解住宅权的法律约束力提供新的动力，从而进一步促进国家和有关主体在立法、财政或其他方面更加积极地履行保障公民住宅权实现的义务。

二、住宅权可诉性的理论与国际实践

（一）住宅权可诉性的理论基础

1. 权利不可分与国家义务的层次性理论

在西方人权理论的传统中一直存在一种重视自由权而忽视社会权的倾向。一些学者认为对于住宅权等社会权来说，国家义务的履行要受到社会经济发展水平以及国家财政收支状况的制约。在这些学者看来，住宅权并不是一种严格的权利，而似乎更适合被视为一种善，或者最多只能成为一种纲领性权利或者抽象的权利。住宅

---

① 《维也纳宣言和行动纲领》，第一部分，第5条。
② Goldberg v. Kelly. 397 US 254 (1970)．

权作为社会权的本质属性使其不能具备可诉性①。

    然而随着现代人权理论的不断发展，许多学者逐渐认识到在公民、政治权利与经济、社会和文化权利之间作出绝对的区分是不现实的。两者之间并不存在着不可逾越的鸿沟。例如，工会权似乎可以归入到公民政治权利中的结社权，但同时在产生发展的过程中它确实又作为一种典型的社会权而存在。在传统自由主义者看来，财产权是最为基本的自由之一，但它又和经济社会权利有着非常紧密的联系。我们无法简单地将它们归入自由权或社会权。有些时候，对特定权利的归类往往是任意的。例如，教育权和文化权在广大发展中国家被视为经济、社会权利，但在欧洲却被认为与公民政治权利有着更紧密的关联②。事实上，一切人权都是普遍、不可分割、相互依存和相互联系的。理解包括住宅权在内的社会权必须具备非本质的整体主义的思维方式。在现有的人权两分体系中，住宅权往往被划分为社会权，但它的内容实际上超出了传统社会权的界限。作为住宅权重要内容的住宅财产权、住宅公平权（不受歧视）、住宅事务公共参与权、住宅私密权（隐私权）、住宅不受侵犯权与自由处分权都与公民权利和政治权利息息相关③。住宅权甚至并不仅仅存在于人权领域，习惯权利、法律权利等不同的权利形态中都含有住宅权的内容。

    传统的权利两分法中积极权利和消极权利的划分同样也受到了质疑。人们发现公民权利和政治权利的实现同样需要国家采取积极地措施，而经济社会文化权利的实现也需要排除国家的不当干预，没有哪一种权利非常精确地只对应于积极义务或消极义务。联合国经济、社会及文化权利委员会（以下简称联合国委员会）在第14号一般性意见中将国家对人权的义务区分为三个层次："健康权，和其他人权一样为成员方国家强制设立了三个不同种类或层次的义务：尊重的义务、保护的义务和实现的义务。"④ 在此基础上，有一些学者认为国家还有另一个层次的义务：促进（promote）权利的义务⑤。事实上，促进义务和实现义务的内容有着较大的重叠，多数学者将它们统称为履行的义务。在不同层次的义务中，尊重的义务即被认为是国家的消极义务，它要求国家不去妨碍个人行使权利或不为侵犯特定权利的行为。保护的义务是指，国家应采取积极作为保护个人权利不受其他私人的侵害。国家承担的义务是积极的，但对第三人而言则需要承担消极的义务。实现的义务通常被认为

---

① Craig Scott. The Interdepandence and Permeability of Human Rihgt Norm：Towards a Partial Fusion of the International Covenant on Human Rights. Osgoode Hall Law Joural. 1989，27（4）：833.

② ［挪］A. 艾德等. 经济、社会和文化的权利. 黄列译. 北京：中国社会科学出版社，2003：4.

③ 金俭. 中国住宅法研究. 北京：法律出版社，2004：57-59.

④ General Comment 14，E/C. 12/2000/4，para. 33.

⑤ 联合国人类住区委员会在第17次会议报告中就采纳了国家义务四层次的划分，列举了国家尊重、保护、促进和实现住宅权的各类义务。参见：UN Doc.：HS/C/17/INF. 6.《南非宪法》第7条第2款有关国家对人权义务的规定也采用了四层次划分。

属于积极的义务。国家作为最后的资源提供者，有义务实现所有人对满足基本需要的权利的要求：一是国家有义务为人们提供他们所没有的机会，即积极地采取措施增加公民获取社会资源享有并行使权利的能力。二是在没有其他可能性存在时，国家有义务直接向公民提供满足基本生存所需的资源①。一些国家的宪法采纳了这种对国家义务的细分。如，南非共和国 1996 年《宪法》第 7 条第 2 款规定："国家必须尊重、保护、促进和实现权利法案中所规定的权利。"

权利平等和不可分理论以及对国家义务的细分澄清了对经济、社会和文化权利可诉性认识上的一大误区。既然经济社会文化权利和公民政治权利之间并没有分明的界限，而且经济社会文化权利同样也对应着国家的消极义务，那么反对者们就无法继续在承认自由传统权或者说消极权利可诉的同时，否认社会权的可诉性。正如有学者所指出的：有充分的理由认为尊重的义务是可审判的，在一定情况下保护的义务也是可以审判的，只有实现义务的可审判性的确立还存在较大的障碍②。

2. 最低限度的核心义务（权利）的可诉性理论

最低限度核心义务的概念最初是由联合国经济、社会和文化权利委员会主席菲利普·阿尔斯顿提出的，他认为："每一项权利产生一项绝对起码的应享权利，否则可视为缔约国违反了其义务。"③ 这一概念得到了多数国际人权学者的赞同并被国际社会所广泛接受。一些学者很快就利用这一概念回击了认为社会权是渐进的因而不可诉的观点，提出既然这些最低限度的核心义务是实现最基本水平的社会权所必须的，就应该受到有最终效力的司法保障④。同时，最低限度的核心义务的概念也回应了社会权因资源限制而不可诉的观点，就像国际法学家们在关于违反经济、社会、文化权利的马斯特里赫特准则《马斯特里赫特准则》中所指出的那样，对于最低限度的核心义务，无论相关国家对资源如何利用或其他因素一律适用⑤。

1988 年通过的关于违反经济、社会、文化权利国际公约的性质和范围及相关对策和补救措施的《林堡原则》（Liuburg Principles）明确提出了核心社会权的可诉性。该原则指出虽然社会权的实现是一个渐进的过程，但这并不是说国家可无限地拖延

---

① ［瑞典］格德门德尔·阿尔弗雷德松，［挪］阿斯布佐恩·艾德.《世界人权宣言》：努力实现的共同标准. 中国人权研究会组织译. 成都：四川人民出版社，1999：549-550.
② ［挪］A. 艾德等. 经济、社会和文化的权利. 黄列译. 北京：中国社会科学出版社，2003：204-205.
③ Phillip Alston. "Out of the abyss: The challenges confronting the new U. N. Committee on Economic, Social and Cultural Rights". Human Rights Quarterly, 1987, 9: 353.
④ 例如 Kitty Arambulo 博士的观点。她批评了反对社会权的可诉性及反对给社会权公约设立个人申诉程序的观点，并证明了社会核心权利和核心义务的可诉性。参见：龚向和. 论社会、经济权利的可诉性——国际法与宪法视角透析. 环球法律评论，2008（3）：89.
⑤ 格德门德尔·阿尔弗雷德松，阿斯布佐恩·艾德.《世界人权宣言》：努力实现的共同标准. 中国人权研究会组织翻译. 成都：四川人民出版社，1999：551.

促进社会权充分实现的义务，一些权利可以即刻通过司法审判适用，而其他权利则可以逐步成为可诉的权利。

在 1990 年通过的《第三号一般性意见：关于成员国义务的特点》中经济、社会和文化权利委员会明确指出《经济、社会和文化权利国际公约》的部分条款可以由司法机关立即适用。其中第二条第 2 款（禁止歧视）、第三条（男女平权）以及第十条第 3 款（儿童的特别保障）完全可以适用于住宅保障。

在 1991 年通过的《第四号一般性意见：适足住房权》委员会中又给出了具有可诉性的住宅权的范围。意见指出："适足住宅权的许多组成部分应被视为符合适用国内法律救济的条件。在不同的法律体系，这些领域可以包括但不限于：①为了防止有计划的驱逐或拆除而向法院提出签发司法禁令的诉请。②被非法驱逐后寻求赔偿的法律程序。③针对房东（包括公共房东和私人房东）实施或支持的与租金水平、居住条件维护以及种族或其他形式的歧视相关的非法行为提出的控诉。④针对住宅分配或取得过程中所存在的任何形式的歧视的权利主张。⑤由于住宅条件不健康或不适住而对房东提起的诉讼。在一些法律体系中，在面临严重恶化的无家可归现象时探讨集团诉讼的可能性同样是可行的。"①

1999 年联合国人类住区委员会（UNCHS）第 17 届大会报告重申了类似的观点：在住宅权被侵犯或无法实现时提供司法救济对于国家履行对住宅权的义务是十分重要的，住宅权的许多组成部分具有联合国住宅权特别报告员所说的"固有的可诉性"。报告提出了一个内容更加丰富的清单，并强调清单所列内容的可诉性"十分清楚"并应当"在所有国家得到承认"。其内容包括：①不受任意的、不合理的、惩罚性的和非法的强行驱逐和（或）拆除的权利，针对司法批准的有计划的驱逐提出上诉的权利以及被驱逐后主张赔偿和（或）恢复原状。②占有的法律保障。③不受歧视和平等的获取或分配住宅。④住宅承租人的权利，包括针对房东非法提高租金水平、怠于维护，强迫承租人接受不健康的居住条件等非法行为要求司法保护的权利。⑤平等权、法律平等保护权和公平受益权。⑥平等地获取土地和建筑材料，享受城市基础设施和便利设施。⑦要求国家采取特别措施保障有特别需求或者缺乏必要资源的家庭享有适当住宅的权利。⑧要求国家为社会中最贫困的群体提供合适的应急住宅。⑨在住宅领域所有方面的参与权。⑩对清洁环境以及安全、稳定、适住的住宅的权利②。特别报告员还强调"国家应当确保为所有这些住宅权的基本方面和核心内容提供国内救济。"

3. 住宅权的间接可诉性理论

---

① General Comment No. 4，para. 17.

② HS/C/17/INF/6，para. 35.

权利在司法程序中具有双重作用。一方面，权利是司法程序保障的对象；另一方面，权利是司法程序中当事人提出主张的请求权基础。因此，权利的可诉性实际上具有两重含义：①权利能否通过司法程序得到保障和实现。②权利能否在司法程序中成为被法院认可的当事人请求权的法律基础。这二者在多数情形下是一致的，特别对于传统性权利而言。例如，当事人对物主张所有权，所有权既是司法保障的对象，同时也是当事人提出请求权的基础。然而，对于住宅权这样带有整体性的权利而言，事情并非如此简单。在很多情况下，一些基于权利人财产权、人格权等相关权利提出的主张，以及社会政策和公共利益对住宅权义务人相关权利的限制最终也会间接地起到保障和促进住宅权实现的效果。例如，权利人以私有财产权对抗对其住宅的侵犯；又如，法院通过限制房东的财产权保障承租人的利益。我们把这种权利在司法机制中通过援引其他权利作为请求权基础或者通过社会政策和公共利益对义务人权利的限制而得到保障的情形称之为间接可诉性①。

缺乏关于住宅权的司法审判实践被许多学者认为是住宅权缺乏可诉性的证据。的确，无论是在国际层面还是在各国国内的司法实践中，直接援引住宅权提起的司法案例屈指可数。但这并不是说住宅权在实践中没有得到司法保护。相反，无论是在国际司法程序还是国内司法程序中，住宅权都可以通过援引其他人权或法律权利受到间接的司法保障。例如，欧洲人权法院经常援引《欧洲人权公约》（European Convention on Human Rights）第 8 条关于维护隐私和家庭生活的权利间接保障住宅权。在宪法没有规定经济社会和文化权利的美国，法院通过对财产权、平等权等基本自由的扩大解释使福利权成为可以受到司法保障的权利。

4. 司法能动主义

《经济、社会和文化权利国际公约》第二条第 1 项规定："本公约缔约国承允尽其最大资源能力所及……采取种种步骤，以便用一切适当方法，尤其包括通过立法措施，逐渐使本盟约确认之各种权利完全实现。"该条确实特别强调了立法措施，然而"一切适当方法"绝不仅限于立法，而是包括立法、行政、司法、经济、社会和教育等制定国政府在国家层面上可以使用的各种方法。根据《经济、社会和文化权利国际公约》第二条和《林堡原则》第 18 条的规定，仅仅通过立法措施尚不足以实现公约设定的义务。为实现住宅权，还应采取行政、司法等其他手段②。那些认为经

---

① 有学者将通过公民权利与政治权利实现对经济、社会和文化权利的司法保护的模式称为人权可诉性的一体化方法。参见：黄金荣. 司法保障人权的限度——经济和社会权利可诉性问题研究. 北京：社会科学文献出版社，2009：153. 这种模式的基础是两类权利之间相互依存不可分割的关系，但在实践层面社会权对政治权利的单向依赖不仅没有实现真正意义上的权利一体化，反而更多地体现出经济社会文化权利尚不能得到直接救济的尴尬，因此我们将之称为社会权的间接司法救济模式。

② 金俭. 中国住宅法研究. 北京：法律出版社，2004：63.

济、社会和文化权利的实施属于立法或行政部门而不是司法管辖事项的观点不仅限制了国家实现自身责任的义务，并且是出于对三权分立原则教条式的错误理解。如果固守权力间绝对的严格分立，那么包括公民权利在内的大多数权利都不能受到司法审查。因为它们都会涉及司法对立法和行政事项的审查①。现代法治社会中国家权力之间的消极的静止的分工关系早已被更为灵活和积极的动态制衡所取代。在选举的结果都可以成为司法审判的对象的现代法治中，三权分立已经不能成为否认社会权可诉性的理由。特别是很多国家已经加入《经济社会和文化权利国际公约》或已在国内宪法及法律中规定了住宅权等社会权，在这种情况下，法院对社会权案件的审判并没有僭越立法和行政部门的职能，只是法院自身采取了一种保守的态度。

因此，对于司法机关而言，是否承认住宅权的可诉性，在很大程度上取决于法院所采纳的司法哲学是着眼于追求实质正义的"司法能动主义"，还是固守传统司法权边界的"司法克制主义"。在三权相互制衡的动态关系中，司法权应当采取更积极地姿态保障社会经济权利的实现。作为社会正义的最后防线，对于立法、行政机关未能积极履行职责予以保护的权利，司法可以通过个案裁判实现社会正义。在具体的个案中如果权力受侵害的事实十分明确，并且有充足的证据，法院就可以对社会经济权利作出裁判②。特别是在行政权力不断膨胀的情况下，如果司法权不能适时介入，公民住宅权在面临来自公权的侵害时将陷于束手无策的境地。

美国学者克里斯托弗·沃尔夫指出司法能动主义具有下列特征：①法官在《宪法》解释的过程中，不应该受制宪者立法意图的限制，不管这种意图被理解为历史性期望或者某种确定的语言含义。②能动主义者倾向于更少强调必须绝对遵循先例，尤其在宪法实践方面。③能动主义者为获得重要而且必要的司法判决倾向于减少程序上的障碍。④能动主义者并不那么顺从其他政治决策者，因为他们对法官自身的民主性质和能力有更深的感受，而对政府其他部门则表现出更多的怀疑。⑤能动主义者喜欢做出更为广泛的裁定，给出更为广泛的意见。⑥能动主义者主张一种广泛的司法救济权③。正是在这种司法能动主义哲学的影响下，以南非、印度为代表的一些国家的司法机构在住宅权的可诉性方面做出了开创性地尝试。

5. 住宅保障基准的法制化和定量化

一些学者对于社会权保障基准属于政府裁量的政策性事项的观点提出了质疑。如，日本学者大须贺明认为国家财政预算并不是放任政府自由裁量的政策性事项，

---

① 龚向和. 论社会、经济权利的可诉性——国际法与宪法视角透析. 环球法律评论，2008（3）：91.
② 余南平，凌维慈. 试论住宅权保障——从我国当前的住宅问题出发. 社会科学战线，2008（3）：207.
③ 克里斯托弗·沃尔夫. 司法能动主义——自由的保障还是安全的威胁？黄金荣译. 北京：中国政法大学出版社，2004：3-6.

而是受《宪法》拘束的。因此，不是国家财政预算水平决定适当生活水准，而是国家应当按照适当生活水准确定财政预算的水平①。在预算法定的基础上，国家完全可以也应当将一定时期内住宅保障的目标通过计划性立法的形式确定下来，从而实现住宅保障基准的法制化。法院就可以以法定基准为依据，对政府责任进行司法审查。

但在很多情况下，即使完成了住宅保障基准的法制化，如果法定标准仍然停留在定性表述的层面，住宅权的可诉性仍然会遇到障碍。国际社会普遍承认适宜住宅应满足以下8个标准：可居住性、居住地点的适宜性、基本生活设施的可享有性、费用可负担性、可获得性、文化上的充足、对占有的法律保障以及不受歧视的公平享有②。其中有些标准完全可以由司法机构通过定性分析进行审查。例如，对占有的法律保障，不受歧视，文化上的充足等。但也有一些标准则必须加以量化，否则司法机构无法加以判断，例如可居住性和费用的可负担性。究竟何为可居住性，多高的房价或租金是可负担的，如果没有一个可靠的，以经验为基础的指标体系作为分析框架，社会将无法达成共识，自然也不能将这些判断完全诉诸法官的自由心证。

因此，在一些学者看来能否通过科学的方法对特定国家特定时期住宅权保障基准进行定量的计算测定就成为这种权利可诉性的关键。近年来，统计经济学、社会学等学科的研究成果以及各国调查统计资料和数据的不断积累和完善使得人们在住宅保障标准的定量化方面已经取得了长足的进步。1976年，联合国统计委员会提出的"住房条件"的社会指标包含三项内容：①室内居住面积（供若干个人用的房间比重）。②可使用的室外面积（享有这种条件的城市人口百分数）。③基本设施（独户享有抽水马桶、自来水、固定盆浴或淋浴和室内厨房等条件的住房人口百分数）。1990年，联合国人类住区中心和世界银行联合制定了《住房指标调研项目》，该项目的住房指标体系包括关键指标25个，可替代指标10个，法治与审计指标20个。其中涉及住房质量的指标包括人均居住面积、人均住房房间数、每住房单元的住户数、永久性结构、自来水供应率和通勤时间等。这些指标为发展中国家制定住房政策提供了一个可靠的指标分析框架③。而发达国家则大都已经基于国内经验研究的结果制定了较为详细的住宅标准。以英国为例，法令明确规定，所有住宅必须符合空间标准和房间标准。对于房间数目、房间的面积、可居住人数、每间房屋居住人数都有十分细致的规定。如果无法达到标准要求就属于住房拥挤，地方政府有义务进行调

---

① ［日］大须贺明．生存权论．林浩译．北京：法律出版社，2001：96-97．
② 金俭．中国住宅法研究．北京：法律出版社，2004：57-58．
③ 周运清．中国城镇居民住房居住质量．北京：社会科学文献出版社，2008：4．

查并提供解决方案①。

同样对于住宅的可负担性的测算也已经有了一系列科学的方法。常见的测算方法有：①房价收入比（Housing Price to Income Ratio），采用住宅价格与家庭收入的比值作为衡量的指标，目前国际公认比值在（3～6）：1 是合理的，超过 6：1 住宅的可负担性就会存在问题。②低收入切割法，以包括住宅费用在内的低收入家庭维持衣、食、住、行基本生活所需的开支占家庭收入的比值作为测算指标，大体上以70％为基准，家庭基本生活支出超过收入70％的，则认为住宅负担能力存在问题。③居住成本与收入比，即租金或房屋贷款等住宅花费占家庭收入的比值。Weicher（1977 年）认为家庭支付中为新建住宅价格所需偿还的贷款金额占家庭收入的比低于25％表示能够负担，若大于25％则表示负担能力不足。Lerman 和 Reeder（1987 年）提出以居住花费占家庭收入超过 30％则表明住宅可负担性不足。实际上，在发展水平不同的经济体，这一比例应当根据情况加以调整。有观点指出在恩格尔系数较高的发展中国家，居民收入用于食物等基本开支的比例较高。受此影响，在发展中国家居住成本与收入比达到 10％～15％就会导致住宅负担能力不足，而在西欧这一比例通常为 15％～20％，北美则以 20％～30％为标准。由于居住成本与收入比更为直接地表明了居民的住宅负担能力，成为衡量住宅可负担性最广泛使用的指标②。美国的许多住宅保障项目都是以居住成本与收入比达到 30％作为发放补贴的标准。

（二）住宅权可诉性的国际和各国实践

不可否认，包括住宅权在内的社会权在司法实施方面与公民权利相比一直处于滞后状态，就像有学者所言处于"初期发育阶段"③。随着社会权可诉性理论逐渐被国际社会接受，近二十年来，无论是在国际法层面还是国内法层面住宅权的可诉性均取得了较大的突破，"不仅世界各地的法庭每天都在审理住宅权的案件，一种'住宅权国际性司法机制'也已经浮出水面并受到国际社会的承认。这些来自各个层面的有关住宅权的法院或其他司法性的判决，从不同角度影响着住宅和家庭领域的人权理论和实践。"④ 住宅权的司法保障力度在国际层面得到进一步的确保。

1. 住宅权在《经济、社会和文化权利国际公约》实施机制中的司法化

在最初起草《经济、社会和文化权利国际公约》的时候，起草者只是想提出一

①　周运清.中国城镇居民住房居住质量.北京：社会科学文献出版社，2008：28-29.
②　[美] 阿列克斯·施瓦茨.美国住房政策.黄瑛译.北京：中信出版社，2008：27.
③　A·艾德等.经济、社会和文化的权利.黄列译.北京：中国社会科学出版社，2003：477.
④　Scott Leckie. "Housing Rights at the National Level" in Scott Leckie ed. National Perspectives on Housing Rights, The Hague：Martinus Nijhoff Publishers，2003：26.

种互相帮助和逐步促进社会权的制度，而不是执行公约的方法。因此公约并没有建立《公民权利和政治权利公约》那种个人以及国家间的申诉程序，也没有设立一个有约束力的监督机构，而是只建立了公约第16条规定的缔约国履约报告程序。随着社会权日益受到重视，为了强化公约的执行和监督，1985年联合国经社理事会通过决议成立了经济、社会和文化权利委员会，并委托该委员会承担条约执行机构的任务。1987年委员会开始履行职责负责审议缔约国提交的履约报告。报告须以书面形式提交，并在委员会和报告国之间举行的公开听证会上进行审查，最终由委员会做出有关报告审查的结论性意见。在缺乏正式的申诉程序的情况下，委员会将权利申诉人的视角锲入法理之中，将报告审议发展成一个带有准司法性质的程序。

　　一个具有代表性的案例是该委员会对多米尼加共和国国内侵犯住宅权问题的审查，这也是一个成效显著的案例①。1990年委员会在审查多米尼加共和国提交的定期报告时，采纳了非政府组织住区国际联盟（HIC）以及多米尼加国内民间组织提供的信息，发现多米尼加政府在为庆祝哥伦布登陆500周年举办庆典而实施城市住房改造的过程中存在强制驱逐的侵害住宅权的行为。此后的7年中，委员会通过与多米尼加政府的多次对话，要求多米尼加政府对侵犯住宅权的情况提交补充报告，对报告进行审议并作出结论和意见，并在多次提出要求后在1997年9月派出两位委员组成的技术代表团到多米尼加国内进行调查，在最后全文发表的报告中对多米尼加国内住宅问题进行了全面的陈述，还列入了委员会通过的意见和建议，谴责多米尼加共和国政府违反了《经济、社会和文化权利国际公约》第十一条第1款中的住宅权。该案的意义在于：①委员会在国别报告定期审议工作中启用听取国际、国内非政府组织提交的意见的程序，从而在实际上起到了接受个人或集体申诉的效果，有学者将这种做法称为"非正式的申诉程序"②。②委员会启动了调查程序③，通过调查掌握充分的信息有助于树立委员会意见和建议的权威性。③委员会多次向经社理事会提出建议，通过理事会的决议使委员会作出的决定和建议得到认可和支持，这一做法提升了委员会意见和建议的效力。虽然委员会的意见并无法律上的约束力，但委员会成功地利用了它与经社理

---

①　有关该案的报告请参阅：UN Doc. E/C. 12/1997/9.
②　布鲁斯·波特. 经济、社会和文化权利的可诉性与有效救济权利：历史性的挑战与新机遇. 余秀燕译//柳华文. 经济、社会和文化权利的可诉性研究. 北京：中国社会科学出版社，2008：2.
③　在此之前，委员会还曾对巴拿马国使用了调查程序，所涉问题同样是住宅权。

事会以及联合国各专门机构的关系，在事实上扮演着准司法的角色①。在 20 世纪 90 年代，经济、社会和文化权利委员会在审议巴拿马、肯尼亚、尼加拉瓜、菲律宾、墨西哥、阿根廷、英国、韩国、秘鲁、尼日利亚、波兰和以色列等国的政府报告时也表示了同样的态度②。

与此同时，经济、社会和文化权利的正式申诉机制也在构建之中。2008 年 6 月，联合国人权理事会通过了旨在设立个人申诉程序的《经济、社会和文化权利国际公约任择议定书》（Optioual Protocol to the Interuatioual Covenant on Ecouomic, Social and Cultural Rights）草案，并送交联合国代表大会审议。在联合国代表大会通过后，该议定书将在获得十个国家批准后生效③。虽然该议定书并不能强制缔约国签署和批准，因此其效力范围受到局限，但该议定书的通过无疑将标志着社会权在国际层面可诉性的确立，大大强化社会权的实施和监督。

2. 来自欧洲的经验——有关住宅权的区域性司法实践

包括欧洲社会权利委员会、欧洲人权法院、欧洲联盟、非洲人权委员会、美洲人权委员会、美洲人权法院在内的众多区域性国际组织已经正式规定了有关经济、社会和文化权利的申诉机制。其中，欧洲地区的实践具有一定的典型性。

欧洲社会权利委员会是对住宅权的司法审查享有直接管辖权的机构。《欧洲社会权利宪章》（European Social Charter，以下简称《宪章》）于 1961 年在意大利都灵通过，并于 1965 年 2 月 26 日正式生效。1996 年《宪章》修订增设第 31 条规定了住宅权④。同样是在 1996 年的这次修订中还设立了社会权利的集体申诉程序，受理符合条件的国际和国内非政府组织或团体在受到委员会认可的具有特别能力的事项上对国家侵犯《宪章》规定的社会权提出申诉。从 1998 年生效到 2010 年，23 年间欧洲社会权利委员会一共受理了 61 宗关于社会权利的集体申诉案件，其中涉及住宅权的案件就达到 12 宗。除了直接援引《宪章》修订本第 31 条规定的住宅权，主要还涉及第 16 条（家庭获得社会、法律和经济保障的权利，包含了家庭住宅权），第 30 条（受保障免于贫穷与受社会排斥的权利）以及 E 条款（禁止歧视条款）（表 14-1）。

① 格德门德尔·阿尔弗雷德松，阿斯布佐恩·艾德．《世界人权宣言》：努力实现的共同标准．中国人权研究会组织译．成都：四川人民出版社，1999：492-494.
② A·艾德等．经济、社会和文化的权利．黄列译．北京：中国社会科学出版社，2003：184.
③ 柳华文．经济、社会和文化权利保护的国际新趋势．柳华文．经济、社会和文化权利的可诉性研究．北京：中国社会科学出版社，2008：48.
④ 《欧洲社会权利宪章》（1996 年修订）第 31 条规定："为了确保住宅权的有效行使，缔约国承诺采取有效措施：（1）增加获得满足适宜标准的住宅的机会；（2）防止出现无家可归者或减少无家可归者数量；（3）使没有适足资源的人能够负担住宅的价格。"

欧洲社会权利委员会有关住宅权集体申诉案件一览表（1998～2010年）①

表 14-1

序　　号	时间	申诉方	被申诉国	基本案情
Complaint No. 15	2003.4	欧洲罗姆人（Roma）权利中心（ERRC）	希腊	申诉方主张希腊国内在住宅领域存在广泛地针对罗姆人的歧视，违反了宪章第16条以及序言中的不歧视原则
Complaint No. 27	2004.6	欧洲罗姆人权利中心（ERRC）	意大利	申诉方主张意大利境内罗姆人的住宅权受到侵犯，此外意大利国内住宅机构的政策与实践还违反E条款
Complaint No. 31	2005.4	欧洲罗姆人权利中心（ERRC）	保加利亚	申诉方主张保加利亚罗姆人的住宅权受到侵害，以违反宪章第16条以及E条款提出申诉
Complaint No. 33	2006.2	第四世界扶贫国际运动	法国	申诉方主张法国境内极端贫困人口的住宅权受到侵犯，依据宪章第16条、第30条以及E条款提出申诉
Complaint No. 39	2006.11	欧洲国家无家可归工作组织联盟（FEANTSA）	法国	申诉方主张法国在住宅立法上的态度导致未能符合宪章第31条的要求
Complaint No. 47	2008.2	儿童保护国际	荷兰	申诉方主张荷兰的立法剥夺了非法居留在荷兰的儿童的住宅权（《宪章》第31条）并因此侵害到一系列相关权利，包括健康权（第11条），获得社会和医疗帮助权（第13条），家庭获得社会、法律和经济保障的权利（第16条），免于贫穷与受社会排斥的权利（第30条）以及不受歧视
Complaint No. 49	2008.3	人权法律保护国际中心（INTERRIGHTS）	希腊	申诉者主张希腊政府在没有提供合适的替代居所的情况下持续强制驱逐罗姆人，同时还主张在希腊的罗姆人在获取住宅方面受到歧视，违反了《宪章》第16条以及序言中的不歧视原则

————————

① 具体案情请参见：http：//www. coe. int/t/dghl/monitoring/socialcharter/Complaints/Complaints _ en. asp.

序　号	时间	申　诉　方	被申诉国	基本案情
Complaint No. 51	2008.4	欧洲罗姆人权利中心（ERRC）	法国	申诉方主张在法国的移民在住宅获得方面受到不公平待遇、遭受社会排斥、强制性驱逐及住宅区隔、居住条件不达标并缺乏安全保障。此外法国没有能够采取措施解决来自其他欧洲理事会成员国的罗姆人糟糕的居住条件，因而违反了《宪章》第16条，第19条（外来劳工及其家庭获得保护和帮助的权利），第30条和第31条以及E条款
Complaint No. 52	2008.8	住宅权与反驱逐中心（COHRE）	克罗地亚	申诉方提出在前南斯拉夫战争中流离失所的塞尔维亚族居民遭受了歧视待遇，有关家庭被禁止重新重返他们在冲突前的住宅，也没有获得住宅损失的经济赔偿，这违反《宪章》第16条以及E条款
Complaint No. 53	2008.8	欧洲国家无家可归工作组织联盟（FEANTSA）	斯洛文尼亚	申诉方提出一些社会弱势群体占据了位于斯洛文尼亚共和国的一块被解除国有化的平地。国家剥夺了他们占有的权利并加以驱逐，由于政府拒绝向这些个人提供长期的替代居所，导致这些人无家可归。这些措施还导致被驱逐者的家庭同样陷入住宅问题，因而违反了《宪章》第31条、第16条以及E条款
Complaint No. 58	2009.5	住宅权与反驱逐中心（COHRE）	意大利	申诉方认为意大利国内采取的紧急安全措施以及种族主义和排外的言论引发了一场针对罗姆人和辛迪人的非法的运动，许多人因被驱逐而无家可归并受到排斥，因此提出了违反《宪章》第16条、第19条、第30条和第31条以及E条款的指控

续表

序　号	时间	申　诉　方	被申诉国	基本案情
Complaint No. 61	2010.4	欧洲罗姆人权利中心（ERRC）	葡萄牙	申诉方指控葡萄牙违反《宪章》第16条、第30条、第31条和E条款。ERRC主张在葡萄牙发生的与住宅有关的种种不公平现象违反了上述条款，具体包括：社会住宅的获得、住宅质量的维护、基本设施的缺乏、罗姆人社区的住宅区隔以及其他对住宅权的系统性违法

　　注：罗姆人（Roma）和辛迪人（Sinti）都是指欧洲的少数民族吉普赛人。其中辛迪是对已经改变游居生活方式的吉普赛人的称谓，罗姆人则是仍然保持流浪生活方式的吉普赛人。

　　其中，欧洲罗姆人权利中心（ERRC）诉意大利案①是最早直接引用《宪章》第31条（住宅权）的案例。在该案中欧洲社会权利委员会对《欧洲社会宪章》第31条住宅权规定进行了充分的阐释，确立了对住宅权进行司法审查的具体标准。ERRC声称意大利为其境内的罗姆人提供的宿营地没有达到最低的生活标准；与此同时，对于僭居在非法占用土地上的罗姆人意大利政府采取了威胁、系统毁坏财产以及强行侵入的方式加以驱逐，并且没有采取合理措施为被强行驱逐的罗姆人提供替代性住处，意大利国内申请社会保障住房的政策十分严格，罗姆人几乎不可能具备申请资格。ERRC认为意大利政府的行为违反了《宪章》第31条以及E条款。意大利政府则辩称国家已经采取了合理的立法和行政措施保障罗姆人的权利，住宅缺乏是罗姆人自身原因所致。意大利政府还认为ERRC没有为所提出的主张提供充足的证据。

　　欧洲社会权利委员会在裁定中确认了举证责任分配采取倒置的原则。委员会认为因为搜集住宅权实现情况的信息和数据是政府履行住宅保障义务的前提，政府理应掌握相关的信息。因此对申诉者提出的住宅权保障不足的主张，缔约国政府负有举证责任。

　　在裁决的其他部分委员会对《宪章》第31条的三款规定逐一作出了详尽的阐述。首先针对ERRC提出的政府未能提供符合最低标准的集中宿营地的申诉，委员会指出根据《宪章》第31条第1款规定："住宅必须满足适足的标准，即在结构、卫生、舒适度、法律保障等方面都应满足一定的要求。"委员会认为意大利政府不仅要证明自己已经采取了合理措施确保罗姆人能够获得足够数量的有质量保证并可以满足特别需要的住宅，还必须证明已经确保各地地方政府履行这方面的责任。据此，委员会判定意大利政府的行为违反了第31条第1款和禁止歧视条款。其次，针对申

---

① European Roma Rights Center v. Italy, ECSR Complaint No. 27/2004；也可以参阅：黄金荣. 司法保障人权的限度——经济和社会权利可诉性问题研究. 北京：社会科学文献出版社，2009：262-265.

诉人提出的强行驱逐的指控，委员会认为，根据《宪章》第 31 条第 2 款，缔约国必须保证驱逐存在充足的正当理由，并且在驱逐时必须尊重公民的人格尊严并提供替代性住所。同时法律必须规定驱逐的程序，明确在某些不适宜的时间，例如在夜间和冬季不得实施驱逐。对驱逐必须提供法律上的救济程序，包括为寻求法律救济的人提供法律援助。对被非法驱逐的受害人国家应当提供赔偿。委员会认为意大利政府没有证明有关的驱逐行为满足上述条件，并且也没有有效反驳在驱逐中使用了威胁、系统毁坏财产以及强行侵入等不合理的暴力手段。因此，委员会判定意大利政府的行为违反了第 31 条第 2 款和禁止歧视条款。最后，针对申诉人提出的没有提供永久性替代住所的问题，委员会认为根据《宪章》第 31 条第 3 款，政府有责任采取合理措施建造住宅，特别是建设社会保障性住房。政府还有义务保证社会弱势群体获得保障性住房的机会，这种机会同样应为其他缔约国的国民、所有在其领土上生活的合法居民和外来劳工平等享有。委员会认为意大利政府没有能够证明它的立法和政策能够有效保障获得保障性住房的机会，也未能证明申请保障性住房的标准不具歧视性。因此，委员会判定意大利违反了《宪章》第 31 条第 1 款和第 3 款，同时也违法了禁止歧视条款。从判决内容中我们可以发现联合国经济、社会和文化委员会在第 4 号和第 7 号一般性意见中对于住宅权核心内容的阐述已经在欧洲的区域性司法实践中得到了非常充分的体现。

《欧洲人权公约》（以下简称《公约》）规定了两种申诉程序：国家间指控程序和个人申诉程序。该《公约》中并未规定住宅权，因此并不能直接为住宅权提供司法救济。欧洲人权委员会和欧洲人权法院①通过援引一些相关的公民权利和政治权利，在一系列涉及案件中间接地为公民的住宅权利提供了司法救济②。经常被援用的权利包括该《公约》第 8 条规定的尊重个人隐私、家庭生活和居所的权利，以及《公约》及《第一议定书》第 1 条确认的个人和平享有财产的权利③。例如，在塞浦路斯诉土

---

① 在 1990 年《欧洲人权公约》第九议定书生效前，个人、非政府组织或个别团体只有权向欧洲人权委员会提出申诉而无权将案件直接提交给欧洲人权法院，第九议定书赋予上述主体直接向法院提出诉讼的权利。1998 年生效的第十一议定书将原来的欧洲人权委员会和人权法院合并成单一的欧洲人权法院，原有机构的职能由新的欧洲人权法院统一行使。

② 有关案例详情均可参阅：http：//www. echr. coe. int/ECHR/EN/header/Case-law/HUDOC/HU-DOC+database/.

③ 《欧洲人权公约》第 8 条规定："1. 人人有权享有使自己的私人和家庭生活、家庭和通信得到尊重的权利。2. 公共机构不得干预上述权利的行使，但是，依照法律规定的干预以及基于在民主社会中为了国家安全、公共安全或者国家的经济福利的利益考虑，为了防止混乱或者犯罪，为了保护健康或者道德，为了保护他人的权利与自由而有必要进行干预的，不受此限。"公约《第一议定书》第 1 条规定了财产权："每一个自然人或法人均有和平地享受其财产。非为公共的利益及依据法律的国际法一般原则所规定的条件，任何人均不得剥夺其财产所有权。但是，上述规定不得以任何形式损害国家根据普遍利益执行它认为必要的控制财产使用，或者保证缴纳税收或其他捐款或者罚款的法律的权利。"

耳其案中，欧洲人权委员会认为土耳其政府将希腊塞浦路斯人驱逐出住宅的行为构成对《欧洲人权公约》第8条第1款家庭隐私权的侵犯①。在洛佩兹·奥斯特拉诉西班牙案中，西班牙的地方政府先是批准在住宅区内建立处理制革排放废液和废渣的工厂，在产生了严重危及居民健康的环境问题后又未能及时关闭该工厂，法院认为政府的不作为违反了《欧洲人权公约》（European Convention on Human Rights）第8条所规定的积极义务。在阿克迪瓦尔等人诉土耳其案中，欧洲人权法院认定土耳其安全部队烧毁库尔德人房屋及财产的行为严重干预了公民的家庭生活、住宅以及和平占有财产的权利，这种政府实施的强迫驱逐行为违反了《公约》第8条和《第一议定书》第1条②。而詹姆斯等诉英国案则是法院通过限制财产权维护住宅权利的一个例子。面对房东对英国政府进行的有利于承租人的立法改革提出的财产权诉讼，欧洲人权法院认为公众的住房需要在现代社会中是首要的社会需要，因此不能完全置于市场力量的支配之下，政府有充分地自由制定立法在住宅领域实现社会正义，据此法院判决英国的租期改革立法是合法的③。还有其他的公民权利和政治权利条款也会在涉及住宅问题的案件中被援用。例如，在塞尔柱和阿斯克诉土耳其案中④，土耳其安全部队毁掉了一位寡妇和一个老人的房屋。欧洲人权法院认为考虑到"受害者房屋被毁时手段的残酷以及他们的个人处境，很显然，由于安全部队严重违背了第3条的规定，采取了极不人道的手段，受害者一定遭受了极大的创伤和损失"，因此，法院判定这种强制驱逐和毁坏房屋的行为是一种有预谋的"无视当事人感情"的侮辱行为，违反了《欧洲人权公约》第3条防止酷刑与非人道待遇或惩罚的规定⑤。

3. 各国的国内法实践

在世界各国，越来越多的法院开始审理涉及住宅权的案件。例如孟加拉、哥伦比亚、芬兰、肯尼亚、匈牙利、拉脱维亚、菲律宾、瑞士、委内瑞拉、南非、爱尔兰、印度、阿根廷和美国等。在多数国家住宅权仍然只能通过其他基本权利或者法律权利受到间接的司法保障，也有一些国家在住宅权的直接可诉性方面取得了突破。这里选择印度和南非两个国家简要介绍其国内住宅权的司法实践。之所以选择这两

---

① Cyprus v. Turkey. Report of the Commission. 10 July 1976.

② Akdivar and others v. Turkey. Judgment of Sept. 1996，ECHR，Reports of Judgment and Decisions 1996.

③ Case of James and Others. Judgment of 21 February 1986，Publications of the European Court of Human Rights，Series A，No. 98.

④ Selçuk and Asker v. Turkey. Judgment of 24 April 1998，ECHR，Reports of Judgment and Decisions 1998.

⑤ 《欧洲人权公约》第3条："不得对任何人施以酷刑或者是使其受到非人道的或者是侮辱的待遇或者是惩罚。"

个国家，首先是因为它们分别是住宅权司法保障的间接和直接两种模式的典型代表。印度法院通过对宪法规定的"基本权"进行扩张性的解释实现了对住宅权的间接司法救济。而南非法院则进行了富有成效的住宅权直接可诉的实践。其次是因为这两个国家都属于发展中国家，其国内司法实践表明只要国家有充分保障公民住宅权的意愿，完全可以在较低的经济社会发展水平上实现住宅权的可诉性，而这对于我国更具借鉴意义。

1）印度

《印度宪法》（The Constitution of India）中对人权做了较为全面的规定，基本涵盖了两大人权公约中规定的基本人权。《宪法》第 32 条还特别将获得有效的法律救济作为一项基本权利而加以规定。公民为实现任何基本权利，都有权直接向联邦最高法院提起诉讼。联邦最高法院对于公民获得法律救济的基本权利采取了司法能动主义的态度，通过放宽向法院请求救济的形式与技术要求对该项权利作了扩大解释和积极地实施①。然而由于制宪会议受到人权两分法的影响将基本人权区分为基本权（FRs）以及国家政策之指导性原则（DPs）两大部分分别规定在宪法不同章节②，其区分基础恰恰在于是否可诉。经济、社会权利在《印度宪法》中是不具可诉性的指导原则。

在《宪法》否定社会权的可诉性的情况下，印度最高法院从 20 世纪 70 年代开始，通过对《宪法》基本权条款，特别是第 21 条有关生命权规定的扩张性解释，成功地为包括住宅权在内的社会权案件提供了司法救济。

《印度宪法》第 21 条规定："非依法定程序不得剥夺任何人的生命和个人自由。"这一条款的规定属于典型的消极自由的形式，但印度最高法院以司法能动主义的姿态作出了一系列意义深远的判决，将该条规定扩展到涵盖有尊严的生存及其他相关权利③。1978 年印度最高法院最初在马尼卡·甘地诉印度案④中第一次提出生命权内涵中包含了"有尊严地活着"的意义。在此基础上，1981 年的弗朗西斯·科拉利诉

---

① ［印］Mahendra P. Singh & Surya Deva. 印度宪法：于多样性中统一的典范. 柳建龙译. 河南省政法管理干部学院学报，2009（5）：8.

② 作为基本生活水准权的住宅权主要体现在印度宪法第四编"国家政策的基本指导原则"第三十九条国家应遵循的政策原则第 1 款："国家应使其政策致力于保证：（一）一切男女公民平等享有适当生存手段权利"，第四十一条工作权、受教育权和一定条件的享有公共补助的权利："国家应在经济能力与经济发展之限度内，制定有效规定确保工作权、受教育权及在失业、年老、疾病、残疾及其他过分困难情形下享受公共补助之权利。"以及该编的其他一些相关条款中。

③ ［印］Mahendra P. Singh & Surya Deva. 印度宪法：于多样性中统一的典范. 柳建龙译. 河南省政法管理干部学院学报，2009（5）：6-7.

④ Maneka Gandhi v. Union of India，1978，1SCC 248.

德里邦一案①中，印度最高法院进一步指出对基本住宅需求的保障属于生命权的应有内涵。大法官巴格瓦蒂和穆尔塔扎·法扎尔·阿里在判决中声称："对生命的基本权利是最为珍贵的人权，它构成了所有其他权利之弧（the arc of all other rights）。因此在对这一权利进行解释时我们应秉持广阔和开放的立场以赋予它应有的重要性和持久的活力，去增进个人的尊严和人类的价值。我们认为生命权包括保持人类尊严地生存的权利以及与此有关的其他所有权利，包括维持充足的营养、衣服和遮风避雨的庇护所等等必要生存条件。"

1985年的奥尔伽·泰利斯诉孟买市政公司案②是一起典型的涉及强制驱逐的住宅权案件，在该案中印度最高法院运用权力不可分理论和国家义务的层次性理论论证了通过生命权为公民住宅权利提供司法保障的合法性。一群孟买贫民僭居在他们自行在人行道上搭建的简易屋棚内，孟买市政府在实施市政改造建设时试图将这些人强行驱逐。被驱逐的贫民向法院主张政府在没有提供适当安置居所的情况下强制驱逐的行为侵犯了《宪法》第21条规定的生命权。法院指出："将申诉人从他们的住处驱逐将剥夺他们的生存条件。第21条包括了生存条件，因此如果对生存条件的剥夺没有经过法律规定的合理程序同样构成对第21条的违反。"

法院进一步论证了生命权与获取包括住宅在内的基本生存条件的权利之间的不可分割性："第21条项下的权利就是生存权，因为离开了生活或生存的手段没有人能够延续其生命。如果我们不把生存的权利看作是《宪法》中生命权的组成部分，那么剥夺一个人生命权最简单的方法莫过于彻底地剥夺他的生存手段……在生命和生存的手段之间因而存在着紧密的关联。因此，暂且抛开那些使赋予生活价值的要素不谈，上述使生存成为可能的要素必须被视为生命权整体不可或缺的一部分。"

在对生命权进行创造性的扩大解释时，法院也表明了重视被规定为指导原则的社会权的态度："在理解基本权的内涵和范围时，我们必须将《宪法》第39条第1款和第41条所包含的原则也同样看作是基本的。如果政府负有确保公民拥有适当的生存手段和工作权的义务，将生存权排除在生命权内容之外就是十足的虚伪。"法院还对国家保障社会权的义务进行了层次的区分，并指出对于国家的消极义务可以通过司法予以审查："国家可能不一定必须通过补偿性行动直接为公民提供足够的生存手段或者工作，但未经公正和公平的法律程序就剥夺公民的生存权利构成了对《宪法》第21条所赋予的生命权的侵犯，任何受到这种行为侵犯的人都有权对此类行为提出挑战。"

最终，法院判决孟买市政公司应该为被驱逐者提供适当的安置土地，并给他们

---

① Francis Coralie v. the Union Territory of Delhi, AIR 1981 SC, 746.
② Olga Tellis v. Bombay Municipal Corporation, 1985, 3 SCC 545.

足够的时间进行重新安置。虽然法院并没有确认国家对住宅权的积极义务，但在本案及类似的案件中，法院要求政府为原本不享有法律权利的僭居者提供住宅用地或安置住房，这已经不是纯粹的消极义务。

在 1986 年的一起类似的住宅权案件中，德里地方政府强行拆除了位于 Jagamata 麻风病人收容所的 8 所棚屋。印度最高法院在对德里发展管理局的判决中明确指出：即使个人非法占据土地并在土地上建筑房屋，未经法律授权也不得驱逐这些僭居者。法院判决德里发展管理局在 2 周的期限内为被驱逐的病人提供替代住处①。在 1989 年拉姆·普拉萨德诉孟买港口托拉斯及其主席一案中②，最高法院判令有关公共管理部门不得驱逐 50 个贫民窟居民，除非为他们提供安置地点。

1990 年最高法院在另一起住宅权案件的判决中对住宅权与生命权的关系作了明确的界定："人类的基本需求，包括食物、衣服和住宅，在传统上被认为是免费的。在任何一个文明社会生命权都受到保障。生命权广阔的范围应当涵括食物权利、被服权利、在体面的环境和适当的住所居住的权利……对于人类而言住宅权是指具备足以满足个人在生理、心理和智力等各方面发展所需的适合的住所……合理的居住条件对于充分实现个人发展的《宪法》目标是不可获取的必要前提，因此应当被包含在第 21 条所规定的'生命'的概念中。"③

该案是一起民事上诉案件，这表明印度最高法院不仅承认人权的纵向可诉性，在民事领域中也承认包含住宅权的宪法权利在平等民事主体之间的横向可诉性。

印度对住宅权的司法保障属于典型的间接救济模式。这种模式对于宪法中没有规定住宅权，或者虽然规定了住宅权却不承认这一权利具有直接可诉性的国家具有很强的借鉴意义。然而，也有学者指出这种模式的局限性。由于要借助其他权利或者通过对其他权利的扩张性解释来保护住宅权，法院无法为住宅权提供一种全面的全景式的保障，在具体的案件中住宅权人可能只有部分利益能够获得保障，难免会有被割裂的危险，也可能出现一些住宅利益无法通过现有权利或对其解释得到体现因而无法得到保障的情况。尤其是在相关权利与住宅权存在冲突的情况下，法院不免会陷入解释上的困境。因此，要实现对公民住宅权充分的司法保障，仅仅通过间接模式是不够的，需要在住宅权的直接可诉性上寻求突破，而南非的司法实践在这一方面做出了有益的尝试。

---

① Scott Leckie. Housing Rights at the National Level//Scott Leckie. National Perspectives on Housing Rights. The Hague：Martinus Nijhoff Publishers，2003：27.

② Ram Prasad v. Chairman. Bombay Port Trust，1989，AIR 89 SC，1360.

③ Shanti v. Star Builder v. Naryan Khimalal Totame & Ors. JT 1990 (1) S. C. 106，Civil Apeal No. 2598 of 1989. 转引自：Scott Leckie. National Perspectives on Housing Rights. The Hague：Martinus Nijhoff Publishers，2003：27.

2) 南非

1996 年《南非宪法》对社会权的规定十分广泛。其中第 26 条直接规定了住宅权。该条共分三款："①任何人都享有获取适足住宅的权利。②国家必须在其可利用的资源限度内采取合理的立法及其他措施争取住宅权的逐步实现。③未经法院全面考量相关情况后发布命令，任何人不得被驱逐出其住宅，其住宅亦不得被拆除。立法不得许可任意性的驱逐。"此外第 28 条规定了儿童的住宅权。根据该条第 1 款第 3 项："每个儿童都有权获得基本的营养、住所、基本的医疗保健服务和社会服务。"与此同时，对于国家对包括住宅权在内的人权的义务，《南非宪法》第 7 条第 2 款规定："国家必须尊重、保护、促进和实现人权法案中规定的各项权利。"

南非在住宅权领域的典型案件是南非共和国政府和他人诉格鲁特布姆及他人案以下简称格鲁特布姆案（Grootboom case）①。该案的判决不仅在住宅权领域，在南非乃至世界范围内有关经济、社会和文化权利可诉性的确立和发展具有里程碑式的意义②。该案的判决表明在国内有关住宅权的具体法律制度尚不完备的情况下，法院完全可直接依据宪法对住宅权的规定为公民提供司法救济。

一个由大约 900 名公民（包括 390 名成人和 510 名儿童）组成的社区一直位于在一个叫沃伦斯戴恩的地点。由于无法忍受恶劣的居住条件，他们决定搬迁到道路另一侧的一块空地。该空地为私人所有。土地的主人从治安法庭申请了驱逐令将他们驱逐出去。他们又占据了附近的一个运动场搭建了住处。然而该运动场同样是由私人所有。政府应土地所有人的要求再次命令他们迁离，并在期限届满前一天就采取了强制驱逐措施并拆除了他们的房屋。这些公民陷入了无家可归的困境。他们无法回到原居住地，因为已经有其他人占据了那块土地。他们也无法找到一块能够合法占据的土地搭建新的住处。虽然国家有一个大规模的住宅保障项目，但等待名单很长，他们要获得适当的房屋可能等待最长超过 20 年的时间。政府声称无法采取措施为他们提供帮助。这些公民向法院诉请要求政府向他们提供住房或居所以及基本的服务。开普地区高级法院根据《南非宪法》第 28 条第 1 款第 3 项儿童住房权的规定，判决政府应当为该案中的儿童提供家庭临时住房或居所。南非政府（包括国家、省级和地方政府）对该判决不服而向南非宪法法院提出上诉。

在上诉中，南非人权委员会和社会法中心两个机构以"法庭之友"的身份参与诉讼。他们主张社会所有成员，包括儿童和成人都享有住宅权，他们援用了经济社会权利委员会关于核心社会权的观点，主张《宪法》第 26 条为国家施加了最低限度

---

①　Government of the Republic of South Afica and Others v. Grootboom and others，2001 (4) SA 46 (CC).

②　Genoff Budlender. Justiciablity of the right to Housing：The South African Experience//Scott Leckie. National Perspectives on Housing Rights. The Hague：Martinus Nijhoff Publishers，2003：207.

的核心义务，并据此将被上诉人的请求权基础从第 28 条第 1 款第 3 项儿童的住房权扩展到第 26 条规定的一般住房权。

在南非宪法法院审理本案的过程中，政府的代理律师提出了一个和解方案，由国家提供一块土地、一些建筑材料，提供基本的服务以缓解被上诉人的困境。被上诉人接受了政府提出的和解建议。然而政府没有履行其承诺。在案件等待判决期间，被上诉人提出紧急的诉讼中申请要求命令政府履行其承诺。法庭以一致同意做出了裁定①。

两周后，法院作出了正式的判决。在判决中，宪法法院肯定了包括住宅权在内的经济社会权利的可诉性："无论如何我要强调的是，尽管存在诸多的限制条件，但权利终究是权利，宪法规定的国家义务赋予了这权利以效力。对'国家的义务'法院可以执行，在合理的条件也应当予以执行。"② "……因此，问题不在于根据我国《宪法》经济社会权利是否可诉，而是在特定案件中如何实施。这是一个非常困难的问题，必须在个案的基础上加以谨慎探究。"③

法院在判决中对《宪法》文本中"适足住宅"的概念进行了解释，住房"不仅只是砖头和灰泥"，应涵括可以获得可利用的土地和基本的服务设施，如清洁的供水、污水处理等，此外还应包括对基本服务和房屋建造的财政补贴。住宅权的实现"必须要有土地，必须要有基本的服务设施，还必须有一个住所。"④

在承认住宅权具有一般性地可诉的基础上，法院区分了《宪法》住宅权条款对国家义务的规定，法院认为《宪法》第 26 条第 1 款勾勒了住宅权的普遍范围：所有人都有获得适足住宅的权利，对此国家至少和其他主体一样存在着消极义务，也负有一定的积极义务。第 26 条第 2 款为国家设定了积极义务，而对第 3 款禁止任意驱逐的规定，国家负有消极义务⑤。虽然，本案中的驱逐是在法院许可下进行的，但宪法法院仍然认为国家的行为违反了对住宅权的消极义务："尽管该款（第 26 条第 1款）没有明说，但无论如何政府以及其他所有实体和个人至少负有不得阻碍或损害获取住宅权利的消极义务。"

法院指出国家有义务确保驱逐以符合人道主义的方式进行，由于政府的强行驱逐比事先通知的早了一天，并且在行动中毁坏了被上诉人拥有的财产，包括建筑材料，因此法院判决政府违反了对第 26 条第 1 款适足住宅取得权的消极义务。

---

① 这一插曲在很大程度上减缓了法院在作出判决时面对被上诉人无家可归的悲惨境地的压力。由于政府的承诺缓解了被上诉人的困境，法院在考虑如何回应被上诉人直接获得住宅的请求时就不必再承受良心的煎熬，而可以相对轻松的超然的姿态进行判决。

② Grootboom case, 2001 (4) SA 46 (CC), para. 94.

③ Grootboom case, 2001 (4) SA 46 (CC), para. 20.

④ Grootboom case, 2001 (4) SA 46 (CC), para. 33.

⑤ Grootboom case, 2001 (4) SA 46 (CC), paras. 34, 38.

对于国家对住宅权的积极义务，法院的态度可以用审慎地积极来概括。一方面，面对"法庭之友"提出的"最低核心义务"理论，宪法法院采取了十分慎重的态度。法院指出南非国内的住宅需求存在着地区和城乡间的巨大差距，在具体的情况下判断最低核心义务的范围需要法院获取并处理大量的相关信息，这是十分困难的。因此宪法法院认为第 26 条第 1 款并不意味着国家有直接为权利人提供适足住宅的积极义务，第 26 条的前两款应当结合在一起理解，国家只担负在其可利用的资源限度内采取合理的立法及其他措施争取住宅权的逐步实现的义务①；另一方面，宪法法院并没有保守地将国家在资源限度内采取合理措施的义务完全置于政府的自由裁量之下，而是采取了比较积极的态度，将国家业已制定和实施的住房立法和政策纳入到法院的司法审查范围之中，并确立了"合理性审查标准"："法院在审查合理性时不会考量政府是否还应当采取其他更有效的措施，也不会过问公共财政的分配和使用是否还有优化的空间。问题是已经采取的措施是否合理。必须承认国家为了履行其义务能够采取广泛的可行措施。其中许多都是合理的。一旦国家表明其采取的措施是合理的，就满足了要求。"②

法院认为政府采取的政策能够促进住宅权的实现但不足以说明政策是合理的："住宅政策必须是平衡和富有弹性的，从而能够应对住宅危机以及短期、中期和长期的住宅需求。将社会的某一重要部分排除在外的计划不能说是合理的。"③

在南非宪法法院看来，认为住宅立法和其他措施必须要对那些处于最大困境下的群体的紧急住宅需要作出切实的回应才符合"合理性审查标准"："对于一个建立在人类尊严、自由和平等之上的社会而言，它必须努力确保提供基本的生存必需品。在判断住宅立法和其他措施是否合理时，不能忽略那些它们努力实现的权利被拒绝的程度和范围。那些需求最为急迫因而在享有所有权利的能力方面处于最危急状态的人们不应被旨在实现权利的措施的无视。表明措施能够取得统计学意义上的进步并不足以通过合理性测试……即使从数据上看是成功的，但是如果未能对那些最危急状态中的人们的需求作出回应，它们就没有通过测试。"④

虽然宪法法院承认涉及预算分配的政治性裁量主要应由政府作出，但法院认为在这一过程中中长期的住宅规划与短期的住宅紧急救济应当受到同等的重视，法院指出："全国性的住宅计划没有达到中央政府应履行义务的要求，它没有承认国家必须为那些有紧急需求的群体提供救济。不能以一个全面计划关注中长期目标为名忽

① Grootboom case, 2001 (4) SA 46 (CC), paras. 32, 33.
② Grootboom case, 2001 (4) SA 46 (CC), paras. 41.
③ Grootboom case, 2001 (4) SA 46 (CC), paras. 43.
④ Grootboom case, 2001 (4) SA 46 (CC), paras. 44.

视这些人的利益。国家住宅预算中应当划出合理的份额，但具体的分配首先应由政府决定。"

因此，法院认定政府违反了《宪法》第 26 条，它只关注于中长期住宅计划，但却没有为处于住宅危机中的群体提供即时的救济，因而违反了第 26 条第 2 款规定的采取"合理"的立法和其他措施的义务。

审理中，法庭对于应当判决采取何种救济方法进行了激烈的争论①。一方面，社会上存在着庞大的无家可归或处于住房困境之中的人们，格鲁特布姆案中的居民只是其中的一个小群体。如果法院判令政府直接为他们提供住宅无异于使他们获得了超越其他人的特权。如果法院判令为所有处于类似处境中的人直接提供住宅，显然又会超出国家财政可以承受的范围，并且直接干预了政府对预算分配等政治性事项的裁量权；另一方面，格鲁特布姆案中的居民却是宪法法院面对的唯一群体。他们的生存需求正处于威胁之中，他们的权利受到了侵犯，如果宪法法院不作出救济等于是见人溺于水而袖手旁观。

对于宪法法院来说，幸运的是政府在审判中作出的和解承诺使得法院从作出选择的道德困境中解脱出来。在最终的判决中，法院作出了宣告性的判决："（a）宪法第 26 条第 2 款要求国家在其可获取资源的限度内设计并实施全面且协调的计划以逐渐实现取得适足住宅的权利。（b）该计划必须包含合理的措施……以为那些脚无尺地，头无寸瓦或者居住条件极为恶劣处于危机条件下的人们提供救济。"②

在一些学者看来，格鲁特布姆案判决的效力是有限的。它没有能够像一些激进的住宅权的拥护者所希望地那样赋予公民住宅请求权，直接判决政府立即为公民提供住宅。判决的结果也没有立刻改变南非社会中广泛存在的住宅危机。甚至在判决后的数年内，格鲁特布姆案中的居民的居住条件仍然远未达到令人满意的标准。然而绝大多数人对该案还是持肯定意见。格鲁特布姆案确认了住宅政策的可诉性，并明确了司法审查住宅政策的合理标准。在判决公布后，南非政府在其住宅计划中开始关注处于恶劣条件下或被驱逐的威胁中的群体的需求。这一进程随着媒体对土地侵占问题的广泛宣传而呈现出加快的趋势。地方政府在试图驱逐无家可归者时不再能够轻易地获得法院的许可，法院开始审查地方政府的行为及采取的措施是否符合格鲁特布姆案确立的标准③。该案的判决影响不仅限于南非，也不仅限于住宅权领域，对世界范围内经济、社会和文化权利直接可诉性的确立和发展都有着里程碑式

---

① Genoff Budlender. Justiciablity of the right to Housing：The South African Experience//Scott Leckie. National Perspectives on Housing Rights. The Hague：Martinus Nijhoff Publishers，2003：216.

② Grootboom case，2001（4）SA 46（CC），paras. 99.

③ Genoff Budlender. Justiciablity of the right to Housing：The South African Experience//Scott Leckie. National Perspectives on Housing Rights. The Hague：Martinus Nijhoff Publishers，2003：217.

的意义。

三、完善我国公民住宅权的司法保障机制

发生在国际人权机构以及全球各地法院的关于住宅权的司法和准司法实践，让反对者无法再断言住宅权不具有可诉性。然而，在我国目前的司法体制中，住宅权的可诉性却仍然是一个陌生的概念，这也使得我国公民住宅司法保障机制迟迟不能实现。司法并不是保障公民住宅权的唯一途径，也肯定不是最主要的途径。事实上，公民的住宅保障在很大程度上更多地要依赖立法和行政机关采取积极的措施。但是，对于住宅权的实现而言，司法保障是一个不可或缺的环节。它也是住宅权利受到侵害，特别是来自国家的侵害时公民最后的依靠。我们应当在借鉴国际和国外经验的基础上，从我国国情出发逐步构建和完善具有中国特色的住宅司法保障机制。在继续摸索实现住宅权直接可诉性路径的同时，通过促进我国住宅政策的法制化和健全住宅保障立法体系，通过具体法律赋予公民住宅保障的请求权强化住宅权的间接可诉性，以期为公民住宅权的实现提供充分地保障。

（一）明确国际条约在我国法院直接适用的效力

一直以来，我国政府对于在人民法院直接适用《经济、社会和文化权利国际公约》持一种暧昧的态度。对于国际法在国内法的效力问题，我国法律并没有统一的规定。一些学者从法理上出发认为，既然我国缔结或加入的国际条约需要全国人大常委会决定批准或经国务院核准，这与《立法法》规定的法律和法规的制定程序一致，因此我国缔结或加入的国际条约一般应具备与国内法律法规同等的效力，可以直接适用，而无需再经特别程序。在国际人权法领域中国代表也曾经作出过类似的承认人权公约直接适用效力的表态①。然而，在民商事领域的一些立法，例如《民法通则》和《专利法》等法律明确规定国际公约可以直接适用甚至是优先适用的同时②，与国际人权公约具有密切联系的一些涉及公民基本权利的立法中却几乎见不到类似的规定。这不由得让一些学者产生了立法者不是忽视了人权公约的适用问题，

---

① 在1990年4月27日，中国代表在发言中论及禁止酷刑公约在我国的效力的问题："根据中国的法律制度，中国缔结或者参加国际公约，要经过立法机关批准或国务院核准程序，该条约一经对中国生效，即对中国发生法律效力，我国即依公约承担相应的义务。""关于禁止酷刑公约在中国的适用也是基于上述原则。一方面，该公约在我国直接生效，其所规定的犯罪在我国亦被视为国内法所规定的犯罪。该公约在我国可以得到直接适用。"参见：邵津. 国际法（第三版）. 北京：北京大学出版社和高等教育出版社，2008：26.

② 《中华人民共和国民法通则》第一百二十四条规定："中华人民共和国缔结或者参加的国际条约同中华人民共和国的民事法律有不同规定的，适用国际条约的规定，但中华人民共和国声明保留的条款除外。"《中华人民共和国专利法》第二十条规定："国务院专利行政部门依照中华人民共和国参加的有关国际条约、本法和国务院有关规定处理专利国际申请。"

就是故意对这一问题不置可否的推测①。无论立法者究竟出于何种意图，在实践中法律规定的模糊不可避免地会影响到法院适用国际公约的态度。我国法院在民商事领域已经有了直接适用国际公约的先例，但至今尚未见适用国际人权公约审判的案件。在中国政府代表就这一问题向对经济、社会和文化权利委员会所作出的答辩中，我国代表认为我国基本法律和法规已经对《公约》的内容进行了规定，我国人民法院完全可以通过援引国内法来保障公民的经济、社会和文化权利。这反映了我国政府倾向于通过国内立法措施来履行公约义务而排斥公约权利的直接司法适用的立场。我国最高人民法院在其向全国人大常委会所作的工作报告中曾经承诺，各级人民法院审判案件按照法律和我国缔结或参加的国际公约，履行我国承担的国际义务②。目前，我国宪法和现行法律对于住宅权等社会权利的规定仍然有尚待完善之处，从履行国际义务的层面出发，在我国国内法尚无规定或者规定不明确的情况下，应当赋予国际公约在我国法院直接适用的效力，让我国加入的公约成为人民法院保障公民住宅权的法律依据。

（二）将住宅权明确列入《宪法》

目前，我国《宪法》缺乏对住宅权的全面规定。我国《宪法》第三十三条第3款概括地宣示了国家尊重和保障人权。具体的条文中直接规定公民住宅权的只有第39条，该条规定了公民的住宅自由权。此外，《宪法》第十三条规定私有财产权也应包括住宅财产。第四十五条规定的公民在年老、疾病或者丧失劳动能力的情况下，从国家和社会获得物质帮助的权利同样也应包括在获取住宅方面获得物质帮助的权利。然而除此之外，我国《宪法》并没有明确规定住宅权。这使得住宅权是否是我国《宪法》所承认的公民基本权利仍然存在很大争议。在这种情况下人民法院当然很难为住宅权提供司法救济。随着住宅权被国际社会普遍认可和接受，越来越多的国家在宪法或国内法律中规定了住宅权。到21世纪初至少40%的国家在《宪法》中规定了有关住宅或住宅权的条款③。仅在20世纪90年代，就有包括俄罗斯、波兰、南非等15个国家在《宪法》中规定了住宅权④。作为《经济、社会和文化权利国际公约》的缔约国，我国也应当在《宪法》中明确规定住宅权。

---

① 黄金荣．实现经济和社会权利可诉性——一种中国的视角//柳华文．经济、社会和文化权利的可诉性研究．北京：中国社会科学出版社，2008：112．
② 国际人权法教程项目组．国际人权法教程（第一卷）．北京：中国政法大学出版社，2002：544-548，555-557．
③ UN-HABITAT. Housing Rights Legislation: Review of International and Natioanl Legal Instruments. United Nations Housing Rights Programme, Repor No. 1, U. N. Doc. HS/638/01E, Nairobi, 2002：45，60-71．
④ Scott Leckie. Where It Matters Most: Making International Housing Rights Meaningful at the National Level// Scott Leckie. National Perspectives on Housing Rights. Martinus Nijhoff Publishers，2003：17．

（三）不断完善住宅保障法律制度体系

改革开放以来，我国制定了一些涉及住宅问题的法律、法规和规章，对落实公民住宅权利起到了重要作用。例如，《民法通则》第七十五条规定："公民的个人合法财产包括房屋受法律保护，禁止任何组织或者个人侵占、破坏或者非法查封、扣押、没收、冻结。"《城市房地产管理法》第四条规定："国家根据社会、经济发展水平，扶持发展居民住宅建设，逐步改善居民的居住条件。"《物权法》第六十六条规定："私人的合法财产受法律保护，禁止任何单位和个人侵占、哄抢、破坏。"第四十四条第 3 款规定："征收单位、个人的房屋及其他不动产，应当依法给予拆迁补偿，维护被征收人的合法权益；征收个人住宅的，还应当保障被征收人的居住条件。"然而，与其他发达国家，甚至是一些发展中国家相比，我国在住宅保障立法方面还存在诸多问题，不仅没有住宅法，相关立法的层次偏低，而且国家的住宅政策变化随意，甚至相互矛盾与冲突①。这些都影响到住宅权在普通法律层面的可诉性。因此，我国应当不断完善住宅保障法律制度体系，特别是推进《住宅法》等具体立法尽快出台，使得公民对住宅权的司法诉求能有充分的法律依据。

（四）扩大法院的受案范围，承认住宅政策的可审查性

我国《民事诉讼法》第三条规定人民法院受理民事案件的范围是平等主体间的人身关系和财产关系诉讼，我国《行政诉讼法》第二条原则上规定相对人合法权益受到侵害均可以向法院起诉，但第十一条又规定除该条列举的 8 项以外，法院受理其他行政案件以法律、法规有明文规定为标准。《行政诉讼法》第十二条又规定了抽象行政行为不可诉。因此，对于那些处于普通法律领域的住宅权利，除非属于人身权或财产权，又或者法律、法规明确规定可以提起诉讼就很难获得司法救济。而在公法领域的相关立法中，除《城市居民最低生活保障条例》（中华人民共和国国务院令第 271 号）等个别法律法规明确规定权利人可以提起诉讼外，大部分立法没有明确规定可以向法院主张司法救济。而在南非法院得到确认的合理政策请求权在我国也会因为抽象行政行为不可诉而无法得到承认。这些无疑更大地制约了住宅权在我国的可诉性。因此，我国应当适度扩大法院的受案范围，特别是承认住宅政策在一定条件下的可司法审查性。

---

① 金俭. 中国住宅法研究. 北京：法律出版社，2004：46-48.

附录 《中华人民共和国住宅法》草案建议稿

第一章 总 则

第一条 为了保障公民的居住权益，改善公民的住房条件和居住环境，确保公民实现住有所居，健全住宅市场机制和社会保障制度，促进社会公平与和谐，根据《宪法》和《立法法》，特制定本法。

第二条 我国城乡居民的住房土地供应、住宅规划、住宅建设、住宅交易以及住房保障，适用本法。

第三条 本法所称的住宅，是指供居住适用的合法建筑物，包括与之相关的附属设施与临近环境。

本法所称的住房保障，是指通过出租、出售保障性公共住房及发放住房租赁补贴和给予政策支持等方式，向符合条件的住房困难家庭及新就业职工、外来务工人员等提供救助和扶持，保障其享有基本的居住条件。

本法所称的保障性公共住房，是指政府投资建设、给予政策支持或者通过其他途径筹集、限定面积、租金标准和销售价格，向符合条件的住房困难家庭出租、出售的具有保障性质的住房，包括廉租住房、公共租赁住房、经济适用住房和限价商品住房等。

第四条 国家根据经济和社会发展水平，扶持和发展城乡居民住宅建设，逐步改善居民的居住条件。

国家建立符合国情的住房消费模式，引导城乡居民合理消费。

第五条 国家建立多层次住房保障体系，满足不同层次的住房需求。

国家住房保障实行政府主导、社会参与，坚持以人为本，遵守公开、公平、公正的原则。

第六条 国家建立保障性公共房屋和住房补贴制度，帮助和满足低收入家庭的居住需求，维护城乡居民的基本住房权益。

第七条 住宅权是每一个公民享有的基本人权，公民的住宅权受国家法律保护。

第八条 公民的私有住宅受法律保护，任何组织或个人不得非法侵犯和剥夺。

公民对其所有的住宅享有占有、使用、收益和处分的权利，包括出售、出租、赠与、交换、改建等权利。

第九条 国家为了公共利益的需要，可以依照法定程序对住宅所有权人进行公正补偿后对私有住房实施限制、征用和征收，但应当保障被征收人的居住条件。

第十条　国家提倡实行一户一宅制度。对于购买两套以上住房的，按照法律规定依法征收房产税。

第二章　住宅用地与规划

第十一条　中华人民共和国实行土地的社会主义公有制，即全民所有制和劳动群众集体所有制。

任何单位和个人不得侵占、买卖或者以其他形式非法转让土地。土地使用权可以依法转让。

国家依法实行国有土地有偿使用制度。但是，国家在法律规定的范围内划拨国有土地使用权的除外。

国家国土资源主管部门应当合理规划，珍惜土地资源，合理调控住宅建设用地规模。

第十二条　任何单位和个人进行住宅开发建设，需要使用土地的，必须依法申请使用国有土地；但是，村民建设住宅经依法批准使用本集体经济组织农民集体所有的土地的除外。

住宅建设占用土地，涉及农用地转为建设用地的，应当依照《土地管理法》办理农用地转用审批手续。

第十三条　各级国土资源管理部门要依据土地利用总体规划和年度计划、住房建设规划和计划及棚户区改造规划，结合本地区已供土地开发利用情况和闲置土地处置情况，科学编制住房特别是保障性住房用地供应计划，合理确定住房用地供应总量和结构。

第十四条　保障性住房以及城市和国有工矿棚户区改造中符合保障性住房条件的安置用地，以划拨方式供应。各级国土资源管理部门要优先确保保障性公共住房的土地供应，严格控制大套型住房建设用地，严禁向别墅供地。

各级国土资源管理部门要确保保障性住房、棚户改造和自住性中小套型商品房建房用地不低于住房建设用地供应总量的70%。

保障性住房建设项目中配建的商服等经营性项目用地，应按市场价有偿使用。商品房建设项目中配建保障性住房的，必须在土地出让合同中明确保障性住房的建筑总面积、分摊的土地面积、套数、套型建筑面积、建成后由政府收回或收购的条件、保障性住房与商品住房同步建设等约束性条件。

第十五条　各级国土资源管理部门要根据各地实际情况，支持合作住宅按照市场价格获得建设用地。

第十六条　商品住宅建设用地必须采用招标、拍卖、挂牌转让的方式进行，并要做到公开、公正。

第十七条 各级国土资源管理部门要加强住宅用地监管，严格依法处置闲置住宅用地、擅自改变土地用途等违法行为。

第十八条 县级以上人民政府应当根据经济社会发展水平、居民住房状况和住房保障的总体要求，结合地方财政能力、资源环境条件以及人口规模和结构等，制定本行政区域城乡住宅规划和年度计划，并按规定程序批准后公布实施。

住宅规划应该节约使用土地，统筹城乡住宅合理布局和综合发展。

第十九条 住宅规划和年度计划应当纳入本级国民经济和社会发展规划、年度计划，并与城乡总体规划、土地利用总体规划和住房建设规划相衔接。

第三章 住 宅 建 设

第二十条 住宅建设应该符合国家城乡规划的要求，符合城乡规划对公共设施、配套设施以及居住环境的要求。

第二十一条 各类住宅的建设标准以及住宅设计的各种标准的技术规范，由国家统一规定。住宅设计应该考虑经济、使用、安全、节能、环保等要求。国家鼓励和支持节能型住宅建设。

第二十二条 住宅设计和施工建设必须严格保证工程质量，符合国家建设工程质量安全标准和住宅建筑规范。

第二十三条 国家实行严格的住宅开发准入制度。住宅开发企业必须依法经过国家主管部门批准，在取得相应的开发资质后才能够从事相应的住宅建设活动。

国家鼓励住宅合作社合作开发住宅，并在税收政策上给予减免优惠。各地人民政府应该鼓励发展住宅合作社合作建房。

第二十四条 住宅建设必须符合法律规定的程序，依法经土地、规划、环保、消防等各相关主管部门批准后才能开始施工建设。

第二十五条 积极推行住宅项目工程监理制度。住宅建设过程中，具有监理资质的住宅工程监理单位应当客观、公正地执行监理任务，确保新建住宅的安全和质量。

第二十六条 住宅开发项目竣工，经验收合格后，方可交付使用。

住宅竣工验收由各级住房主管部门负责，实行"一户一验"的分户验收方式，确保每一套住宅都符合住宅国家质量标准。

各级住房主管部门可以根据实际情况委托依法成立的社会房屋质量检测机构进行竣工验收。社会房屋质量检测机构应该对其出具的房屋质量验收报告负责。

第二十七条 住宅建设单位应该对其所建住宅承担质量保障责任。具体的保修期限和保修范围由国务院另行制定。

第二十八条 国家逐步推动实行住宅质量保证保险制度。住宅建设单位应当对其出售的所有住宅办理住宅质量保险，投保费用由建设单位支付。建设单位在向购房者交房时必须提供住宅质量保险单。

第四章 住 宅 金 融

第二十九条 国家实行住房公积金制度，促进城镇住房建设，提高城镇居民的居住水平。

住房公积金由职工个人和单位按照《住房公积金管理条例》规定的比例缴存，属于职工个人所有。住房公积金用于职工购买、建造、翻建、大修自住住房，任何单位和个人不得挪作他用。

缴存住房公积金的职工，在购买、建造、翻建、大修自住住房时，可以向住房公积金管理中心申请住房公积金贷款。住房公积金管理中心应当自受理申请之日起15日内做出准予贷款或者不准贷款的决定，并通知申请人；准予贷款的，由受委托银行办理贷款手续。住房公积金贷款的风险，由住房公积金管理中心承担。

第三十条 国家建立多渠道住宅投融资机制，设立政策性住宅银行，支持保障性公共住房的建设。

第三十一条 国家不断完善住宅抵押信贷制度，由保险公司或者专业住宅贷款担保机构为购房者抵押信贷提供保险和担保。

第三十二条 国家鼓励建立民间住宅金融机构，为住宅合作社合作建房提供资金支持。

第三十三条 国家建立住宅补贴制度，设立专门的住宅保障基金，对符合条件的住房困难家庭提供住房补贴，补贴办法另行制定。

前款所述住房困难家庭必须同时具备以下条件：

（一）家庭人均住房建筑面积在15平方米以下（含15平方米）。

（二）家庭收入为最低收入、低收入或中等偏低收入；收入标准由各地人民政府结合当地经济发展水平确定。

（三）国务院确定的其他条件。

国家鼓励用人单位通过集资建房、发放住宅补贴等方式解决本单位职工住房困难。

第五章 住 宅 市 场

第三十四条 各级政府住房主管部门应当对住宅建筑材料市场、住宅交易市场、住宅租赁市场以及住宅装修市场进行严格监管，确保住宅市场的健康和稳定发展。

第三十五条 国家利用土地、税收、金融政策对住宅交易市场进行综合调控，稳定住宅交易价格，维护住宅交易秩序。

第三十六条 国家建立住宅市场信息公开披露制度。每一套住宅的销售必须明码标价，严格禁止和打击各种住宅交易欺诈行为。

国家住房主管机关应定期搜集住宅市场及其他相关信息，并及时公布。各级政府机关、金融机构、房地产开发经营企业和房地产中介机构等应该配合提供相关信息。

第三十七条 国家实行住宅登记制度。由各级住房主管部门统一制定并发放住宅产权证书。住宅所有权的设立、变更、转让和消灭，经依法登记，发生效力；未经登记，不发生效力，但法律另有规定的除外。

第三十八条 国家鼓励和支持住宅租赁市场。

住宅租赁应当遵循平等、自愿、合法和诚实信用原则。

住宅租赁当事人应当依法订立租赁合同，合同的内容由当事人双方依法进行约定。

第三十九条 住宅的出租应当以原设计的房间为最小出租单位，人均租住建筑面积不得低于当地人民政府规定的最低标准，厨房、卫生间、阳台和地下储藏室不得出租供人员居住。

第四十条 住宅租赁期间出租人出售租赁房屋的，应当在出售前合理期限内通知承租人，承租人在同等条件下有优先购买权。

第四十一条 住宅租赁合同订立后三十日内，租赁当事人应当到租赁房屋所在地直辖市、市、县人民政府住房主管部门办理房屋租赁登记备案。

第六章 保障性公共住房

第四十二条 国家建立住房保障制度，采用实物配租和货币补贴的形式，保障住房困难家庭的基本居住条件。符合条件的申请者可以申请购买或者租赁一套保障性公共住房，或者选择申请租赁补贴。

第四十三条 国家建设和提供保障性公共住房，保障城乡低收入阶层中的住房困难家庭的居住需求。

保障性公共住房建设项目采用集中建设和搭配建设相结合的方式建设。采用集中建设的，应当充分、综合考虑居民对交通、就业、入学、医疗等生活配套设施的需求。采用搭配建设的，应当同时规划设计、同时施工建设、同时竣工交付使用。

第四十四条 普通商品住房项目应当按地方人民政府规定的建筑面积比例搭配建设保障性公共住房。未按规定落实搭配建设保障性公共住房的，不得进行土地出让，不得办理项目审批手续，不得办理建设用地规划许可证、建设工程规划许可证、建设工程施工许可证、商品房预售许可证等手续。搭配建设保障性公共住房的具体办法，由地方人民政府制定。

第四十五条　保障性公共住房项目开发建设，应当符合基本建设程序，严格执行基本住房建设标准以及建筑工程质量安全、节能和环保等标准，并按照规划要求配套建设基础设施和公共服务设施。

第四十六条　保障性公共住房分配实行申请、审核、公示、轮候制度，保证分配过程的透明和公开。

第四十七条　保障性公共住房的销售价格、租金标准和建筑面积由各级人民政府价格主管部门会同住房保障部门按有关规定确定，经同级人民政府批准后公布执行。

第四十八条　租赁保障性公共住房的承租人应当在所承租住房内实际居住，并按期缴纳租金及承租期间发生的各类必需费用。承租期间，承租人不得闲置、转租、出借所承租的保障性住房，不得损毁、破坏，不得改变房屋用途、结构和配套设施。

购买保障性公共住房的，购买人不得损毁、破坏，不得改变房屋用途、结构和配套设施。自交房之日起未满 5 年的，不得转让、出租、出借和抵押，但为购买本套保障性住房而设定的抵押除外。购买人确因特殊原因需要转让的，由政府按原价并考虑折旧和物价水平等因素进行回购。

第四十九条　国家建立保障性公共住房退出制度。住房主管部门每年对已取得保障性公共住房资格的申请家庭的人口、收入、财产状况和住房情况进行全面审核。根据审核结果做出延续、调整或者终止住房保障的决定。

对不再符合住房保障条件的家庭，应当取消其住房保障资格，做到应退则退。

第七章　组织与监管

第五十条　国务院住房行政主管部门负责全国的住宅管理工作。县级以上地方人民政府住房行政主管部门负责本行政区域内的城乡居民的住宅管理工作。

各级发展与改革委员会、财政、国土资源、民政、税务、人力资源和社会保障、金融、公安、监察、审计等部门在各自的职责范围内做好城乡住房保障的相关工作。

第五十一条　各级人民政府应当建立城乡住房保障工作实施情况的监督、评价和绩效考核机制，进行目标责任制管理和绩效考核。对于城乡住房保障工作中作出显著成绩的单位和个人给予表彰和奖励。

第五十二条　县级以上地方人民政府住房行政主管部门负责本行政区域内的保障性公共住房的管理工作，并及时向社会公布保障性公共住房的建设和分配情况。

第五十三条　国家建立住宅普查制度。定期对城乡居民的住宅状况进行调查和统计，不断完善城乡居民住宅信息库。

第五十四条　各级住房行政主管部门和其他有关部门及其工作人员行使职权，应当接受社会和公民的监督。

任何单位和个人都有权对违反住宅法律、法规的行为进行举报、投诉；住房行政主管部门和其他有关部门应当依法及时处理本部门、机构职责范围内的举报、投诉。

第八章　法　律　责　任

第五十五条　未经住宅权人同意，擅自侵犯公民住宅权并造成损害后果的，应当承担相应的民事赔偿责任；触犯刑法的，还应当依法追究刑事责任。

第五十六条　各级住房行政主管部门以及其他相关政府部门工作人员玩忽职守、滥用职权，构成犯罪的，依法追究刑事责任；不构成犯罪的，给予行政处分。

各级住房行政主管部门以及其他相关政府部门工作人员利用职务上的便利，索取他人财物，或者非法收受他人财物为他人谋取利益，构成犯罪的，依照追究刑事责任；不构成犯罪的，给予行政处分。

第五十七条　有关人民政府及其住房主管部门存在未按照国家要求统筹住宅规划、未按规定筹集和使用住房保障资金、未按规定履行住房保障职责等情形的，由上级人民政府责令改正，通报批评；对主管负责人和其他直接责任人依法给予处分。

第五十八条　房地产开发企业非法囤积土地、捂盘惜售、虚假宣传、哄抬房价的，由房地产行政主管部门会同其他有关执法部门依法给予行政处罚。

第五十九条　申请人故意隐瞒、虚报或者伪造个人收入和住房信息，获取保障性公共住房或者住宅补贴的，由住房行政主管部门责令其退回保障性公共住房或者住宅补贴资金，并处以 5 万元以下罚款，取消其终身申请资格。

第九章　附　　则

第六十条　本法没有规定的，使用其他法律、行政法规。

第六十一条　本法自 20××年×月×日起施行。

参 考 文 献

[1]　金俭. 中国住宅法研究. 北京：法律出版社，2004.

[2]　陈杰. 城市居民住房解决方案——理论与国际经验. 上海：上海财经大学出版社，
　　　2009.

[3]　张群. 居有其屋——中国住宅权历史研究. 北京：社会科学文献出版社，2009.

[4]　李斌. 分化的住房政策：一项对住房改革的评估性研究. 北京：社会科学文献出版
　　　社，2009.

[5]　余南平. 欧洲社会模式——以欧洲住房政策和住房市场为视角. 上海：华东师范大学出
　　　版社，2009.

[6]　丁建定，杨凤娟. 英国社会保障制度的发展. 北京：中国劳动社会保障出版社，2004.

[7]　李剑阁. 中国房改现状与前景. 北京：中国发展出版社，2007.

[8]　刘子操. 城市化进程中的社会保障问题. 北京：人民出版社，2006.

[9]　陆介雄，宓明君，李天霞等. 住宅合作社立法研究. 北京：法律出版社，2006.

[10]　景天魁. 基础整合的社会保障体系. 北京：华夏出版社，2001.

[11]　文林锋. 城镇住房保障. 北京：中国发展出版社，2007.

[12]　王阿忠. 中国住宅市场的价格博弈与政府规制研究. 北京：中国社会科学出版
　　　社，2007.

[13]　王宏. 中国城市房屋拆迁程序研究. 济南：山东人民出版社，2008.

[14]　卢卫. 解读人居——中国城市住宅发展的理论思考. 天津：天津社会科学出版
　　　社，2000.

[15]　谢哲胜. 房租管制法律与政策. 台北：五南图书出版公司，1997.

[16]　应红. 中国住房金融制度研究. 北京：中国财政经济出版社，2007.

[17]　[美] 托马斯·索厄尔. 超越第一阶段思考——工资、医疗、住房及风险规避的经济学
　　　分析. 北京：人民邮电出版社，2008.

[18]　黄金荣. 司法保障人权的限度——经济和社会权利可诉性问题研究. 北京：社会科学
　　　文献出版社，2009.

[19]　柳华文. 经济、社会和文化权利的可诉性研究. 北京：中国社会科学出版社，2008.

[20]　周珂. 住宅立法研究. 北京：法律出版社，2008.

[21]　周运清. 中国城镇居民住房居住质量. 北京：社会科学文献出版社，2008.

[22]　谢家瑾. 房地产这十年：房地产风雨兼程起伏之内幕. 北京：中国市场出版社，2009.

[23]　杜鹰，白南生. 走出乡村：中国农村劳动力流动实证研究. 北京：经济科学出版社，
　　　1997.

[24] 李文海，夏明方. 中国荒政全书. （第一辑，第二辑）. 北京：北京古籍出版社，2004.

[25] 李进之等. 美国财产法. 北京：法律出版社，1999.

[26] ［日］早川和男. 居住福利论——居住环境在社会福利和人类幸福中的意义. 李桓译. 北京：中国建筑工业出版社，2005.

[27] 何建华. 分配正义论. 北京：人民出版社，2007.

[28] 李向军. 清代荒政研究. 北京：中国农业出版社，1995.

[29] 张传玺. 中国历代契约会编考释. 北京：北京大学出版社，1995.

[30] 陈伯庚等. 城镇住房制度改革的理论与实践. 上海：上海人民出版社，2003.

[31] 朱晓娟. 论合作社的法律主体性. 北京：中国民主法制出版社，2009.

[32] 费孝通. 江村经济——中国农民的生活. 北京：商务印书馆，2005.

[33] ［英］内维尔·哈里斯等. 社会保障法. 北京：北京大学出版社，2006.

[34] ［瑞典］格德门德尔·阿尔弗雷德松，［挪威］阿斯布佐恩·艾德编. 世界人权宣言：努力实现的共同标准. 中国人权研究会组织翻译. 成都：四川人民出版社，1999.

[35] ［挪威］A. 艾德等. 经济、社会和文化的权利. 黄列译. 北京：中国社会科学出版社，2003.

[36] ［美］阿列克斯·施瓦茨. 美国住房政策. 黄瑛译. 北京：中信出版社，2008.

[37] ［美］克里斯托弗·沃尔夫. 司法能动主义——自由的保障还是安全的威胁?. 黄金荣译. 北京：中国政法大学出版社，2004.

[38] ［美］L. 亨金. 权利的时代. 北京：知识出版社，1997.

[39] David Englander. Landlord and Tenant in Urban Britain 1838—1918. Oxford：Clarendon Press，1983.

[40] Dss，Social Security Departmental Report. The Government's Expenditure Plans in 1999—2000，Cm4214. The Stationery Office，1999.

[41] E. L. Quarantelli. Shelering and housing after major community disasters：Case studies and general conclusions. Columbus，OH：Disaster Research Center，Ohio State University.

[42] International Cooperative Alliance. Statement on the Cooperative Identity，1995.

[43] International Cooperative Information center. International Cooperative Alliance，Dimensions of the International Cooperative Movement，1995.

[44] Joseph William Singer. Property Law. 2nd ed. Aspen Law & Business，1997.

[45] K. Rowlingson and R. Berthoud. Disability，Benefits and Employment，DSS Research Report No. 54. HMSO，1996.

[46] Michael A. Stegman. The Model：Rent Control in New York City in The Rent Control Debate. The University of North Carolina Press，1985.

[47] Paul Jackson and David C. Willde. The Reform of Property Law. Ashgate Dartmouth，1997.

［48］ Philip Alston. The U. S. and the Right to Housing: A Funny Thing Happened on the Way to the Forum. European Human Rights Law Review (1).

［49］ Rajingdar Sachar. The Right to Adequate Housing, UN New York and Geneva. United Nations Publication, 1996.

［50］ Craig Scott. *The Interdependence and Permeability of Human Right Norm: Towards a Partial Fusion of the International Covenant on Human Rights.* Osgoode Hall Law Journal, 1989, 27 (4).

［51］ Frank I. Michelman. *The Advent of a Right to Housing: A Current Appraisal.* Harvard Civil Rights-Civil Liberties Law Review, 1970.

［52］ Genoff Budlender. *Justiciability of the right to Housing: The South African Experience.* in Scott Leckie ed.. National Perspectives on Housing Rights. Martinus Nijhoff Publishers, 2003.

［53］ J. David Hulchanski and Scott Leckie, *The Human Right to Adequate Housing in* 1945—1999, February 2000. (Internal Data).

［54］ Marc Jolin. *Good Cause Eviction and the Low Income Housing Tax Credit.* The University of Chicago L. Rev. 530, 2000.

［55］ Marie Loison. *The Implementation of an Enforceable Right to Housing in France*, European Journal of Homelessness, 2007, 1.

［56］ Phillip Alston. *Out of the abyss: The challenges confronting the new U. N. Committee on Economic, Social and Cultural Rights.* Human Rights Quarterly, 1987, 9.

［57］ R. Lister. *Social Security.* in M. McCarthy (ed.), The New Politics of Welfare, Macmillan, 1989.

［58］ Scott Leckie. *Housing Rights at the National Level.* in Scott Leckie ed.. National Perspectives on Housing Rights, Martinus Nijhoff Publishers, 2003.